건국과 부국

이승만 · 박정희 시대의 재조명

건국과 부국

이승만 · 박정희 시대의 재조명

김일영 지음

기파랑

복간 인사

『건국과 부국』을 복간하며

김일영 교수의 가족들은 『건국과 부국』을 복간하게 되어 기쁘고 감사한 마음입니다.

이 책의 초판은 2004년 12월에 방일영문화재단의 광복 60주년을 맞이하는 '한국현대사강좌' 시리즈로 생각의 나무 출판사에서 발간되었습니다. 저자는 2년 후 이 책을 대폭 개정 보완하기 위해 절판을 하였고, 꾸준하게 연구 작업을 진행하고 있었습니다. 그러나 2009년 갑작스러운 암 발병으로 힘겨운 투병 끝에 소천하여 뜻을 이루지 못한 채 연구는 중단되었습니다.

저자의 사후, 김일영 교수를 아끼고 사랑하는 동료, 선후배 교수님들과 제자들이 '김일영유고집간행위원회'를 결성하여 첫 번째 성과물로 『건국과 부국』을 2010년 5월에 기파랑 출판사에서 출간하였습니다. 4쇄를 찍고 책이 다 소진되었지만, 가족의 부주의로 더는 진행되지 못하였습니다.

최근 가족은 『건국과 부국』을 찾을 수 없다는 소식을 듣고 출판

사와 협의하여 복간하게 되었습니다. 김일영 교수가 소천한 지 14년
이 지났는데도 기억해주시고, 그의 연구성과를 찾아주시는 많은 분
께 감사드립니다. 2010년에도 이번 복간에도 정성 들여 작업해주신
기파랑 출판사의 안병훈 대표님, 박정자 주간님, 박은혜 실장님께
감사드립니다.

　저자가 의도한 바대로 보완 연구 작업도 대중판도 이루어지지 않
아서 아쉽지만, 대한민국의 건국과 부국 과정을 세밀한 사료를 바
탕으로 연구하여 다음 세대에 자랑스러운 대한민국이라는 역사 인
식을 지닐 수 있도록 노력한 김일영 교수를 기리며 『건국과 부국』을
복간하였습니다. 대한민국의 진정성을 지닌 교수로서, 정치사학자로
서 학생들에게 올바른 역사 인식을 물려주기 위해 고군분투하며 지
식인으로서의 사회적 책임을 다하고자 노력했던 성과가 이 책에 잘
담겨있다고 생각합니다.

　가족을 잃은 상처는 시간이 지났다고 하여 아물어지지도 무뎌지
지도 않습니다. 고인을 기억해주시고 관심과 격려를 보내주심에 감
사드립니다. 하나님의 섭리와 천국 소망을 믿으며 유족으로서 고인
의 유업을 받들고자 합니다. 감사합니다.

2023년 7월
김일영 교수 가족 일동

머리말

___

한국현대사, 어떻게 볼 것인가

지워도 지워지지 않는 존재, 아버지

현재 한국은 과거사 평가문제를 놓고 '기억을 둘러싼 계급투쟁'을 벌이고 있다. 과거의 사건이나 인물을 어떤 의미체계로 이해할 것인가를 두고 벌어지는 현재의 갈등에는 현 국면에서 경쟁·대립하고 있는 정치·사회집단들의 이해관계와 세력관계가 반영되어 있기 때문이다.

역사란 좀더 살갑게 정의하자면 앞선 세대의 삶의 발자취이며, 현대사는 부모나 조부모의 삶의 궤적이라 할 수 있다. 평범한 소시민이야 덜 하겠지만, 적어도 '유명有名'인을 부모로 둔 사람들에게 현대사는 곧 아버지의 개인사라고 해도 과언이 아니다. 이 점에서 역사관, 즉 역사를 어떻게 볼 것인가는 자식(후속 세대)이 부모(앞선 세대)를 어떻게 보고 받아들이는가의 문제라고 할 수 있다.

역사관을 부자 간 내지는 세대 간의 갈등문제로 환치시키면, 우리는 이것이 모든 인간의 피할 수 없는 '운명'적 문제임을 깨닫게 된다. 애증의 운명으로 얽힌 부자관계에서 아들은 온갖 방식으로 아버지를 부인하고 죽이고 지우려 하지만, 결국에는 그 관계의 고리를 벗어던지지 못한다. 이는 그리스 신화의 『오이디푸스 왕』 이래 문학이나 예술의 꾸준한 소재거리였다.

이문열의 소설 『시인』은 이 점을 잘 보여주고 있다. 이것은 역모逆謀에 걸린 할아버지 때문에 벼슬길이 막혀 평생을 방랑하는 김삿갓(김병연)의 생애를 극화한 소설이다. 여기서 김병연은 평생 조부를 부인하고 지우려 하지만, 결국에는 그를 이해하고 받아들이는 사람으로 그려지고 있다. 하지만 이 소설이 주는 보다 중요한 메시지는 김병연이 조부를 받아들이는 순간, 자신과 아들 사이에 닮은 꼴의 문제가 다시 시작되고 있음을 시사하고 있다는 점이다.

아들에 의한 아버지 지우기와 찾기 작업이 끊임없이 반복되는 운명. 이것이 바로 고대 『오이디푸스 왕』 신화로부터 최근 『시인』까지 이어지는 수천 년 인류 역사의 지적 축적이 주는 교훈이다.

아버지 지우기에만 익숙한 수정주의자들과 386세대

1980년대 이후 한국현대사 연구는 커다란 전환을 보였다. 이 무렵 '커밍스와 그의 아이들Cumings and his children'을 중심으로 분단과 한국전쟁의 기원을 새롭게 조명하는 연구가 붐을 이루었다. 이 과정에서 분단과 전쟁의 책임을 소련과 북한(김일성)에게서 찾던 '전통주의traditionalism' 는 쇠퇴하고 미국과 남한(이승만)에게 더 많은 책임을 지우는 '수정주의revisionism' 가 등장했다.

수정주의는 광주라는 원죄原罪를 공유한 미국 및 군부 지배세력에 대한 사회적 반감과 어우러지면서, 1980년대 이후 연구자들 사이에서 상당한 호응을 불러일으켰다. 이후 한국현대사 연구의 지적 헤게모니는 수정주의자들, 즉 커밍스의 아이들에게 장악되었다. 이의 세례를 받은 통칭 '386세대' 들은 교육과 대중매체 및 생활현장에서 수정주의적으로 해석된 한국현대사를 젊은 세대들에게 급속하게 확대 재생산시켰다.

한국현대사 연구에서 수정주의자들의 공헌이 전혀 없는 것은 아니다. 그들은 우리 한국현대사에서 우리에게 알려지지 않았던 어두운 면을 많은 1차 자료를 동원해 치밀하게 연구함으로써 그곳에도 볕이 들게 했다. 이들의 연구가 아니었으면 역사가 되지 못했을 수 있었던 많은 사건들이, 이들 덕에 역사에 편입되어 제자리를 찾을 수 있게 되었다. 만약 이들의 노력이 이 정도에 그쳤더라면 별문제가 없었을 것이다.

그러나 수정주의자들과 386세대는 한국현대사 전체를 그들의 눈으로 재해석하려 들었다. 그들에게 한국현대사는 반민중, 반민족, 반민주의 역사로서 오욕의 역사이고, 지우고 싶은 대상이며 다시 쓰고 싶은 대상이었다.

이 점에서 수정주의자들과 386세대는 아버지 지우기에만 너무 익숙한 것 같다. 그들은 아버지 죽이기에만 골몰하여 과거사 청산이라는 미명 아래, 우리 사회 구성원 전체를 '살부계殺父契' 의 일원으로 만들고 있다. 한승원의 소설 『아버지와 아들』에 나오는 얘기다. 일제하에서 친일파를 부모로 둔 자식들이 스스로 자기 아버지를 어떻게 할 수 없으니, 서로 다른 사람의 아버지를 해치워주는 살부계를 조직했다는 것이다. 허구지만 끔찍한 얘기다.

그런데 최근 과거사 청산문제를 둘러싸고 정치권, 시민단체, 언론, 연구자들이 벌이는 이전투구와 남의 집 족보 캐기를 보고 있노라면, 이들이야말로 합심(?)해서 살부계를 조직한 것이 아닌가 하는 생각이 들 때가 많다. 남의 아버지를 죽이겠다고 나섰다가 자기 아버지마저 죽임을 당하는 세상, 의도치 않게 서로의 아버지를 죽여주는 세상, 누가 봐도 결코 정상이 아니다.

일찍이 버크E. Burke는 프랑스혁명을 열병에 비유했는데, 지금 우리 사회도 유사한 열병을 앓고 있다. 병인病因은 여러 가지겠지만, 아버지 지우기에 치우친 수정주의자들과 386세대의 역사관도 그중 하나임은 분명하다.

포스트수정주의의 대두

1980년대 말부터 국내외 조건이 반전反轉되었다. 국내적으로는 민주화가 진척되었고, 국외적으로는 사회주의가 붕괴되었다. 다행히 1990년대 중반 이후 사회과학을 중심으로 한 일부 연구자들 사이에서 민주화와 탈냉전의 흐름을 역사 연구에 반영하려는 움직임이 생겨났다. 그들은 이러한 변화를 격동과 흥분 속에서 보낸 1980

년대를 성찰할 수 있는 계기로 삼았다. 탈냉전은 연구자들에게 사회주의권에 대한 접근가능성을 열어줌으로써 이러한 성찰을 뒷받침할 자료를 제공했다. 그들은 구舊소련이나 중국의 자료를 열람함으로써 분단과 전쟁의 책임을 미국과 남한(이승만)에게만 돌리던 불균형을 어느 정도 시정할 수 있었다. 이러한 '포스트수정주의post-revisionism'의 움직임 속에서, 지난날 격정과 흥분 속에서, 한국현대사 연구로 침윤되었던 편향적 '거품'이 어느 정도 빠지게 되었다.

이 책에 관해

이 책은 1945년 해방부터 1972년 유신체제가 성립할 때까지의 현대한국정치사를 포스트수정주의적 흐름 속에서 살펴보고 있다. 시기를 이렇게 30여 년으로 짧게 잡은 것은 양적인 이유 때문이다. 유신 이후의 30여 년의 정치사를 모두 담기에는 한 권의 책으로는 부족했다. 따라서 이 책에서는 유신 이후의 한국정치사를 간단한 스케치로 대신하면서 제2권을 기약할 수밖에 없었다.

지난 60여 년의 한국현대사는 국가건설에서 산업화와 민주화를 거쳐 현재 산업화와 민주화 양자를 병행발전시키면서 각각을 고도화 내지는 심화시키는 단계에 처해 있다고 볼 수 있다. 이 중 이 책은 국가건설과 산업화, 즉 건국建國과 부국富國의 시기를 다루고 있다.

이 책은 많은 점에서 수정주의자들 및 386세대의 역사해석과 다른 내용을 담고 있다. 이 책은 그들처럼 미시적, 일국—國적, 도덕(규범)적인 시각에 사로잡히지 않고 좀더 거시적이고 비교사적 comparative historical 시각에서 한국현대사를 바라보고 있다.

이 책은 분단과정을 일국적 시각보다는 냉전의 세계사적 전개라는 차원에서 접근한다. 이럴 경우 단정은 냉전질서하에서 현실성이 있는 차선의 선택이 될 수 있다. 이승만의 단정노선과 김일성의 민주기지론은 남북한에서 기능적 등가물로 작용했지만, 냉전이 끝난 현시점에서 볼 때 양자의 결과는 너무 다르다는 해석도 가능하다.

이 책은 농지개혁과 한국전쟁을 국가형성 및 국민형성의 관점에서 접근한다. 그 경우 다음과 같은 해석이 가능하다. 이승만은 농지개혁에 소극적이지 않았다. 농지분배를 통해 인구의 대다수를 차지하던 농민들은 남한 국민으로 통합되기 시작했다. 농지개혁은 곧바로 터진 한국전쟁과 어우러지면서 한국사회의 계급구조를 근본적으로 뒤바꿔놓았다. 이러한 계급구조의 변화는 이후 한국의 정치발전과 경제발전의 방향과 내용을 규정했다. 전쟁을 통해 비로소 한국의 국민적 정체성national identity이 확립되었다. 전쟁의 결과 성립한 한미동맹은 '삼위일체+1'의 구조를 지니고 있었다. 한국은 이를 토대로 정치·경제적 발전을 이룩할 수 있었다.

이 책은 1950년대의 한국 정치가 지닌 다차원성과 복합성에 주목하면서 다음과 같은 내용을 담았다. 부산정치파동에는 민주 대 독재라는 이분법만으로는 파악할 수 없는 다차원적 측면이 내포되어 있다. 한국에서 원내의석분포가 여소야대가 여대야소로 바뀌면서 의회에 대한 행정부의 우위가 확립되는 것은 부산정치파동 이후였다. 한국 군부는 한국전쟁 당시 대통령의 통수권과 유엔군사령관의 작전통제권이라는 이중지배구조하에 들어가는 순간부터 이미 정치화되었다. 따라서 부산정치파동이나 4·19혁명 당시 군이 중립을 지킨 것은 사실은 고도의 정치적 판단이었다. 이승만의 반일정책은 단순한 수사修辭가 아니라 일본을 중심으로 하는 미국의 동아시아 정책에 대해 반기反旗를 드는 것이었다. 1950년대 말 미국은 한국을 포함한 제3세계 국가들에 대한 정책을 바꾸는데, 이승만의 몰락은 이와 깊은 관련이 있다. 1950년대는 단지 불임不姙의 시기는 아니었다. 이 시기는 1960년대 이후의 발전과 역동성을 준비하는 맹아萌芽의 시기였다.

이 책은 발전국가의 형성과 발전이라는 시각에서 장면 정권의 단명短命과 박정희 정권하의 급속한 경제발전을 재조명한다. 이 관점에서 볼 때 장면 정권은 외적 충격(쿠데타) 이전에 내적으로 이미 해체되고 있었다. 5·16쿠데타가 '혁명'으로 탈바꿈할 수 있었던 것은 미국의 묵인 때문만은 아니다. 거기에는 장면의 유약함과 윤보선의 근시안적 판단이 한몫했다. 장면 정권이 만들어놓은 경제개발계획안을 박정희 정권이 도용했다는 주장은 절반만 타당하다. 박정희 정권은 처음에는 장면 정권의 것을 가져다 썼다. 하지만 성과가 없자 그것을 수정하는 데 성공을 거둔 것은 바로 이 수정안이었다.

한일국교정상화와 베트남 파병은 비판받을 점도 있지만 발전국가의 부족한 물질적 기초를 메우는 데 결정적으로 공헌했다. 박정희 정권의 경제적 성공을 이끈 발전국가는 권위주의적이었다. 그러나 비교사적 관점에서 영국을 비롯한 다른 나라의 경우를 살펴볼 때 산업화 초기 단계에서 민주주의와 경제발전을 성공적으로 병행 추진한 나라는 찾기 어려웠다. 따라서 산업화가 일정 수준 이상으로 진행된 현시점에서나 적용가능한 병행론을 가지고 박정희 정권을 단죄하는 것은 비현실적이다.

이 책은 많은 분들과 기관의 도움으로 나올 수 있었다. 우선 이 책을 구상할 수 있는 계기를 마련해 준 하버드 대학교 옌칭연구소 Harvard-Yenching Institute에 감사드린다. 이 책에 대한 구상은 옌칭연구소 초청으로 미국에 머물던 1996~1997년에 이루어졌다. 그 후 8년은 시간과의 경쟁이었다. 그때그때 밀려드는 일과 제한된 시간 속에서 하버드 교정에서의 구상을 책으로 옮기는 작업은 쉽지 않았다. 지지부진하던 작업에 채찍을 가한 것은 방일영문화재단이었다. 마감날짜를 정해놓고 정신없이 몰아대는 재단의 독려가 야속하면서도 고마웠다. 정한 기일을 훨씬 넘겼음에도 신뢰를 가지고 기다려준 재단과 도서출판 '생각의 나무'에 다시 한 번 고마움을 표한다.

모든 책이 그렇지만 이것의 집필 역시 가족들의 무한한 지원과 믿음 속에서 가능했다. 그들은 나에게 필요한 혼자만의 시간을 허락해 주었고, 필요할 때는 항상 그곳에 있었다. 자식이 책 읽고 글 쓰는 직업을 가진 것을 자랑스럽게 여기는 부모님과 모든 것이 부족한 사위를 믿음으로 감싸 안아주시는 장모님께 감사드린다. 읽고 가르치고 쓰는 것 외엔 별 재미가 없는 남편과 아빠를 항상 반겨주는 아내와 딸 문선에게 이 책으로 용서를 구하고 싶다. 겨우내 서재에서 등을 맞대고 공부한 아들 남준에게도 고맙다는 말을 전하고 싶다. 그들의 존재가 나태해지기 쉬운 내 글의 길을 밝혀주었다. 말하지 않는다고 존재하지 않는 것은 아니다. 빚졌지만 여기서 언급되지 못한 많은 분들께도 감사드린다.

개인적으로 한 가지 안타까운 것은 시간부족 때문에 본래 하버드 교정에서의 구상을 모두 살리지 못한 점이다. 필자는 곧 이 책의 아카데믹 버전academic version을 만드는 작업에 착수할 생각인데, 지금 느끼는 미진함은 그 책에서 채워질 것이다. 그래도 8년 묵은 숙제를 내려놓는 기분이 아주 홀가분하다.

2005년 1월

송파 서재에서 김일영

차례

제1장. 대한민국의 탄생

제2장. 분단에서 전쟁으로

제3장. 한국전쟁과 그 영향

제4장. 이승만 정권의 안정과 동요 그리고 붕괴

제5장. 1950년대: 맹아萌芽의 시기

제6장. 4 · 19 혁명, 장면 정권, 그리고 민주주의의 유산流産

제7장. 부국富國: 박정희 정권과 발전국가의 등장

제8장. 유신체제와 그 이후

프롤로그

정치 개념으로 구분해 본 현대한국정치사

우리에게 익숙한 정치란 사람들 간에 일상적으로 벌어지는 이해 관계의 충돌을 조정하는 역할을 하는 것이다. 현실 사회에서는 희소한 자원을 둘러싸고 갈등과 충돌이 끊이지 않는다. 이러한 갈등과 충돌을 방치할 경우 사회는 존립 자체가 위태로워질 수 있다. 따라서 이러한 갈등을 조정하여 최적의 타협을 이끌어내는 것이 정치이며, 바로 이런 의미에서 미국의 정치학자 이스턴D. Easton은 정치를 '한 사회의 가치들에 대한 권위적 배분'으로 정의했다.

그런데 해방과 함께 생겨나기 시작한 정치는 우리가 일상적으로 접하는 정치와는 모습이 조금 달랐다. 이 무렵에는 보다 거창하고 근본적인 문제들이 사람들을 사로잡고 있었다. 해방이 독립으로 이어지지 못한 상황, 즉 미군정의 지배를 받게 된 상황에서 누가, 언제, 어떻게, 그리고 어떤 내용을 지닌 국가를 세울 것인가가 모든 이들의 주된 관심사였다. 세계(사)적 차원에서는 자본주의와 사회주의 중 어떤 체제를 택할 것인가, 민족적 차원에서는 통일국가인가 분단국가인가, 새로 수립될 정부의 권력구조와 정치제도의 내용은 어떻게 채울 것인가, 그리고 어느 세력이 정치권력을 장악할 것인가 등이 당시 정치의 주요한 관심사였다.

해방(1945년 8월 15일)부터 정부 수립(1948년 8월 15일)까지의 한국 정치는 게임의 규칙이 이미 주어진 상태에서 분배의 문제만을 정하는 과정적이고 절차적인 것이 아니라, 게임의 규칙 자체를 새로 선택하고 만들어야 하는 보다 근본적인 것이었다. 이 점에서 당시의 정치는 '이해갈등조정의 정치'보다는 '체제선택과 국가형성의 정치'라고 할 수 있다.

1948년 남북한에 성격이 다른 별개의 정부가 수립되었다. 이로써 체제선택의 문제는 종결되었어야 하며, 한국 정치도 이제 성격과 양상을 달리해야 했다. 그러나 실상은 그렇지 못했다. 남한 내부에 여전히 체제선택을 둘러싼 기본 원칙의 문제를 제기하는 세력이 존속하고 있었고, 한반도(남북 간) 차원에서도 이것은 여전히 문제의 핵심으로 자리잡고 있었기 때문이다. 특히 이 문제가 1950년 체제 간의 전쟁으로 귀결되었다는 점에서 분단에서 전쟁에 이르는 기간에도 '체제선택의 정치'는 여전히 상당한 비중으로 남아 있었다고 할 수 있다.

물론 정부 수립 이후 이해갈등의 조정이라는 일상적인 정치의 비중도 점차 커져갔다. 이제 정치세력들 간의 경쟁과 갈등이 원내에서 진행되었으며, 그 과정에서 농지개혁과 같이 역사적으로 큰 의미를 지닌 작업도 이루어졌다. 그러나 앞서 지적했듯이 이 모든 것의 귀착이 남북한 사이의 체제 간 전쟁이었다는 점에서 이해갈등의 조정만을 이 시기의 정치의 본질로 보기는 어렵다. 결국 분단에서 전쟁에 이르는 기간은 '체제선택의 정치'와 '이해갈등조정의 정치'가 혼재된 시기이며, 전쟁 발발로 이러한 공존이 다시 '체제선택의 정치'에 비중이 실리는 방향으로 기울었다고 할 수 있다.

한국전쟁은 해방 이후 지속된 체제선택의 정치가 수단을 달리하여 전쟁이란 형태로 폭발한 것이었다는 점에서 '체제선택의 전쟁'이라고 할 수 있다. 전쟁은 초기에 남한과 북한 전역을 한 번씩 휩쓸고 지나간 뒤 교착(보기에 따라서는 안정화) 상태로 접어들었다. 그 틈에 후방에서는 일상적인 정치가 어느 정도 이루어지기도 했는데, 그 대표적 예가 '부산정치파동'을 통한 이승만 정권의 안정화였다.

휴전 이후 한국 정치는 체제경쟁과 이해갈등조정의 혼합이란 모습을 띠게 되었다. 체제선택의 문제를 둘러싸고 전쟁의 참화까지 겪은 남북한은 이제 선택의 방식을 좀더 긴 호흡으로 바라보기 시작했다. 양측은 전쟁이란 수단을 동원하지 않는 '체제경쟁의 정치'

에 돌입했는데, 이것은 세계적 차원에서 진행된 냉전구도와도 부합하는 것이었다. 이로써 한국 정치도 체제선택의 문제에서 어느 정도 자유로울 수 있게 되었고, 비로소 '이해갈등조정의 정치'가 본격화되어 오늘에 이르고 있다고 할 수 있다.

휴전 이후 남한에서 '체제선택'을 문제 삼는 세력이 전혀 나타나지 않은 것은 아니다. 때때로 진보당을 비롯한 혁신계 정당이 등장해 평화통일이나 중립화통일을 주장하기도 했다. 그러나 이들은 한국 정치의 제도적 틀 내에 안착하는 데 성공하지 못했다. 적어도 1980년대 후반 민주화가 되기 전까지 이들의 주장은 원외에서의 외로운 외침에 지나지 않았다.

한국 정치가 '체제선택'의 문제에서 벗어나 '이해갈등조정'에 국한되기를 바라는 대표적인 세력은 미국이다. 한국전쟁 당시 미국은 잠시 북진roll-back정책을 추구하면서 스스로 한반도의 '체제선택' 문제에 개입한 적이 있었다. 그러나 그때를 제외하고는 남북한에 별개의 정부가 수립된 이래 미국의 기본 정책은 현상유지였다. 이 점에서 미국은 적어도 냉전이 지속되는 한 남침, 북진, 평화, 중립화의 어떤 형태이든 현상(안정)을 깨려는 움직임에 대해 거부감을 지니고 있었다.

현대한국정치사는 한편으로는 체제선택과 체제경쟁 그리고 이해갈등조정이, 다른 한편으로는 정치와 전쟁이 어우러지면서 전개되었다. 다시 말해 좌파, 우파, 중간파와 남북한정부 그리고 외세까지 가담하여 체제 차원과 정권 차원에서의 현상유지와 변화를 가지고 때로는 정치로 때로는 전쟁으로 경쟁하고 싸운 것이 지난 60여 년간의 한국의 정치였다.

이제 이러한 정치 개념을 나침반 삼아 씨줄과 날줄이 복잡하게 얽힌 현대한국정치사의 바다로 항해를 떠나보겠다.

1
장

대한민국의 탄생

정치의 탄생 ┃ 해방과 체제선택의 정치 ┃ 정부 수립과 국가형성의 정치 ┃ 대한민국
수립을 어떻게 볼 것인가

정치의 탄생

　해방은 느닷없이 다가왔다. 국내에 있던 대부분의 사람들에게 해방은 예기치 않은 사건이었다. 물론 해방 전부터 일본의 패망에 대비하려는 움직임이 전혀 없지는 않았다. 1944년 8월경 여운형을 중심으로 한 일부 인사들이 비밀결사인 건국동맹을 결성한 것이 대표적 예다. 그러나 그것은 극히 예외적인 움직임이었다. 일반 국민들은 말할 것도 없고, 송진우를 비롯한 대다수 국내 지도자들은 아무런 대책 없이 해방을 맞았다.

　해방은 1945년 8월 15일 정오 일왕日王 히로히토裕仁의 항복성명을 통해 알려졌다. 라디오에서 흘러나오는 일왕의 가냘프고 떨리는 목소리는 수신 상태가 좋지 않아 그 내용의 전부를 이해하기는 어려웠지만, 그 핵심이 일본의 패전과 항복을 전하는 것임을 알기에는 충분했다.

【 기쁨의 만세 】

일제의 잔혹한 지배에서 벗어난 다음 날 서대문형무소에서 출
옥한 독립투사와 시민들이 만세를 부르고 있다.

　지역별로 약간의 차이가 있기는 했지만, 8월 15일 오후는 의외로
조용한 편이었다. 36년간 폭압의 통치 밑에서 몸을 사리고 살았던
관성 탓이기도 했지만, 준비 없이 해방을 맞은 증거이기도 했다. 갑
자기 다가온 자유가 사람들의 마음을 휘젓고, 몸을 움직이게 하기
에는 하루 정도의 시간이 필요했다.

　이튿날 건국준비위원회가 발족했다는 전단이 서울 시내 곳곳에
나붙고, 그 우두머리인 여운형이 일본인들의 협조 속에 서대문과

마포 형무소에 갇혀 있던 많은 사상범을 석방시키면서부터 서울 거리는 축하 시위행렬과 플래카드 그리고 그들이 외치는 구호로 뒤덮여버렸다. 5천여 군중이 모인 휘문중학교 운동장에서 여운형이 조선의 해방을 알리며, 질서유지와 상호협력을 당부하는 열변을 토한 것도 이날 오후였고, 각종 정치단체들이 속출하기 시작한 것도 이날부터였다. 건국준비위원회에 뒤이어 고려공산당(일명 장안파), 고려민주당, 조선민족당, 조선국민당, 한국국민당, 조선공산당(일명 재건파) 등 갖가지 정당·사회단체들이 우후죽순처럼 생겨났다. 바야흐로 정치가 탄생한 것이다.

일본 식민지배하에서는 정치는 없고 통치만이 존재했다. 정치가 사회로부터 국가로의 투입input과 국가로부터 사회로의 산출output 그리고 산출에 대한 사회의 평가에 기초한 재투입이 반복되는 쌍방향적인 과정이라면, 통치는 투입은 없고 사회를 향한 국가의 산출만이 존재하는 일방적인 과정이라고 할 수 있다. 일제하의 조선반도에서 이러한 의미에서의 정치는 없었다. 정치가 질식한 가운데 국가기구가 사회를 일방적으로 통치해 온 것이 일본의 식민지배였다. 정치는 해방과 더불어 숨쉬기 시작했다.

해방과 체제선택의 정치

해방이 되자 많은 정당세력이 등장해서 이들은 자신들이 원하는 체제를 세우기 위해 경쟁했다. 이러한 체제선택의 정치는 우파만이 참여하여 1948년 5월 10일 남한만의 선거를 치르는 것으로 결론지 어졌다. 여기서는 이 시기를 정치적 쟁점에 따라 다음 셋으로 나누 어 살펴보겠다.

1945년 8월 15일부터 그해 12월 말까지는 서로 합법적인 정부임을 내세우는 세 세력이 경쟁하는 시기였다. 1946년부터 이듬해 초까지 는 신탁통치문제를 둘러싸고 좌파와 우파가 찬반으로 갈려 싸우던 기간이었다. 1947년 초 미국은 국제주의를 버리고 봉쇄정책으로 돌 아섰고 전 세계적 차원에서 냉전이 본격화되었다. 이에 따라 1947년 초부터 1948년 5월 10일 총선거가 있기까지 한국 정치의 쟁점도 신탁 통치에 대한 찬반에서 단독정부 수립에 대한 찬반으로 바뀌었다.

누가 합법정부인가?

해방공간과 좌파의 선점

해방이 되자 여기저기서 수많은 정치·사회단체가 생겨났다. 일제하의 조선에 통치만 있고 정치가 부재했다는 사실이 믿기지 않을 정도로 많은 정치·사회세력이 폭발적으로 분출했다. 이들은 대체 어디서 온 것일까?

우선 국내에서는 중도 좌파인 여운형이 중심이 되어 1945년 8월 16일 건국준비위원회(이하 건준)가 출범했다. 이것은 1944년 8월경 여운형이 일본의 패망을 예견하고 그에 대비하기 위해 결성한 건국동맹 세력을 모태로 하고 일부 공산주의자들이 참여하여 만들어진 해방 직후 최초의 정치조직이었다. 이것은 8월 말까지 전국에 145개 정도의 지부가 만들어질 정도로 급속하게 세력을 확대했다. 해방 직후 남한은 일본이 항복하고 그것을 대체할 미군은 아직 진주하지 못한 힘의 공백 상태였는데, 이 공백을 가장 빨리 선점한 것이 건준이었다.

다음으로 세력을 결집한 것은 공산주의자들이었다. 일제 말기 대부분의 공산주의자들은 탄압과 회유에 못 이겨 전향하거나 활동을 포기하고 말았다. 그러나 박헌영과 같이 체포되지 않고 은신해 있거나 전향을 거부하고 투옥되어 있던 일부 인사들이 해방이 되자 전면에 나서서 조선공산당을 재건했다. 이들은 해방공간을 장악하고 있던 건준 안에서 자신들의 세력을 점차 증대시켜 갔다.

건준의 주도세력은 산하 지방조직의 대표자들을 서울로 불러 모아 전국인민대표자대회를 개최하고 '조선인민공화국'(이하 인민공화국)을 결성했다. 이것은 미군이 진주하기 전에 이미 한국인으로 구성된 정부가 있음을 보여주어 미국으로 하여금 그것을 인정하도록 만들기 위해 9월 6일 급조된 것이었다. 이들은 인민공화국이 좌우익은 물론이고 국내외의 모든 명망가까지 망라한 대표성 있는 정부임을 보여주기 위해 아직 해외에서 귀국하지도 않은 인물들을 정부 요직에 임명하기도 했다. 주석에 이승만, 부주석에 여운형, 국무총리에 허헌, 내무부장에 김구, 외무부장에 김규식, 군사부장에 김원봉, 체신부장에 신익희 등이 임명되었으며, 55인의 인민위원 중에는 김일성도 포함되어 있었다. 그러나 이승만이나 김구, 김규식, 김원봉, 신익희, 김일성 등은 아직 귀국도 하지 않은 상태였다.

미군 진주와 미군정 실시

그러나 한국에 진주한 미군은 애초부터 인민공화국을 인정할 마음이 전혀 없었다. 미군은 한국을 통치하기 위한 구체적인 마스터플랜을 가지지는 못했지만, 통치의 기본원칙은 분명히 가지고 들어왔다. 미군은 진주하면서부터 한국을 즉각 독립시키지는 않을 것이고, 해방에서 독립에 이르는 점령 기간 동안 한반도의 북위 38도선 이남에서는 미군정이 유일한 합법정부라는 점을 분명히 했다. 한국 사람들의 정치조직과 활동은 허용하겠지만, 그 어떤 것도 정부로 인정할 수는 없다는 것이 미군의 기본방침이었다. 이 점은 미군이 진주하면서 살포한 극동군 총사령관 맥아더D. MacArthur의 포고문에도 잘 나타나 있었다.[1] 이런 맥락에서 10월 10일 미 군정장관 아놀드A. Arnold가 인민공화국을 부인하는 성명을 공식적으로 발표한 것

【 통치이양문서에 서명하는 일본 총독 】

일제의 행정권은 미군정 실시 이전까지 유지되었다. 사진은 아베 노부유키 일본 총독이 '통치이양문서'에 서명을 하는 모습.

은 어쩌면 당연한 수순이었는지도 모른다.

이러한 인민공화국의 부인은 앞으로 미군정과 좌파 사이의 관계가 순탄하지 않음을 예고하는 것이었다. 해방공간에서 좌파는 건준과 그것을 이어받은 인민공화국의 지부인 인민위원회의 형태로 이미 전국에서 상당한 조직력과 영향력을 행사하고 있었다. 9월 8일 서울에 진주한 미군은 군정청을 설치하고, 개성(9월 13일), 부산(9월 16일), 청주(9월 17일), 춘천(9월 20일), 대구(9월 하순), 전주(9월 29

일), 광주(10월 5일), 대전(10월 21일) 등에 군대를 진주시키면서 남한 전역으로 행정력을 확대해 나갔다. 이 과정에서 미군과 각 지역에서 이미 자리를 잡고 있던 인민위원회와의 충돌은 피할 수 없는 일이었다.

한편 미군정은 일제하의 한국인 관료와 경찰을 상당 부분 유임시켰다. 미군정은 이들을 행정과 치안 및 질서유지를 위한 기능적 인력으로만 생각했지 그것을 둘러싼 한국인들의 민족적 감정을 고려하지 않았다. 이러한 미군정의 행정편의주의적 발상은 한국인들로부터 커다란 불만을 샀다. 일제하에서 그들 위에 군림했던 자들이 해방 후에도 여전히 같은 위치에 있다는 사실이 한국인들에게는 선뜻 이해가 되지 않았던 것이다.

미군정은 행정권을 둘러싸고 좌파와 곳곳에서 충돌하고 친일관료문제 때문에 한국인들로부터 불만을 사는 가운데, 남한 내에서 그들의 우호세력으로 연로한 보수주의자 집단에 주목하기 시작했다. 이 모든 상황은 1945년 9월 15일 미군정청 정치고문 베닝호프H. Merrell Benninghoff가 미국무장관에게 보낸 전문에 잘 드러나 있다.

……남한은 점화되기만 하면 즉각 폭발할 것 같은 화약통이라고 할 수 있습니다. ……일본인 관료(친일관료도 포함: 필자 추가)의 해임은 여론상으로는 바람직하겠지만 당분간 성사되기 어려울 것입니다. 그들은 명목상으로는 추방되겠지만 실제로는 계속 업무를 수행하지 않을 수 없을 것입니다. ……그나마 고무적인 요소는 연로하고 교육받은 한국인들 가운데 수백 명의 보수주의자들이 서울에 존재하고 있다는

【 서울시내로 들어오고 있는 미7사단 32보병 연대 】

열차편으로 서울에 도착한 미7사단 32보병 연대가 시내로 진입
하고 있다. 주위의 삼엄한 경비로 행인은 보이지 않는다.

점입니다. 그들 중 많은 수가 일제에 협력하였지만, 그러한 오명은 결국 점차 사라질 것입니다.[2]

우파의 기지개와 해외세력의 귀국

미군이 진주하자 그 동안 은인자중하던 국내의 우파도 정치적으로 결집하기 시작했다. 이들은 해방공간에서 좌파에게 기선을 빼앗기고 중국에서 임시정부가 들어오기를 기다리던 중이었다. 그러나 진주한 미군이 우파 보수주의자들을 우호적 협력세력으로 생각하면서 이들의 조직화와 활동은 탄력을 받기 시작했고, 송진우, 김성수 등이 중심이 되어 한국민주당(이하 한민당)을 결성하기에 이른다.

이들은 일제하에서 직접 투쟁을 통한 독립쟁취보다는 독립을 위한 준비에 역점을 두고 민족의 실력을 배양할 것을 주장한 '민족개량주의자' 내지는 '문화적 민족주의자'들이었다. 이들은 독립에 대비하기 위해 민족자본의 육성과 민족교육 및 언론의 진흥 등을 통한 민족의 실력 배양과 의식 고취를 주된 목표로 삼았다. 이 노선은 민족경제의 진흥과 민족교육의 육성 등에서 적지 않은 공헌을 했음에도 불구하고 식민체제 자체를 인정한 상태에서의 노력이라는 점에서 한계가 있을 수밖에 없었다. 더구나 이 세력의 지도급 인물들은 일제 말기의 전시 동원 체제 아래서 자의반 타의반으로 식민당국에 협력했는데, 이 점은 해방 후 이들의 정치적 활동에서 커다란 약점으로 작용했다.

그러나 이러한 정치적 약점은 이들에 대한 미군정의 호의로 보충되었다. 남한 내부에 전혀 기반을 가지지 못한 미군정은 자신들의 정책 목표를 관철시키기 위해 파트너가 필요했다. 미군정은 이들이 반공적이라는 점과 구미에서 교육받은 경력이 있는 사람들이 많이 포함되어 있다는 사실 때문에 호감을 가졌다. 한민당 계열 인사들은 행정고문부터 통역관에 이르기까지 속속 발탁되었으며[행정고문(김성수, 송진우, 김용무 등), 사법부장(김병로), 경무부장(조병옥), 검사총장(이인), 인사행정처장(정일형) 등이 대표적인 예이다], 이를 통해 미군정 기간 동안 입법, 사법, 행정의 거의 모든 부문에서 커다란 영향력을 행사할 수 있게 되었다.

이즈음 해외에서 활동하던 독립운동세력도 차례로 들어왔다. 미국에서 외교를 통해 독립을 쟁취하려 했던 이승만은 미군용기를 타고 10월 16일 귀국했다. 같은 달 23일 좌우 모든 정파의 대표들이 모여 독립촉성중앙협의회(이하 독촉)를 결성하고 이승만을 우두머리로 추대했다. 애초 독촉은 한민당이나 조선공산당 등 좌우를 망라한 200여 개의 정당·사회단체들의 협의체 성격을 지닌 조직이었다. 그러나 반민족행위자 처리문제를 둘러싸고 이승만과 좌파, 이승만과 임시정부 사이의 갈등이 깊어지면서 독촉은 이승만과 일부 우익세력만의 협의체로 축소되고 말았다. 어쨌든 독촉은 해외에서 귀국한 이승만이 대통령에 당선되어 권력을 장악할 때까지 그의 정치적 기반을 이루는 조직이 되었다.

중국에서 활동하던 임시정부(이하 임정)는 1945년 11월 23일과 12월 2일 두 차례에 걸쳐 국내로 들어왔다. 그러나 이들은 정부 자격이 아니라 개인 자격으로 귀국해야만 했다. 한반도의 38도선 이남 지역에서 유일한 합법정부는 미군정밖에 없다는 미국의 방침이 이들에게도 예외 없이 적용되었기 때문이다. 미군정의 강요에 따라 어쩔 수 없이 개인 자격으로 들어오기는 했지만, 임정 스스로는 자신들이 정통성을 지닌 유일한 합법정부라는 생각에 변함이 없었다. 이 점은 앞으로 미군정과 임정 사이의 관계가 순탄치 않을 것을 예고하는 것이었다. 임정은 반민족행위자 처벌문제를 둘러싸고 한민당 및 이승만과도 사이가 벌어졌다. 임정이 귀국하자 한민당이 그들에게 접근했는데, 임정은 한민당 세력의 일제하에서의 행적에 문제가 있다는 이유 때문에 이러한 접근을 거부했다. 그리고 임정은 반민족행위자 처벌문제에 미온적이라는 이유 때문에 이승만이 주도하는 독촉에도 참여하기를 거부했다.

식민지 말기 임정 내에는 이데올로기적으로 다양한 부류가 있었다. 김구, 조소앙, 신익희, 지청천, 이범석 등 우파 성향의 사람들은 중국에서부터 한국독립당(이하 한독당)을 결성해 활동했다. 김규식, 김원봉, 장건상, 김성숙 등과 같이 중도 내지는 중도 좌파 성향의 인물들은 조선민족혁명당을 결성해 활동했다. 임정 세력은 귀국 후 여러 갈래로 나뉘어 활동하게 된다. 끝까지 한독당을 지킨 인물은 김구 정도이고, 시간이 지나가면서 조소앙은 한국사회당으로, 신익희와 지청천은 각각 독촉과 대동청년단을 거쳐 민주국민당으로, 이범석은 민족청년단을 거쳐 자유당으로, 김규식은 좌우합작 노선을 거쳐 민족자주연맹으로, 장건상, 김성숙 등은 여운형이 주도하는 근로인민당(여운형은 인민공화국이 부인당한 후 자신의 세력을 규합해 조선인민당을 만들었으며, 그것이 후에 근로인민당이 된다)으로, 그리고 김원봉은 북한으로 활동 무대를 옮기는 등 분화分化를 보여주었다.

해외에서 민족의 독립을 위해 노력하던 세력은 이승만과 임시정부 외에도 더 있었다. 미국에서 활동하던 흥사단과 중국에서 활동하던 독립동맹 및 동북항일연군이 그것이다. 흥사단의 중심인물은 안창호였다. 이들은 해방 직후에는 조직화된 정치세력으로서의 모습을 별로 보여주지 못했지만, 1950년대 중반 이후 민주당 내에서 평안도에 기반을 둔 신파新派 세력으로서 그 위세를 떨친다. 그러나 독립동맹과 동북항일연군 세력은 해방 후 북한으로 귀국해 그곳에서 활동했기 때문에 우리에게는 별로 알려지지 않았다.

이 무렵 북한은: 독자적인 행정기구 수립을 향하여

중국에서는 임정 외에도 독립동맹과 동북항일연군이라는 두 세력이 더 있었다. 독립동맹은 중국의 화북 지방에서 마오쩌둥毛澤東이 이끄는 중국공산당과 같이 항일투쟁을 하던 단체였다. 임정 산하의 군대가 광복군이라면 독립동맹 산하에는 조선의용군이 있었다. 이 단체의 중심인물은 김두봉, 최창익, 한빈, 무정 등이었다. 이들은 해방 후 남한으로 오지 않고 북한으로 귀국해 연안파라는 이름으로 활동했다. 그러나 이들은 북한을 점령한 소련의 견제와 방해 때문에 무장세력의 상당 부분을 포기한 상태에서 1946년 초에야 귀국할 수 있었다.

그런가 하면 1930년 후반 중국의 동북지방(압록강 상류 및 두만강 인근의 연변 지방)에서 항일무장투쟁을 하던 집단도 있었다. 이들 역시 마오쩌둥의 중국군과 같이 활동했는데, 대표적인 인물이 김일성, 김책 등이다. 이들은 한때 함경남도 혜산진 부근에 위치한 보천

보의 면사무소를 습격하여 이름을 떨치기도 했으나 그 규모가 게릴라 수준을 넘지 못했다. 현재 북한의 역사책에 기술되어 있는 '김일성이 항일 빨치산 활동을 통해 조국을 해방 시켰다는 것은 사실이 아니라 조작된 신화이며 선전에 불과하다. 더구나 1939년부터 일본이 관동군을 동원해 대대적인 토벌에 나서자 이듬해 김일성은 부하 5명과 연해주로 도망가 소련 극동군 88국제여단에 1대대장으로 편입되어 있다가 해방을 맞는다. 이러한 김일성이 소련군에 의해 선택되어 소련 군함 푸가초프호를 타고 원산에 몰래 들어온 것은 1945년 9월 19일이며, 그 후 한 달 동안의 준비 및 공작 기간을 거쳐 10월 14일에야 평양에서 공식적으로 얼굴을 내밀었다. 그 후 소련의 비호 아래 김일성과 그 주변세력 즉 빨치산파는 북한의 권력을 장악하게 된다.

해방 이후 북한에는 빨치산파와 연안파 외에도 소련군과 함께 진주한 소련 거주 한인 2세들로 구성된 소련파와 국내에서 공산주의 활동을 하던 사람들로 구성된 조선공산당 계열의 국내파(후에 남노당) 그리고 우파 민족주의 계열인 조만식 중심의 조선민주당(이하 조민당)이 있었다. 이 중 우파인 조민당 세력이 가장 먼저 거세되고, 한국전쟁을 거치면서 소련파와 국내파(남노당)가 제거되며, 1950년대 후반 연안파마저 숙청됨으로써 결국 북한의 권력은 김일성의 빨치산파가 독점하게 되었다.[3]

소련은 해방된 지 한 달 남짓 지난 1945년 9월 20일경 이미 북한에 단독정부를 수립할 결심을 굳혔다. 이날 스탈린J. Stalin은 "반일적이며 민주적인 정당·사회단체들의 광범위한 동맹에 기초하여 북한에 부르주아 민주주의 정권을 수립하라"는 비밀 지령을 내렸다. 이에 따라 소련 점령군 사령부는 10월 8일부터 10일까지 평양에서 북조선5도인민위원회 대표자대회를 소집했고, 그에 이어 많은 중요한 일들이 일어났다. 이북5도행정위원회가 설립되고 산하조직으로 10개의 행정국이 창설되었으며, 조선공산당의 북조선분국이 만들어졌고, 소련에 의해 북한의 지도자로 선택된 김일성이 군중들 앞에 처음으로 모습을 드러냈으며, 조만식을 위시한 조민당 계열은 배제되기 시작했다. 특히 이북5도행정위원회와 10개 행정국이 만들어졌다는 것은 북한에 이미 별개의 정부가 들어섰다는 조짐으로 보기에 충분한 것이었다.[4]

이 무렵 '민주기지노선' 또는 '민주기지론'이라는 용어가 구체적으로 사용되지는 않았다. 하지만 조선공산당 북조선분국이 설립되고 북한 지역에 별개의 행정조직이 만들어졌다는 사실 자체가 이 노선을 반영한 것이라고 할 수 있다. '소련군이 점령한 38선 이북 지역이 혁명을 위해 훨씬 더 유리한 조건을 지니고 있다. 따라서 그곳에서 먼저 혁명을 수행하여 북한 지역을 민주기지로 만든 후에 전체 조선으로 혁명으로 발전시키자'는 것이 '민주기지론'의 내용이다.[5]

이러한 토대 위에서 북한에서는 1946년 2월 북조선임시인민위원회가 만들어지고 토지개혁과 중요산업의 국유화 등을 골자로 하는 '민주제 개혁'이 수행되었으며, 이듬해 2월에는 북조선인민위원회까지 창설되었다.

【 대중 앞에 모습을 드러낸 '김일성 장군' 】
당시 33세였던 김일성은 1945년 10월 14일 김일성 장군 환영 평
양시민대회를 통해 처음으로 대중에게 모습을 드러냈다.

합법정부를 둘러싼 세 세력의 경쟁

1945년 8월 15일 해방부터 그해 말까지 남한에서는 '체제선택의
정치'를 둘러싸고 경쟁을 벌일 활동 주체들이 차례차례 등장했다.
우측에는 한민당, 독촉, 임정(한독당) 등이 있었고, 좌측에는 건준(인
민공화국), 조선공산당, 조선인민당 등이 있었으며, 여기에 남한을
점령·통치하기 위해 진주한 미군정도 있었다.

이 시기는 남한에 등장한 주요한 정치적 활동 주체들 중 인민공
화국과 임정 그리고 미군정이 서로 자기가 유일한 합법정부임을 내

세우면서 경쟁하던 때였다. 베버M. Weber는 근대 국가의 중요한 특징을 "합법적으로 폭력을 독점한 조직체"[6]라고 정의한 바 있다. 이 점에서 볼 때 당시 남한에서 군대와 경찰을 장악하고 있고 재정을 운용하는 실질적인 국가 행세를 한 것은 미군정뿐이었다. 그러나 다른 두 조직은 비록 공식적으로는 미군정으로부터 합법적인 정부임을 부인당했지만 내심으로는 여전히 자신들의 정통성을 굽히지 않고 있었다. 이 점에서 이 기간은 합법정부의 지위를 둘러싸고 세 세력이 경쟁하던 군웅할거群雄割據의 시기였다.

찬탁인가 반탁인가?

모스크바 삼상三相회의와 신탁통치 문제의 등장

1945년이 저물어갈 무렵 모스크바로부터 한반도의 정치 상황을 소용돌이로 몰아넣는 소식이 전해졌다. 바로 신탁통치trusteeship(이하 탁치)안이었다.

12월 16일부터 27일까지 모스크바에서는 미·영·소 세 나라의 외무장관들이 모여 전후처리문제에서 미진한 사항에 대해 회담을 가졌다. 회담 결과 발표된 7개항의 협정문 중 제6항이 한반도에 관한 내용이었는데, 그것은 모두 4개 조문으로 되어 있었다. 여기에는 한반도에 대한 탁치 실시와 관련된 보다 구체적인 내용이 들어 있었다.

한반도에 대한 탁치안이 처음 거론된 것은 1943년 11월 말 열린 카이로Cairo 회담에서였다. 이 회담에서 미국은 일본이 항복한 후 한국을 즉각적으로 독립시키지 않고 일정한 유예기간을 거친 후 독립시킬 것을 제안했고, 영국과 중국은 이 제안을 수용했다. 이것은 카이로 선언에서 다음 구절로 표현되었다. 즉 "위의 3대국(미국, 영국, 중국)은 한국 인민의 노예 상태에 유의해서 '적절한 경과in due course'를 거쳐 한국을 자유롭고 독립된 국가로 만든다는 결의를 가지고 있다." 여기서 말하는 '적절한 경과'는 탁치 실시를 염두에 둔 것이었다. 이러한 결의는 그 후 얄타Yalta 회담을 거치면서 그 유효성이 재확인되었고, 참여 범위도 소련까지 넣는 것으로 확대되었다. 그러나 탁치의 시행 방식이나 기간 등과 같은 구체적인 문제에 대해서는 서로 합의된 바 없었다. 따라서 모스크바 3상회의의 결의사항은 이러한 구체적인 문제에 대해 당사국들이 처음으로 합의를 이끌어냈다는 점에 그 의미가 있었다.

모스크바 3상회의 결의사항 원문을 소개하면 아래와 같다.

(1) 조선을 독립 국가로 재건설하(기 위한: 필자 추가)…… (모든 조치를 취할: 필자 추가) 임시 조선민주주의정부를 수립할 것이다.

(2) 조선임시정부 구성을 원조할 목적으로 먼저 그 적절한 방안을 연구 조성하기 위하여…… (미소)공동위원회가 설치될 것이다.

(3) 조선…… 독립 국가의 수립을 원조 협력할 방안을 작성함에는 또한 조선임시정부와 민주주의 단체의 참여하에서 공동위원회가 수행하되, 공동위원회의 제안은 최고 5년 기한으로 4개국 신탁통치의 협약을 작성하기 위하여 미·영·소·중 4

국 정부가 공동 참작할 수 있도록 조선임시정부와 협의한 후 제출되어야 한다.

(4) ……2주일 이내에 ……미소 양군 사령부 대표로서 회의를 소집할 것이다.[7]

골자를 추려보면, 우선 조선임시정부의 수립을 돕고 그 방책을 마련하기 위해 미소공동위원회(이하 미소공위)를 설치한다. 미소공위는 조선의 민주적인 정당·사회단체들과 협의하여 임시정부를 수립하고, 그 후 미소공위, 조선임시정부, 민주적인 정당·사회단체의 3자가 협의하여 조선에 독립국가를 수립할 방안을 작성한다. 이 제안은 미·영·중·소 4개국 정부에게 제출되어 이 국가들이 최고 5년 기한으로 탁치를 실시할 협약을 작성함에 있어 참작할 수 있도록 해야 한다는 것이었다.

이러한 모스크바 3상회의의 결의사항이 알려지자 임정(한독당), 한민당, 독촉 등의 우파는 즉각 반발하면서 '반탁(反託)'을 결의했다. 특히 임정의 반발은 거셌다. 12월 31일 임정은 내무부 포고문을 통해 "현재 미군정에 속해 있는 모든 관리들은 앞으로 임정에 예속된다"고 선언했다. 이것은 임정이 미군정을 대체하는 정부임을 내세우는 것으로서 미군정은 이것을 김구의 쿠데타 음모로 이해했다. 그 결과 미군정과 한독당의 관계는 더욱 악화되었으며, 미군정은 그 우두머리인 김구를 위험스러운 인물로 보게 되었다.

조선공산당, 조선인민당 등의 좌파도 처음에는 반탁에 동조했다. 그러나 박헌영이 평양을 방문하고 온 직후인 1946년 1월 초부터 좌파는 입장을 바꾸어 지지로 돌아섰다. 모스크바 3상회의 결의사항이 탁치가 전부가 아닌 만큼 그 속에는 조선 민족이 이용할 만한 가치가 있는 내용이 담겨 있다는 것이 그들의 논거였다. 따라서 좌파는 '찬탁(贊託)' 대신 '3상회의 결의사항 전폭 지지'라는 표현을 사용하면서 지지를 표명했다.

이후 우파는 '비상국민회의'로, 좌파는 '민주주의 민족전선'으로 모여 각각 탁치를 둘러싼 찬반 운동에 나서게 되었다. 사실 탁치문제가 등장하기 전까지는 모든 정치세력이 좌우로 그렇게 확연하게 갈라지지는 않았다. 다시 말해 좌파와 우파 내부에서도 각각 각축이 있었고, 쟁점에 따라서는 좌우를 가로질러 입장이 갈라지기도 했다. 그런데 탁치문제가 발생하면서 모든 정치세력은 선택의 여지가 없이 좌우로 확연하게 갈리게 되었다. 이 점에서 탁치문제는 한국 현대사에서 좌우간의 분열과 대립이 첨예화되는 계기가 되었다고 할 수 있다.

미소공동위원회와 신탁통치 평가

그러면 탁치문제를 포함한 모스크바 3상회의의 결의사항은 어떻게 평가될 수 있는가? 문구 자체로만 본다면 좌파의 주장처럼 모스크바 3상회의 결의사항은 이용할 만한 구석이 없지는 않았다. 하지만 현실적인 세력 관계나 미소 및 좌우간의 이해갈등 등을 고려한다면 이것의 실현 가능성에 대해서는 회의적인 측면이 적지 않았다.

모스크바 3상회의 결의사항에 비록 일정 기한의 탁치를 거치더라도 임시정부를 거쳐 통일된 독립정부로 나아가는 방안이 담겨 있었던 것은 사실이다. 그러나 이것이 성사되기 위해서는 다음과 같은 조건이 충족되어야만 했다. 남한과 북한의 좌우세력은 정파적 이해보다는 민족적 대의에 입각해 서로 협력하는 모습을 보여주었어야 했으며, 미국과 소련도 자국의 이해만 내세울 것이 아니라 서로 양보하는 자세를 가졌어야 했다.

하지만 현실은 그렇지 못했다. 북한에서는 소련의 지령에 따라 단독정부를 수립할 준비가 이미 상당 부분 갖추어진 가운데 우파인 조민당 계열은 힘을 잃었고, 소련에 우호적인 좌파적 정당·사회단체들이 위세를 떨치고 있었다. 반면 남한에서는 좌우가 극심하게 대립하는 가운데 미군정이 좌파를 상대로 때 이른 냉전을 시작하고 있었다.[8] 미군정은 우익과 협력관계를 유지하면서 세력 면에서 우위인 좌익을 억누르기 시작했다.

이런 상태에서 미국과 소련은 과연 서로 얼마나 협조했는가? 1946년 3월 20일부터 5월 8일 사이에 열린 1차 미소공위를 놓고 본다면 그렇다고 답하기 어렵다. 이 위원회는 본의제인 조선임시정부의 구성문제로 들어가지도 못한 채 아무런 성과 없이 끝나고 말았다. 미소 양국은 두 달 동안 자신들과 협의를 벌일 조선의 민주적인 정당·사회단체를 선정하는 문제를 둘러싸고 입씨름만 벌이다가 무기한 휴회에 들어가고 말았다. 소련군정의 대표는 반탁행위를 한 정당이나 단체는 협의 대상이 될 수 없다고 주장했고, 미군정의 대표는 그것을 의사표현의 자유를 제한하는 것이라고 비난하다가 미소공위가 끝나고 말았던 것이다. 소련군정은 북한을 이미 좌파 일색으로 만드는 데 성공했기 때문에 북한에서 자신들의 구미에 맞는 정당·사회단체를 협의 대상으로 선정하는 것은 식은 죽 먹기였다. 그러나 남한은 사정이 달랐다. 우파는 반탁이었고 좌파는 찬탁이었기 때문에 미군정으로서는 협의 대상으로 삼을 정당·사회단체를 선정하기가 쉽지 않았다. 자신들에게 우호적인 우파는 격렬하게 반탁운동을 하면서 협의 대상으로 선정되기를 거부하고 있었고, 그렇다고 자신들과는 맞지 않는 좌파 정당과 단체를 협의 대상으로 삼을 수도 없는 것이 미군정의 사정이었다. 여기에 소련군정이 나서서 반탁을 하는 정당·사회단체는 협의 대상으로 선정할 수 없다고 주장함으로써 미군정의 입장을 더욱 어렵게 만들었다. 결국 모스크바 3상회의 결의사항 이행 여부를 둘러싸고 가장 중요한 변수 중 하나인 미소의 협조가 결코 쉽지 않음이 미소공위를 통해 여실히 드러났다.

마지막으로 모스크바 3상회의 결의사항의 가장 큰 난관은 그에 대한 국민들의 반응이었다. 비록 그것이 조선이 독립에 이르는 합리적인 절차를 담고 있다고 할지라도 오랜 식민지에서 벗어난 지 반년이 채 안 된 국민들이 받아들이기에는 정서적으로 어려움이 있었다. 그들에게 4개국 탁치란 또 다른 식민지화를 의미하는 것이었기 때문이다. 이 점에서 좌파의 '3상회의 결의사항 전폭 지지'라는 주장은 그들의 본뜻과는 달리 국민들에게 '찬탁'으로 받아들여졌다. 그 결과 탁치문제를 계기로 국민들은 해방 직후부터 압도적 우위를 점하던 좌파로부터 점차 이반되기 시작했다.

좌우합작운동

　미소공위가 무위로 끝나자 미군정은 좌파와 우파를 배제하고 온건한 중간파 세력을 양성해 자신들의 세력 기반으로 삼고자 했다. 이러한 미군정의 의도에 따라 시작된 것이 좌우합작운동이다.

　미군정은 김규식과 여운형을 중심으로 하여 중도우파와 중도좌파를 연합하는 좌우합작을 시도했다. 미군정은 좌우파에 비해 힘이 부족한 중간파를 돕기 위해 여러 가지 방책을 동원했다. 한편으로는 탁치문제에 대해 지나치게 완고한 입장을 보이는 이승만, 한독당 등의 우파와 거리를 두면서 다른 한편으로는 조선공산당 같은 급진적인 좌파에 대한 억압을 강화했다. 우파를 배제하고 좌파를 억압함으로써 중간 세력의 힘을 키우자는 게 미군정의 계산이었다. 미군정은 중간파 정치인들을 중심으로 정치적 자문기구를 만들어 그들을 부양하려고도 했다. 이런 목적에서 1946년 12월 만들어진 것이 '남조선과도입법의원'이다. 이것은 민선民選과 관선官選 의원 절반씩으로 구성되었는데, 미군정은 관선 의원의 상당수를 중간파에서 충원함으로써 이 세력을 키우려고 했다.

　그러나 이러한 미군정의 지원에도 불구하고 좌우합작운동은 큰 성과를 거두지 못했다. 그 이유는 우선 김규식과 여운형 두 사람이 개인적인 면면으로는 훌륭한 지도자였지만, 현실 정치에서 각각 좌우의 세력을 대변할 만큼의 세력을 지니지 못했기 때문이었다. 미군정의 온갖 지원도 이러한 현실에서의 열세를 메우기에는 역부족이었다.

　미군정은 좌우합작을 추진하면서도 중도좌파보다는 중도우파를 편애했다. 이 점은 특히 '남조선과도입법의원' 수립 과정에서 분명히 드러났다. 그 결과 여운형 중심의 중도좌파가 좌우합작운동에서 떨어져 나갔고, 그렇지 않아도 세가 부족했던 좌우합작운동은 중도우파 위주의 운동으로 축소되고 말았다.

좌우합작이 성과를 거두지 못한 가장 중요한 요인은 미군정의 정책 변화에 있었다. 좌우합작의 추진에 한국인의 자발성이 전혀 없었던 것은 아니다. 좌우대립이 계속되는 가운데 미소공위마저 무위로 돌아가자 분단을 우려한 중도파가 나서서 합작 운동을 벌인 측면이 분명히 있기 때문이다. 하지만 현실적으로 세가 부족한 중도파에게 실질적인 운동의 추진력을 부여한 것은 미군정이었다. 따라서 이 작업은 미국이 의지가 있을 때에만 지속될 수 있었다. 미국의 정책이 변해서 탁치가 더 이상 유효한 대안이 아니게 되면 좌우합작 또한 추동력을 잃을 가능성이 농후했다. 미국의 입장에서 이러한 변화는 1947년 초부터 가시화되기 시작했다.

찬반탁과 좌우대립이 결합된 한 해

1946년 한 해를 지배한 것은 탁치를 둘러싼 논쟁이었다. 1945년 12월 말 시작된 찬반탁 논쟁은 좌우의 대립과 어우러지면서 1946년 한국 정치를 휩쓸었다. 특히 조선공산당이 1946년 9월부터 비합법적인 폭동 전술로 노선을 바꾸면서 좌우대립 및 미군정과 좌파의 대립은 폭력적인 양상으로 변해갔다. 이러한 사태의 시작은 9월 하순 시작된 총파업이었다. 여기에는 좌파 계열의 노조가 모두 가담했으며, 학생들도 동맹휴학으로 호응했다. 절정은 10월 1일 대구에서 시작된 폭동이었다. 이것은 상당한 희생자를 냈을 뿐 아니라 이

웃 지방으로 급속히 번져 11월 하순까지 남도 지방을 불안하게 만들었다. 이 와중에 조선공산당은 전열을 정비하기 위해 여운형 계열의 일부와 합쳐서 남조선노동당(이하 남노당)을 결성했다(이보다전인 1946년 8월 북한에서는 빨치산파와 연안파 그리고 국내파가 합쳐서북조선노동당(이하 북노당)을 결성했다. 남한에서의 남노당 결성은 이러한 북한에서의 움직임에 조응하기 위한 것이었다. 남노당은 후에 남한에서활동이 어렵게 되자 북한으로 쫓겨가 북노당과 통합한다. 그 결과 탄생한것이 현재까지 북한을 지배하고 있는 조선노동당이다). 이렇게 찬반탁을둘러싼 좌우의 대립이 격화되는 가운데 1946년은 저물어갔다.

미국의 정책 변화

1947년 초 미국의 대한對韓정책은 서서히 변화의 조짐을 보였다. 미국이 모스크바 3상회의 결의사항에 대한 준수를 명시적으로 포기한 것은 아니었다. 하지만 미국은 소련과 합의가 여의치 못할 경우에도 대비하기 시작했다.

왜 미국은 한국에 대한 정책을 바꾸기 시작했는가? 이러한 일국 local 차원에서의 정책 변화는 지역적regional 및 전 세계적global 차원에서의 변화를 전제하는 수가 많다. 다시 말해 이 무렵 미국은 대외정책의 기조, 즉 세계전략global strategy을 바꾸기 시작했고, 그것이동아시아 지역에 대한 미국의 정책변화로 이어졌으며, 궁극적으로는 한반도 정책도 바뀌게 되었던 것이다.[9]

【 신탁통치반대 집회 】

1946년은 신탁통치를 둘러싼 찬박타 논쟁으로 들끓었다. 사진
은 신탁통치를 반대하는 시민들의 모습.

미국의 세계전략 변화

1946년 말까지의 미국의 세계전략의 기조는 국제주의interna-tionalism였다. 이것은 사회주의 국가들까지도 포함한 대부분의 국가들과 호혜적이며 우호적인 통상 및 교류관계를 유지하는 정책(both capitalist states and socialist states)이었다. 이 기조가 유지될 때에는 미국은 자본주의와 사회주의 국가들 모두와 원활한 관계를 유지하는 정책을 취했다. 국제주의는 루스벨트F. D. Roosevelt 대통령을 비롯한 진보적인 뉴딜주의자들New Dealers이 권력의 중심에 있을 때보다 활성화될 수 있었다. 주지하듯이 제2차 세계대전 동안 미국은 소련과 연합하여 파시즘fascism 국가들과 맞섰다. 종전 이후에도 한동안은 이러한 우호관계가 지속되었다. 그러나 루스벨트 서거 이후 뉴딜주의자들이 미국의 권력 중심에서 점차 밀려났고 세계 도처에서 미소 간의 이해관계에 따른 충돌이 증대됨에 따라 이러한 상대적 협력관계는 더 이상 유지되기 어렵게 되었다.

이러한 현실변화를 반영해 미국은 1947년 초 세계전략을 수정하기 시작했다. 그것은 1947년 3월 12일 트루먼 대통령이 의회에서 "미국은 전체주의의 침략으로부터 자유국가와 제도를 수호할 것"이라고 자신의 외교정책 기조를 발표하면서 공식화되었다. 여기서 전체주의의 침략은 소련의 팽창을, 자유국가는 그리스와 터키를 주로 지칭하는 것이었지만, 동일한 논리가 한반도까지 확산되는 것은 시간문제였다. 트루먼 독트린은 미국이 냉전을 공식적으로 선언한 것에 해당되며, 이후 미국의 세계전략은 국제주의에서 봉쇄정책containment policy으로 변화되었다.

봉쇄정책이란 미국이 자본주의 국가들하고만 호혜적이고 우호적인 교류 및 교역관계를 유지하고, 사회주의권과는 더 이상 그런 관계를 갖지 않겠다는 것이며, 더 나아가 사회주의가 자본주의 진영을 넘볼 수 없도록 포위의 블록을 쌓아 그들의 팽창을 저지하겠다는 정책이었다. 즉 미국이 자본주의 진영과 사회주의 진영 중 전자만을 취하고 후자는 가두어서 고사枯死시키겠다는 것이다.

이후 봉쇄정책은 억지deterrence전략과 함께 냉전시대 미국 대외정책의 기조로 자리잡았으며, 소련이 붕괴할 때까지 바뀌지 않았다. 그러나 미국이 특정한 시기에 특정한 국가나 지역에서 봉쇄의 기조에서 벗어나 사회주의권에 대해 보다 적극적인 정책을 쓴 적도 있었다. 롤백정책roll-back policy이 그것이다. 봉쇄가 소련을 비롯한 사회주의권의 영역을 인정한 상태에서 그것의 팽창을 막으려는 현상유지 정책이었다면, 롤백은 사회주의권에 넘어간 영역의 일정부분을 되찾으려는 보다 공세적인 정책이라고 할 수 있다. 미국은 봉쇄의 기조를 허물어뜨리지 않으면서 필요할 경우 국지적으로만 롤백정책을 시도했다. 그 첫 시도는 한반도에서 나타났는데, 한국전쟁 당시 유엔군(주로 미군)이 38선을 넘어 북진한 것이 바로 그 예이다.

미국의 동아시아 정책 변화

미국의 세계전략이 국제주의일 때 미국의 동아시아 정책의 중심은 중국이었다. 그 경우 일본은 전쟁의 책임을 물어 목가牧歌적인 농업국가로 만들어버리겠다는 것이 미국의 생각이었다. 이런 방침 아래 미국은 중국에서는 국민당과 공산당의 싸움을 중재하기 위해

【 트루먼 독트린 】

미국의 새로운 외교정책에 대해 상·하 양원 합동회의에서 연
설하고 있는 트루먼 대통령.

국공國共합작을 추진했으며, 일본에서는 산업화와 부흥보다도 전쟁
에 관련된 사람들을 가려내 철저히 처벌하고 일본 사회를 보다 민
주화시키는 작업에 공을 들였다.

　　그러나 미국의 세계전략이 봉쇄정책으로 바뀌면서 사정이 변했
다. 비슷한 시기에 동아시아에서는 중국의 내전이 국민당에 대한
마오쩌둥 군대의 우위로 점차 변해가고 있었다. 중국이 공산화될
지경에 처한 것이었다. 이에 미국은 중국을 동아시아 정책의 중심

으로 삼던 기존 노선을 수정하기에 이른다. 그렇다고 미국이 거대한 중국을 그냥 포기할 수만은 없었다. 따라서 미국은 '마오쩌둥의 티토화Titonization of Mao' 작업에 착수했다. 마오쩌둥이 사회주의자이면서 동시에 민족주의자라는 점에 착안해 미국은 마오쩌둥을 유고슬라비아의 티토Tito처럼 소련의 영향력에서 벗어나 독자적인 노선을 추구하는 사회주의자an independent socialist로 만들고자 했던 것이다. 다시 말해 중국의 유고슬라비아화가 미국이 택한 새로운 중국 정책이었다.

이러한 미국의 대중對中 정책은 단기적으로는 별 성과를 거두지 못했다. 얼마 지나지 않아 한국전쟁이 발발했고, 그로 인해 소련과 중국, 북한 사이의 유대관계는 더욱 돈독해진 반면, 직접 참전하여 서로 총부리를 겨눈 중국과 미국 사이의 관계는 더할 나위 없이 악화되었기 때문이다. 미국의 이러한 정책이 어느 정도 성과를 거두는 데는 10여 년의 기간이 필요했다. 1950년대 말 중소 분쟁이 발생해서야 비로소 미국의 계산대로 중국의 유고슬라비아화 경향이 나타났기 때문이다. 중소 분쟁은 미국이 조장한 것은 아니었다. 하지만 중소 분쟁의 와중에 중국의 민족주의적 성향은 한껏 고양되었고, 그 결과 소련과의 이념적 동질성보다도 사회주의권의 패권을 둘러싼 경쟁이 더 중요하게 부각되기에 이르렀다.

어쨌든 미국이 동아시아 정책의 중심으로서의 중국을 포기하게 되자 대신 그 자리를 차지하게 된 것은 일본이었다. 이제 미국의 동아시아 정책은 중국 대신 일본을 중심에 두는 정책으로 변화되었다. 이를 위해서는 일본이 다시 동아시아의 중심으로 자리잡을 수 있을 정도로 경제적으로 부흥되어야 했다. 그 결과 일본에서의 미국의 관심은 민주화에서 경제부흥과 발전으로 옮겨가기 시작했다. 이른바 역逆코스reverse course가 시작된 것이다.

미국은 일본 경제를 부흥시키기 위해 막대한 원조를 제공하는 한편 이에 필요한 배후지hinterland, 즉 원료공급지이자 상품 시장 역할을 할 지역을 물색하게 되는데, 이때 후보로 떠오른 것이 동남아시아와 한국 그리고 대만이었다. 이 지역들은 과거 일본이 '대동아 공영권'이란 이름하에 지배 또는 침략했던 곳이었다. 결국 1947년을 기점으로 이루어진 미국의 동아시아 정책 변화는 일본에게 과거의 '대동아 공영권'을 경제적인 측면에서 되살릴 수 있는 기회를 주었다고 할 수 있다. 물론 이러한 기회가 단번에 온 것은 아니었다. 그것은 동남아시아 지역에서 구舊지배 세력인 유럽 국가들이 퇴조하고 그 공백을 미국이 메우는 것과도 관련이 있었다. 그러나 한국 및 대만과 일본 사이의 연결은 1960년대를 기다려야만 했다. 그때가 되어야 한국과 일본, 대만과 일본 사이의 국교가 회복되기 때문이다. 그러나 일본은 공식적인 관계 회복 이전에도 한국을 자신들의 부흥을 위한 발판으로 이용하게 되는데, 그 계기가 된 것이 바로 한국전쟁이었다. 한국에서의 전쟁 발발은 이웃 나라 일본에게는 독립과 경제회복을 이룰 수 있는 절호의 기회였다. 1951년 일본은 한국전쟁을 틈타 샌프란시스코 강화조약을 통해 독립을 이루었고, 한국전 특수特需를 통해 부흥의 발판을 마련했다.

미국의 한반도 정책 변화

미국의 세계전략이 국제주의일 때, 그에 걸맞은 미국의 한반도 정책은 4개국 탁치였다. 이미 설명했듯이 국제주의란 사회주의 국가, 특히 소련을 배제하지 않고 그들과 교류와 대화를 유지하는 것을 원칙으로 했는데, 한반도에서 그러한 정책은 소련을 포함한 4개국(미·영·중·소)이 공동으로 참여하는 탁치였기 때문이다. 따라서 미국은 탁치를 실현시키기 위해 제1차 미소공위를 열었고, 그것이 무위로 돌아간 후에도 탁치를 실현하기 위한 국내세력 기반을 강화하기 위해 좌우합작을 추진했던 것이다.

그런데 1947년을 계기로 미국의 세계전략이 봉쇄정책으로 바뀌자 미국의 한반도 정책도 그에 따라 변해야만 했다. 이제 한반도에서도 소련을 배제하면서 그들의 확장을 봉쇄하는 정책이 필요해진 것이다. 미국 입장에서 그러한 정책은 우선 남한에라도 그들의 이익을 지켜줄 수 있는 정부를 세우는 것이었다. 소련은 이미 1945년 9월 20일부터 북한에 독자적인 정치조직을 만들려는 생각을 품었으며, 그것은 1945년 10월 초순부터 노골화되어 1946년 초에는 실질적인 기반을 거의 구축한 바 있었다. 이러한 소련의 기도 자체를 부인하지는 않겠지만 미국은 그에 대응하는 조치를 남한에서도 강구해야겠다고 생각한다. 소련이 북한에 그들의 구미에 맞는 정부를 세우는 것을 허용하겠지만 미국 역시 남한에 상응하는 조치를 취할 것이며, 소련이 자신들의 허용범위를 넘어서 38선 이남으로까지 세력을 팽창하려 든다면 결코 좌시하지 않겠다는 것으로 미국의 정책이 변해야만 했다.

물론 미국은 명분을 위해 곧바로 모스크바 3상회의의 결의사항을 포기하는 행동을 취하지는 않았다. 하지만 이후 미국의 정책은 남한에 단독정부를 수립하는 방향으로 점차 수정되어 갔다.

내용상 연결되기 때문에 여기서 시간을 조금 앞당겨 1948년 정부 수립 이후부터 1953년 한국전쟁이 휴전될 때까지의 미국의 대한 정책 변화를 잠깐 개관해보겠다. 1948년 남북한에 각각 별개의 정부가 수립된 후에도 냉전 시대 봉쇄정책에 가장 잘 부합하는 미국의 한반도 정책은 분단을 유지·관리하는 것이었다. 소련이나 북한이 허용범위를 넘어오지 못하게 하면서 남한의 유사한 행동도 막는 것이 미국의 정책목표였던 것이다.

그런데 오래 지나지 않아 이러한 미국의 기본 구상을 깨는 행동이 북한으로부터 저질러졌다. 1950년 6월 25일 북한이 남침을 감행한 것이었다. 이에 미국은 유엔의 이름으로 군사적으로 개입해 전세를 뒤집었다. 서울을 수복한 미국은 잠시 고민에 빠졌다. 전쟁 발발 이전의 경계선인 38선을 회복하는 선에서 전쟁을 마칠 것인지 아니면 그것을 넘어갈 것인지의 선택에 직면한 것이다. 봉쇄정책에 부합하는 전쟁정책은 38선에서 진격을 멈추는 것이었다. 그러나 미국의 최종 결정은 북진이었다. 냉전 개시 이후 최초로 봉쇄정책의 틀을 깨고 롤백정책을 시도해 보는 모험이 한반도에서 일어난 것이다. 그러나 롤백정책은 오래가지 못했다. 중국이 참전하고 한국군과 미군이 다시 후퇴하게 되면서 미국은 봉쇄정책에 걸맞은 한반도 정책인 현상(분단)으로 복귀했다. 이러한 미국의 정책 아래서 한국전쟁은 어느 한쪽의 승리로 끝날 수 없었으며, 어정쩡한 봉합인 휴전으로 마무리될 수밖에 없었다.

이상에서 설명한 미국의 세계전략 변화와 그에 따른 동아시아 정책 변화 및 대한 정책 변화를 표로 나타내면 표1-1과 같다.

단독정부인가 통일정부인가?
제2차 미소공위의 결렬과 한국문제의 유엔이관

1947년 들어 미국의 세계전략과 동아시아 정책 및 한반도 정책은 변화되었다. 그러나 미국은 여전히 모스크바 3상회의 결의사항을 준수하겠다고 하면서 미소공위를 재개하려고 애쓰는 모습을 보여주었다. 미국은 자신이 먼저 모스크바 3상회의의 약속을 파기함으로써 한반도를 분단시켰다는 책임을 뒤집어쓰고 싶지 않았고, 이점은 소련 역시 마찬가지였다. 소련은 일찍부터 북한에 독자적인 정부를 수립할 준비를 갖추어놓고 있었지만 자신들이 먼저 합의를 깼다는 비난을 받고 싶지 않았다. 따라서 미국과 소련은 협상하는 듯한 태도를 계속 견지했고, 이런 맥락에서 제2차 미소공위가 1947년 5월 21일 재개되었다. 그러나 이번에도 회담은 전혀 성과를 거두지 못한 채 8월에 결렬되고 말았다.

미국은 마지막으로 소련에게 보통선거를 통해 남북한에 각각 별개의 입법기관을 설치하고 그 대표로 통일임시정부를 수립하며 이 정부와 미·영·중·소 4개국이 협의해서 점령군 철수 및 조선의 완전독립문제를 처리하게 하자고 제의했다. 그러나 소련은 남북한에 별개의 입법기관을 설치하는 것은 분열을 조장하는 행위라고 반대하면서 여전히 미소공위를 통한 협의만을 고집했다.

이제 어느 정도 명분을 쌓았고 소련과의 합의 도출도 어렵다고 생

표1-1 | 미국의 세계전략, 동아시아 정책 그리고 대한 정책 변화

정책수준 / 시가구분	미국의 세계전략	미국의 동아시아 정책	미국의 대한 정책
1943년~ 1946년 말	국제주의	- 중국을 동아시아 정책의 중심으로 생각. - 일본은 부흥보다는 민주화에 관심을 두고 목가적인 국가로 만들려고 함.	4개국 신탁통치 (미국, 영국, 중국 외에 소련도 포함)
1947년 초~ 냉전 종결까지	봉쇄정책	- 중국을 동아시아 정책의 중심으로 삼는 것을 포기하고 '마오쩌둥의 티토화'에 착수 - 일본이 동아시아 정책의 중심으로 부상. 그 결과 일본에서 부흥보다 민주화가 강조되는 역코스가 발생. 일본 부흥을 위한 배후지로 동남아, 한국, 대만 등을 고려.	- 정부 수립 이전: 단독정부 수립 - 정부 수립 이후: 분단을 유지·관리 - 휴전 이후: 분단을 유지·관리하는 현상유지 정책
간헐적·국지적으로 시행	롤백정책	- 일본의 배후지로 위의 지역 외에 북한과 만주까지도 고려.	- 북진통일: 1950년 10월 7일 유엔군이 38선을 넘어 북진을 시작함으로써 롤백정책이 한국에서 처음으로 나타남. - 그러나 중국의 군사적 개입 이후 미국은 곧바로 봉쇄정책으로 복귀해 전쟁을 휴전으로 봉합.

각한 미국은 1947년 9월 한국 문제를 유엔에 넘기기로 결정했다. 미소 간에 합의가 불가능할 경우에 대비해 미국이 이전부터 가지고 있던 복안이었다. 당시 유엔 가입국 대다수는 미국의 영향력 아래 있었다. 따라서 미국으로서는 한국 문제를 유엔으로 가져갈 경우 자신의 의도대로 결정을 내리기가 용이하다는 점을 감안했을 것이고, 소련은 이 점을 알았기 때문에 한국 문제의 유엔 이관을 반대했다.

1947년 11월 14일 유엔에서 미국의 제안이 통과되었다. 결의안의 골자는 유엔 감시하에 남북한에서 인구 비례에 따른 총선거를 실시하여 통일정부를 수립하고 독립을 이룬다는 것이며, 이 선거 과정을 감시하기 위해 '유엔한국임시위원단UNTCOK'을 구성하여 한국에 파견한다는 것이었다. 이에 따라 1948년 1월 위원단이 입국했으나 소련의 거부로 북한을 방문할 수 없었다. 이 딜레마를 해결하기 위해 그해 2월 유엔은 '선거 감시가 가능한 지역', 즉 남한에서만 인구 비례에 따른 총선거를 실시하기로 결정하며, 미군정은 이를 받아 그해 5월 10일 남한에서 총선거를 실시한다고 발표했다.

단독선거에 대한 각 정치세력의 대응

제2차 미소공위가 실패로 돌아가고 한국 문제가 유엔으로 이관되면서 남한 내의 정치적 쟁점도 탁치를 둘러싼 찬반에서 단독정부 수립에 대한 찬반으로 바뀌어갔다. 특히 유엔한국임시위원단의 입국을 전후해 단독정부 추진세력과 통일정부 추진세력 사이의 대립은 더욱 격화되었다. 그 동안 우파는 반탁, 좌파는 찬탁으로 양분되었으나 단독정부 문제로 쟁점이 옮아가면서 우파는 분열하는 모습을 보였다. 이승만과 한민당은 단독정부 수립에 적극 찬성했으나 한독당은 그에 반대해 중도파와 연합해 통일정부 수립운동에 나서게 된다.

미국이 세계전략과 동아시아 정책 및 한반도 정책을 변화시키고 있던 무렵에 마침 이승만은 미국을 방문하고 있었다. 이승만은 미국의 세계전략이 소련에 대해 비타협적인 봉쇄정책으로 변하는 것을 현지에서 지켜본 후 1947년 4월 귀국했다. 그는 "자신은 임정의 법통과 무관하게 앞으로 있을 선거(설사 그것이 단독정부를 수립하기 위한 선거일지라도)에 임하겠다"는 귀국성명을 발표하면서 입지를 분명히 했다. 따라서 그는 미군정이 단독선거 실시를 발표하자 독촉을 중심으로 단독선거에 적극 임하는 자세를 보여주었다.

한민당은 제2차 미소공위가 열리자 그에 참여함으로써 반탁진영에서 이탈했다. 제1차 미소공위 당시에는 이승만과 한민당, 한독당이 모두 불참하고 반탁운동을 벌였다. 그러나 이번에는 한민당이 참여를 결정함으로써 반탁 진영에 균열이 발생했고, 한민당은 한독당과도 노선을 달리하게 되었다. 더 나아가 한민당은 제2차 미소공위가 결렬되고 유엔에서 남한만의 선거를 결정하자 이승만과 같이 그에 적극 응하는 자세를 취했다.

이제 반탁 진영에는 한독당 세력만 남게 되었다. 그러나 문제가 찬반탁에서 단독정부의 수립 여부로 점차 옮겨가자 한독당도 반탁에서 반단정, 즉 통일정부 수립으로 주장을 변화시켰다. 제2차 미소공위가 결렬되자 한독당은 1947년 9월부터 남북 총선거론을 들고 나오면서 점차 중도 노선으로 기울기 시작했다.

미군정의 변심으로 점차 힘을 잃어가던 좌우합작(중간)파는 미소 공위가 재개되자 다시 활기를 되찾았다. 그러나 제2차 미소공위마 저 결렬되고 한국문제가 유엔으로 넘어가자 중간파는 다시 활력을 잃고 말았다. 이후 중간파는 민족자주연맹이라는 연합체를 결성하 는데, 여운형이 암살된 후 구심점을 잃은 근로인민당 계열과 여타 중간파들이 김규식을 중심으로 모인 것이었다. 이들은 남한만의 단 독선거를 거부하고 통일정부 수립을 추구한다는 점에서 한독당과 노선면에서 접근했다.

김구(임정)와 김규식(중간파)은 1948년 4월 말 단독선거를 막기 위한 마지막 노력으로 북한의 김일성과 협상하기 위해 평양을 방문 했다. 그러나 북한 역시 이미 별개의 정부를 수립하기 위한 준비를 다 끝내놓은 상태였기에 이 같은 노력은 성과 없이 끝날 수밖에 없 었다.

한편 핵심 지도부가 대부분 북한으로 피신한 남노당은 단독선거 를 저지하기 위해 총파업 등을 선동하지만 실효성이 별로 없었다. 다만 제주도에서 1948년 4월 3일 시작된 무장봉기(4·3사건)만이 어 느 정도 성과를 거두어 그곳에서는 제때에 선거가 치러지지 못했다.

결국 대체로 평온한 가운데 남한만의 단독 선거가 1948년 5월 10 일에 거행되었다.

정부 수립과 국가형성의 정치

해방이 독립으로 이어지지 못하고 다시 미군정의 지배를 받게 된 상황에서 사람들의 관심은 어떤 내용을 지닌 국가를 세울 것인가라는 체제선택의 문제에 집중되었다. 그러나 남한에 단독정부를 세우기 위한 5·10선거가 결정되면서 이 문제는 점차 국가형성에 대한 관심으로 대체되게 되었다.

5·10선거
게임의 룰 만들기(1): 선거법 [10]

선거라는 (정치적) 게임을 치르기 위해서는 룰이 전제되어야 한다. 1947년 6월 29일 '남조선과도입법의원'은 다음과 같은 내용의 선거법을 처음으로 만들었다.

선거권은 23세, 피선거권은 25세 이상의 성인 남녀에게 모두 주어지지만, 민족 반역자나 일제로부터 작위를 받은 자 및 고위 친일 관리는 자격을 박탈했다. 소선거구 단순다수대표제를 채택했으며, 기표는 입후보자의 이름을 직접 쓰는 자서自書 방식을 택했다. 그리고 이북 출신의 월남자를 위한 특별 선거구를 두도록 했다.

그러나 이 법에는 문제가 있는 조항이 적지 않았다. 우선 선거권을 부여하는 나이가 너무 높았으며, 당시의 높은 문맹률(대략 80%)을 생각할 때 기표 방식을 자서로 하는 것은 문제가 많았다. 그리고 특별선거구를 두는 것에 대해서도 말이 끊이지 않았다.

이에 미군정은 법안의 수정을 요구했다. 그 결과 피선거권의 연령은 그대로 두되 선거 연령은 21세로 낮추어지고, 기표 방식은 막대기의 수로 표시된 번호 아래 ○표를 하는 식으로 바뀌었으며, 특별선거구도 없어지고 말았다. 오늘날 우리가 누리고 있는 선거권과 선거에 관한 룰의 원형은 이때에 형성되었다고 할 수 있다. 한국 최초의 명실상부한 선거인 5·10선거는 이러한 게임의 룰 아래서 치러졌다.

최초의 게임: 1948년 5·10선거

5·10선거는 대한민국 역사상 최초로 선거의 4대 원칙(보통, 평등, 비밀, 직접)이 지켜지는 가운데 치른 선거였고, 대한민국 정부를 수립하기 위한 첫걸음이었다는 점에서 매우 의미 있는 선거였다. 남한에서는 1946년 12월 '남조선과도입법의원' 선거가 있었지만 그것은 재산에 따라 선거권이 부여된 차등 선거였다. 소련이 주둔한 북한에서도 선거가 있었지만 그것은 찬반을 백함과 흑함에 구분해 넣게 했다는 점에서 일종의 공개투표였다.

【 대한민국정부수립 기념식 】

유엔의 결의에 따라 1948년 5월 10일 남한지역에서만 총선거를
실시하여 대한민국 정부가 수립됨으로써 만 3년에 걸친 미군정
이 끝났다.

하지만 5·10선거도 지리적으로나 이념적으로는 한계가 있는 선
거였다. 좌파(남노당)는 선거에 참여할 수 없었고, 중간파(민족자주
연맹)와 우파의 일부(한독당)는 적어도 '공식적'[11]으로는 선거에 참
여하기를 거부한 가운데 한민당과 이승만 세력(독촉) 그리고 무소속
이 대거 참여하여 남한에서만 치러진 선거였기 때문이다.

  5·10선거는 제주도를 제외하고는 전국에서 비교적 평온한 분위
기 속에서 진행되었다. 유엔한국임시위원단은 선거가 끝난 후 '전

【 5 · 10 국회의원 총선거 】

역사적인 5 · 10선거는 UN감시 한국위원단의 감시하에 남한 전
지역에서 실시됐다. 사진은 투표 현장에서 유권자들이 줄을 서
서 순서를 기다리는 모습.

반적으로 자유스러운 분위기' 속에서 선거가 치러졌다는 보고서를
작성했다.

이 선거의 표면적인 결과는 무소속이 85명, 독촉이 55명, 한민당
이 29명, 대동청년단이 12명, 민족청년단이 6명, 기타가 13명이었
다. 그런데 무소속이 전체에서 차지하는 비중이 높았기 때문에 이
들의 성분을 분석해 보아야만 이 선거의 결과를 정확히 가늠할 수
있다.

5월 30일 국회가 열린 후 원내에서 이루어진 여러 가지 활동을 근거로 종합적으로 평가해 보면, 무소속 85명 중에는 위장한 한민당계(실제로는 친한민당 성향이면서 당시 한민당에 대한 국민들의 이미지가 좋지 않았기 때문에 무소속으로 출마한 사람들)가 약 35명 정도 포함되어 있었다. 따라서 이들을 뺀 나머지 무소속 의원들(약 50명)이 순수한 무소속이라고 볼 수 있다. 이들 순수 무소속은 7월 20일 정·부통령을 뽑는 선거(제헌헌법에서는 대통령을 국회에서 선출하도록 되어 있었다)에서 거의 김구에게 표를 던졌으며, 정부 수립 이후 반민특위 활동이나 농지개혁법 입안 과정에서 진보적 주장(이에 대해서는 이 책의 제2장 '이해갈등조정의 정치' 편을 참조)을 펼쳤다. 이에 비추어볼 때, 이들의 성향을 진보 내지는 중도로 볼 수 있다.[9]

따라서 이러한 원내활동을 바탕으로 5·10선거의 실제 의석 분포를 가늠해 보면, 한민당이 약 65~70명, 이승만계(독촉)가 55~60명, 상대적으로 진보적인 무소속 소장파가 약 50명 등이었다고 할 수 있다.

제헌制憲과 조각組閣 그리고 정부 수립

게임의 룰 만들기(2): 헌법

국가가 새로 만들어지기 위해서는 가장 기본적이고 추상적인 규범에 해당되는 헌법이 만들어져야 한다. 따라서 5·10선거를 통해 구성된 국회가 가장 먼저 착수한 일은 제헌 작업이었다.

제헌 작업을 주도한 유진오는 한민당의 의견을 반영하여 애초에 헌법의 권력구조를 내각책임제로 만들어졌다. 원내 다수의석을 차지한 한민당으로서는 내각책임제가 자신들의 이해관계에 가장 잘 부합하는 것이었다. 그러나 많은 사람들로부터 대통령 후보로 인정받고 있던 이승만은 허울뿐인 대통령이 되고 싶지 않았기 때문에 내각책임제를 강력히 반대했다. 그 결과 헌법의 권력구조는 대통령제로 급선회하게 되고, 그 과정에서 내각제적 요소가 다분히 섞인 대통령제 헌법이 만들어지게 되었다.[13]

이 헌법을 통해 새로 수립된 대한민국은 군주제가 아닌 주권이 국민에게 있는 '민주공화국'의 성격을 지니게 되었으며, 국민들은 대부분의 근대 국가가 보호하고 있는 기본적인 권리(평등권, 자유권, 재산권, 교육권 등)도 누릴 수 있게 되었다. 이 헌법은 노동자의 이익균점均霑권을 인정(제18조 2항)한다는 점에서 다소 현실감이 떨어질 정도로 진보적인 내용을 담고 있기도 했다. 그리고 경제적 자유를 '사회정의의 실현과 균형 있는 국민경제의 발전'이라는 한계 내에서 인정(제84조)한다든지 주요 자원이나 산업에 대한 국유 내지 국·공영의 원칙을 천명(제85, 87조)하고 있다는 점에서 사회국가의 원칙을 넘어 시장경제의 원칙을 훼손할 소지가 있는 내용도 일부 담겨 있었다.[14]

그런가 하면 이 헌법에는 이후 정치 과정의 전개와 관련된 중요한 내용들이 몇 가지 담겨 있었다. "농지는 농민에게 분배(제86조)"한다는 내용을 명시함으로써 정부 수립 이후 농지개혁을 단행하지 않을 수 없게 만들었다. 또한 제헌국회가 "해방 이전의 악질적인 반민족행위를 처벌하는 특별법을 제정할 수 있다(제101조)"고 규정함으로써 정부 수립 이후 친일파 처벌문제를 거론할 수 있는 헌법적 근거를 마련해 놓았다. 즉각 시행되지는 않았지만 지방자치도 규정되어 있었다.[15] 헌법이 만들어지고 정부가 수립되기 전에 구성된 국회가 새로 만들어진 헌법과 정부에서도 이 헌법에 의거하여 권한을 행사할 수 있다(제102조)는 헌법적 근거를 명시했으며, 제헌국회에 한하여 임기가 2년임을 밝혔다.

조각과 여야의 성립

제헌헌법에 따라 국회는 이승만과 이시영을 각각 대통령과 부통령으로 선출했고, 이승만은 곧바로 내각을 구성하는 작업에 착수했다. 이때 한민당은 이승만이 자신들에게 중요한 각료 몇 자리 정도를 할애해 줄 것으로 기대하였다. 한민당은 내심 제헌과정에서 이승만에게 상당한 양보를 한 것에 대한 반대급부를 바랐던 것이다. 그러나 이승만은 한민당에게 재무장관 단 한 자리만을 할애하는 데 그쳤다. 그는 내각을 구성하면서 정치적 배경이 크지 않으면서도 자신에게 순종적인 사람들을 선호했다.

그 결과 임명된 각료의 면면을 보면 다음과 같다. 총리에 이범석(국방장관 겸직), 외무부장관에 장택상, 내무부장관에 윤치영, 법무부장관에 이인, 재무부장관에 김도연, 문교부장관에 안호상, 사회부장관에 전진한, 교통부장관에 민희식, 상공부장관에 임영신, 농림부장관에 조봉암.

이렇게 조각 과정에서 이승만에게 버림을 받자 그 동안 그와 보조를 맞춰왔던 한민당은 이제부터 '시시비비를 가리겠다'고 선언하면서 야당을 자임하기 시작했다. 한국 정치에서 여당與黨과 야당野黨

은 이렇게 탄생했다. 해방 이후부터 5·10선거와 제헌까지 함께했던 이승만과 한민당이 국가형성의 마지막 단계인 조각과정, 즉 권력(각료직)을 분배하는 과정에서 서로 이해관계가 엇갈려 여와 야로 갈라서게 되었던 것이다.

한편 제헌국회 내에는 한민당 말고도 이승만과 맞서는 또 하나의 야당세력이 있었다. 50여 명 정도의 상대적으로 진보적인 무소속 소장파 의원들이 그들이었다. 이들은 사안에 따라 어떤 경우는 한민당과 연대하고 또 어떤 경우는 이승만과 연합하는 식으로 활동했다. 이렇게 본다면 이 무렵 제헌국회 내의 세력구도는 세 세력이 쟁점에 따라 합종연횡合從連橫하는 정립鼎立구도였다고 할 수 있다.

정부 수립과 국제적 승인

이 모든 과정을 기초로 하여 대한민국 정부가 1948년 8월 15일 수립되었으며, 북한은 그보다 조금 뒤인 9월 9일 정부를 수립했다. 이렇게 남북한에 별개의 두 정부가 생겨남으로써 1945년 8월 일본으로부터 항복을 받기 위한 군사적 편의의 목적에서 생겨난 38선이 실질적인 국경선으로 변하기 시작했다.

이승만 정부는 수립 직후 대한민국이 한반도에서 유일 합법정부임을 천명하고, 그것은 국제적으로 승인받기 위해 노력했다. 그 노력은 같은 해 12월 12일 제3차 유엔 총회에서 결의 제195호(Ⅲ)로 한국이 승인됨으로써 어느 정도 결실을 맺었다. 하지만 그 내용을 면밀히 살펴보면 한국을 '선거감시가 가능했던 지역에서 합법적으로 수립된 정부'로 승인한 것이지 우리 정부에서 말하듯 '한반도 내

【 초대 이승만 대통령 취임식 】

제헌헌법에 따라 국회는 이승만을 대통령으로 선출했다. 그는
취임 후 자신에게 순종적인 내각을 구성하고자 했다. 사진은 취
임식에서의 이승만 대통령(좌)과 이시영 부통령(우)의 모습.

의 유일한 합법정부'[16]로 승인한 것은 아니었다. 승인에 관한 내용
이 담긴 동同결의안 제2항을 원문 그대로 옮겨보면 다음과 같다.

유엔한국임시위원단이 선거를 감시하고 자문할 수 있었으며, 한국
인의 압도적 다수가 거주하고 있는 바로 그러한 한국의 부분에 대해
효과적인 통제권과 관할권을 지닌 합법적인 정부(대한민국)가 수립되
었다. 이 정부는 한국의 그 부분에 거주하는 유권자들의 자유의사의

분명한 표현이었고, 유엔한국임시위원단이 감시한 선거에 기초하고 있다. 이것은 한국에서 유일한 그러한 정부임을 선언한다(*"Declares* that there has been established a lawful government(the Government of the Republic of Korea) having effective control and jurisdiction over that part of Korea where the Temporary Commission was able to observe and consult and in which the great majority of the people of all Korea reside; that this Government is based on elections which were a valid expression of the free will of the electorate of that part of Korea and which were observed by the Temporary Commission; and that this is the only such Government in Korea;")[17]

물론 국제무대에서의 남북한 간의 외교경쟁에서 이 정도의 결의안이라도 끌어낸 것은 분명 우리의 외교적 성과라고 할 수 있다. 하지만 이것을 유일 합법정부로 과대 해석하여 국민들을 오도誤導하는 것은 이제 지양할 필요가 있다.[18] 어쨌든 이 결의안이 발표된 후 미국(1949년 1월 1일)을 필두로 1950년 3월까지 26개국이 한국을 승인함으로써 한국은 독립국가로서 국제무대에 등장할 수 있게 되었다.

대한민국 수립을 어떻게 볼 것인가

냉전질서하에서 차선의 선택으로서의 단정 수립

오늘날 남한만의 단정 수립을 비판적으로 보는 풍조가 확산되고 있다. 심지어 2002년 대통령 선거 당시 어떤 후보는 남한을 '민족 분열 세력'이 세운 나라라고 공공연하게 밝히기까지 했다.

이러한 부정적 사고의 이면에는 통일정부를 수립하지 못한 것에 대한 민족주의적 입장에서의 회한悔恨이 깔려 있다. 이 점에서 이들의 주장에 이해가 가는 구석도 없지 않다. 하지만 이러한 민족주의적 입장 속에 알게 모르게 스며들어가 있는 두 가지 위험한 사고방식, 즉 체제를 불문하고 통일정부를 수립했어야 했다는 통일지상주의적 입장이나 사회주의적 통일의 기회를 놓친 것을 못내 아쉬워하는 노골적인 체제 부정적 사고에 대해서는 보다 단호한 평가를 내릴 필요가 있다.

민족주의적 입장에서 볼 때 1948년 8월 15일 탄생한 남한은 통일국가가 아니라 분단국가였다는 점에서 불완전한 근대 국민국가, 즉 '결손缺損 국가broken state'인 셈이다. 따라서 이들에게는 통일, 즉 근대 국민국가의 완성이 지상과제로 제기된다.

당시나 지금이나 통일정부 수립의 당위성과 필요성에 대해 부인하는 사람은 별로 없다. 다만 당시의 국내외적 조건에서 그것이 실제로 가능했겠는가에 대해서는 의견이 분분하다. 당위성과 현실성 사이에는 상당한 괴리가 있기 때문이다. 아울러 통일정부를 수립한다고 할 경우 통일의 내용을 무엇으로 채울 것인가에 대해서도 의견이 서로 갈릴 수 있다. 자본주의 체제를 염두에 둘 수도 있고 사회주의 체제를 생각하는 사람도 있을 것이며, 중도(중립)적인 체제가 옳다고 믿는 사람도 있을 수 있다.

냉전은 적어도 공식적으로는 1947년 3월 12일 트루먼 독트린 발표로 시작되어 1989년 베를린 장벽이 무너지고 1991년 소련이 붕괴되면서 끝났다. 한국에서의 분단과 단정 수립은 이러한 냉전의 세계사적 전개와 관련시키지 않고는 그 의미를 제대로 설명하기 어렵다. 결론부터 말하면, 이승만의 단정 노선은 냉전에 저항하기보다는 미국에 편승하여 남한에 먼저 정부를 세우고, 그것을 토대로 북한을 통일하자(북진 통일)는 2단계 전략의 일환이었으며, 냉전의 종언을 지켜본 현시점에서 최선은 아니지만 가능한 범위 내에서의 차선의 선택이었다고 평가할 수 있다.

1947년 냉전이 본격화되자 지구상 대부분의 나라들은 선택을 강요받았다. 미국이 주도하는 자본주의 진영과 소련이 주도하는 사회주의 진영 중 어느 한쪽에 가담할 것인가 아니면 둘 다 거부하고 독자적인 길을 갈 것인가가 이들에게 주어진 선택지였다. 미국과 소련 중 어느 한 블록에 가담하는 것은 선택의 내용이 무엇이든 냉전질서에 순응하는 길이었다. 반면 독자 노선은 양자택일적인 냉전질서 자체에 저항하는 길이었다.

저항에 나선 나라들은 많지 않았다. 독자 노선을 택한 나라로는 유고슬라비아, 중국, 인도, 인도네시아, 드골 치하(1958~1969)의 프랑스 등이 있었다. 이 중 냉전 초기부터 독자 노선을 취한 나라는 유고슬라비아 정도였다. 유고슬라비아는 대독對獨 레지스탕스 운동의 영웅인 티토가 폭넓은 국내적 지지 기반을 토대로 1947년경부터 소련에 대해 거리를 두기 시작했다. 나머지 국가들은 적어도 1950년대 후반에 가서야 이런 입장을 취할 수 있었다. 이 무렵 중·소 분쟁으로 사회주의권이 균열하면서 중국과 인도, 인도네시아 등이 중심이 된 비동맹 운동이 시작되었고, 유럽에서는 드골이 '위대한 프랑스'를 내세우며 독자 노선을 걷기 시작했다.[19] 비동맹 운동과 드골의 독자 노선은 미소 중심의 패권주의를 거부한다는 점에서 수렴했다.

대부분의 나라들은 순응의 길을 택해 미·소 양진영 중 하나에 가담했다. 선택은 자발적으로 이루어진 경우도 있었고, 강요된 경우[20]도 있었지만, 그 구분이 애매하여 자발적 강제이거나 강제적 자발인 경우도 적지 않았다. 흥미로운 것은 피점령국의 경우였다. 그 중에는 패전의 책임을 물어 점령당한 독일, 오스트리아, 일본 같은 전범국戰犯國도 있고, 전범국의 피식민지였다가 연합국에 점령당한 한국 같은 나라도 있었다. 또한 독일, 오스트리아, 한국처럼 여러 나라에게 분할 점령을 당한 나라가 있는가 하면, 일본처럼 단독 점령을 당한 나라도 있었다. 미국이 단독 점령한 일본이 냉전이 시작되자 자본주의 진영에 편입된 것은 당연한 일이었다. 하지만 분할 점령을 당한 국가들은 점령 주체가 복수였기 때문에 어느 한 진영에 편입되기가 쉽지 않았다. 이 경우 국가가 쪼개지면서 각각이 서로 다른 선택을 하는 경우(독일, 한국)도 있고, 선택을 거부하고 중립국으로 남아 분단을 피한 경우(오스트리아)도 있다.

단정 노선과 민주기지론: 기능적 등가성과 결과적 차이

한국의 경우를 좀더 살펴보자. 전 세계적 차원에서 냉전에 대해 각국이 취했던 순응과 저항의 태도는 한국 내부에서 모두 그대로 나타났다. 이승만과 한민당의 단정 노선은 미국 중심의 냉전질서에 편승하는 것이었고, 김일성의 민주기지론은 소련 중심의 냉전 질서에 편승하는 것이었으며, 중간파의 남북협상론은 냉전질서를 거부하고 독자 노선을 추구하는 것이라 할 수 있다. 이승만의 단정 노선과 김일성의 민주기지론은 남북한에 별개의 정부가 수립된 후 각각 북진통일론과 남진통일론(국토완정론國土完整論)[21]으로 이어졌다. 이 점에서 이승만과 김일성은 모두 냉전에 편승하여 2단계 통일방안을 추구한 인물이라고 할 수 있다. 이에 반해 중간파는 남북협상을 통해 남북한에 별개의 정부가 들어서는 것 자체를 저지하고 곧바로 통일정부의 수립을 추구하는 노선이었다.

중간파의 노선은 명분은 있었으나 냉전이 본격화된 초기에, 분할 점령을 당한 나라에서, 세력도 갖추지 못한 중간파가 성공시키기에는 '때 이른' 시도였다. 앞서 밝혔듯이 다른 나라의 경우를 보아도 냉전질서 자체에 대한 거부와 저항의 움직임은 그것이 다소 이완 조짐을 보이는 1950년대 후반에야 등장했다. 오스트리아는 분할 점령을 중립화 통일로 극복한 유일한 나라인데, 역시 10여 년의 점령 기간을 거친 후인 1955년에야 가능했으며, 온건 사회민주주의자인 칼 레너K. Renner를 중심으로 민족 내부의 단결을 도모한 후 점령국의 신뢰를 얻을 수 있었기에 가능한 일이었다. 이렇게 볼 때 1940년대 후반 한국 중간파의 협상 노선은 냉전의 세계시간world time에 비추어볼 때 너무 조숙한 시도였다고 할 수 있다.

남한에서 이런 맥락을 잇는 움직임은 1950년대 후반 조봉암의 평화통일론으로 나타났다. 이 주장은 전 세계적으로 냉전질서 자체를 거부하는 비동맹 운동이 고조된 때에 등장했다. 이 점에서 중간파의 남북협상론에 비해 조봉암의 평화통일론은 냉전의 세계시간과의 간극은 훨씬 적었다. 그러나 결과는 별로 다르지 않았다. 조봉암 역시 이데올로기적 분단 상황의 한계를 극복하지 못하고 형장의 이슬로 사라졌기 때문이다. 결국 냉전의 최전선에 위치했고 분단된 한국에서는 세계적 차원에서의 냉전 이완도 별 효과를 미치지 못했던 것이다.

이승만은 미국에 편승하여 단정을 수립했고, 김일성은 소련에 편승해 '민주기지'를 구축했다. 남북한에 별개의 정부가 수립된 후 각각은 북진통일론과 국토완정론(남진통일론)으로 이어졌다. 이 점에서 양자는 서로 우열을 따지기 어렵다. 이승만의 단정노선과 김일성의 민주기지론 그리고 이승만과 김일성의 북진 및 남진통일론은 남북한에서 기능적 등가물機能的 等價物, functional equivalent로서 작용했다. 단정 노선은 남한판 민주기지론이었고, 민주기지론은 북한판 단정 노선이었던 것이다.[22] 하지만 시간이 지나면서 두 노선은 점차 차별성을 드러냈고, 냉전이 끝난 현시점에서는 우열이 완전히 드러났다.

두 노선 사이의 첫 번째 차이는 이승만의 단정 노선은 실제로 북진통일론으로 나아가지 못했지만, 김일성은 한국전쟁을 일으켜 민주기지론을 국토완정론(남진통일론)으로 현실화시키려 했다는 점이다. 이승만의 단정 노선은 미국의 정책 방향과 일치하는 것이었기 때문에 실현될 수 있었다. 그러나 북진통일론은 미국의 냉전 정책의 기본틀인 봉쇄(를 통한 현상유지)와 어긋나는 것이었기 때문에 허용될 수 없었다. 반면 소련은 김일성의 민주기지론을 배후에서 조종했고, 더 나아가 국토완정론(남진통일론)도 허락했다. 그러나 미국의 대대적인 개입이 있자 소련은 곧 실수를 깨달았으며, 한반도의 분단이 38선이 아니라 휴전선을 통해 원상 회복된 후 다시는 이런 시도를 허락하지 않았다.[23]

이승만과 김일성 노선의 또 다른 차이는 냉전의 종언으로 드러났다. 냉전이 사회주의의 붕괴로 냉전이 끝난 현시점에서 자본주의 진영에 가담한 이승만의 단정 노선과 사회주의 진영에 가담한 김일성의 민주기지론 사이의 우열은 분명하게 판가름이 났다. 물론 역사에 대한 지나친 결과론적 평가는 위험성이 있다. 그러나 명백히 결과가 드러난 경우 그것을 완전히 도외시할 수도 없다. 인간의 문제는 인위적 실험이 어렵기 때문에 현실에서 나타난 결과가 실험을 대신해 줄 수도 있다.

후쿠야마F. Fukuyama가 말하는 '역사의 종언'에 대한 동의 여부와 무관하게 오늘날 자유민주주의와 시장경제는 아무도 부인하기 어려운 공통된 가치이자 목표가 되고 있다. 이승만 정부가 이 땅에 자유민주주의와 시장경제를 꽃피운 것은 분명 아니다. 당시 정치는 권위주의적이었고, 시장은 경제를 움직이는 부분적 메커니즘에 불과했다. 그러나 분명한 것은 권위주의가 전체주의보다 나으며, 부분적으로 작동할지라도 시장이 전면적인 통제와 계획보다는 효율적이라는 점이다. 권위주의와 부분적 시장 속에서는 자유주의와 민주주의 그리고 시장이 꽃필 여건이라도 만들어지지만 전체주의와 통제경제 속에서는 그마저도 불가능하다. 이 점에서 오늘날 전체주의적 북한의 곤궁은 김일성의 민주기지론에 뿌리를 두고 있고, 우리가 누리는 민주주의와 시장경제는 이승만의 단정 노선에서 출발하고 있다고 할 수 있다.

|주|

1) "Proclamation No.1 by General of the Army Douglas MacArthur", U.S. Department of State, *Foreign Relation of the United State(이하 FRUS) 1945, Vol. Ⅵ : The British Commonwealth, The Far East* (Washington: Government Printing Office, 1969), pp.1043~1044.

2) "The Political Adviser in Korea (Benninghoff) to the Secretary of State", *FRUS, 1945, Vol. Ⅵ*(1969), pp.1049~1053.

3) 자세한 것은 Dae-Sook Suh, *Kim IL Sung : the North Korean Leader* (New York : Columbia University Press, 1988) 참조.

4) 이정식, 「냉전의 전개 과정과 한반도 분단의 고착화」, 유영익 편, 『수정주의와 한국현대사』 (서울: 연세대출판부, 1998), pp.67~102.

5) '(제2차 당 대회에서의 김일성의 보고 중)당 건설(1948. 3)', 연세대학교대학원 북한현대사연구회 편, 『북한현대사』 1 (서울: 공동체, 1989), pp.533~548.

6) Max Weber, "Politics as a Vocation", H. H. Gerth and C. W. Mills (ed.), *From Max Weber* (New York: A Galaxy Book, 1958), p.78.

7) *FRUS, 1945, Vol. Ⅵ*(1969), pp.1150~1151.

8) B. Cumings, *The Origins of the Korean War: Liberation and Emergence of Separate Regime, 1945~1947* (Princeton : Princeton University Press, 1981), ch.5~6.

9) B. Cumings, "Introduction : The Course of Korean-American Relations, 1943~1953", in B. Cumings(ed.), *Child of Conflict : The Korean-American Relationship, 1943~1953* (Seattle: University of Washington Press, 1983), pp.3~55.

10) 박찬표, 『한국의 국가형성과 민주주의』 (서울: 고려대출판부, 1997), pp.265~292.

11) 실제로는 한독당과 중간파 인물들의 일부가 개인 자격으로 선거에 참여하

였다.

12) 김일영, 「농지개혁, 5 · 30선거 그리고 한국전쟁」, 《한국과 국제정치》, 11권 1호, 1995년 봄 · 여름호, pp.304~309.

13) 대통령과 부통령을 국민이 직접 뽑지 않고 국회에서 선출한다든지 부통령과 국무총리를 같이 둔 것 등이 이 헌법에 가미된 내각제적 요소의 대표적 예다.

14) 김일영, 「한국 헌법과 '국가-사회' 관계」, 한국정치외교사학회 편, 『한국정치와 헌정사』 (서울: 한울, 2001), pp.26~33.

15) 이승만 대통령은 건국 초기 사회적 안정을 이유로 지방자치를 시행하지 않다가 한국전쟁 와중인 1952년 자신의 정치적 필요 때문에 지방자치제를 전격 시행한다. 자세한 것은 이 책의 제4장 '부산정치파동' 참조.

16) 외무부, 『외무행정의 10년』 (서울: 외무부, 1959), p.93.

17) Se-Jin Kim, *Documents on Korean-American Relations 1943~1976* (Seoul: Research Center for Peace and Unification, 1976), p.70.

18) 이로 인해 발생할 수 있는 많은 문제점에 대해서는 김일영 · 백승주, 「북한 붕괴 시 통치주체 문제: 한국군의 역할 및 한계를 중심으로」, 심지연 · 김일영 편, 『한미동맹 50년: 법적 쟁점과 미래의 전망』 (서울: 백산서당, 2004), 제8장 참조.

19) 필리프 라트, 윤미연 역, 『드골 평전』 (서울: 바움, 2003), pp.333~406.

20) 동구권에서 폴란드는 강제적으로 소련 진영에 편입되었고, 남유럽의 그리스는 미국과 영국이 개입한 내전을 치른 끝에 자본주의 진영에 남게 되었다.

21) 자세한 설명은 이 책의 제2장 '체제선택의 정치의 잔존' 참조.

22) 그런데도 진보 진영은 김일성의 민주기지론에 대해서는 별로 비판하지 않으면서 이승만의 단정 노선에 대해서는 유독 인색하게 평가하고 있다. 도대체 이들은 어떤 논거에서 이렇게 차별적으로 평가하는지 궁금하다.

23) 김일성은 남베트남의 패망을 보면서 남한을 다시 한 번 밀어붙일 생각을 했다. 그는 "(남한과의) 전쟁에서 우리가 잃을 것은 군사분계선이요, 얻는

것은 조국 통일"이라고 하면서 남한 해방을 주장했지만, 중국과 소련이 이에 협력하지 않음으로써 뜻을 이루지 못했다. Don Oberdorfer, *Two Koreas: A Contemporary History*, revised edition (Indianapolis: Basic Books, 2001), pp.63~64.

제 **2** 장

분단에서 전쟁으로

'체제 선택의 정치'와 '이해갈등 조정의 정치'

두 가지 정치가 혼재된 시기

1948년 남북한에 각각 별개의 정부가 수립되었다. 이로써 '체제 선택의 정치'는 종결되었어야 했지만 실상은 그렇지 못했다. 남한 내부에는 통일정부 같은 체제 선택의 문제를 제기하는 세력이 여전히 남아 있었다. 이 문제는 남북한 차원에서도 핵심쟁점이었으며, 1950년 체제 간의 전쟁으로 귀결되었다. 해방 3년을 지배했던 체제 선택의 정치는 정부 수립 이후에도 상당 기간 관성을 가지고 지속되었던 것이다.

정부가 수립되자 이해갈등 조정이라는 일상적인 정치가 생겨났고, 그 비중이 점차 커져갔다. 정치세력들 간에는 통일정부 같은 체제 선택의 문제 외에 정치적·경제적 자원 배분을 둘러싼 경쟁과 갈등이 원내에서 진행되는 비율이 늘어갔다. 이 와중에 농지개혁

같은 의미 있는 작업도 이루어졌다.

이렇게 본다면 분단에서 전쟁에 이르는 기간은 체제 선택의 정치가 관성적으로 이어지는 가운데 새로 등장한 '이해갈등 조정의 정치'가 뒤섞여서 진행되던 시기라고 할 수 있다.

정치적 균열 구도

이러한 정치의 모습을 이해하기 위해서는 우선 이 시기의 정치적 균열 구도를 살펴볼 필요가 있다. 앞서 보았듯이 제헌국회의 원내 의석 분포는 이승만 세력과 한민당 그리고 무소속이 각각 55~60명, 65~70명, 50명 정도를 차지한 삼분三分 구도였다. 다시 말해 어느 한 세력도 결정적으로 우위를 점하지 못한 정립鼎立 구도였던 것이다. 정치적 성향 면에서 이승만 세력과 한민당은 보수 우익이었고, 무소속은 상대적으로 진보적이었다. 이 경우 무소속이 보여준 상대적 진보성은 원외院外에 있던 한독당이나 중간파 정도의 성향이었다. 이 기간 동안 세 세력은 사안에 따라 서로 내용이 다른 연합의 모습을 보여주었다.

원외 정치세력으로는 우파 성향의 한독당과 중간파 성향의 민족자주연맹 그리고 좌파인 남노당이 있었다. 남노당은 남한에서 이미 합법적인 활동 공간을 잃어버리고 지하에서만 활동해야만 하는 세력이었다. 하지만 이 세력은 북한과 연결되어 있었고, 남북한 사이에 체제 선택의 문제가 여전히 갈등의 초점으로 남아 있었기 때문에, 이 시기까지는 여전히 무시할 수 없는 정치세력이었다. 한독당과 민족자주연맹은 5·10선거 자체를 거부하고 자진해서 원외에 남은 세력으로서 활동 자체를 방해받지는 않았다. 따라서 이들은 원내에 있는 상대적으로 진보적인 성향의 무소속 의원들과 보조를 맞추면서 자신들의 주장을 실현시키기 위해 노력했다.

'체제 선택 정치'의 잔존

    정부 수립 이후에도 잔존해 있던 체제 선택 정치의 핵심 쟁점은 통일문제였다. 남북한에 별개의 정부가 수립된 후 대부분의 정치세력은 통일문제를 들고 나오지 않을 수 없었다. 단정 수립에 적극 나섰던 세력도 이 점에서는 예외가 아니었다. 당시는 통일문제를 거론치 않을 경우 그 세력의 민족적 정체성이 의심받을 수도 있는 분위기였다.

    이러한 상황에서 통일문제는 두 가지 방식으로 제기되었다. 하나는 협상을 통한 통일정부 수립 노력이고, 다른 하나는 체제 전복을 통한 통일정부 수립 노력이었다.

협상을 통한 통일정부 수립 노력

    이미 설명했듯이 한독당과 중간파는 5 · 10선거를 막기 위해 남

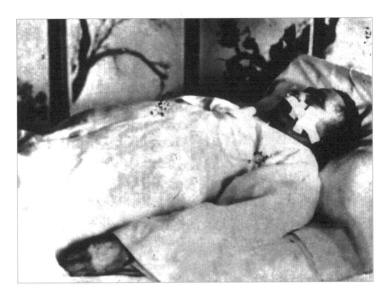

【 김구암살사건 】

대한민국 임시정부의 주석을 지내고 해방 후 조국 통일에 몸바쳐온 백범 김구 선생은 1949년 6월 26일, 안두희에게 저격 피살되고 말았다.

북협상까지 시도했으나 아무런 성과 없이 끝났다. 이들은 남북한에 별개의 정부가 수립되자 외국군 철수를 주장하는 한편 제2차 남북 협상을 통해 통일정부를 수립하고자 노력을 기울였다.

이러한 원외세력의 움직임은 그들과 노선이 가까운 원내의 상대적으로 진보적인 무소속 의원들의 호응을 얻었다. 1948년 10월 13일 44명의 무소속 의원들이 외국군 철수 결의안을 국회에 제출했으며, 이듬해 3월에는 김약수 외 63명 의원이 같은 내용의 진언서를 작성하여 유엔한국위원단에 수교하기도 했다.

이러한 원내외의 움직임은 이승만과 한민당은 물론 미국에도 상당한 부담을 안겨 주었다. 그러나 이러한 움직임들은 1949년 5월에서 6월 사이에 벌어진 두 가지 사건, 즉 국회프락치사건과 김구 암살때문에 그 기세가 꺾이고 말았다.

국회프락치사건은 일부 국회의원이 남노당의 조종을 받는 프락치라는 혐의로 구속된 사건을 말한다. 김약수, 노일환, 강욱중 등 13명의 의원들이 구속되었다. 이들은 대부분 젊으면서(소장파) 소속 정당이 없던(무소속) 의원들이었으며, 원내에서 외국군 철수와 평화통일을 주장하는 데 앞장서던 사람들이었다. 이와 함께 6월 26일 원외에서 비슷한 주장을 펴던 김구가 암살되는 사건과 겹치면서 협상을 통한 통일을 추구하던 세력은 위축되고 말았다.

체제 전복을 통한 통일정부 수립 노력

남노당의 무장봉기와 김일성의 국토완정론

한국 정부가 수립된 후에도 남노당은 북한과 함께 이승만 정부를 뒤집고 사회주의적 통일정부를 수립하려는 노력을 멈추지 않았다. 그 대표적인 예가 여순반란사건과 빨치산 활동이었다. 이러한 사건들은 발족한 지 얼마 되지 않은 이승만 정부를 그 근저부터 뒤흔들어 놓기에 충분한 것들이었다.

5·10선거를 저지하기 위한 남노당의 지령으로 제주도에서 1948년 4월 3일 시작된 무장 봉기는 정부 수립 이후에도 진정되지 않았다. 이에 정부는 제주도 전역에 계엄령을 선포하고 여수에 주둔하

고 있던 제14연대를 파견해 반란을 진압하려고 했다. 그런데 군 내부에 숨어 있던 좌익 세력의 선동으로 바로 이 군대가 1948년 10월 여수에서 반란을 일으켰다. 이 반란은 곧이어 순천을 휩쓸고 인근 지역으로 확산되었다가 많은 군인과 민간인 사상자를 내고 진압되는데, 바로 이것이 여순반란사건이다.

여순반란사건에 가담했던 군인과 민간인 일부는 정부군에 쫓겨 지리산과 주변의 산악지대로 도망갔다. 이들 패잔병들은 그 이전부터 정부의 탄압을 피해 산속으로 도피했던 좌익 계열 사람들과 결합해 反정부 무장 활동을 전개했는데, 이것이 빨치산이다.

1949년 겨울, 정부는 빨치산에 대한 대대적인 토벌작전을 벌였고, 그 결과 1950년에 접어들면서부터 이들의 세력은 크게 약화되었다. 그러나 한국전쟁이 터지고, 특히 인민군이 후퇴를 시작하면서 미처 도망가지 못한 잔당들이 산으로 숨어들었고, 그 바람에 이들의 세력은 다시 강화되었다. 그러나 전쟁이 휴전으로 끝나면서 빨치산 세력은 북한으로부터 버림받았고' 남한으로부터는 토벌 대상으로 전락함으로써 결국 그 위력이 급속히 사라져갔다.

이러한 사건들은 남한에 정부가 수립되었음에도 불구하고 여전히 체제 선택의 정치를 포기하지 않은 세력이 만만치 않게 남아 있음을 보여주는 일들이었다. 또한 이러한 일련의 정부 전복 시도들은 출범한 지 얼마 되지 않은 이승만 정부에게 상당한 충격을 주는 사건들이었다.

그러나 이승만은 이러한 도전을 남한의 파워 블록 내부를 정비할 수 있는 기회로 활용했다. 이 사건을 계기로 이승만은 군부 내의 좌

【 여순반란사건 】

1948년 10월 20일 공산폭도들의 무장봉기로 시작된 이 사건은
엄청난 희생자만 낳은 채 일주일 만에 완전진압되었다. (위)
여수반란사건의 사태진압에 나선 국군들이 반란폭도와 양민을
가려내기 위해 주민들을 한곳에 모았다. (아래)

익 세력들에 대한 대대적인 숙청을 단행하여 4,800여 명을 솎아냈고, 군을 자신의 확고한 권력기반으로 만들었다. 또한 수많은 청년단을 통폐합하여 200만 명에 달하는 대한청년단을 창설하고 50만 명에 이르는 학도호국단까지 만들어 자신의 권력을 강화하기 위한 외곽 단체로 활용했다. 더 나아가 이승만은 이 사건을 미국으로부터 군사적 지원을 많이 받아내는 계기로 이용했으며, 이러한 정치 상황을 이용하여 국회에서 국가보안법[2]을 통과(1949년 12월 1일)시키기도 했다.

한편 남북한에 별개의 정부가 들어선 후 김일성은 '민주기지론'을 '국토완정론國土完整論'[3]으로 발전시켰다. 다시 말해 '북한에 먼저 민주적인 정권을 수립'하고 그것을 민주기지로 삼아 '친일파들이 장악하고 있는 남한을 해방시켜 국토를 완정하겠다'는 것이었다. 김일성의 국토완정 시도는 처음에는 남한 내부에서 공작이나 무장봉기를 통해 이승만 정부를 무너뜨리려는 노력으로 나타났다. 그러나 이것이 실패로 돌아가자 김일성은 국토완정의 다른 방안으로 남진통일, 즉 무력남침을 통해 사회주의적 통일정부를 수립하겠다는 꿈을 꾸게 된다. 이것이 현실화된 것이 1950년 6월 25일 터진 한국전쟁이다.

이승만의 북진통일론

이승만 역시 체제 전복을 통해 통일정부를 수립하려는 모습을 보여주었다. 북진으로 북한정부를 무너뜨리고 자본주의적 통일정부를 수립하자는 북진통일론으로 나타났다. 이 점에서 이승만의 단정수립론은 정부 수립 이후 북진통일론으로 이어졌다고 할 수 있다.

정부 수립 직후부터 이승만은 공공연히 북진통일을 표방하고 나섰다. 이승만은 통일 방안으로 유엔 감시하의 북한지역에 대한 선거 실시를 촉구하면서도 동시에 북한주민들의 자유의사가 계속 억압될 경우 "대한민국은 무력으로라도 북한에 대한 주권을 회복할 권한이 있음"을 강조하였다.[4] 그 후 이런 식의 발언은 윤치영, 이범석, 신성모 등 사람을 바꾸어가며 계속되었다. 이승만은 1949년 2월 8일 내한한 로열K. C. Royall 미육군성 장관과의 회담에서 장비와 규모 면에서 한국군을 증강시키길 원하며, 그리고 나서는 곧 북진하겠다고 말했다.[5] 같은 해 9월 30일과 10월 7일 기자회견에서 동일한 발언을 한 이승만은 이듬해 3·1절 기념사에서 노골적으로 북진에 필요한 비행기와 군함, 탱크를 달라고 미국에 요구하기도 했다.[6]

당시 한국의 군사력으로 보아 북진통일은 허황되고 공허한 발상이었다. 그럼에도 1948년에서 1950년까지 이승만이 이 정책을 거듭 주장한 것은 국내의 정치적 목적과 대미 외교용이라는 두 가지 이유 때문이었다. 이 무렵 이승만에게 북진정책은 부족한 정당성을 메워주면서 동시에 북한과의 정통성 경쟁에서 우위를 점할 수 있는 정치적 선전의 도구였다. 남북한 주민들 모두가 분단을 임시적인 것으로 여기는 상황에서 통일문제에서 우위를 점하는 것은 정치적으로 커다란 상징 효과를 지니고 있었다. 따라서 이승만은 북진정책을 당시 한독당과 중간파 그리고 소장파 무소속 의원들이 주장하던 남북협상에 의한 평화통일론과 남노당과 북한에 의한 체제 전복을 통한 통일정부 수립 노력에 맞설 수 있는 대국민 선전 및 동원

논리로 사용하고자 했던 것이다. 북진정책의 또 다른 목적은 대미 협상에서 유리한 위치를 점하겠다는 것이었다. 미군 철수가 강행되는 시점에서 그것을 늦추거나 또는 철군에 따른 충분한 보상과 보장을 받기 위해서는 한반도의 긴장을 높일 필요가 있었고, 그 수단의 하나로 사용된 것이 북진정책이었다.[7]

'체제 선택의 정치'에 대한 미국의 거부감

그러나 미국은 한국 내에서 이루어지는 어떠한 종류의 체제 선택의 정치에 대해서도 거부감을 느꼈다. 1947년을 계기로 세계전략정책을 봉쇄정책으로 바꾼 미국으로서는 한반도에서 현상(분단)을 깨뜨릴 수 있는 어떠한 행위나 시도에 대해서도 호의적일 수 없었다. 미국은 1948년 8월 15일 대한민국 정부 수립을 계기로 남한에서는 이미 체제 선택의 문제가 종결된 것으로 간주했다. 따라서 미국 입장에서 현상을 변경시키려는 행위는 그 형태가 협상이든 전복이든 간에 달가울 수 없었다.

원내의 무소속 소장파 의원들과 원외의 한독당 및 중간파에 의해 추진된 남북협상론은 국회프락치사건과 김구 암살 등으로 그 기세가 꺾이고 말았다. 미국은 이런 사건들에 대해 방관자적 태도를 취하는 것으로 이해관계를 표현했다.

이승만의 북진통일론에 대한 미국의 거부 반응은 보다 직접적이었다. 북진통일을 주장함으로써 미국으로부터 많은 보상을 받아내겠다는 이승만의 기대와는 달리 미국은 기회 있을 때마다 이 정책에 대한 우려와 그 호전성 및 무모성을 경고하고 견제하는 발언과

정책을 쏟아내었다.

1950년 1월 12일 애치슨D. Acheson 국무장관이 내셔널 프레스 클럽에서 한 연설이 대표적인 예다. 주지하듯이 그는 이 연설에서 미국의 태평양 방위선defensive perimeter은 알류산 열도에서 일본과 류큐 열도(오키나와)를 거쳐 필리핀에 이른다고 밝혔다. 그러나 곧 이어서 여타 지역에 대한 공격이 이루어진다면 "우선은 공격받은 국민들이 그에 저항해야 하지만, 그 다음에는 유엔헌장 아래에서 전체 문명 세계가 개입"[8]할 것이라고 밝히고 있는 점으로 미루어보아, 이 연설의 요체는 흔히 알려져 있듯이 한국을 포기하겠다는 것이 아님을 알 수 있다. 오히려 그것은 한국과 대만을 방위선에서 제외시킴으로써 재정 지출 삭감을 주장하는 미 의회와 군비의 효율적 사용을 주장하는 군부를 다독거리면서, 북진통일이나 본토 수복을 외치는 이승만과 장제스蔣介石의 무모한 모험을 견제하고, 그러면서도 유엔을 끌어들여 두 나라의 안전을 확보하겠다는 다목적 발언이라고 보는 것이 타당하다.[9]

애치슨에 뒤이어 주한미군사고문단장 로버츠W. L. Roberts는 한국이 북한을 공격한다면 미국은 한국에 대한 모든 지원을 중단할 것이라는 경고성 성명을 발표했다. 1950년 1월 19일 미 하원은 유사한 맥락에서 트루먼 대통령이 요청한 9,000만 달러의 대한對韓원조 지출안을 부결시키기도 했다.

남노당과 북한의 이승만 정부 전복 기도도 미국의 현상유지 정책에 어긋나는 것이었다. 미국은 주한미군사고문단을 통해 한국군이 남노당의 무장봉기를 진압하는 과정에 개입했다. 아울러 미국은 북한의 도발 움직임에 대해서는 여러 채널을 통해 경고를 가함으로써 억제하려고 했다. 그러나 이 모든 것들이 궁극적으로 북한에 의한 전쟁 도발로 이어짐으로써 미국의 현상유지 정책은 일단 성공하지 못했다. 남북한에 별개의 정부가 수립된 후 미국은 한반도에서 체제 선택의 정치는 이미 끝난 것으로 돌리고 싶어했다. 하지만 그것의 최종 귀결은 '체제 선택의 전쟁'이었다.

이해갈등 조정의 정치

정치적 자원을 둘러싼 갈등

반민족행위자 처벌 문제

제헌헌법 제101조에 "8·15 이전의 악질적인 반민족행위를 처벌하는 특별법을 제정할 수 있다"고 규정되어 있었다. 이를 근거로 국회는 정부 수립 직후부터 이 문제를 처리하기 위한 법 제정에 착수하였다.

이것은 겉으로는 과거의 행위를 문제 삼는 것처럼 보였지만 사실은 현재의 정치적 세력 관계를 둘러싼 갈등이 반영된 사안이었다. 여기서 정죄定罪의 대상이 될 가능성이 높은 사람들은 대부분 당시의 정치, 경제, 사회 분야에서 상당한 영향력을 지닌 사람들이었고, 단정 수립을 주도한 세력과 상대적으로 친화성이 있었다. 이 점에서 이들에 대한 처벌은 과거사 청산 이상의 현재적(권력투쟁) 의미를 지닌 것이었다.

그렇기 때문에 이 법의 제정에 대해 원내의 반대가 만만치 않았고, 국회 바깥에서는 과거 친일행위자들의 노골적인 방해 책동이 있었으며, 이승만도 거부 의사를 표명했다. 그럼에도 불구하고 '반민족행위처벌법'은 1948년 9월 7일 국회 본회의에서 재석 141인 중 가 103표, 부 6표로 가결되며, 22일 정부에 의해 공포된다.

이러한 표결 결과는 그 자체만 놓고 보면 '압도적 찬성' 내지 '거의 만장일치'[10]로 해석될 수도 있다. 그러나 좀더 크게 보면 이 법안은 쉽지 않게 가결되었음을 알 수 있다. 재적 의원 198명 중 141명만이 참여했으며, 그중 가부를 제외한 나머지 32명은 결국 무효 내지 기권표를 던진 셈이다. 그렇다면 이 법은 95명의 소극적 반대— 불참 57, 무효 내지 기권 32, 반대 6— 속에 103명의 찬성으로 가결된 것으로 보아야 한다.

'반민족행위처벌법'에 의거하여 1948년 10월 국회 내에 반민족행위특별조사위원회(이하 반민특위)가 구성되고, 법원과 검찰에는 '반민족행위특별재판부'와 '반민족행위특별검찰부'가 설치되었다. 반민특위는 각종 보완 법안을 마련하여 1949년 초부터 본격적인 활동을 시작했다. 이 위원회는 처음에는 박흥식(화신 재벌), 최린(중추원 참의), 김연수(경성 방직), 노덕술(친일 경찰), 최남선, 이광수를 체포하는 등 활발한 활동을 벌였다.

그러나 반민특위는 곧 역풍에 휩싸였다. 이승만 대통령이 이 위원회의 활동에 우려를 표시하는 성명을 잇달아 발표했고, 친일 세력—특히 경찰—은 수단 방법을 가리지 않고 이 위원회를 공격하

【 법정으로 끌려가는 친일파들 】

해방 후 친일 세력을 척결하고 민족정기를 세우고자 했던 반민
특위는 지배세력으로 유입된 친일파와 이승만의 방해공작으로
곧 와해되고 만다.

기 시작했다. 게다가 6월 경찰에 의해 반민특위 본부가 습격을 받
고, 원내에서 이 활동을 주도하던 무소속 소장파 의원들이 국회프
락치사건으로 대거 구속되면서 반민특위는 실질적으로 와해되고
말았다.[11] 이어 국회는 '반민족행위처벌법'의 공소시효를 1949년 8
월 31일로 하자는 제안을 통과시킴으로써 반민특위 활동은 법적으
로도 끝을 맺게 되었다.

　반민특위는 8개월 동안 682건의 친일행위를 조사하여 영장 발부

408건, 검찰 송치 559건, 기소 221건을 기록했다. 하지만 이들 대부분은 풀려났고 재판에서 실형을 받은 사람은 7건에 불과했으며, 이 7명도 감형이나 형 집행정지로 모두 풀려났다.[12]

내각제 개헌 문제

정립 구도를 지닌 의회 내에서 한민당은 이승만 세력과 진보적인 무소속 의원들 사이에서 고전을 면치 못하고 있었다. 특히 반민특위가 활동을 시작하면서 한민당의 입지는 더욱 좁아지고 만다. 이에 한민당은 1949년 2월 10일 대한국민당 내의 신익희 · 지청천 계열과 합쳐서 민주국민당(이하 민국당)을 발족시켰다. 정강 · 정책이나 인적 구성원 면에서 민국당은 한민당과 별 차이가 없었다. 다만 과거 임정 계열이던 신익희와 지청천 등을 영입함으로써 그 세를 키우고 친일적인 이미지를 다소 탈색할 수 있었다.

이러한 야당의 움직임에 대응해 이승만 세력도 윤치영의 주도로 대한국민당을 결성했다. 여기에는 독촉과 대동청년단의 일부 그리고 약간의 무소속 등이 참여했다.

국회프락치사건으로 반민특위 활동이나 남북협상 등을 주도하던 원내 소장파의 기세가 꺾이자 민국당은 이승만에게 빼앗긴 권력을 되찾고자 게임의 룰을 바꾸려고 시도했다. 이승만이 권력을 독식한 것은 대통령제 때문이라고 생각한 민국당은 1950년 1월 국회에 '내각책임제 개헌안'을 제출했다. 이것은 3월 14일 표결에 부쳐졌으나 재석 179명 가운데 찬성 79표, 반대 33표, 기권 66표, 무효 1표로 부결되고 말았다.

두 번째 게임: 1950년 5·30선거

이 시기에 이루어진 정치적 자원을 둘러싼 갈등의 가장 대표적인 예는 1950년 5월 30일 치러진 두 번째 총선이었다. 제헌헌법에는 제헌의원에 한해 임기가 2년으로 규정되어 있었다(제102조). 따라서 1948년 5·10선거에 이어 두 번째 게임이 2년 만에 치러지게 되었다.

5·30선거가 치러진 시점은 두 가지 점에서 중요한 의미를 갖는다. 하나는 그 이전에 농지개혁이 단행되어 농지가 농민들에게 분배되었다는 점이고, 다른 하나는 한국전쟁 발발 직전에 치러졌다는 점이다. 5·30선거는 한국 현대사에서 그 영향이 가장 지대한 두 사건인 농지개혁과 한국전쟁 사이에 낀 정치적 사건으로 그 의미가 적지않다. 이 선거에 대한 분석을 통해 농지개혁의 정치적 효과를 어느 정도 가늠해 볼 수도 있고, 전쟁 직전 남한의 정치 기상도를 짐작해볼 수도 있기 때문이다.

그러나 이 선거에 대한 본격적 분석은 조금 뒤로 미루겠다. 그에 선행하는 농지개혁을 먼저 살펴보아야 하기 때문이다.

경제적 자원을 둘러싼 갈등: 농지개혁
농지개혁의 긴박성과 불가피성

이 시기 사회 경제적 갈등의 가장 첨예한 초점은 농지분배 문제였다. 1949년도 노동력 인구의 직업별 구성을 보면 전체 경제활동 인구에서 농업 인구가 70.9%이고 상업이 4.2%, 광공업이 3.4%였다.[13] 인구의 압도적 다수가 농업에 종사하고 있었던 것이다. 농민들

중 순수 자작농은 13.8%에 불과했고, 나머지는 자소작농自小作農이 34.6%, 소작농이 48.9%, 화전이나 고농雇農(머슴) 2.7% 등이었다. 그리고 전답田畓도 자작지는 37%였고 나머지 63%는 소작지였다.[14] 인구의 태반을 차지하는 농민들 중 대다수가 자기 땅만 부쳐서는 먹고 살기 어려운 상황, 이것이 바로 농지분배 문제를 사회 경제적 갈등의 핵심으로 밀어넣은 배경이었다.

미군정은 사회 안정을 이룩하기 위해서는 농지분배가 시급하다는 사실을 잘 알고 있었다. 따라서 미군정은 자신들이 관리하고 있던 귀속 농지에 대한 분배를 실시했다. 미군정이 접수하여 귀속재산歸屬財産, vested property 또는 적산敵産, enemy property의 이름으로 관리하고 있던 과거 일본인 소유 농지는 남한 전체 농지의 12.3%(논 16.7%, 밭 6.5%) 정도였다. 미군정은 이 중 85%에 대해 1948년 3월 분배를 단행했다. 이는 남한 전체 농지의 10%를 조금 넘는 수준으로 이 정도로는 농지분배 문제가 해결되었다고 보기는 어려웠다.

농지개혁의 긴급성을 부채질하는 또 다른 요인은 북풍北風이었다. 북한은 이미 1946년 2월에 민주제 개혁의 일환으로 무상몰수, 무상분배 방식의 토지개혁[15]을 시행한 바 있었다. 이러한 북한의 토지개혁은 아직 농지를 분배받지 못한 남한의 농민들을 좌파로 기울도록 만드는 데 크게 공헌하고 있었다. 이러한 상황에서 남한도 언제까지나 농지개혁을 미룰 수는 없었다.

이러한 사회 분위기를 반영하여 1948년 5·10선거에서 거의 모든 정파들은 '토지는 농민에게, 공장은 노동자에게'라는 구호를 내걸었다. 그리고 제헌헌법에도 제86조로 "농지는 농민에게 분배하며 그

분배의 방법, 소유의 한도, 소유권의 내용과 한계는 법률로써 정한다"고 농지분배의 원칙이 천명되었다. 따라서 정부 수립 이후 이승만 정부는 하루라도 빨리 농지개혁을 추진하지 않을 수 없었다.

이승만은 농지개혁에 소극적이지 않았다

당시 전체 경제활동인구의 70.9%를 차지하던 농민은 두 가지 영향력 사이에서 오락가락하고 있었다. 그들은 소작지를 매개로 한 지주[및 그들의 이해를 대변하던 한민(민국)당]의 정치·경제적 영향력에서 벗어나기 어려웠기 때문에 표면적으로는 지주들에게 복종하는 태도를 보였다. 그러나 그들은 심정적으로는 무상몰수·무상분배 방식의 농지개혁을 부르짖는 좌파(남노당)에 동조하고 있었다. 북한에서 시행된 토지개혁의 소문도 남한 농민들에게 농지분배에 대한 열망을 부추기는 요인이 되었다.

농민이 어떤 태도를 보이건, 분명한 사실은 그들이 아직 이승만의 영향력에 포섭된 것은 아니었다는 점이다. 이승만은 하루빨리 농민에 대한 한민(민국)당과 남노당의 영향력을 차단하고, 농민을 자신의 지지기반으로 끌어들이고 싶어했다. 이를 위해서는 농민이 가장 관심을 가지고 있는 농지문제를 해결해 주는 것이 급선무였다. 그에게 있어 농지개혁은 농민포섭전략의 일환으로 서둘러야 하는 것이었다. 이 사실은 정부 수립 이전인 1948년 3월 20일 친구이자 정치고문인 올리버R. T. Oliver에게 보낸 그의 편지에서도 확인할 수 있다.

정부를 갖게 되면 우리는 이 나라를 엄청나게 자유화시킬 것입니다. 한국의 파시스트, 반동 세력 그리고 극우파 운운하던 사람들은 그것을 보고 대경실색할 것이오. 농지개혁법이 가장 먼저 제정될 것이고, 다른 많은 자유주의적 조치들도 차례대로 단행될 것입니다.[16]

이승만의 의지는 정부 수립 이후에도 이어져 과거 공산주의자였던 조봉암을 초대 농림부 장관에 임명했다. 그는 올리버에게 보낸 8월 4일자 편지에서 그 이유를 평소 농지개혁을 역설해 온 조봉암을 통해 '농민을 장악하기 위해서'라고 밝히고 있다. 그는 또한 공산혁명을 막기 위해서라도 시급히 농지개혁을 해야 한다는 말도 했다.[17]

그러나 이승만에게 농민은 포섭과 장악의 대상이었지 존중의 대상은 아니었다. 그는 농민 유인 전략의 하나로 농지개혁을 서둘렀을 뿐 진정으로 농민을 위한 개혁을 추진한 것은 아니었다. 이 점은 그가 농지분배 과정에서 농민의 부담을 덜기 위해 정부가 져야 하는 재정적 부담을 가급적 피하고자 했다는 점에서도 드러났다. 그는 다음의 표2-1에 나와 있는 많은 시안試案들 중 농민 상환액과 지주 보상액 사이에 편차가 있고, 그 차이를 정부가 메우는 것으로 되어 있는 안—조봉암이 주도해 만든 농림부안과 1949년 6월 국회에서 통과된 최초 법률안—에 대해서는 극력 반대했다.

그렇다고 이승만이 지주계급을 편든 것도 아니었다. 그는 "지주들에게 토지를 내놓게 하는 대신 그들이 상당한 자본을 얻을 수 있게 하는 것이 긴요하다"고 말했다.[18] 언뜻 보면 지주를 옹호하는 것으로 들릴 수도 있는 말이었다. 그러나 그 후 농지개혁법 입법 및

| 표2-1 농지개혁법안 비교

	농림부안	기획처안	산업위안	최초 법률안	개정 법률안
분배대상 농지	2정보 이상	3정보 이상	3정보 이상	3정보 이상	3정보 이상
보상지가	15할	20할	30할	15할	15할
보상방식과 내용	3년 거치 10년(연 2할) 기업 자금 담보 활용	10년 균분(연 2할) 기업 자금 담보 활용	10년 균분(연 3할) 지주 전업 알선	5년 균분(연 3할) 지주 전업 알선	5년 균분(연 3할) 지주 전업 알선과 기업 자금 담보
상환지가	12할	20할	30할	12.5할	15할
상환방식과 내용	6년 균분(연 2할)	10년 균분(연 2할)	10년 균분(연 3할)	5년 균분 (연 2.5할) 영세농에 대한 국가보조	5년 균분(연 3할)

* 김성호 외, 『농지개혁사 연구』(1989), pp.1188~1218.

실행 과정에서 드러난 그의 언행으로 보아 이 말은 다음과 같은 복합적인 함의를 지녔다고 보는 것이 옳을 것 같다. 지주에 대한 대책을 강조한 일차적 이유는 그것을 통해 농지개혁에 대한 한민(민국)당과 지주의 반발을 누그러뜨리기 위해서였다. 그러나 그는 지주들에게 특혜를 주어 그들이 공업화를 떠맡아야 한다고 생각하지는 않았다. 토지에 묻혀 있는 대부분의 자본을 하루빨리 공업화로 전용하자는 것이 그의 생각의 요체였다. 그가 원한 것은 '토지자본의 산업자본화'였지 '토지자본가의 산업자본가화'는 아니었다.[19]

요컨대 이승만은 농지개혁에는 적극적이었지만, 그 과정에서 그가 대변한 것은 지주나 농민의 이해가 아니라 재정절약이라는 정부 자체의 이해였다. 이 점에서 그의 농지개혁은 개혁성과 반反개혁성을 동시에 지니고 있었다. 그것은 전체적 방향에서 봉건적인 지주-소작 관계의 해체를 꾀한다는 점에서 분명 개혁적이었다. 하지만 그것은 구체적 시행 방법에서 농민을 위한 것은 아니었다. 아울러 농지를 빼앗긴 지주 계급에게 충분한 반대 급부를 제공한 것도 아니었다. 농지개혁에 대한 이러한 이승만의 양면성을 알아야만 농지개혁을 제대로 이해할 수 있다.

농지개혁에 대한 한민(민국)당과 소장파의 태도

한민(민국)당에게 가장 유리한 것은 농지개혁 자체를 무산시키는 것이었다. 그러나 당시의 시대적 분위기와 압력 때문에 농지분배를 회피할 수는 없었다. 따라서 그들은 농지개혁을 최대한 지연시키되, 가급적 지주들에게 유리한 방향으로 시행하려고 애썼다. 그들은 농지소유 상한선(분배 대상 농지의 범위)을 가급적 올리려고 했으며, 지주에 대한 보상률을 높이고, 지주가 산업자본가로 전신轉身할 수 있는 제도적 보장을 받아내려고 애썼다.

무소속 소장파 의원들은 가급적 농민에게 유리한 방향으로 농지개혁을 단행하려고 애썼다. 이들은 농지소유 상한선을 가급적 낮추고, 농민의 상환 부담을 덜어주려고 노력했다. 지주에게 지나친 특혜적 보상(예컨대 높은 보상률 책정이나 지주 전업 대책의 마련 등)도 막으려고 했다. 1949년 중반 국회프락치사건이 일어나면서 이들의 영향력은 크게 감퇴되었다. 이로써 이들의 친농민적인 노력은 위기를 겨기도 했다. 하지만 이들은 분산된 상태에서도 민국당의 친지주적인 농지개혁 기도를 저지하기 위해 애쓰는 모습을 보여주었다.

농지개혁법 입법 및 개정과정

앞의 '표 1'에서 보듯이 농지개혁법안이 처음 만들어지는 과정에서는 농림부와 기획처 그리고 국회산업위원회에서 제출된 세 가지 안이 등장했었다. 분배대상 농지의 범위 설정이나 상환액 면에서 농민들에게 가장 유리한 것은 농림부가 제출한 안이었다. 이 안은 앞서 설명했듯이 정부의 재정부담을 꺼려한 이승만의 거부 때문에 국회에 제출할 정부의 공식안으로 채택되지 못했다. 그러나 이 안이 지닌 친농민적인 입장은 원내 심의과정에서 소장파 의원들에 의해 대변되었다. 정부는 농림부안 대신 기획처안을 만들어 국회에 제출했다. 이것은 재정부담을 지지 않으면서 농지분배를 실시하려는 이승만의 생각이 충실하게 반영된 안이었다. 한편 국회는 산업위원회를 중심으로 독자적인 안을 마련했다. 앞의 '표 1'에서 보듯이 산업위원회안은 지주 보상률이 가장 높고 지주 전업을 알선하는 등 기존의 어떤 안보다도 지주에게 우호적인 내용이었다. 따라서 그것은 당시 산업위원회를 장악하고 있던 한민(민국)당을 통해 지주의 이해관계가 가장 잘 반영된 안이라고 할 수 있다.

원내 심의과정에서 정부안은 그다지 고려되지 못했다. 논란은 지주의 이해를 대변하는 한민(민국)당 의원들과 농민을 대변하는 무소속 소장파 의원들 간에 주로 벌어졌다. 한민(민국)당이 주도해 만든 산업위원회안에 대해 소장파 의원들은 지주 보상 및 농민 상환 비

【 농지개혁법 】

제헌헌법에 의거하여 농가경제 자립과 농업생산력 증진을 목적
으로 한 **농지개혁법**은 유상몰수 · 유상분배의 원칙하에 시행되
었다.

율은 100~150%로, 농지 소유 상한은 2정보로 고치자고 했다. 또
그들은 농지를 매수당한 지주에게 사업체 참여를 '우선'적으로 알
선하는 것은 지주계급에게 새로운 경제권을 장악하게 하는 것이므
로 용납할 수 없다고 주장했다. 결국 양 세력은 한민(민국)당이 보상
및 상환율에서 양보하고, 소장파가 농지 소유 상한과 지주 전업 보
장 문제에서 물러서는 방식으로 절충안을 마련했다. 그 결과 1949
년 4월 농지개혁법안이 국회에서 통과되었다.

통과된 법의 골자는 이러했다. 지가 보상은 연평균 생산량의 15할, 상환은 12.5할로 하고, 그 차액은 지주에 대한 보상에 적용하고 있는 체감률로 충당하도록 한다. 정부는 농지를 매수당한 지주에게 국가경제발전에 유조有助한 사업에 우선 참여케 할 수 있으며, 영세농민에 대해서는 농지대가의 30%를 정부가 보조하도록 한다.

그런데 정부는 법조문 간에 모순이 있다는 점과 정부의 재정 부담이 크다는 이유를 들어 이 법안을 국회로 환송했다. 그 후 한 달여 동안 정부와 국회 간에 실랑이가 거듭된 끝에 6월 15일 국회의 결의로 이 법안은 확정되고, 25일 정부는 정식으로 이를 공포할 수밖에 없었다.

그러나 정부의 거듭된 수정 요청에 따라 농지개혁법은 시행도 되지 못한 채 국회에서 개정작업에 들어갔다. 이 과정에서 민국당 의원들은 개정작업을 최대한 지연[20]시키는 한편 법안의 내용을 지주에게 가급적 유리하게 고치려고 애썼다. 그들은 지주 보상과 농민 상환을 공히 24할, 8년 분할로 바꾸고, 영세농에 대한 정부보조를 없애며, 지가증권을 기업자금에 사용할 경우 정부가 융자보증을 해준다는 등의 친지주적 조항을 넣으려고 애썼다. 이 무렵 민국당은 자기 계열 인사를 내각에 7명이나 참여시킬 정도로 영향력이 컸다. 반면 이전까지 이에 맞서던 소장파 의원들은 이 당시 터진 국회프락치사건으로 원내 영향력이 크게 감소되어 있었다. 민국당 의원들은 이 틈을 타 농지개혁법 개정안에 자신들의 경제적 이해관계를 최대한 반영시키려고 했다.

그러나 국회프락치사건 이후 신변 보호를 위해 일단 신정회, 일

민구락부, 대한노농당 등으로 흩어졌던 소장파 의원들은 곧 이러한 민국당의 개악改惡 시도에 강하게 반발했다. 그리고 이 무렵 민국당의 독주를 견제하기 위해 대한국민당으로 결집한 친이승만 세력도 이러한 반동적 움직임에 반대했다. 이러한 반대 때문에 민국당은 자신들의 이해관계를 농지개혁법 개정안에 부분적으로밖에 반영시킬 수 없었다. 보상과 상환은 24할, 8년 분할에서 15할, 5년 분할로 낮추어졌다. 이로써 지주들에게 높은 보상을 해주려던 민국당의 기도는 좌절되었다. 개정 법안에서 지주에게 유리하게 고쳐진 내용은 원안에 있던 지주 전업 알선 외에 기업자금 담보에 관한 조항이 신설되는 정도에 불과했다.[21] 이러한 개정안은 1950년 2월 국회에서 통과되었고, 정부는 이것을 3월 10일 법률 128호로 공포했다.

농지개혁법을 둘러싼 대차대조표

이 법안을 통해 각 세력은 어떤 득실을 얻었는가? 애초 농지개혁을 빨리 단행함으로써 민국당과 남노당의 농민기반을 부식시키고 그것을 흡수하려 했던 이승만으로서는 법의 성안成案 자체가 정치적 승리였다. 더구나 그는 재정 부담을 주는 조항을 삭제시킴으로써 자신(정부)의 이해관계를 관철시키기도 했다. 힘이 약화된 소장파는 원안의 친농민적인 조항들을 지키지 못하고 보상과 상환액을 15할로 낮추는 선에서 만족해야만 했다.

민국당은 이승만과 소장파 의원들의 공세로 15할 보상에 만족할 수밖에 없었다. 대신 그들은 지주가 자본가로 전환할 수 있는 어느 정도의 제도적 보장을 받아냈다. 그러나 실제로 이 조항의 혜택을 누릴 수 있는 지주는 얼마 되지 않았다. 우선 귀속 기업체를 불하받기에는 대다수의 지주가 규모 면에서 너무 영세했다. 당시 50석 미만을 보상받는 영세 지주가 84.2%였으며, 97.8%가 400석 미만을 보상받았다.[22] 이 정도의 보상액을 5년 분할로 받으면서 사업체를 넘겨받기란 그렇게 용이하지 않았다. 아울러 농지개혁법안에 명기된 지주전업 알선조항이 실질적인 효력을 발휘하기 위해서는 이 법안과 동시에 심의가 진행되고 있던 귀속재산처리법안의 관련 조항으로부터 제도적 뒷받침이 있어야만 했다. 다행히 귀속재산 처리법안에는 지주 전업 알선을 보장하는 조항들이 들어 있었다.[23] 그러나 실제 시행 과정에서 이러한 조항들은 실효성 있게 지켜지지 못했다.[24] 따라서 농지개혁 과정에서 대다수의 지주들은 규모의 영세성과 제도 시행 과정의 문제로 인해 큰 타격을 받을 수밖에 없었다.

폭풍전야

농지개혁 단행

그 동안 농지가 실제로 분배된 시점에 대해 중요한 오해가 계속되어 왔다. 농지개혁법안이 최종 확정되어 정부가 공포한 것은 1950년 3월 10일이었다. 같은 달 25일 이 법의 시행령이 공포되며, 4월 28일에는 시행규칙이 그리고 농지분배에 관한 세부규정과 요령을 담은 농지분배점수제규정農地分配點數制規程은 6월 23일에 공포되었다. 이로부터 이틀 후에 전쟁이 터졌기 때문에 많은 이들이 농지에 대한 실질적 매수 및 분배는 전쟁 전에 이루어질 수 없었다고 생각했다. 북한의 점령으로부터 서울을 되찾은 그해 가을에나 농지개혁이 실시될 수밖에 없었다는 것이 중론이었다.[25]

그런데 국회의 공식기록에는 이와 다른 내용이 들어 있다. 1951년 2월 16일 피난수도 부산에서 열린 국회에서 박원만 외 23명의 의원들이 농지개혁 실시 여부에 대해 질의하자, 농림부는 이미 "1950년 4월 15일에 완료"했다는 답변을 했던 것이다.[26]

이에 대해 일본의 사쿠라이는 시행규칙이 공포되기도 전인 4월 15일에 농지개혁이 완료되었다는 정부의 주장은 무리라고 하면서, 전쟁 전에 농지가 분배되지 않았다는 견해를 편다. 농지분배에 관한 세부규칙이 전쟁 발발 이틀 전인 6월 23일에 공포되었다는 사실로 미루어볼 때, 전쟁이 벌어지기 전에 농지가 분배될 수는 없었다. 따라서 농지개혁은 서울을 수복한 이후인 10월경에야 이루어질 수 있었다는 것이다.[27] 한 걸음 더 나아가 사쿠라이는 남한에서 농지개혁이 이루어질 경우 농민들이 이승만 정부 편으로 돌아설 것을 두려워했기 때문에 북한이 서둘러 6월 25일을 개전開戰 날짜로 잡았다는 '가설'까지 내놓았다.[28] 커밍스B. Cumings 역시 기밀이 해제된 미국의 자료를 근거로 하여 전쟁 발발 이전에 농지가 전혀 분배되지 않았으며, 서울수복 이후에도 이승만은 지주계급의 압력 때문에 농지개혁에 미온적이었다고 주장했다.[29]

그러나 사실은 이와 다르다. 정부 수립 이전부터 농지개혁에 적극적이었던 이승만의 의지 덕분에 전쟁이 터지기 전인 1950년 3월에서 5월 사이에 적어도 농지의 70~80% 정도에 대한 분배가 단행되었다. 1980년대 중반 한국농촌경제연구원이 밝혀낸 농지분배의 실제 진행과정은 이러했다. 1949년 6월 농지개혁법(당초 법안)이 공포된 후 곧 '농촌실태조사'가 시작되었다. 조사는 그해 말 완료되어 매수 농지의 면적이 확정되었다. 그 후 매수농지의 지번·지목·지적·등급·임대가격·주재배물·지주·경작자 등이 기재된 '농지

소표農地小票' 가 작성되었고, 그것은 다시 분배받을 농가별로 정리한 '농가별 분배농지 일람표' 가 리·동별로 1950년 3월 10일까지 만들어졌다. 이 일람표는 3월 15일에서 24일 사이에 시·읍·면사무소에서 모든 이들에게 공람되었다. 만약 이 기간 중에 이의 신청이 없으면 모든 분배대상 농지는 일람표에 적힌 농가의 소유로 확정되어 4월 5일부터 농지분배 예정통지서가 발송되었다. 따라서 이때 이의가 제기된 경우라면 농지위원회의 조정을 거쳐야 하므로 약간 늦어지겠지만, 그렇지 않은 경우는 3월 24일에 원칙적으로 분배가 확정된 것으로 볼 수 있다. 아울러 5월 27일에는 분배농지에 대한 상환대장償還臺帳을 작성하라는 상부의 지시가 있었고, 6월 9일부터는 분배된 밭으로부터 하곡夏穀(주로 보리)의 상환이 시작되었다. 이로 미루어보아 전국의 농지분배 확정일자가 모두 3월 24일은 아니겠지만, 적어도 그를 전후한 시기에 농지분배가 상당 부분 이루어진 것만은 분명했다.[29]

어떻게 관련 법규가 정비되기도 전에 정책이 먼저 시행되는 일이 발생했는가? 이러한 해프닝이 벌어질 수 있었던 것은 무엇보다도 소관부처의 행정적 판단과 이승만의 독려가 어우러졌기 때문이다. 정부는 1949년 6월 21일 우여곡절 끝에 농지개혁법(당초 법안)을 공포하지만, 그 법안은 내용상 논리적 모순을 안고 있었기 때문에 곧이어 국회에서 개정 작업에 들어갔다. 이때 행정부의 관련 부처에서는 개정안의 국회통과가 시간문제일 뿐 반드시 이루어진다는 판단 아래 시행령과 시행규칙을 마련하기 위해 애썼다. 그 결과 세부 규칙들은 형식상 공포되지 않았을 뿐 내부적으로는 이미 분배 시행

훨씬 전인 1949년 후반에 마련되어 있었다. 1950년에 들어서자마자 농지개혁시행에 관한 통첩뿐 아니라 그에 필요한 각종 용지 등이 일선 행정관서에 도착할 수 있었던 것도 바로 이 때문이다.[31]

주무부서인 농림부도 농지개혁 사업이 순조롭게 추진되려면 농지분배가 늦어도 보리 수확과 모내기 작업이 시작되는 6월 이전에 끝마쳐야 한다고 생각했다. 그렇지 않으면 농민들이 곧 누구의 소유가 될지도 모를 농지에 파종을 꺼릴 것이며 한 해 농사를 망칠 우려가 있었다. 또한 농림부는 농민들에게 서둘러 농지를 분배하고 그들로부터 하곡을 대상으로 상환을 받아야, 곧 닥쳐올 지주들에 대한 보상補償에 충당하고 다른 한편으로는 당시 식량수급과 관련하여 중요한 행정수단인 양곡수집을 제대로 할 수 있다고 생각했다.

이러한 관련부서의 과잉 신속을 부추긴 것은 이승만의 독려였다. 당시 이승만이 농지분배를 조속히 시행토록 재촉한 증거는 여러 곳에서 나타나고 있다.

농지개혁 사무는…… 예산의 불성립과 지방기구 및 각급농지위원회 미구성으로 천연 중이었던 바 대통령 각하께서는 이에 대하여 각별히 진념하시어 작년 12월 13일 국무회의에서 특별교시로 금년 춘경기春耕期 이전에 완수하게 하라는 분부가 있었고 또 1월 17일에는 국회의장에게 공한을 보내시어 농지개혁관계 추가예산안을 우선 상정케 하라 하였으며…… 사무추진에 적극 매진함을 요함.[32]

춘경기가 촉박하였으므로 추진상 불소不小한 곤란이 유有하였으나, 만난萬難을 배제하고 단행하라는 대통령 각하의 유시를 받들어

정부로서는 최선을 다하여 실행단계에 돌입한 것이다. 제1단계로서는 소작인에게 파종전기播種期前, 즉 4월 10일까지 농지분배 예정통지서를 교부하여 장차 자기 농지가 된다는 것을 전제로 하여 안심하고 파종하라는 것이다.[33]

5 · 30선거에 관한 재해석[34]

5 · 30선거 결과에 대한 해석은 아직도 신화에 물들어 있다. 기존의 연구들은 대개 단정 세력 전체(이승만 계열과 민국당)가 국민에게 외면당해 위기에 빠진 반면, 반단정 · 통일 지향 세력(중간파)이 무소속으로 '대거' 원내에 진출한 것으로 해석하고 있다.

이러한 해석의 대표적 예가 커밍스(B. Cumings)이다. 그는 근거를 제시하지도 않은 채 선거결과를 민국당 48석, 이승만 세력 84석(대한국민당 62석과 친이승만 청년단체 22석) 그리고 무소속 84석(순수 무소속 60석과 그들과 행동을 같이할 것으로 보이는 군소 정당과 중도파 출신 24석)으로 집계하면서[35] 이 선거가 이승만에게 큰 타격을 주었다고 주장했다.

이러한 선거결과는 이승만 정부에게 재앙에 가까운 손실을 안겨주었다. 국회 안에 이제 중도파와 중도 좌파의 강한 결집체가 생겨났다. 그들 중 일부는 여운형 노선과 관련되어 있었으며, 대다수는 북한과의 통일을 바라고 있었다.[36]

이승만은 정말 전쟁발발 전에 위기에 처했으며, 무소속 의원 대부분은 진보적이었는가? 이것은 사실이 아니다. 총 210명의 국회의원 중 순수 무소속의 비중은 60여 명을 넘지 않았으며, 그중 진보적인 중도계 인사들은 10명 남짓이었다. 선거에서 패배한 것은 45석 정도를 차지하는 데 그친 민국당뿐이며, 이승만은 100석 정도 차지함으로써 세력 규모 면에서 별 타격을 받지 않았다.

공식적으로 발표된 선거결과는 총 210명 중 무소속 126, 민국당 24명, 대한국민당 24명, 국민회 14명, 대한청년단 10명, 대한노동총연맹 3명, 일민구락부 3명, 사회당 2명, 민족자주연맹 1명, 대한부인회 1명, 여자국민당 1명, 중앙불교위원회 1명 등이었다.[37] 무소속이 압도적 다수를 차지했기 때문에 이들의 성분을 어떻게 분류하느냐가 선거결과 해석의 요체이다.

정당·사회 단체 명의로 입후보하여 당선된 진보적 중도계 인물은 사회당의 조소앙, 조시원과 민족자주연맹의 원세훈 등 3명뿐이었다. 무소속으로 입후보하여 당선된 진보적 중도파도 있었다. 문제는 그들의 규모인데, 과거의 이력 등을 따져서 큰 무리 없이 확인할 수 있는 사람은 안재홍, 장건상, 여운홍, 윤기섭, 오하영 등 다섯 명 남짓이다. 따라서 명시적으로 드러나는 진보적 중도파 의원의 수는 정당 이름을 내걸고 당선된 3명과 무소속 당선자 5명 등 많아야 10명을 넘지 못했다.

당선자 수가 적다고 중도파의 원내진입이 지닌 정치적 의의를 과소평가할 필요는 없다. 관권의 방해가 극심한 속에서 이 정도의 성과를 거둔 것은 상당히 의미 있는 일이었다. 아울러 1948년 5·10 선거에 참여를 거부했던 중도파가 공식적으로 원내로 진입한 것은 양적 의미 이상의 정치적 상징성이 분명 있었다.

그러나 그 상징성을 지나치게 과대평가하여 진보적 무소속의 '대거' 진출로 과장하지는 말아야 한다. 우리는 진보적 중도파의 원내 진출이 지닌 의의는 인정하되, 그 규모를 과장하지는 말아야 한다. 그리고 2대 국회가 활동에 들어가지도 전에 한국전쟁이 터졌고, 인공人共 치하에서 이들은 대부분 납북되었기 때문에, 실제 전시戰時 정치에서 아무런 역할도 하지 못했다.

한편 진보적 중도파 의원 6명을 빼고도 120명에 달하는 무소속 의원들의 성향을 판별하는 것이 5·30선거의 결과를 제대로 이해하는 관건이다. 이를 위해 여기서는 1950년 6월 19일에 있었던 국회의장단 선거와 원내 교섭단체의 구성과 변화를 추적해 볼 필요가 있다. 의장단 선거에서 조소앙이나 안재홍 같은 진보적 중도파 인사들이 얻은 득표수는 40표에서 57표 사이였다. 이러한 진폭은 원내 교섭단체 구성을 살펴보면 줄어든다. 당시의 신문보도에 근거할 때, 무소속 126명 중 민국당과 대한국민당 그리고 국민회에 각각 20여 명씩 흡수되었고, 대한청년단에도 10명 정도 편입되었으며,[37] 앞서 말한 진보적 중도파 6명을 제외한 나머지 50명 정도가 순수한 의미의 무소속임을 알 수 있다.

이들 무소속은 대한국민당이나 민국당 등의 기성정당에 비판적 태도를 보이고, 그들과는 다른 정치적 입장과 태도를 보여주려고 했다. 이 점에서 이들은 일단 상대적으로 참신하게 보였고, 또 약간은 개혁적으로 보이기도 했다. 그러나 전시국회에서 이들이 보여준 부화뇌동하는 모습[39]에 비추어볼 때, 과연 이념적으로도 진보적이었는지에 대해서는 회의적이다.

이승만은 평소 정당에 대해 상당히 부정적인 생각을 지니고 있었다. 그는 정당을 봉건적 당파와 같은 것으로 인식했으며, 국민통합을 저해한다고 생각했다.[40] 따라서 그는 자신이 특정 정당과 동일시되는 것을 꺼렸다. 자신은 모든 정당의 위에 군림하는 초당적 지도자가 되어야만 한다고 생각했다.[41] 따라서 그는 5·30선거에서 자신을 떠받드는 정당·사회단체는 모두 자기 세력으로 간주했다.

당시 이승만의 의사와는 무관하게 그를 떠받드는 정치세력은 상당히 많았다. 그중 대한국민당, 국민회, 대한청년단, 대한노총, 일민구락부, 대한부인회, 여자국민당, 중앙불교위원회 등은 이 선거에서 하나 이상의 의석을 차지했다. 이들을 모두 합하면 57석이 되는데, 일단 친이승만 세력으로 볼 수 있다. 그렇다면 이 개원을 전후하여 대한국민당, 국민회, 대한청년단 등의 친이승만 조직에 가담한 50여 명의 무소속 의원들[42]도 이승만 세력으로 볼 수 있다. 그렇다면 이 선거에서 원내로 진출한 친이승만 세력은 약 100여 명에 달한다고 할 수 있다.[43]

민국당의 경우, 공식적으로 얻은 의석수는 24석이지만, 실제로는 45석 정도를 차지한 것으로 봐야 한다. 당시의 신문보도에서 알 수 있듯이 무소속 의원 중 약 20명이 개원을 전후해 이 당에 가담했기 때문인데, 이 점은 6월 18일에 있은 이 당의 회의에 모인 의원이 41명이었다는 신문기사로도 뒷받침된다.[44] 그러나 민국당은 이 선거에서 가장 큰 타격을 입었다. 1948년 5·10선거 당시 70여 석을 차지했던 데 비해, 이번 선거에서는 무려 25석이 줄어든 45석 정도를 얻는 데 그치고 말았다. 또한 조병옥, 김준연, 백남훈, 김동원, 서상일, 백관수 등 핵심인물들이 대거 낙선하는 수모도 겪었다.[45]

이에 비추어 볼 때, 친이승만 세력 84석, 민국당 48석, 진보적 무소속 84석으로 보는 커밍스의 집계는 우선 무소속의 규모를 너무 크게 잡고 있고, 그들의 성향을 과장했다는 데에 문제가 있다. 더 심각한 오류는 단정 세력 전체가 패배하여 위기에 빠졌다고 보는 점이다.

맥도널드D. S. Macdonald는 진보적 중도파의 규모를 전체 의석의 약 1/4 정도로 추산했다. 메릴J. R. Merrill 역시 진보적 중도파가 전체의 1/4도 안 될 것이라고 하면서, 이 선거가 결코 좌익에 대한 지지의 물결이 일어난 것으로 해석될 수 없다고 했다.[46] 그리고 국회간행물 역시 이들의 진출을 '약간 눈에 띌' 정도라고 표현했다.[47]

이승만은 올리버에게 보낸 편지에서 자신이 패했다는 평가를 단호히 부인하고 있다.

지난 5·30선거에 내가 패했다는 이야기는 사실과 다릅니다. …… 윤치영이 내가…… 공표한 '일민' 주의에 입각하여 국민당이란 작은 정당을 조직했습니다. ……그가 지난 선거에서 낙선했습니다. 그 때문에 '대통령 정당의 당수' 인 윤치영이 패했으니까 대통령도 진 것이라는 인상이 생겨나게 되었습니다. ……이번 선거에…… 무소속 입후보자들이 더 많이 당선(되었으며, 이들이: 필자 추가)…… 정부를 지지하지 않을 것이고, 따라서 나는 국회의 지지를 잃게 되었다는 그릇된 인상이 생겨난 것도 사실입니다. 그러나 이러한 인상은 정확하지

않습니다. 실은 그와 정반대로 내가 승리한 것입니다. 내가 정당정치
를 찬성하지 않는다는 것은 잘 알려진 사실입니다. ……나는 국민이
정당과 봉건적 당파를 분별할 정도로 충분한 교육을 받게 되기까지는
국가가 서구적인 정당 방식을 끌어들이는 것이 위험하다는 나의 확신
을 여러 차례 공언한 바 있습니다. ……바로 이것이 지난번 선거에서
무소속 입후보자가 더 많이 당선될 수 있었던 주된 이유입니다. 그들
중 다수는 정당과 연관되어 있으면서도 무소속으로 등록하였습니다.
그들은 일반적으로 유권자들이 정당 후보에게 투표하기를 주저한다는
사실을 잘 알고 있었기 때문에 그렇게 한 것입니다.[48]

　　메릴 역시 동일한 점을 지적하고 있다. 그는 그 당시 이승만이 많
은 그의 지지자들로 하여금 무소속으로 출마하라고 부추겼으며, 선
거의 결과가 이승만에게 "썩 나쁘지 않았다"고 했다. 또한 그는 선
거 당시의 이승만에 대한 도전을 "하등 새로울 것이 없는 수준
nothing new"으로 평가했다.[49]
　　그동안 이렇게 제대로 된 해석이 있었음에도, 그 동안 학계 일각
에서 근거가 미약한 커밍스의 주장이 주로 수용되었던 것은 그의 주
장이 당시 연구 분위기를 지배한 수정주의적 시각에 부합되기 때문
이었다. 전쟁발발 직전 남한의 지배층(단정파) 전체가 민중들로부터
외면당해 위기에 봉착했다는 것은 곧 과거 그들의 행적이 부적절(반
민중적)했음을 보여주는 증거이자 전쟁의 당위성을 주장하는 논리와
직결될 수 있었다. '위기론'은 수정주의와 상당한 논리적 친화성을
지녔기 때문이다.

1950년 3월에서 5월 사이 농지분배를 단행함으로써 이승만은 경제활동인구의 70.9%를 점하는 농민들을 물질적으로 포섭할 수 있는 어느 정도의 기반을 갖출 수 있게 되었다. 5월 말에 있었던 선거 결과도 이승만에게는 썩 나쁘지 않았다. '위기'는 이 시기를 묘사하기에 적합한 용어가 아니었다. 이승만은 정부 수립 이후 그 어느 때보다도 안정을 찾아가고 있었고, 그것을 깨뜨린 것은 전쟁이었다.

|주|

1) 북한은 휴전 이후 포로송환 과정에서도 빨치산을 '남한 인민들의 자발적 봉기'라고 선전하면서 그들의 송환문제를 철저히 외면했다.

2) 이 법은 그 후 권위주의 체제하에서 반대파를 탄압하는 제도로 악용되기도 했다. 하지만 적어도 그 법이 생겨나던 시점은 북한을 등에 업고 대한민국을 전복시키려는 시도들이 계속해서 발생하고 있던 때였음을 상기할 필요가 있다. 따라서 당시 시점에서는 "정부를 참칭하거나 변란을 야기할 목적으로 결사 또는 집단을 조직한 자와 그 속에서 행위를 한 자(제1조)"에 대한 처벌을 규정한 이 법은 대한민국의 체제 및 질서유지에 기능하는 바가 있었다.

3) 박명림, 『한국전쟁의 발발과 기원 1』 (서울: 나남, 1996), pp.83~101.

4) 외무부, 『외무행정의 10년』 (서울: 외무부, 1959), p.93.

5) U.S. Department of State, *Foreign Relations of the United States(이하 FRUS) 1949. Vol.VII: Korea Part 2* (Washington: Government Printing Office, 1976), pp.956~958.

6) 《조선일보》, 1949년 10월 2일, 8일, 1950년 3월 3일.

7) *FRUS 1949 Vol.VII: Korea Part 2* (1976), pp.1014~1016. 자세한 설명은 김일영, 「이승만 정부에서의 외교정책과 국내정치: 북진·반일정책과 국내 정치경제와의 연계성」, 《국제정치논총》 39집 3호 (1999), pp.245~249 참조.

8) Se-Jin Kim, *Documents on Korean-American Relations 1943~1976* (Seoul: Research Center for Peace and Unification, 1976), pp.87~88.

9) B. Cumings, 「Introduction: The Course of Korean-American

Relations, 1943∼1953」, in B. Cumings(ed.), *Child of Conflict: The Korean-American Relationship, 1943∼1953* (Seattle: University of Washington Press, 1983), pp.44∼49.

10) 김대상, 「일제 잔재세력의 정화문제」, 안병직(외), 『변혁시대의 한국사』 (서울: 동평사, 1979), p.292; 오익환, 「반민특위의 활동과 와해」, 송건호(외), 『해방전후사의 인식 1』 (서울: 한길사, 1979), p.107.

11) 반민특위 위원으로 임명된 10명 중 김준연(한민당), 김효석·이종순(독촉)을 제외한 나머지 7명이 모두 무소속 의원이었으며, 국회프락치사건에서도 구속된 15명 중 11명이 무소속이었다.

12) 「반민특위 관계기관 연석회의」(1949. 9. 5), 길진현, 『역사에 다시 묻는다』 (서울: 삼민사, 1984), p.196.

13) 『경제연감』 (1949)에서 추출.

14) 조선은행조사부, 『조선경제연보』 (1948), pp.27∼36.

15) 북한은 전답과 임야뿐 아니라 일반 대지垈地까지도 재분배했기 때문에 토지개혁이라는 용어를 쓰고, 남한은 전답과 임야만을 대상으로 했기 때문에 농지개혁이라고 한다.

16) R. T. Oliver, Syngman Rhee and American Involvement in Korea, 1942∼1960: *A Personal Narrative* (Seoul: Panmun Book Company, 1978), pp.152∼153.

17) R. T. Oliver, 앞의 책, p.186; 《서울신문》, 1948년 12월 7일.

18) 《서울신문》, 1948년 12월 10일.

19) 신병식, 「한국의 토지개혁에 관한 정치경제적 연구」, 서울대학교 정치학 박사 논문 (1992).

20) 이렇게 지연되는 사이(1949. 5~1950. 2)에 매수대상 농지 60만 정보 중 절반가량인 28만 정보가 방매放賣 또는 은폐되었다. 김성호(외),『농지개혁사연구』(서울: 한국농촌경제연구원, 1989), p.659.

21) 농지매수의 대가로 발급받은 "지가증권을 기업자금에 사용할 때에는 정부가 융자의 보증을 한다(제8조)"는 것과 "본법에 의하여 농지를 매수당한 지주에게는 그 희망과 능력, 기타에 의하여 정부는 국가 경제발전에 유조한 사업에 우선 참획케 알선할 수 있다(제10조)"는 것이 그 내용이다.

22) 한국은행,『경제연감』(1955).

23) 자세한 설명은 김일영,「농지개혁을 둘러싼 신화의 해체」, 한국정치학회 편,『한국정치연구의 쟁점과 과제』(서울: 한울, 2001), pp.77~83 참조.

24) 자세한 설명은 이 책의 제3장 '전쟁의 영향(2): 계급구조 변화와 국민적 정체성 확립' 참조.

25) 북한도 유사한 주장을 하고 있다. 남한 정부가 어떻게든 농지분배를 하지 않으려다가 "조선전쟁 개시 후 인민군이 전체 면의 78.5%에 해당되는 1,198개 면에서 토지개혁을 실시한 후"에야 마지못해 실시했다는 것이다. 佐佐木隆爾, "第二次大戰後の南朝鮮解放戰爭における土地改革について",『朝鮮史研究會論文集』第4輯 (1968), p.202.

26) 국회사무처,『국회사: 제헌·2대·3대 국회』(서울: 국회사무처위원국 자료편찬과, 1971), p.392.

27) 櫻井浩,『韓國農地改革の再評價』(東京: アジア經濟研究所, 1976), p.114.

28) 櫻井浩,「한국의 토지개혁과 한국전쟁」, 한국전쟁연구 국제학술회의 발

표논문 모음집, 『한국전쟁전후 민족격동기의 재조명』(1987), pp.99~112.

29) B. Cumings, *The Origins of the Korean War, Vol. Ⅱ : The Roaring of the Cataract 1947~1950* (Princeton : Princeton University Press, 1990), p.472.

30) 김성호(외), 앞의 책, pp.601~602, 648~650, 935~941, 996~998. 이 사실은 이 무렵 《부산일보》(1950. 4. 5)나 《동아일보》(1950. 5. 23) 기사를 통해서도 확인이 가능하다. 자세한 설명은 김일영, 「농지개혁을 둘러싼 신화의 해체」, 한국정치학회 편, 앞의 책, pp.87~88 참조.

31) 김성호(외), 앞의 책, p.648, pp.998~999.

32) 「서산군 농지개혁사무 주무자회의 서류」(1950. 2. 22), 김성호(외), 앞의 책, p.936에서 재인용.

33) 「농지개혁지침」(1950. 4. 25), p.4 ; 김성호(외), 앞의 책, p.603에서 재인용.

34) 김일영, 「전쟁과 정치」, 유영익 · 이채진 편, 『한국과 6 · 25전쟁』(서울 : 연세대출판부, 2002), pp.5~15.

35) B. Cumings, 앞의 책, p.486.

36) B. Cumings, 앞의 책, p.484. 한 걸음 더 나아가 그는 '이승만의 정당과 민국당이 모두 크게 패배했다'는 평가도 내리고 있다.

37) 중앙선관위, 『역대국회의원선거상황』(서울 : 중앙선관위, 1971), pp.173~174.

38) 《조선일보》, 1950년 6월 26일.

39) 자세한 설명은 이 책의 제4장 '부산 정치파동' 참조.

40) R. T. Oliver, 앞의 책, p.315.

41) 이러한 생각은 그가 정치적으로 궁지에 몰려 자유당을 창당할 때까지 계속되었다.

42) 《조선일보》, 1950년 6월 26일.

43) 물론 이들 100여 명 전부를 열렬한 이승만 지지자라고 보기는 어렵다. 그들 중 상당수(약 40명으로 추산)는 권력해바라기형 내지는 부화뇌동형 인물들로 추정된다. 하나 분명한 사실은 선거 직후 그들이 친이승만 정당에 일단 가담했다는 점이다.

44) 《경향신문》, 1950년 6월 25일.

45) 민국당의 패배를 선거 직전 농지분배가 단행되었다는 사실과 관련시켜 설명한 것으로는 김일영, 「농지개혁을 둘러싼 신화의 해체」, pp.90~94 참조.

46) 맥도널드와 메릴은 모두 이 선거에서 보수파가 원내의 압도적 다수를 차지했다고 보았다. D. S. MacDonald, "Korea and the Ballot: The International Dimension in Korean Political Development as seen in Elections", Ph. D. dissertation (George Washington University, 1978), p.282; John R. Merrill, *Korea: The Peninsular Origins of The War* (London and Toronto: Associated University Press, 1989), pp.171~172.

47) 국회사무처, 『국회사: 제헌, 2대, 3대 국회』 (1971), p.339.

48) R. T. Oliver, 앞의 책, pp.314~316.

49) J. R. Merrill, 앞의 책, p.172.

제 3 장

한국전쟁과 그 영향

북한의 남침과 남한점령통치

김일성이 주도한 '체제 선택의 전쟁'

해방 이후 3년 동안 한국 사회를 지배했고, 정부 수립 후에도 관성적으로 남아 있던 '체제선택의 정치'는 마침내 1950년 6월 25일 '체제선택의 전쟁'으로 비화되었다. 단정 노선과 민주기지론에 따라 별개의 정부를 수립한 남북한은 북진통일론과 남진통일론(국토완정론)으로 서로 맞서다가 드디어 후자가 실천에 옮겨지게 되었던 것이다.

전쟁은 김일성이 스탈린과 마오쩌둥의 동의를 받아 시작되었다. 그 동안 개전의 주체와 관련하여 북침(북한을 비롯한 구舊사회주의권)이나 남침 유도(커밍스) 같은 주장이 있었다. 그러나 냉전 종식 이후 소련이나 중국의 문서가 공개되면서 이러한 주장은 설 자리를 잃고 말았다. 여기서는 소련공산당 중앙위원회 국제국에서 작성한

【동족상잔의 비극, 그 시작 】

1950년 6월 25일, 동족상잔의 비극이 시작되었다. 사진은 침공 3일 만에 서울 시내에 진군한 북한군의 모습.

'1950년 3월 30일~4월 25일 김일성의 소련 방문'에 관한 문건文件을 인용하는 것으로 설명을 대신하겠다.

　　스탈린 동지는 김일성에게 국제 환경과 국내 상황이 모두 조선 통일에 더욱 적극적인 행동을 취할 수 있도록 바뀌었다고 강조했다. 국제적 여건으로는 중국공산당이 국민당에 대해 승리를 거둔 덕분에 조선에서의 행동 개시에 유리한 환경을 만들었다. ……중국은 이제 필요하다면 자기 군대를 무리 없이 조선에다 투입할 수 있다. ……이제 중국은 소련과 동맹조약을 체결했기 때문에 미국은 아시아의 공산 세력에 대한 도전을 더 망설일 것이다. ……하지만 우리는 이 해방의 찬반을 다시 한 번 따져봐야 한다. 첫째, 미국이 개입할지 여부를 검토하고, 둘째, 중국 지도부가 이를 승인하는 경우에 한해 해방 작전은 시작될 수 있다는 점을 명심해야 한다. ……김일성은 미국이 개입하지 않을 것이란 견해를 밝혔다. 그것은 북조선 뒤에 소련·중국이 있기 때문만은 아니고 미국 스스로 대규모 전쟁을 벌이려 하지 않을 것이기 때문이라고 했다. ……(김일성은) 마오쩌둥 동지는 항상 조선 전체를 해방하는 우리의 희망을 지지했습니다(라고 말했다). ……(스탈린 동지는 김일성에게)옹진반도를 점령하겠다는 귀하의 계획에 동의합니다. 공격을 개시한 측의 의도를 위장하는 데 도움이 된다고 생각합니다. ……전쟁은 기습적이고 신속해야 합니다. 남조선과 미국이 정신을 차릴 틈을 주어서는 안 됩니다. 강력한 저항과 국제적 지원이 동원될 시간을 주지 말아야 합니다(라고 말했다). ……김일성은 스탈린 동지에게 왜 미국이 개입하지 않을 것인지 상세한 분석을 해 보였다. 공격은 신속히 수행돼 3일이면 승리할 수 있다고 말했다. 또한 남조선 내 빨치산 운동이 강화돼 대규모 폭동이 일어날 것이라고 했다. 박헌영도……20만 당원이 그곳에서 대규모 폭동을 주도할 것이라고 밝혔다.[1]

북한은 개전 3일 만에 서울을 점령하고 여세를 몰아 남쪽으로 밀고 내려갔다. 7월 1일 미 제24사단의 선발부대가 부산에 도착하는 것을 시작으로 7월 5일에는 딘W. F. Dean 소장이 이끄는 미 2사단

병력 전원이 전선에 투입되었다. 그러나 파죽지세로 밀어붙이는 북한군을 저지하기에는 역부족이었다. 결국 한국군과 유엔군은 낙동강 전선까지 밀려났고, 이러한 상태는 9월 15일 유엔군의 인천상륙작전으로 전세가 뒤집힐 때까지 계속되었다.

호응을 얻지 못한 북한의 남한점령통치

바로 이 3개월 동안 남한에서 부산·대구를 포함한 영남지역 일부와 제주도를 제외한 지역은 북한의 점령통치를 받아야 했다. 이 기간 중 북한은 남한에서 당과 인민위원회 조직의 재건, 친일파나 이승만 세력에 대한 숙청, 전시동원 그리고 토지개혁 등의 정책을 시행했다.

반혁명 세력에 대한 숙청작업은 정치보위부의 지도를 받기는 했지만, 실제 현장에서는 해당 지역의 자위대(치안대)에 의해 수행되는 것이 일반적이었다. 당시 자위대는 대체로 전쟁 전 좌익활동으로 투옥되었다가 풀려난 사람들이나 지주에 의해 억눌렸던 빈농이나 고농雇農(머슴)들이 중심이었다. 이들의 숙청작업은 전전戰前이나 전쟁 초기에 이루어진 좌익숙청이나 지주에 대한 보복의 성격을 띠는 경우가 많았다. 따라서 이 작업이 다소 무리하게 진행됨으로써 공산주의에 대한 공포심과 혐오감을 불러일으키고 민심의 이반을 초래했다는 부정적 평가가 많다.[2]

북한은 남한 주민들에 대한 전시동원을 '전쟁 승리를 위한 남한 주민들의 자발적 염원의 표시'라고 선전했지만, 사실은 남한 주민들에게 그것은 전쟁 못지않게 위험하고 어려우며 짜증스러운 일이었다. 따라서 이 역시 주민들의 호응을 얻었다고 보기 힘든데, 이 점은 김일성이 1950년 12월 21일 조선노동당 중앙위원회 제3차 정기 회의에서 '후방 공급 사업들이 잘 조직되지 못했다'고 자책한 데서도 드러났다.[3]

그러면 토지개혁은 어떠했는가? 전쟁 전부터 북한이 남한의 토지개혁을 준비했던 것은 사실이다. 1949년 남한정부가 농지개혁을 서두르자 북한은 남한에서 실시할 토지개혁에 대한 기준을 세우기 위해 홍명희, 박문규 등 21명의 위원으로 구성된 토지개혁법령 준비위원회를 구성하고, 법령 초안을 작성했다. 그리고 이에 의거하여 점령 이후 즉각 남한에 대한 토지개혁에 착수하여 전체 면의 78.5%에 해당되는 1,198개 면에서 수행했다고 북한 당국은 발표했다.[4]

그러나 실제로는 북한이 토지개혁을 시작했다가 중도에 그치고 그대로 후퇴한 곳도 많기 때문에 78.5%라는 북한의 발표는 과장된 것이기 쉽다.[5] 아울러 북한에 의한 토지개혁이 농민들로부터 호감을 샀는가에 대해서도 의문의 여지가 있다. 특히 전전戰前에 이미 농지를 분배받았던 대다수 농민들에게 또 한 번의 토지개혁은 성가신 재분배 이상의 의미를 지니기 힘들었다. 그것은 상환 부담을 면제시켜주었다는 점에서는 나았을지 모른다. 그러나 그 이면에 토지에 대한 소유권 행사(매매, 저당 등)의 금지라는 사회주의적 제약이 있었기 때문에 이러한 재분배 조치가 과연 농민들로부터 얼마나 환영을 받았을지는 의문이다.[6] 그리고 실제 재분배 과정을 주도한 것은 고농(머슴)과 토지가 없거나 적은 농민들이었는데,[7] 이 중 특히 전쟁 이전 남한의 농지개혁상에서 제외된 머슴들[8]이 상답上畓을 선점하는 등의 횡포를 부려 여타 농민들의 반발을 사기도 했다. 따라서 이미 농지를 분배받아 소농小農화된 대다수의 농민들에게 북한에 의한 재분배는 큰 호응을 불러일으키지 못했다.[9]

북한은 '농업현물세제'를 시행하는 과정에서도 많은 무리를 범해 농민들의 불만을 샀다. 이 제도는 수확량의 25%만을 현물세로 걷고 여타 조세나 공출은 모두 폐지하는 것으로 농민들에게 환영받을 수도 있는 것이었다. 그런데 현물세를 부과하기 위해 예상 수확량을 조사하는 과정에서 북한이 제일 잘 익은 곡식의 낱알을 헤아려 전체 수확량을 추정하고, 그것을 기준으로 세금을 부과하자 농민들 사이에서는 '왜놈들도 그러지 않았다'는 등의 불만이 터져나왔다. 더구나 실제 수확기 이전에 북한이 퇴각함으로써 농민들의 머릿속에는 나쁜 인상만 남게 되었다. 따라서 수복 이후 이승만 정부로부터 임시토지수득세, 강제양곡매상, 농지상환금 등으로 생산량의 절반 이상을 징발당하면서도 농민들은 인공치하人共治下보다는 낫다는 생각을 갖게 되었다.

미국의 개입과 북진 그리고 북한점령통치

미국, 유엔의 이름으로 개입

1950년 6월 25일 북한이 기습 남침하자 유엔은 세 가지 결의를 채택해 한국전쟁에 개입했다. 남침 당일 유엔안전보장이사회는 "북한의 남침을 유엔 헌장에서 규정하고 있는 평화의 파괴breach of the peace로 규정하고, 전투행위를 즉각 중지하고 38도선 북쪽으로 병력을 '철수' 할 것을 촉구"하는 결의(S/1501)[10]를 했다.

6월 27일 유엔안전보장이사회는 두 번째 결의(S/1511)[11]를 채택했다. 내용의 핵심은 "북한의 무력 공격을 격퇴하고 이 지역에서의 국제평화와 안전을 회복하기 위해 필요한 지원을 한국에 제공할 것을 유엔 회원국에게 권고"(밑줄은 필자)한다는 것이었다. 이에 따라 미국을 비롯한 여러 회원국이 파병 등 각종 형태의 지원을 하기 시작했다. 이 결의안, 특히 밑줄 친 부분은 두 가지 의미에서 매우 중요했으며, 현재도 그러하다. 우선 이것은 유엔군이 서울 수복 이후 38선을 넘어 북진할 때 논리적 근거로 이용되었으며, 북한을 점령한 후 통치주체가 유엔군임을 주장할 수 있는 근거로 활용되기도 했다.

7월 7일 유엔안전보장이사회는 세 번째로 유엔의 깃발 아래 미국이 통솔하는 통합사령부 설치에 관한 결의(S/1588)[12]를 채택했다. 이튿날 트루먼(H. Truman)은 이러한 유엔의 결의를 받아들여 미극동군사령관 맥아더를 유엔통합군사령관에 임명했다. 이로써 미국과 유엔은 명실 공히 한국전에 전면 개입하게 되었다.

이어서 7월 14일(한국 시각으로는 15일) 이승만이 "현재와 같은 적대상태가 지속되는 동안"이라는 단서 조항을 붙여 "한국의 육해공군에 대한 지휘권command authority을 당신에게 넘기겠다"는 편지를 맥아더에게 보냈고,[13] 미국이 이를 수락함으로써 유엔통합군사령관이 한국군에 대한 지휘권을 갖게 되었다. 당시 작전 지휘권의 조건부적 이양은 '편의주의적 발상'에서 '잠정적'으로 이루어진 조치였다. 이것은 전황이 급박하게 돌아가는 가운데 '전쟁 수행의 효율성'을 내세운 미국의 요구와 '미국으로부터 보다 확실한 지원을 보장' 받으려는 이승만의 입장이 맞아떨어져 성사된 것이었다. 하지만 이 일이 있은 후부터 전쟁수행 과정에서 한국정부나 한국군의 영향력이나 자율성은 극히 제약될 수밖에 없었다. 이것은 앞으로 살펴볼 북진이나 북한 점령정책, 그리고 휴전회담 등의 여러 사안에서 여실히 드러났다.

북진과 유엔군 주도의 북한점령

불리하던 전세가 9월 15일 인천상륙작전을 계기로 역전되자 한국과 미국, 유엔은 38선에서 진격을 멈출 것인가 아니면 계속 진격할 것인가 하는 문제에 직면하게 되었다.

이 문제에 관한 이승만 정부의 입장은 당연히 북진이었다. 사실 전쟁 발발은 미국의 견제 때문에 위축되어 있던 이승만의 북진정책에 새로운 힘을 불어넣은 측면도 있었다. 전쟁은 미국의 적극 개입(참전)을 가져왔다. 그리고 이승만은 기다렸다는 듯이 7월 10일 '이제 38선은 자연 해소되었다'고 선언했다.[14] 같은 달 19일 이승만은 트루먼에게 유엔군은 원상회복, 즉 38선에서 진격을 그쳐서는 안 되고 북진통일을 완수해야 한다고 역설하기도 했다.[15] 이제 이승만은 잘만 하면 미국의 지원하에 38선을 허물어뜨릴 수 있는 기회를 잡은 것이다. 그에게 이러한 호기회를 준 것은 아이러니하게도 북한의 남침이었다.

이승만이 꿈을 실현시킬 수 있는 시간은 빨리 다가왔다. 9월 15일을 계기로 전세가 역전되자 38선 월경越境이 현실적인 문제로 대두되었던 것이다. 이미 38선의 해소를 선언했던 이승만으로서는 이 문제에 대해 망설일 것이 없었다. 9월 19일 그는 부산에서 한 연설에서 유엔군은 38선에서 진격을 멈출 수도 없고, 또 그래서도 안 된다고 주장했다.[16]

미국도 이 문제를 가지고 고민했다. 1947년 이후 미국이 채택한 봉쇄정책에 입각한다면 미군은 38선을 회복하는 선에서 진격을 멈추어야만 했다. 만약 그 너머로 간다면 그것은 봉쇄정책을 벗어나 롤백(roll-back)정책으로 가는 것이었다. 논란 끝에 미국정부는 38 선을 돌파하기로 결정했다.[17] 사실 미국은 전쟁 발발 초기인 7월 17 일 이미 북진 가능성에 대한 검토를 시작했다.[18] 그리고 인천상륙작 전 이전인 9월 7일 채택된 NSC 81과 그것을 수정한 NSC 81/1에 보 면, "한국에서의 유엔의 정치적 목적이 한국의 완전한 독립과 통일" 이라고 하면서 "중·소의 개입이 없다면 미국은 유엔의 이런 정치 적 목적 달성을 강력히 지지"한다고 하면서 조건부적 북진에 대해 언급하고 있었다.[19]

이러한 미국정부의 북진 결정을 반영해 9월 30일 유엔 주재 미국 대사 오스틴W. Austin은 유엔에서 "남북한의 분단 장벽은 법적, 논리 적으로 존재 근거가 없는 것이다. 더구나 북한은 무력남침을 감행 함으로써 스스로 이 선의 존재를 부인했다. 더 이상 이런 선을 존속 시키지 말자"는 연설을 했다.[20] 그보다 하루 전인 9월 29일에는 영 국, 호주 등 8개국이 38선 돌파결의안[21]을 유엔에 상정했다. 필리핀 대표 로물로C. P. Romulo는 제안 설명에서 유엔군의 38선 돌파권한 은 이미 6월 27일의 안보리 결의(S/1511)로 인정되었다고 주장했 다. 즉 이 결의안은 "북한의 무력공격을 격퇴하고 이 지역에서 국제 평화와 안전을 회복하기 위해 필요한 지원을 한국에 제공할 것을 유엔 회원국에게 권고"한다는 내용을 담고 있는데, 그중 '이 지역에 서 국제평화와 안전의 회복'이라는 구절이 유엔군이 38선 이북으로 작전 확대를 가능케 하는 근거가 된다는 것이었다.

유엔 총회는 10월 7일 결의 376(V)을 채택하는데, 그 골자는 이 러했다. (1) 유엔은 전체 한국의 안전보장을 위한 모든 적절한 조치를 취한다. (2) 한국에 '통일되고 독립된 민주정부를 수립'하기 위해 유엔 감시하에 총선거를 포함한 모든 조치를 실시한다. (3) '한국통일부흥위원단UNCURK: UN Commission for the Unification and Rehabilitation of Korea'을 설치하여 기존의 유엔한국위원단의 한국 통일에 관한 업무를 계승하고 한국에 대한 구제와 부흥에 관련된 일을 담당토록 한다.[22]

6월 27일 안보리의 결의(S/1511)가 침략군 철퇴와 평화 회복이란 소극적 내용이었다면, 한국의 통일을 천명한 10월 7일의 결의 376(Ⅴ)은 적극적이고 공세적인 성격을 지녔다고 볼 수 있다. 아울러 이 결의는 한국전쟁 발발 이전에 유엔에서 결의된 세 가지 결의안, 즉 1947년 11월 14일의 결의 112(Ⅱ)와 1948년 12월 12일의 결의 195(Ⅲ) 그리고 1949년 10월 21일의 결의 293(Ⅳ)의 연장선상에 있다고 할 수 있다.[23]

이러한 일련의 결의를 바탕으로 한국군은 1950년 10월 1일부터 그리고 유엔군은 7일부터 38선을 넘어 북진하기 시작했다. 점령이 시작되자 미군은 미국 본토에서 하달된 지침과 유엔 결의에 따라 유엔군이 점령과 통치의 주체임을 주장했다. 북진 여부가 문제시되던 9월 하순 무렵 미국무성과 국방성 그리고 합참은 북한을 점령했을 경우에 대비한 지침을 만들기 위해 분주히 움직였다. 이 과정에서 많은 문서가 작성되는데, 기본 원칙은 북한을 점령·통치함에 군사적 문제와 정치적 문제를 분리시키고, 군사적으로는 한국군의 역할을 어느 정도 인정하지만 정치적 사안은 일단 유엔에게 전담시키고 일정 단계가 경과한 후에야 한국정부에게 그 문제를 이양하겠

다는 것이다.[24]

이에 한국정부는 크게 반발하면서 38선 이북지역에 대해서도 남한이 통치권을 가지고 있음을 거듭 강조했다. 그러나 북한 통치주체 문제를 둘러싼 한미 간의 갈등[25]은 10월 20일을 즈음해 잦아들었다. 미국의 강한 압력에 밀려 이승만은 38선 이북지역에서의 남한의 통치권에 대해 더 이상 언급하지 않았고, 이런 맥락에서 10월 30일 이승만은 대통령이 아닌 개인 자격으로 평양을 방문할 수밖에 없었다.[26]

이러한 유엔군 주도의 북한 점령정책은 제대로 시행되지 못했다. 우선 상부 수준에서 이승만이 양보했음에도 불구하고 하부 수준, 즉 현장에서는 한미 간에 충돌이 끊이지 않았다. 점령정책을 둘러싼 크고 작은 문제에서 유엔군(미군)과 한국군이 서로 부딪혔고, 유엔군(미군)과 한국정부가 서로 다른 행정 책임자를 임명한 데서 오는 갈등도 적지 않았다.[27] 유엔군 주도의 점령정책이 제대로 시행되지 못한 보다 큰 요인은 중국의 개입이었다. 11월 하순부터 중국군이 대규모로 개입하면서 유엔군은 자신들이 주도하는 점령정책을 펴볼 기회를 얻지 못한 채 후퇴할 수밖에 없었다.

이렇게 제대로 현실화되지 못했음에도 불구하고 한국전쟁 당시 미국과 유엔이 유엔 주도의 북한점령정책을 세웠다는 사실은 그 의미가 상당하다. 왜냐하면 향후 북한이 갑자기 붕괴될 경우 북한에 대한 통치주체와 관련하여 역사적 선례로 작용할 수 있기 때문이다.[28]

휴전을 둘러싼 한미 간의 갈등

미국, 전쟁을 봉합키로 결정

1950년 11월 말 20여만 명의 중국군이 압록강을 넘어 공격을 감행했고, 유엔군은 점차 밀리기 시작했다. 이를 계기로 미국은 전쟁에 관한 기본방침을 재검토하기 시작했다. 38선을 돌파하면서 미국이 구체화했던 롤백정책을 계속 밀고 나갈 것인가(확전), 냉전의 기본노선인 봉쇄정책으로 복귀할 것인가(봉합), 아니면 한국을 포기할 것인가(철수) 사이에서 미국은 고민에 들어갔다. 미국의 최종 선택은 봉합이었다. 이 무렵 미국의 고민과 선택을 가장 잘 보여주는 것은 1951년 2월 6일 합동참모본부가 국무성과 협의하여 만든 한반도에 관한 다섯 가지 정책 선택지에 관한 문서[29]이다. 여기에는 무력에 의한 통일, 완전 철수, 중국으로의 확전, 현재의 전선에서의 장기 교착, 협상을 통한 해결 등 다섯 가지 가능한 코스가 상정되어 있었는데, 애치슨은 결국 마지막 방향, 즉 전전戰前의 상태를 회복시키는 방향에서 한국문제를 해결하기로 마음을 먹게 된다. 미국은 이 전쟁을 '외교' 적으로 끝내기로 마음을 바꾼 것이다.

한미 간의 갈등

한국정부는 갖가지 경로를 통해 휴전 움직임에 반대하면서 한국군을 유엔군 산하에서 철수시키겠다는 위협까지 했다. 그러나 미국의 정책 방향은 바뀌지 않았으며, 결국 1951년 7월 10일 개성에서 유엔과 공산 측 사이에 휴전회담이 개시되었다. 이 회담은 군사분계선 설정, 휴전감시기구 구성, 관련 국가들에 대한 권고사항 등 세 가지 쟁점에 대해서는 1952년 5월경까지 쌍방 간에 합의가 도출되었다. 그러나 전쟁포로문제 때문에 논란을 거듭하던 양측은 결국 1952년 10월 8일 무기휴회에 들어갔다.[30]

1953년 2월 미국에서는 한국전쟁의 조기 해결을 공약으로 내건 아이젠하워D. D. Eisenhower가 새로운 대통령으로 취임했다. 3월 5일 스탈린이 사망하자 공산권 내에서도 조기早期 종전을 원하는 분위기가 고조되었다. 이런 가운데 부상포로를 우선 교환하자는 유엔군 사령관 클라크M. W. Clark의 제의를 공산 측이 수용함으로써 4월 26일 회담이 판문점에서 재개되었다.

그러자 한국에서도 휴전을 반대하는 움직임이 다시 거세게 일기 시작했다. 4월 한 달 동안 휴전반대와 북진통일을 주장하는 대규모 군중시위가 꼬리에 꼬리를 물었고, 국회도 같은 내용의 결의안을 채택하는 등 전국적으로 그리고 여야를 막론하고 이승만이 내세운 북진정책에 호응하는 모습이 연출되었다. 이승만의 북진정책이 유엔(미국)과의 정책공조 면에서는 불협화음과 위기에 직면했지만, 국내적으로는 그 어느 때보다도 탄탄한 지지기반을 구축했던 것이 바로 이때였다고 할 수 있다.

미국은 이승만의 이러한 반대행동을 미국에 대한 협상력을 극대화하려는 시도로 보면서도, 그에 대한 한국 내의 대대적 호응 때문에 곤혹스러워했다. 특히 미국은 이승만의 지시에 따라 한국군이 유엔의 지휘권에서 벗어나 단독행위를 할 가능성에 대해 심각하게 우려했다.[31] 그렇다고 그의 요구조건, 즉 한미상호방위조약 체결, 외침이 있을 때 미국의 즉각 개입, 한국군의 증강 등을 그대로 수용할 수도 없었다. 미국은 한국군이 안정을 깨뜨릴 정도로 증강되는 것도 바라지 않았고, 쌍무조약을 통해 향후 한국문제에 또다시 연루되기도 싫었다. 더구나 상호방위조약을 체결할 경우 유엔군의 이름으로 한국전에 참전하고 있는 미군의 법적 지위가 문제될 수도 있었다.

이러한 상태로 5월에 들어서자 미국은 골칫거리인 이승만 대신 다루기 쉬운 사람을 한국의 지도자로 세울 것을 신중하게 고려하기 시작했다. 이것은 미국에게 생소한 선택이 아니었다. 1952년 '부산정치파동' 당시 미국은 이미 이러한 이승만 전복 계획을 세운 바 있었기 때문이다(이에 관해서는 뒤에서 별도로 설명하겠다). 미8군사령관 테일러M. Taylor는 이러한 기존 계획을 토대로 하여 '에버레디 계획Plan Everready'을 작성했다. 그것은 한국군이 유엔군의 작전권을 벗어날 경우 반항적인 지도자들을 제거하고, 그들에 대한 모든 지

【 거제도 포로수용소의 포로들 】
1952년 3월 어느날 거제도 포로수용소에서는 전향포로들의 반
공집회가 열렸다. 수용소 내에서는 친공포로와 반공포로 사이
의 갈등 때문에 혼란의 나날이 이어졌다.

원을 중단하며, 필요할 경우 유엔군 지휘하의 군사정부 수립도 검
토한다는 내용이었다.[32]

　그러나 이 계획은 실행에 옮겨지지 않았다. 5월 29일과 30일 미
국무성과 국방성 그리고 합참의 관계자들이 한국문제에 관해 광범
위한 토론을 벌였는데, 거기서 이승만을 전복시키는 대신 한국과
상호방위조약을 맺기로 결론을 내렸기 때문이다.[33] 6월 6일 한국이
휴전에 협조하고 유엔군의 지휘권 내에 남아 있겠다는 조건하에서

미국은 한국과 상호방위조약에 관해 논의할 준비가 되어 있다는 결정을 이승만에게 통보했다. 하지만 이승만의 반응은 부정적이었다. 대신 그는 유엔군과 중국군의 동시 철수를 주장했다.[34]

그 사이 유엔과 공산 양측은 오랜 쟁점이었던 포로교환문제에 관해 합의에 도달했고, 그 결과 6월 8일 본국 송환을 거부하는 포로들을 관리할 중립국위원단에 관한 협정이 체결되었다. 이제 휴전은 목전에 다가왔고, 이승만의 북진정책은 위기에 봉착하는 듯했다. 그러나 이승만은 6월 18일 약 27,000명의 반공포로를 부산, 대구, 광주, 마산, 영천, 논산, 부평 등에 있던 수용소에서 전격적으로 석방시킴으로써 미국에게 휴전을 거부하고 또 그것을 파기시킬 의사와 능력이 있음을 보여주었다.

이에 미국은 이승만에게 유엔사령부의 권위를 인정치 않으면 '모종의 조치'를 취할 수 있다고 경고하면서 그 동안 넣어두었던 '에버레디 계획'을 꺼내 실행 여부를 다시 고려하기도 했다. 그러나 결국은 원래 결정대로 국무성 극동담당 차관보 로버트슨W. Robertson을 한국에 보내 이승만과 휴전 및 그에 따른 제반문제를 협상하는 것으로 결론이 났다.

6월 25일 시작된 이-로버트슨 회담은 쉽게 타협이 이루어지지 않았다. 쟁점은 상호방위조약의 체결 시점, 한국군의 규모, 유엔군이 지닌 한국군에 대한 지휘권의 지속 여부, 휴전 후 정치회담의 기한 등이었다. 결국 7월 9일 이승만은 로버트슨에게 서한을 보내 "유엔군이 한국의 이익에 배치되는 행동을 하지 않는 한 한국군을 그 휘하에 남겨둘 것"이고, "휴전에 서명은 않겠지만 그것을 방해하지도 않을 것"이며, 휴전 이후 상호방위조약을 체결하는 것에 동의하겠다고 밝힘으로써 협상은 거의 마무리되었다.[35] 이때 상호방위조약의 초안이 교환되었으며, 7월 11일 공동성명이 발표되는 것으로 이 회담은 끝났다.

아무것도 해결하지 못한 전쟁

이러한 한미 간의 잠정적 합의 위에서 전쟁은 7월 27일 휴전으로 마무리되었다. 3년간의 전쟁으로 유엔 측 33만 명, 공산 측 48만 명, 민간인 76만 명이란 인명 피해가 있었고, 유엔 측의 전쟁비용만도 150억 달러나 들었으며, 주택손실 60만 호, 전쟁고아 10만 명, 전쟁미망인 50만 명이 생겨났다. 이렇게 엄청난 피해가 있었지만, 전쟁의 결과는 아무것도 해결되지 않은 채 문제를 봉합하는 것으로 끝났다. 그것은 민족이 하나 되는 통일을 가져오지도 못했고, 총과 대포를 녹여 쟁기와 보습을 만드는 평화를 가져오지도 못했다. 서로 총을 쏘던 행위는 잠시 멈추었으되 총부리는 서로를 겨냥한 채 긴장하고 살아야만 하는 기형적인 상태인 '정전(停戰)'이 3년간의 동족상잔의 결과였다.

정전협정은 그것의 서언에도 나와 있듯이 무력충돌을 중지시키기 위한 '군사적' 성격을 지닌 '임시' 조치였다. 그것은 본질적으로 불안정한 체제로서 보완이 필요했다. 유엔과 공산 양측은 평화정착을 포함한 정치적 문제를 풀기 위해 후속회담을 해야만 했다. 더구나 이승만은 휴전을 방해하지 않기로 미국과 합의하면서도 휴전은 정치회담이 개최되는 90일에 한하여 유효하며, 그사이 한국통일문

【 정전협정을 맺는 유엔군과 북한 】

휴전회담이 열린 후 2년 1개월 만인 1953년 7월 27일, 유엔군 대
표 해리슨 소장과 북한의 남일은 정전협정에 서명했다. 이로써
3년 1개월간의 전쟁은 끝났다.

제에 관해 진전이 없으면 다시 전쟁을 시작할 것이라고 주장하고
있었다.[36]

정전협정 제60조에 따라 정치회담 개최를 위한 예비회담이 1953
년 10월 26일 판문점에서 시작되었으나 아무 성과 없이 12월 12일
무기휴회에 들어갔다. 이듬해 2월 18일 베를린에서 미 · 영 · 불 ·
소 4개국 외상들이 그해 4월 26일 한반도 문제에 관한 정치회담을
제네바에서 열기로 합의했다. 이승만은 한국이 회의에 참가하는 조

건으로 미국이 한국군의 증강을 도와줄 것을 내걸었다. 미국은 휴전 직전 한미 간에 합의된 한국군의 규모(20개 사단의 육군 655,000명과 해공군 24,000명)를 넘지 않는 수준에서 해공군의 질을 약간 높여주는 선에서 이승만과 타협했다. 그 결과 회담이 개최되었으나 이 역시 아무런 성과 없이 끝나고 말았다.[37]

　이로써 군사적 임시조치로 마련된 정전협정을 항구적인 평화협정으로 대체하는 작업은 실패하고 말았다. 그 결과 정전협정은 지난 50여 년 동안 작게는 남북한의 그리고 크게는 유엔(미국) 측과 공산측의 행위 및 상호작용을 규정·통제하는 현실적 메커니즘이 되었다. 더구나 남북 간의 긴장이 고조되면서 이것은 점차 자기역동성 self-dynamics과 자기재생산self-reproduction 구조를 지닌 실체로 커갔다. 이 와중에 정전협정은 한반도에서 정전체제armistice regime 또는 체제로서의 정전armistice as a regime으로 자리잡게 되었다.

전쟁의 영향(1): 한미동맹의 성립과 '삼위일체+1' 구조

한국전쟁을 휴전으로 봉합하기로 한 미국의 결심은 정전협정으로 일단 성취되었다. 이제 미국은 이러한 봉합 상태를 어떻게 유지하느냐에 관심을 쏟아야만 했다. 이를 위해 미국은 북한이 재차 남침하는 것도 막아야 했지만 남한이 단독으로 북한에 대해 군사적 모험을 감행하는 것도 저지해야만 했다. 이러한 목적을 달성하기 위해 미국은 한국과 상호방위조약 및 합의의사록을 체결했다. 그리고 이를 보완하기 위해 주한미군을 서울 북쪽에 전진배치forward presence시켜 인계철선引繼鐵線, trip-wire 역할을 하도록 했다. 따라서 한국전쟁의 결과로 성립된 한미동맹은 정전협정, 한미상호방위조약, 한미합의의사록의 삼자三者와 인계철선으로서의 주한미군이 합쳐져 이루어지는 '삼위일체+1' 구조를 지니게 되었다.

'한미상호방위조약': 북한의 남진 막고 미군 주둔의 근거 마련

휴전이 된 지 일주일이 채 되지 않은 8월 3일 미국무장관 덜레스 J. F. Dulles가 방한하여 이승만과 회담을 가졌다. 그의 방한은 지난 번 로버트슨과의 약속에 따른 것이었지만, 주된 목적은 정전 이후 의 미국의 관심사를 해결하기 위해서였다.

이 회담에서 두 사람은 한국의 숙원이던 한미상호방위조약에 가 조인했다(이 조약에 대한 정식 조인은 1953년 10월 1일 워싱턴에서 변영 태 외무장관과 덜레스 국무장관 사이에 이루어졌다). 이 조약으로 한국 에 대한 미국의 안보공약은 확고해졌다. 그러나 그것은 전쟁 발발 시 '자동개입'을 보장하지는 않고 있었다.[38] 이 점은 제2조와 제3조 에 잘 나타나 있다. 두 나라는 "어느 한쪽이 외부로부터의 무력 공 격에 의해 위협받을 경우 상호협의하에 단독이든 공동이든 그것을 저지하기 위한 적절한 조치를 취할 것(2조)"에 합의했다. 그러나 양 국은 이러한 위험이 있을 경우 적절한 조치를 취하는 구체적인 방 안으로 "각자의 헌법상의 수속에 따라 행동할 것(3조)"을 선언했다. 다시 말해 전쟁이 터졌을 때 양국은 상호협의를 거친 후에도 각자 의 헌법상 절차를 경유하게 함으로써 자동개입에 대한 보장은 유보 되었던 것이다. 미국의 자동개입을 보장받지는 못했지만, 한국으로 서는 이 조약을 통해 북한의 남침을 막을 수 있는 최소한의 안전장 치를 마련했다고 볼 수 있다.

미국의 입장에서 볼 때 상호방위조약의 핵심은 한국에 대한 안보 공약과 함께 미국이 유엔군과는 별개로 미군을 한국에 주둔시킬 수 있는 법적 근거를 마련했다는 점이었다(J. Kotch, 1983, 257~258).

【 한미상호방위조약 체결 】

1953년 8월 8일 경무대에서 한미상호방위조약에 변영태 외무
장관과 덜레스 미국방장관이 가조인을 하고 있다.

"상호합의에 의하여 결정된 바에 따라 미합중국의 육군, 해군과 공군을 대한민국의 영토 내와 그 주변에 배치하는 권리를 대한민국은 허여하고 미합중국은 이를 수락한다"는 제4조가 바로 그 근거가 되었다.

'한미합의의사록': 남한의 북진 막기

그러나 한미상호방위조약을 통해서도 미국은 한 가지 중요한 문제를 해결하지 못했다. 그것은 남한의 단독 북진을 막기 위해 한국군에 대한 지휘권을 계속 유엔군 산하에 두는 문제였다. 1950년 7월 15일(한국 시각) 이승만은 맥아더에게 한국군의 작전지휘권을 넘길 때 "현재와 같은 적대상태가 지속되는 동안"이라는 단서 조항을 붙였다. 이제 정전이 되었기 때문에 한국군은 작전지휘권을 되찾을 수 있게 되었고, 이 점이 미국을 불안하게 만들었다.

미국은 이 문제를 해결하기 위한 시간을 벌기 위해 다각도의 노력을 기울였다. 우선 상호방위조약 제5조에 이 조약은 "비준서가 양국에 의하여 워싱턴에서 교환되었을 때에 효력을 발생한다"고 적시함으로써 미국은 미진한 문제에 대해 이승만과 추가협상을 벌일 때 조약 자체를 자신들의 협상의 도구로 쓸 수 있는 여지를 남겨두었다.

아울러 이승만과 덜레스는 1953년 8월 8일 한미상호방위조약에 가조인하면서 공동성명을 발표하는데, 미국은 이때 한국군의 지휘권 문제에 관한 이승만의 임시적 양보를 확보했다. 이 성명에서 양국은 "그것이 발효되는 날까지 한국에 있는 우리의 군대(미군과 한국군: 필자 추가)는 유엔군의 지휘권 아래에서 정전협정에 의거해 행동"할 것이라고 못 박았다. 그리고 "정치회담을 열기로 합의한 기간 동안 한국이 무력에 의해 통일하려는 독자적인 행동을 하지 않겠다는 약속을 했다"고 밝힘으로써 미국은 한국의 단독 북진 가능성에 대해 '임시'적이나마 족쇄를 마련할 수 있었다.[39]

그러나 이런 조치들은 모두 임시적인 것에 불과했다. 미국은 보다 항구적인 제도적 장치가 필요했는데, 그것이 1954년 11월 17일 체결되는 '경제 및 군사문제에 관한 한미합의의사록Agreed Minute Relating to Continued Cooperation in Economic and Military Matters'이었다.

그사이, 즉 한미 간에 합의된 시한부 기간 동안에도 이승만은 북진과 관련한 의사표명과 돌출행동을 그치지 않았다. 특히 정치회담 개최를 위한 판문점 예비회담이 1953년 12월 12일 성과 없이 끝나고, 같은 달 26일 미국이 주한미군 8개 사단 중 2개의 철수를 발표하자 한국의 반발은 더 심해졌다.

이에 미국은 다시 이승만 제거를 포함한 특별대책을 마련하는 한편, 닉슨R. Nixon 부통령을 보내 이승만의 단독 행동 가능성을 저지하려고 했다. 또 미국은 1954년 1월 15일과 26일 각각 한국과 미국의 의회에서 비준이 이루어진 한미상호방위조약의 비준서 교환을 늦춤으로써 이승만의 군사적 모험을 견제하려 했다.[40] 조약이 발효되기까지는 한국군에 대한 지휘권을 유엔군 사령부가 확보할 수 있었기 때문이었다.

그러나 이승만이 3개월 시한부로 응했던 제네바 정치회담마저 1954년 6월 15일 성과 없이 종결되자 미국은 다급해졌다. 이에 미국이 이승만을 초청해 정상회담을 하면서 내놓은 카드가 한미합의 의사록이었다. 이것은 그 후 3개월여에 걸친 실무진 간의 조정을 거쳐 11월 17일 서울에서 변영태 외무장관과 브릭스E. O. Briggs 주한 미대사 사이에 조인되었다. 그리고 같은 날 워싱턴에서는 한미상호방위조약의 비준서 교환이 이루어졌다.

미국의 입장에서 볼 때 한미합의의사록의 핵심은 미국이 상호방위조약을 통해서도 확보하지 못했던 한국군에 대한 계속적인 작전권 확보문제를 해결했다는 점이다. "대한민국은 상호협의에 의하여 그렇게 하는 것이 상호이익에 가장 유리하기 때문에 변경하는 경우가 아니면, 유엔군 사령부가 대한민국의 방위를 책임지는 한 그 군대를 유엔군 사령부의 작전통제권operational control[41]하에 둔다" 고 규정한 합의의사록 제2조가 미국의 숙원을 풀어준 해결사였던 것이다.

대신 이승만은 미국으로부터 군사 및 경제 면에서의 지원을 약속받았다. 상호방위조약을 통해 한국은 미국으로부터 안보를 보장받았으나 이 '조약'에는 다른 부분의 지원에 관한 내용이 없었다. 이러한 군사 및 경제 면에서의 지원을 약속한 것이 합의의사록이었다. 거기에는 한국군의 규모에 대해 "경제 안정과 확보 가능한 자원의 범위 내"라는 기준을 제시하면서, 부속 문서(B)를 통해 총 72만 명을 넘지 않는 수준에서 병력[42]을 유지시키도록 미국이 원조하겠다는 내용도 있고, 또 7억 달러에 달하는 원조에 관한 내용도 있었다.[43]

물론 이 과정에서 한국이 치른 대가는 만만치 않았다. 한국은 자국 군대에 대한 작전통제권을 상실함으로써 주권국가의 체모가 일부 손상된 것은 사실이며, 이 문제는 현재까지도 한미동맹의 현안으로서 해결을 기다리고 있다.[44]

인계철선으로서의 주한미군: 현상유지의 보조장치

앞서 설명했듯이 한미상호방위조약에는 유사시 미국이 자동개입한다는 내용은 없었다. 이러한 약점을 보완하기 위해 휴전 이후 미국은 주한미군을 서울 북방의 서부전선에 전진 배치시켰다. 이는 북한이 서울을 겨냥해 기습 남침할 경우 미군을 공격할 수밖에 없게 만들어 미국으로 하여금 한국문제에 자동개입하도록 하기 위한 인계철선 기능을 수행하기 위해서였다.

미국은 주한미군을 서울 북방에 전진 배치함으로써 한국군이 북한에 대해 독자적인 군사적 행동을 감행하는 것도 막을 수 있게 되었다. 미국은 한미합의 의사록을 통해 한국군에 대한 작전통제권을 장악했지만, 북진의 길목에 미군을 직접 주둔시킴으로써 한국군에 대한 견제를 보다 확실하게 했다.

한미동맹의 '삼위일체+1' 구조

미국은 정전협정으로 한반도의 전쟁을 일단 멈추었고, 한미상호방위조약으로는 북한의 남진을 그리고 한미합의의사록으로는 남한의 북진을 막을 수 있게 되었으며, 주한미군을 전진 배치시켜 인계철선 역할을 맡도록 함으로써 남진과 북진을 동시에 막는 보다 확실한 안전장치를 마련했다. 이러한 한미동맹의 '삼위일체+1' 구조 위에서 미국은 한반도에 관한 기본 정책인 현상유지를 이룰 수 있게 되었다.

한국은 휴전에 반대했기 때문에 정전협정에 서명을 하지는 않았다. 하지만 휴전반대를 협상의 지렛대로 삼아 미국으로부터 상호방위조약을 이끌어냈고 안보를 보장받을 수 있게 되었다. 또한 한국은 합의의사록으로 자국 군대에 대한 작전통제권을 잃기도 했지만 그 대가로 상당한 군사 및 경제원조를 얻어냈다. 이러한 군사적 안정과 경제적 지원이 없었다면 1960년대 이후 한국의 급속한 경제성장은 생각하기 어려웠을 것이다.

요컨대 지난 반세기 동안 한미 양국은 이러한 한미동맹의 '삼위일체+1' 구조 위에서 북한의 군사적 위협을 억제하고 동북아시아에서 안정과 평화를 유지할 수 있었으며, 더 나아가 눈부신 경제발전을 이룩할 수 있었다.

이상에서 설명한 한미동맹의 '삼위일체+1' 구조는 그림3-1과 같다.

| 그림3-1 한미동맹의 '삼위일체+1' 구조

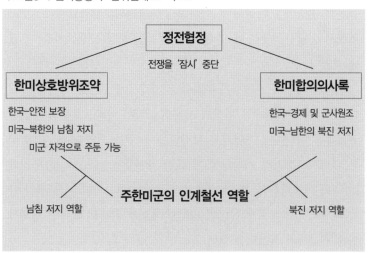

전쟁의 영향(2): 계급구조 변화와 국민적 정체성 확립

한미동맹의 성립이 한국전쟁이 가져온 국제적 결과라면 국내적으로는 세 가지 중요한 결과를 낳았다. 첫째, 한국전쟁은 발발 직전에 시행된 농지개혁과 어우러지면서 한국 사회의 계급구조를 근본적으로 변화시켰다. 둘째, 이러한 계급구조 변화는 향후 한국의 정치발전과 경제발전에 심대한 영향을 미쳤다. 셋째, 한국전쟁은 농지개혁과 함께 사람들에게 '조선인'이 아니라 '한국' 국민으로서의 정체성을 심어주었다.

지배계급의 교체: 지주의 몰락과 자본가의 등장

이미 설명했듯이 농지분배가 70~80%가량 진행된 상태에서 전쟁이 터졌다. 농지개혁은 그 자체만으로도 사회 전반에 심원한 영향을 미칠 수 있는 것이었다. 거기에 전쟁까지 겹침으로써 한국의 정치 및 사회·경제적 구조는 근본적인 변화를 겪게 되었다. 두 사건을 계기로 지주계급이 몰락했으며, 국가를 매개로 새로 등장한 자본가들이 그 공백을 메우기 시작했다.

농지개혁법에는 지주가 상업 내지 산업자본가로 전환할 수 있는 어느 정도의 제도적 보장책이 있었다. 하지만 실제로 이 조항의 혜택을 누릴 수 있는 지주는 얼마 되지 않았다. 대부분의 지주는 규모의 영세성과 실질적인 법 제도의 부족 그리고 제도 시행 과정에서의 차별 때문에 큰 타격을 받을 수밖에 없었다.

당시 농림부는 400석 이상을 보상받는 지주라야 전업이 가능할 것으로 파악했다. 그런데 이러한 지주의 수는 전체 지주의 2.2%인 3,400명에 불과했다.[45] 대다수의 지주들은 농지를 매수당한 대가로 1년 소출량의 15할을 5년 동안 나누어 보상을 받아봐야 그것으로 생활비를 대기에 벅찰 정도였다. 따라서 이러한 영세 지주들은 농지개혁으로 몰락의 길을 걸을 수밖에 없었다. 더 큰 문제는 전업이 가능한 소수의 대지주들도 곧이어 터진 전쟁과 재정 안정을 우선시하는 정부의 정책 때문에 자본가로 변신할 수 있는 기회를 놓치고 말았다는 점이다.

전쟁이 터지자 정부는 전비 조달을 위한 재정 확보에 총력을 쏟았다. 이 과정에서 정부가 가장 중점을 둔 분야는 농업이었다. 정부는 농지를 분배받은 농민들로부터 상환곡을 철저하게 징수했다. 더나아가 정부는 임시토지수득세라는 것을 만들어 농민들로부터 현물의 형태로 세금을 거두어들였다. 당시 농민들은 이런저런 명목으로 생산물의 절반 이상을 국가에 징수당해야 했다.[46]

그런데 정부는 농민들로부터 상환곡과 세금을 현물로 빠짐없이 거두어들이던 것과는 대조적으로 지주들에 대한 보상에는 상당히 태만했다. 원래 예정대로라면 1955년 5월 말까지 지가보상이 끝나도록 되어 있었으나 그때까지의 실제 보상 실적은 전체의 28%에 불과할 정도로 진행 속도가 느렸다.

정부는 보상을 할 경우에도 일반 지주에 대한 보상보다 귀속재산의 매각대금으로 관재국에 들어온 지가증권地價證券에 대해 먼저 보상하는 귀속재산매각대금 우선보상정책을 폈다. 또한 정부는 지가증권에 대한 담보융자를 사실상 금지하는 금융정책을 폄으로써 지주가 자본가로 변신하는 것을 돕도록 되어 있는 법적 장치를 무력화시키고 말았다. 그리고 보상을 할 경우에도 정부는 지주들에게 법안대로 1년 단위로 보상금을 지급하는 것이 아니라 월별로 생활비 정도만을 지급함으로써 그들의 전신轉身을 사실상 어렵게 만들었다.

설사 지주들이 정부로부터 제때에 정당한 액수를 보상받았다 하더라도 그들은 전쟁 때문에 큰 손해를 감수해야만 했다. 지가증권이란 보상받을 석수를 기입하고 그것을 5년으로 나누어 지급하되 그 방식은 각 연도의 법정(공정) 미가로 환산한 현금으로 지급할 것을 규정한 증권이었다. 그런데 전시 중 법정 미가는 시중의 실제 미가의 30~40%에 불과했으며, 매년 인플레율은 서울 도매물가 지수를 기준으로 보아 거의 1,000%를 상회했다. 이에 비추어 볼 때 지주들이 현금으로 보상받는 금액의 가치가 얼마나 형편없었던가를 짐작할 수 있다.

정부가 이렇게 지주보상에 무성의했던 것은 전비戰費 확보와 재정 안정이라는 두 가지 이유 때문이었다. 전전戰前부터 정부는 재정적 자에 시달리고 있었지만, 전쟁이 터지자 정도는 훨씬 심해졌다. 이에 정부는 농민상환액과 지주보상액 사이의 시세차익과 시차時差를 이용해 부족한 재정을 메우려고 했다. 농민에게서 현물로 거두어들여 지주에게 법정 미가로 보상하는 과정에서 정부는 커다란 차익을 남길 수 있었다. 더구나 인플레이션이 심한 상황에서 보상을 지연시킴으로써 정부가 얻는 이익도 만만치 않았다. 전쟁기간(1950~1953년) 중 이러한 방식으로 상환액과 보상액 사이에서 정부가 남긴 차액은 모두 38억 환 정도였고, 1950년부터 1959년 사이에는 총 270억 환에 달했다.[47] 또한 정부는 인플레이션을 억제하고 재정안정을 꾀한다는 명분으로도 지주들에 대한 보상을 가급적 미루었다. 정부가 월별보상금지불정책, 관재국수납분 지가증권 우선보상정책, 지가증권 담보융자금지정책 등을 시행한 것은 재정안정과 밀접한 관계가 있었다.

이렇게 정부가 지주들에 대한 보상을 의도적으로 천연遷延시키는 가운데 대부분의 지주들은 피난처에서 생계비 조달을 위해 지가증권을 헐값으로 팔아버릴 수밖에 없었다. 당시 지가증권은 액면가의 20~70% 정도의 값에 방매되었다.[48] 이러한 상황에서 일제하에서부터 이미 자본가로의 전업轉業에 나섰거나 농지개혁 이전에 별도의 방도를 마련한 극소수의 지주를 제외하고, 소작료 수입에만 의존하던 대부분의 지주들은 몰락하지 않을 수 없었다. 약 2,000명으로 추산되는 600석 이상을 보상받는 대지주 중 실제로 귀속기업체를 불하받은 사람은 34명에 불과했다는 연구 결과[49]와 호남지역에서 보상규모가 크고 일제하에서 이미 사업 경험이 있는 지주들일수록 전업에 성공할 확률이 높았다는 연구 결과[50]가 이를 증명하고 있다.

지주의 몰락으로 생긴 빈 공간을 메우고 들어온 것은 자본가였다. 이들이 부상하는 방법은 원조물자를 특혜 배정받아 (가공)유통시키거나 달러를 특혜 불하받아 환차익을 노리는 것, 독점적 수입허가권을 따내는 것, 정부 재산을 불하받는 것 등 다양했다. 이 중 농지개혁 및 지주의 몰락과 관련이 깊은 것은 귀속재산불하였다. 전쟁이 터지자 정부는 물자공급의 증대와 재정적자의 보충 등을 위해 귀속기업체불하에 박차를 가했다. 당시 귀속재산은 정부 사정 가격의 평균 50~60%밖에 안 되는 싼 값에 불하되었다. 불하대금도 원래 법에는 전액을 일시에 내는 것으로 되어 있었지만, 실제로는 최고 15년의 분할납부가 인정되었다. 고율의 인플레이션에서 15년 분할납부도 대단한 특혜였는데, 불하받은 자본가들은 연체까지 일삼았다.[51] 그리고 납부한 불하대금도 저리의 특혜융자로 메워진 경우가 많았다. 이러한 상황에서 누구든 귀속기업체를 불하받기만 한다면 그것은 곧 자산가로의 길을 보장받는 것과 거의 같았다.

귀속기업체를 불하받은 자의 대금상환을 보다 용이하게 만든 또 하나의 방법이 있었다. 시중에 액면가의 20~70%로 나도는 지가증권을 구입하여 불하대금으로 충당하는 방법이었다. 이미 언급했듯이 600석 이상을 보상받는 대지주 중 귀속기업체를 불하받은 사람은 1.7% 정도에 지나지 않았다. 그런데도 1958년까지 불입된 귀속재산분납금 중 약 40%가 지가증권의 형태였다. 결국 지주의 재산

이 전쟁 중에 거의 절반에도 못 미치는 가격으로 자본가들에게 이전되었음을 뜻하는 것이다.[52]

당시 국가는 이러한 자본 이전을 방조 내지는 조장했다. 국가는 보상을 지체함으로써 지주가 지가증권을 헐값에 방매하도록 만들었다. 더 나아가 국가는 지주가 지가증권을 담보로 융자를 받는 것을 사실상 금지시켰고, 대신 자본가들이 타인 명의의 지가증권을 사들여 손쉽게 귀속재산매각대금으로 납입할 수 있도록 절차를 대폭 간소화시켰다. 국가는 재정보충과 재정안정을 확보하기 위해 이러한 정책을 취했는데, 이에 대해서는 이미 앞에서 설명했으므로 반복하지 않겠다.

지배계급 교체가 지닌 정치·경제적 함의

장기적인 관점에서 볼 때, 지주계급의 몰락은 한국 민주주의 발전에 긍정적인 영향을 미쳤다.[53] 그것은 한국 정치에서 지주과두제地主寡頭制적 요소의 등장을 완전히 배제시키는 결과를 가져왔기 때문이다. 만약 다수의 지주가 자본가로서의 전신轉身에 성공해 그 세력을 유지했다면, 그들을 경제적 기반으로 삼고 있는 민국당은 보다 큰 힘을 휘두르면서 권력에 더 다가갔을 수도 있다. 그 경우 한국 정치에는 내각제적 권력구조 아래서 지주과두제적 요소가 어느 정도 존속되었을지도 모른다. 그러나 지주가 전업에 실패함으로써 이러한 가능성은 전면 차단되고 말았다.

전후 한국 정치는 공권력이나 군부를 등에 업은 여당(자유당이나 공화당)의 전횡에 대해 뿌리 뽑힌(경제적 기반을 잃은) 지주 출신 정치인들(주로 민주당 구파)과 주로 전문관료 출신 정치인들(주로 민주당 신파)이 연합과 분열을 거듭하면서 맞서는 형상으로 전개되었다. 1980년대 후반까지 한국 정치는 민주주의를 성취하지도 못했지만, 그렇다고 지주과두제적인 요소가 부활되는 것을 허용하지도 않았다.

한국이 경제발전에 성공한 요인으로 가장 많이 지적되는 것이 효과적인 국가개입과 그것을 가능하게 만든 발전국가이다.[54] 발전국가의 속성으로는 국가 자율성과 능력이 상대적으로 높다는 점이 주로 거론된다. 한국에서 이러한 발전국가가 본격적으로 형성·발전된 것은 1960년대 이후이지만 그 사회적 토대는 1950년대에 만들어졌다.[55] 특히 농지개혁과 전쟁은 자율성이 큰 국가를 낳는 데 결정적으로 기여했다. 국가의 상대적 자율성이란 국가가 사회의 지배계급의 의사에 반해 정책을 입안하고 추진할 수 있는 정도를 말한다. 농지개혁과 전쟁은 한국의 전통적 지배계급인 지주를 몰락시켰다. 따라서 남미나 동남아 국가들과 비교할 때 한국의 국가는 지주계급에게 발목 잡혀 어떤 정책을 추진하지 못하는 일은 없게 되었다. 물론 이들의 공백을 신흥 자본가가 메웠다. 그러나 그들은 처음부터 국가(정치)에 의존하지 않고는 성장할 수 없는 존재들이었다. 자본가들은 지주가 몰락한 틈을 비집고 들어오기는 했지만, 그들의 부상이 곧 지주 몰락이 가져온 사회세력의 공백을 메워주지는 못했다. 그렇게 되기에는 당시 자본가들은 너무 자생력이 약했다. 그들은 국가나 정치를 좌우하는 것이 아니라 오히려 거기에 의존해야만 클 수 있는 정치적 자본가들political capitalists이었다.

'한국' 국민으로서의 정체성 확립

근대 국민국가modern nation-state의 발전과정은 국가형성state-building, 국민형성nation-building, 정치적 참여의 증진participation, 분배의 개선distribution이라는 네 단계를 거친다. 이러한 구분은 역사적이라기보다는 분석적이다. 따라서 각 단계의 순서는 국가에 따라 달리 나타날 수 있다.[56]

한국에서는 이 네 가지 과정 중 앞의 세 가지가 동시에 소여所與되면서 국민국가가 형성되었다. 1948년 정부가 수립되면서 적어도 법적으로나 제도적으로는 영토와 주권을 지닌 국가가 형성되었고, 참정권을 지닌 국민이 탄생했기 때문이다. 물론 이것은 형식상의 국민국가의 탄생에 불과했다. 곧이어 터진 전쟁을 통해 주권이 위협받고 영토가 재조정되며, 국민들이 헌법상 부여된 참정권을 실질적으로 누리기 위해서는 상당한 시간이 소요되었기 때문이다. 이 점에서 한국에서의 국민국가 형성 과정도 지난至難한 시간을 필요로 한다고 볼 수 있다.

이 중 특히 어려운 것은 사람들에게 '한국' 국민으로서의 의식을 갖게 만드는 일이었다. 정부 수립 이후 38선 이남에 살고 있던 사람들은 대한민국 국민으로 편입되었다. 그러나 의식 속에서 그들은 '한국' 국민이라기보다는 남북한의 구분이 없는 '조선인'으로서의 정체성을 지니고 있었다. 다시 말해 '한국' 국민으로서의 정체성 national identity은 아직 형성되어 있지 못했다.

국민적 정체성은 구성원들이 국가의 여러 상징, 즉 언어와 역사, 신화, 제도 등을 함께 내면화함으로써 형성된다. 이런 내면화는 국민들이 집단적으로 국가의 존재와 행동을 체험함으로써 일어난다. 국가의 존재에 대한 체험은 국내적으로 일어나기도 하고 대외관계 면에서 벌어지기도 한다. 국내적으로는 조세부과, 법령이나 정책의 시행 등과 같은 강제성을 띤 조치들을 통해 구성원들은 국가를 체험하지만, 국가가 베푸는 시혜적인 조치나 민주화 같은 대규모의 정치참여를 통해 체험하기도 한다. 대외적으로 국가를 체험하는 방식은 통상通商이나 스포츠 교류 등이 있지만, 가장 확실한 것은 전쟁이다.[57]

정부 수립 당시 남북한에 살던 주민들은 국가의 여러 상징을 함께 내면화하고 있다는 점에서는 차이가 거의 없었다. 이 점에서 그들은 '한국'과 '북한'이 아니라 아직 '조선인'으로서의 정체성을 지니고 있었다. 이들이 각각 '한국'과 '북한'의 국민으로서의 정체성을 갖기 위해서는 자신들이 속한 국가의 존재와 행동을 체험하는 대내외적 계기가 필요했다. 이 무렵 '한국'의 국민적 정체성 확립과 관련된 대표적인 계기는 농지개혁과 한국전쟁 그리고 반공이었다.

전쟁 발발 전에 이승만 정부로부터 농지를 분배받은 농민은 이승만의 수동적 지지기반이면서 동시에 '한국'이라는 국가의 구성원으로 급속히 포섭되어 갔다. 이 당시 분배농지의 면적은 매수농지 34만 2,365정보와 귀속농지 26만 2,502정보를 합쳐서 모두 60만 4,876정보였으며, 이것이 167만 1,270호의 농가에 분배되었다.[58] 결국 각 호당 분배된 농지는 0.36정보(1,080평)에 불과했다. 그러나 작지만 '땅'을 분배받았다는 사실이 농민들, 특히 80%가 넘는 자소작농 내지는 소작농에게 지니는 의미는 지대했다. 땅을 갖게 되면서 그들은 잃을 것이 없던 계급에서 소小소유계급small propertied class으로 변모하게 된다. 그들은 소작농의 급진성을 잃고 점차 소농 小農, small-holding peasants의 보수성을 보이기 시작하는 것이다. 그 동안 인구의 다수를 점하던 소작농은 토지를 매개로 한 여타세력, 특히 남한을 부인하는 좌파와 그 배후에 있는 북한의 영향력으로부터 자유롭지 못했다. 그러나 그들은 소농이 되면서 점차 이승만 정부의 영향력 아래 들어갔다. 나폴레옹Napoléon bonaparte으로부터 땅을 분배받아 소농이 된 프랑스의 농민이 열렬한 그의 지지자이자 충성스러운 프랑스의 군대(국민)가 되었고, 더 나아가 그의 조카인 루이 보나파르트Louis Napoléon Bonaparte까지 지지하게 되는 것처럼,[59] 이승만 정부로부터 농지를 분배받은 한국의 농민들은 이승만의 지지기반이자 한국의 국민으로 포섭되어 갔다.

이러한 농민들은 전쟁이 터지면서 더욱 체제내화體制內化되었다. 앞에서 설명했듯이 3개월에 걸친 북한의 남한점령정책은 주민들로부터 그다지 호평을 받지 못했다. 더구나 이미 농지를 분배받아 소농화된 대다수의 농민들에게 북한에 의한 토지 재분배는 큰 호응을 불러일으키지 못했다. 전쟁과 그로 인해 더욱 강화된 반공정책은 오히려 농민을 포함한 남한 주민을 더욱 보수 · 탈정치적으로 만들었다. 북한은 남한점령 기간에 '반혁명 세력(친일파나 이승만 세력)'에 대한 숙청작업을 벌였다. 수복이 되자 이번에는 남한 측이 반공의 이름으로 부역자들을 처벌했다. 이렇게 좌우 양측에 의해 번갈아 자행되는 무자비한 보복을 지켜보며 농민들은 보수성을 강화시켰다. 이 경우 보수성은 적극적 내용을 지닌 것이기보다는 탈정치성에 기초한 소극적 순응에 가까운 것이었다. 1950년대 내내 이승만의 지지기반을 구성했던 것은 바로 이러한 내용을 지닌 농민들의 보수성이었다. 그리고 이 모든 사태의 시발점은 전쟁이 터지기 전 이승만 정부가 주도했던 농지개혁이었다.

전쟁과 반공은 농민을 포함한 남한 주민의 '한국' 국민으로서의 정체성을 더욱 강화시켰다. 3년간의 전쟁을 겪으면서 남한 사람들은 북한(공산주의)에 대한 적개심을 키우게 되었다. 그들은 이전의 내부적 좌우 갈등에서는 미처 깨닫지 못했던 배타적 구별을 북한에 대해 느끼기 시작했다. 북한(공산주의)을 동족이 아니라 적으로 느끼는 배타성이 '한국'의 국민적 정체성을 확립하는 데 크게 기여했다. 전쟁은 외적인 차별성을 통해 내적인 통합을 강화하는 효과를 냈던 것이다. 이 점에서 북한의 김일성은 남한의 국민(적 정체성) 형성의 일등 공신(?)이라고 할 수 있다.

전쟁을 계기로 이승만 정부가 훨씬 강화시킨 반공정책 역시 북한과 구별되는 남한의 국민(적 정체성) 형성에 크게 기여했다. 이 시기 반공정책은 반대파를 탄압하는 데 악용되거나 인권을 침해하는 등의 부작용을 적지 않게 낳았다. 이것은 변명의 여지없이 비판받아야 한다. 그러나 전쟁 속에서 국가를 형성해 가는 시기였다는 점을 감안한다면, 반공정책이 지닌 억압성 이외의 또 다른 측면, 즉 '한국' 국민으로서의 정체성 형성을 통한 통합 내지는 내부적 단결 효과를 전적으로 부인할 수만은 없다.

'한국'의 국민(적 정체성) 형성은 농지개혁으로 그 단초가 마련되었고, 전쟁과 반공으로 가속화되었다. 그러나 이렇게 형성된 국민적 정체성은 분명 한계가 있다. 그것은 냉전적 정체성이고, 배타적 정체성이었기 때문에 냉전이 끝나거나 남북 간에 긴장이 완화되면 언제든지 위기에 봉착할 수 있는 것이었다. 이 점에서 그것은 상시적 위기를 배태한 국민적 정체성이라고 할 수 있다. 탈냉전 이후, 특히 남북정상회담 이후 이러한 위기는 현재화顯在化되었고, 그 결과 우리는 지금 국민적 정체성의 위기를 겪고 있다. 현재의 남남 갈등은 바로 그 표현이라고 할 수 있다. 그러나 이렇게 현시점에 한계가 있다고 해서 한국전쟁을 전후해 형성된 '한국'의 국민적 정체성이 그 시점에서 가졌던 유용성과 유효성마저 부인할 수는 없다. 역사를 보는 균형잡힌 안목과 지혜가 진실로 필요한 대목이 아닐까 싶다.

|주|

1) 「구소련문서」, 김인걸(외) 편, 『한국현대사 강의』 (서울: 돌베개, 1999), pp.123~124.

2) 권영진, 「북한의 남한 점령정책」, 《역사비평》 1989년 여름호, pp.94~95; 김동춘, 『전쟁과 사회』(서울: 돌베개, 2000), pp.137~147, 155~165.

3) 서용선, 『한국전쟁시 점령정책 연구』, 서용선(외), 『점령정책, 노무운용, 동원』 (서울: 국방군사연구소, 1995), pp.40~54.

4) 《로동신문》 1950년 9월 30일; 櫻井浩, 「1950年における朝鮮民主主義人民共和國による韓國地域の土地改革」, 『アジア經濟』, (1988. 1.), pp.9~15.

5) 김남식, 『남노당연구』 (서울: 돌베게, 1984), p.450; 중앙일보사 편, 『민족의 증언』 2권 (서울: 중앙일보사, 1983), p.142.

6) 미국도 유사한 이유를 들면서 '공산주의자들의 선전과는 달리 그들의 토지 개혁이 대다수의 남한 농민들로부터 환영받았다는 증거는 없다'고 평가했다. *FRUS, 1950, Vol. Ⅶ: Korea* (1976), pp.1011~1013.

7) 1950년 7월 4일 북한이 발표한 토지개혁에 관한 정령에 토지의 분배량과 방법은 머슴과 토지가 없거나 적은 농민들의 총회에서 정하고, 해당 인민위원회의 비준을 얻도록 규정되어 있었다(「북조선 토지개혁에 관한 법령」, 국방군사연구소 소장 특수자료, 관리번호 90~157, 서용선, 앞의 책, pp.31~32에서 재인용).

8) 남한의 농지개혁은 해당 농지를 경작(소작)하는 자에게 우선적으로 분배하는 방식으로 진행되었다. 따라서 전체 농가의 93.1%가 이 원칙에 의거해 농지를 분배받았으며, 이 과정에서 소작인이 아닌 머슴은 자연히 배제되었다. 김성호 외, 『농지개혁사연구』 (서울: 한국농촌경제연구원, 1989), p.657.

9) 중앙일보사 편, 앞의 책, pp.142~144; 김성칠, 『역사 앞에서』 (서울: 창작과 비평사, 1993), pp.180~182, 196~197; 김동춘, 앞의 책,

pp.150~152.

10) "Resolution Adapted by the United Nations Security Council(UN document S/1501)", June 25, 1950, *FRUS 1950 Vol. VII: Korea*(1976), pp.155~156.

11) "Resolution Adapted by the United Nations Security Council(UN document S/1511)", June 27, 1950, *FRUS 1950 Vol. VII: Korea*(1976), p.211.

12) "Resolution Adapted by the United Nations Security Council(UN document S/1588)", July 7, 1950, *FRUS 1950 Vol. VII: Korea*(1976), p.329.

13) "Assignment of Command Authority over all Korean Forces to General of the Army Douglas MacArthur, Commander-in-Chief, Unified Command", July 14, 1950, Se-Jin Kim, *Documents on Korean-American Relations 1943~1976* (Seoul: Research Center for Peace and Unification, 1976), pp.117~119.

14) 외무부, 『한국 외교 30년』 (서울: 외무부, 1979), p.105.

15) "Rhee to Truman", July 19, 1950, *FRUS 1950 Vol. VII: Korea* (1976), p.429.

16) 구영록·배영수, 『한미관계 1882~1982』 (서울: 서울대학교 미국학연구소, 1982), pp.87~88.

17) 한표욱, 『이승만과 한미외교』 (서울: 중앙일보사, 1996), pp.103~106.

18) *FRUS 1950 Vol. VII: Korea* (1976), p.410.

19) *FRUS 1950 Vol. VII: Korea* (1976), pp. 685~693, 712~721.

20) "Speech by Ambassador Austin on the Future of Korea", September. 30, 1950, Se-Jin Kim, 앞의 책, pp.123~126.

21) *FRUS 1950 Vol. VII: Korea* (1976), pp.826~828.

22) "Resolution 376(V), Adopted by the United Nations General

Assembly", October 7, 1950, *FRUS, 1950, Vol. VII: Korea* (1976), pp.904~906.

23) 세 결의안의 내용은 이렇다. 1947년 11월 14일 유엔은 결의 112(Ⅱ)를 통해 유엔한국임시위원단(UNTCOK: UN Temporary Commission on Korea)의 감시하에 인구비례에 따른 남북한 총선거를 실시해 한국에 (통일)정부를 '수립'하겠다고 결정했다. 이 결의는 소련의 거부로 남한에서만 실현되었다. 1948년 12월 12일 유엔은 결의 195(Ⅲ)를 통해 1947년 11월 14일의 유엔 결의 112(Ⅱ)가 달성되지 않았음을 밝히면서 남한 정부를 유엔한국임시위원단의 감시가 가능한 지역에서 수립된 '합법 정부'라고 인정했다. 그리고 향후 유엔한국위원단(UNCOK: UN Commission on Korea)을 설치해 유엔한국임시위원단의 임무를 계승케 하겠다고 결의했다. 유엔한국위원단은 1949년 10월 21일 유엔 결의 293(Ⅳ)에 의거해 한국에 상주하며 유엔이 부여한 임무를 수행하게 되었다.

24) 김일영·백승주, 「북한붕괴시 통치주체 문제: 한국군의 역할 및 한계를 중심으로」, 심지연·김일영 편, 『한미동맹 50년: 법적 쟁점과 미래의 전망』(서울: 백산서당, 2004), pp.325~327.

25) 앞의 글, pp.328~329.

26) 이 사실은 1950년 11월 3일 국회 임시 회의에서 국회의원들이 '이북탈환지역 실정 조사위문단 파견에 관한 결의안'을 논의하는 과정에서 언급되고 있다. 이 회의록을 보면, 당시 국회의원들도 북한을 방문하고 싶어하나 국회의원 자격으로 가는 것이 여의치 않음을 알 수 있다. 『국회임시회의속기록』제8회 제42호, pp.2~3.

27) 이러한 혼란에 대해서는 1950년 11월 4일 국회 임시 회의에서 국회전문위원 이선교가 한 평양시찰 보고에 잘 나타나 있다. 『국회임시회의속기록』제8회 제43호, pp.3~7.

28) 휴전 이후 이 문제에 관한 한미 간의 논의에 관해서는 김일영·백승주,

앞의 글, pp.331~332.

29) *FRUS, 1951, Vol.Ⅶ: Korea Part1* (1983), pp.155~158.

30) B. J. Bernstein, "The Struggle over the Korean Armistice", in B. Cumings (ed.) *Child of Conflict* (Seattle: University of Washington, 1983), pp.261~307.

31) *FRUS, 1952~1954, Vol.XV: Korea Part1* (1984), pp.940~943.

32) *FRUS, 1952~1954, Vol.XV: Korea Part1* (1984), pp.965~968.

33) *FRUS, 1952~1954, Vol.XV: Korea Part1* (1984), pp.1114~1119, 1126~1129; J. Kotch, "The Origins of the American Security Commitment to Korea", B. Cumings (ed.) *Child of Conflict* (Seattle: University of Washington, 1983), pp.244~246.

34) *FRUS, 1952~1954, Vol.XV Part1: Korea* (1984), pp.1122~1123; J. Kotch, 앞의 글, p.247.

35) J. Kotch, 앞의 글, pp.248~257; 한표욱, 앞의 책, pp.158~163; Rhee to Robertson, July, 9, 1953, *FRUS, 1952~1954, Vol.XV: Korea Part2* (1984), pp.1357~1359.

36) 외무부, 『외무행정의 10년』 (서울: 외무부, 1959), p.100.

37) 위의 책, pp.103~108; 한표욱, 앞의 책, pp.177~207.

38) 이승만은 유사시 미국이 '자동적이고도 즉각적으로(automatically and immediately)' 개입한다는 표현을 넣고 싶어했으나 미국의 반대로 관철시키지 못했다. RG 59, 795.5/8-653, August 6, 1953, NA.

39) Se-Jin Kim, 앞의 책, pp.183~185.

40) *FRUS, 1952~1954, Vol.XV: Korea, Part2* (1984), p.1767.

41) 1950년 7월 15일 이승만이 유엔군사령관에게 넘겨준 것은 포괄적인 '작전지휘권command authority' 이었다. 그에 반해 이번에 넘겨준 것은 보다 제한된 의미의 '작전통제권operational control' 이라는 점에서 내용상 진일보한 측면이 없지는 않다. 자세한 설명은 김일영·조성렬, 『주

한미군: 역사, 쟁점, 전망』(서울: 한울, 2003), p.74.

42) 애초 상호방위조약에서 합의된 군대의 규모는 총 67만 9,000명이었다. 그러나 합의의사록 작성 과정에서 그 규모가 증대되어 해·공군 강화와 10개 예비사단을 합쳐 총 72만 명으로 증대되었다. 미국은 한국군의 규모를 방어는 하되 공격은 하지 못할 수준으로 유지시키는 것을 목표로 했다.

43) *FRUS, 1952~1954, Vol.XV: Korea, Part2* (1984), pp.1876~1882.

44) 한국군에 대한 작전 통제권은 1978년 11월 한미연합사령부가 발족하면서 유엔군사령관에게서 한미연합사령관으로 이관되었으며, 1994년 12월 1일 평시 작전 통제권은 한국의 합참의장에게 반환되고 현재는 전시 작전 통제권만 한미연합사령관이 가지고 있다. 자세한 설명은 김일영·조성렬, 앞의 책, 제2장 참조.

45) 김성호 외, 『농지개혁사연구』(서울: 한국농촌경제연구원, 1989), p.776.

46) 이대근, 『한국전쟁과 1950년대 자본축적』(서울: 까치, 1987), pp.170~175.

47) 한국농촌경제연구원, 『농지개혁사관계자료집』제3집(통계편), 1984, pp.100~101.

48) 김기원, 「미군정기 귀속재산에 관한 연구」서울대 경제학박사논문, (1989), pp.186~187.

49) 김윤수, 「8·15 이후 귀속기업체불하에 관한 일연구」, 서울대 석사논문 (1988), pp.64~65.

50) 이지수, 「해방 후 농지개혁과 지주층의 자본전화문제」, 연세대 석사논문 (1994), pp.62~90.

51) 재무부, 『재정금융의 회고: 건국 10년 업적』(1958), p.162.

52) 김윤수, 앞의 글, pp.56~58, 69~70; 김기원, 앞의 글, pp.186~187.

53) 지주계급의 운명과 정치발전의 다양한 경로 사이의 상관관계에 관한 논의에 관해서는 김일영, 「계급구조, 국가, 전쟁, 그리고 정치발전: 베링턴 무어 테제의 한국적용 가능성에 대한 예비적 고찰」, 장을병(외), 『남북한 정치의 구조와 전망』(서울: 한울, 1994), pp.47~80 참조.

54) 한국의 경제발전이 성공할 수 있었던 또 다른 요인으로 양호한 초기 조건이 거론되고 있다. 이것은 주로 현저하게 낮은 소득불평등과 높은 교육열로 인한 양질의 풍부한 노동력을 지칭하는 것인데, 이 중 분배의 상대적 형평성은 농지개혁 및 전쟁과 특히 관련이 깊다. Stephan Haggard, *Pathways from the Periphery* (Ithaca: Cornell University Press, 1990), pp.223~253; D. Rodrik, "King Kong Meets Godzilla: The World Bank and the East Asian Miracle," CEPR Discussion Paper, no.944, 1994; Jong-Il You, You, "Income Distribution and Growth in South Korea", *Journal of Development Studies*, 34/6, 1998.

55) 한국 발전국가에 대한 자세한 설명은 김일영, 「한국에서 발전국가의 기원, 형성과 발전, 그리고 전망」, 『한국정치외교사논총』 제23집 1호 (2001) 참조.

56) Dankwart A. Rustow, *A World of Nations: Problems of Political Modernization* (Washington D. C.: Brookings Institution, 1967), pp.32~37.

57) William Bloom, *Personal Identity, National Identity, and International Relations* (Cambridge: Cambridge University Press, 1990).

58) 김성호(외), 『농지개혁사연구』(서울: 한국농촌경제연구원, 1989), p.661.

59) Karl Marx, *The Eighteenth Brumaire of Louis Bonaparte* (New York: International Publishers, 1973).

제 **4** 장

이승만 정권의 안정과 동요 그리고 붕괴

부산정치파동 | 이승만 정권의 안정화 | 안정기의 정치 | 동요하는 이승만 정권 |
미국의 정책변화와 이승만 정권의 붕괴

부산정치파동

전쟁 중에도 일상적 정치는 계속되었다. 낙동강까지 밀렸다가 압록강까지 밀어붙이고 중국군에 밀려 다시 후퇴를 거듭하던 개전 초기에는 정치가 본격적으로 전개되기 어려웠다. 그러나 유엔군이 공산군을 다시 밀어올리고 전선이 38선 인근에서 교착되는 1951년 3월 무렵부터 후방에 위치한 피난 수도 부산에서는 전시戰時정치가 본격적으로 재개되었다. 전방에서는 '체제선택의 전쟁'이 진행되고 있었고, 후방에서는 '이해갈등조정의 정치'가 전개되고 있었던 것이다.

중간파의 몰락

전쟁통에 가장 큰 피해를 입은 정치세력은 중간파였다. 1949년 중반 국회프락치사건과 김구 암살 이후, 국회 내의 상대적으로 진보적인 세력(무소속 소장파 의원)과 국회 바깥의 중간파 세력(한독당과 민족자주연맹)은 크게 위축되었다. 1950년 5·30선거를 통해 상대적으로 진보적이면서 통일지향적인 중간파들이 다시 국회로 들어왔다. 수적으로 많지는 못했지만 이들이 원내로 진입했다는 점은 향후 한국정치의 활성화 내지는 이념적 스펙트럼의 다양화와 관련하여 상당히 고무적인 사실이었다.

그런데 제2대 국회가 개원도 하기 전에 전쟁이 발발하면서 이러한 가능성은 사라지고 말았다. 좌우대립의 성격을 지닌 전쟁이 양자택일을 강요하는 상황에서 중간파의 입지는 크게 위축되고 말았다. 체제선택의 문제가 전쟁으로까지 비화된 시점에서 중간입장을 지닌 사람들이 설 수 있는 공간은 거의 없었던 것이다.

더구나 중간파의 지도자라고 할 수 있는 김규식, 조소앙, 원세훈, 안재홍 등이 전쟁의 와중에 납북됨으로써 이 세력은 더욱 약화되고 말았다. 만약 이들이 원내에 남아 있었다면 제2대 국회에서 50여 명에 달하는 무소속 의원들은 이들을 구심점 삼아 좀더 일관되고 상대적으로 진보적인 모습을 보여주었을지도 모른다. 그러나 이들이 개원 초부터 사라져버렸기 때문에 무소속 의원들은 구심점을 잃고 눈앞의 이익을 좇아 부화뇌동하는 모습을 보여주고 말았다. 따라서 전시정치는 중간파의 영향력이 사라진 가운데 민국당과 이승만 세력 그리고 그 사이에서 부유浮遊하는 무소속 사이의 매우 가변적인 정립구도로 진행되었다.

내각제 개헌과 장면 옹립공작 그리고 미국의 지원

전쟁발발 초기 이승만 정부는 많은 정책적 실패 내지는 실수를 범했다. 예컨대 전쟁발발 3일 만에 수도 서울을 빼앗긴 점, 피난민이 가득한 한강교를 폭파하여 많은 양민을 사상케 한 일, 국민방위군의 이름으로 동원된 수많은 청장년들이 제대로 먹지도 입지도 못한 상태에서 죽어간 사건, 거창지역에서 양민을 '통비通匪분자'로 몰아 학살한 사건 등은 모두 이승만 정부로서는 책임을 모면하기 어려운 실책들이었다. 야당 세력은 피난국회에서 연일 이러한 정부의 비정秕政을 질책하고 나섰다. 그 결과 국회 내에서 이승만의 지지는 날로 떨어졌다.[1]

1951년 5월 7일 이승만은 국민방위군사건과 거창양민학살사건의 책임을 물어 각료 몇 사람을 교체하면서 내무장관 조병옥도 경질했다. 이승만의 측근 비서가 작성한 5월 4일자 경무대 일지log를 보면, 이승만은 조병옥의 경질을 한국정치에 대한 미국의 간섭을 차단하고, 더 나아가 미국이 한국전쟁을 자국에게 유리하게 끌고가려는 것에 대한 저항의 차원에서 이해하고 있었음을 알 수 있다.

무초Muccio 대사가 대통령을 방문해 조병옥의 사표를 수락한 데 대해 항의했다. 조병옥은 무초의 사람이었으며, 그를 통해 미국인들은 다음 선거를 통제하려고 했다. ⋯⋯이제 조병옥이 사라졌기 때문에⋯⋯무초는 다른 인물을 찾고 있었는데, 그것은 바로 온화한 장면이었다. 무초는 자신의 인물을 잃었지만, 아직도 다음 선거에서 이길 생각을 가지고 있었다. 국무부는 다가올 몇 해 동안 한국을 그들의 손아귀

안에 두고 싶어했다. 선거는 한국전쟁을 제한전(조기 휴전을 의미: 필자 추가)으로 끌어가려는 미국의 계획을 실현시키는 데 있어 매우 중요한 것이었다. 만약 미국이 자신들의 계획에 동조하는 한국의 대통령을 갖게 된다면, 미국으로서는 중국에게 한반도의 절반을 갖게 할 수도 있다. 이승만의 재선은 이러한 미국의 계획과 맞지 않을 것이다. 이승만이 어떤 조건도 붙이지 않고 한국의 완전독립을 계속 주장하리라는 사실을 그들은 알고 있었다. ……5월 2일 부통령이 대통령에게 와서 말하기를, '모든 사람들'이 총리와 국방장관을 묶어 그 자리에 장면을 앉히는 것이 최선이라고들 한다고 말했다.[2]

1951년 중반부터 야당 일각에서는 이승만 대신 당시 총리였던 장면을 대통령으로 추대하는 공작을 전개하고 있었다. 이러한 작업은 1952년 4월 17일 민국당, 민우회 등의 의원들이 중심이 되어 재적 의원 2/3인 123명의 서명을 받은 내각제 개헌안을 국회에 제출하는 것으로 구체화되었다. 이때 이들이 내심 대통령으로 염두에 둔 것은 장면이었으며, 이 방안은 미국에 의해서도 적극 지지되고 있었다. 1952년 2월 15일자 전문電文에서 무초 대사는 차기 대통령으로는 장면이 최선이라고 쓰고 있다.

……다른 두(대통령: 필자 추가) 후보인 이범석과 신익희는 우리가 볼 때 격이 좀 떨어진다. 최선의 두 후보는 장면과 허정인데, 그들은 추종자가 적고 좀 허약하다. 내각제를 도입하면서 이승만을 재선시키는 방법도 있다. 그것은 다른 강력한 후보자가 없는 상태에서 이승만

의 영향력을 제한시키는 한 가지 방법일 수 있다. 그러나 이승만이 원치 않을 것이고, 내가 보기에도 그것은 '프라이팬에서 나와 불로 뛰어드는 격'이다. 왜냐하면 한국인들은 내각제를 운영할 능력이 전혀 없기 때문이다. 국회에서 대통령을 뽑을 때 장면이 당선되는 것이 우리의 최선의 희망이다. ……미국이 그를 좋아하고 있다는 사실이 아마도 원내에서 그가 지닌 가장 큰 강점일 것이다.[3]

그러나 이 전문에서도 드러나듯이 미국은 내각제가 한국에 맞지 않는다고 생각했다. 따라서 미국은 현행 제도하에서 장면이 대통령이 되는 것을 최선의 방안으로 간주하고 있었다는 점에서 내각제 개헌과 장면 추대를 동시에 꿈꾸고 있던 야당세력과는 생각이 달랐다.

한편 이승만 대신 장면을 세우려는 움직임은 군부 일각에서도 지지되고 있었다. 미8군사령관 밴 플리트J. A. Van Fleet는 한국군 장성들을 상대로 미국 측이 반이승만 입장임을 암시하고 다녔다. 특히 밴 플리트는 이러한 암시를 통해 한국군이 이승만에 의해 정치적으로 이용되는 것을 막으려고 했다.

그런데 한국군 수뇌부 일각에서 이러한 미국의 암시를 이승만 제거 쿠데타로까지 확대시키려는 움직임이 있었다. 1952년 5월 14일 육군본부 작전국장이던 이용문 준장이 장면 전前 총리의 비서실장이던 선우종원을 찾아와 '이종찬 참모총장도 알고 있고, 밴 플리트 장군의 묵계도 얻어두었으니' 반이승만적인 의원들과 힘을 합쳐 쿠데타를 일으키자는 제안을 한 것이 대표적 예였다.[4]

직선제 개헌공작과 북진통일론

이러한 야당의 장면 옹립 및 내각제 개헌시도에 대항해 이승만은 자신의 정당을 만들려는 움직임(자유당 창당)을 보이는 한편 1952년 5월 14일 직선제 개헌안을 국회에 내놓았다.[5] 이승만은 내각제 개헌안과 직선제 개헌안 사이의 대립을 전쟁정책을 둘러싸고 미국의 영향권 내에 들어간 한국 의회와 그에 저항하는 자신(정부) 사이의 갈등으로 보았다. 이 점은 그가 올리버에게 보낸 아래의 편지에서 잘 드러난다.

일본인들과 미국인들은 모두 자기 나름의 이유 때문에 대통령이 바뀌기를 바라고 있다. 국회는 한국인이 아닌 외국인의 이익을 위해 봉사하도록 매수되고 압력을 받고 있다. ……(일본이 자신을 반대하는 이유는 자기가 배상금을 받을 때까지 : 필자 추가)한일강화조약을 반대하기 때문이고, 또 한국에게는 소비재 원조만 하면서 일본의 산업건설을 위해 거액의 원조자금을 제공하는 미국의 정책에 자기가 반대하기 때문이다. ……미국의 고위관리들은 전쟁의 목표뿐 아니라 휴전회담에 관해서도 자기와의 의견차이 때문에 골머리를 앓고 있다. 장면은 미국이 다시 한국에 1945년과 같은 분단선을 설치하려는 타협안을 받아들일 사람이다. 만약 미국이 한반도 전체가 무력으로 재통일될 때까지 전쟁이 계속되어야 한다고 주장하는 자신 대신 장면 같은 인물로 대통령을 교체시킨다면, 그들에게는 커다란 이익이 될 것이다.[6]

직선제 개헌안 제출을 전후하여 이승만은 직선제 민의를 배반한

국회의원을 소환하자는 관제데모를 동원하고, 그 동안 유보해 두었던 지방자치제 선거를 실시했으며, 총리와 내무장관에 심복인 장택상과 이범석을 임명하는 등의 조치를 취했다.

그러나 이승만에게는 시간이 많지 않았다. 당시 그는 경찰과 특무대를 통해 '육군본부 내의 홍사단(평안도) 인맥이 장면과 결탁해 반역을 꾀하고 있다'는 보고를 받고 있었다. 이용문은 평양 출신으로서 육군본부 평안도 인맥의 핵심이었다. 또 원내의 반이승만 의원들은 5월 29일 국회에서 대통령 선거를 전격적으로 실시해 장면을 대통령으로 선출할 계획을 세워놓고 있었다. 이승만은 다급해졌다. 이에 그는 1952년 5월 25일 군대를 동원해 국회를 무력으로 압박하기 시작했는데, 그것이 바로 부산정치파동이다.

부산정치파동

이승만은 공비출몰을 이유로 5월 25일 부산, 경남, 전남북 일원에 비상계엄령을 선포하고 군대를 출동시켰다. 이튿날 계엄군은 의원 10명을 국제공산당에 관련되었다는 이유로 구속하는 등 야당 의원들에 대한 노골적인 위협을 서슴지 않았다. 그 결과 대부분의 야당의원들은 잠적해 버리고 국회는 그 기능이 정지되는 헌정중단 사태가 벌어졌다.

최초의 정치적 상황은 이승만에게 불리하게 돌아갔다. 5월 28일 국회는 계엄령 즉각 해제를 결의했고, 다음 날 부통령 김성수가 계엄선포를 '반란적 쿠데타'라고 비난하면서 사표를 제출했다. 미국은 유엔한국위원단UNKURK을 내세워 계엄령 해제와 국회의원 석방

【 국회의원을 연행하는 계엄군의 차량 】

이승만 정권은 개헌안 관철을 위해 방해되는 국회의원들에게
공산당 접선 혐의를 씌워 연행하는 부산정치파동을 일으켰다.

을 요구했다. 라이트너E. A. Lightner 대리대사도 5월 30일 이승만을
방문해 미국정부가 유엔한국위원단의 결정을 지지한다고 말하면서
한국정부에 압력을 가했다.[7]

그러나 6월 4일 미국정부가 이승만을 계속 유지시키기로 입장을
정하면서 그에게 불리하던 상황이 역전되기 시작했다. 애치슨 국무
장관이 주한미대사관에 보낸 전문은 미국의 정책변화 이유와 향후
해법을 이렇게 제시하고 있다.

……한국정부에는 어느 정도의 리더십이 있어야만 한다. 만약 이승만이 약간 통제되고 부드러워질 수 있다면, 그야말로 이러한 리더십을 가장 잘 제공할 수 있는 사람이다. 최종결과가 이승만이 대통령에 남아 있는 것일 때, 미국과 유엔의 이해관계는 가장 잘 보장될 수 있을 것 같다. 국회가 강압 때문에 마지못해 이승만을 대통령으로 뽑는 것보다 국민들이 투표를 통해 그를 대통령으로 선출할 때, 그는 한국 내외에서 더욱 확고한 지위를 갖게 될 것이다. 그러나 우리는 이승만이 국회의 통제 아래 있어야만 한다고 생각한다. 이 경우 지난 6월 3일 부산에서 우리에게 보낸 전문에 나와 있는 (장택상: 필자 추가) 총리의 제안 중 2항과 3항과 같은 것이 그 예에 해당될 것이다. 그러므로 우리는 대통령 직선제와 대통령에 대한 의회의 통제권을 높이는 방향으로 개헌을 하는 것이 현재의 위기를 타개하는 가장 바람직한 방안이라고 생각한다.[9]

이후 미국은 야당의원들에 대한 설득과 회유에 나섰고, 그 결과 1952년 7월 4일 국회는 재적의원 185명 중 166명이 참석한 가운데 기립 표결한 결과 찬성 163, 기권 3으로 발췌개헌안을 통과시켰다. 골자는 대통령 직선제와 양원제의 도입이었다. 이로써 짧게는 5월 25일부터 시작된 헌정중단의 사태, 소위 부산정치파동이 40여 일만에 끝을 맺었으며, 길게는 1951년 중반부터 시작된 두 갈래의 개헌공작 간의 투쟁이 1년여 만에 막을 내리게 되었다. 결과는 최종적으로 미국의 지원을 획득한 이승만의 승리였다. 새 헌법에 의거해 8월 5일 시행된 선거에서 이승만이 74.6%인 523만여 표를 획득해 대통령에 당선되었고, 부통령에는 290여만 표를 얻은 함태영이 당선되었다.

부산정치파동의 세 차원

부산정치파동은 단순히 권력을 둘러싼 투쟁만은 아니었다. 거기에는 당시 시점에서 한국에 적합한 권력구조가 무엇인가를 둘러싼 대립도 담겨 있었으며, 전쟁정책을 둘러싼 한미 간의 갈등이라는 국제적 측면도 내포되어 있었다.[10] 이렇게 다층적인 의미를 함유한 사건을 어느 한 차원으로만 환원시켜 살펴보아서는 안 된다. 그럴 경우 우리는 이 사건이 지닌 복합적 의미를 놓치게 된다.

겉으로 드러난 부산정치파동의 대립축은 야당 대 이승만이라는 두 정치세력 또는 국회 대 행정부라는 두 헌법기관이었으며, 대립의 내용은 대통령 선출권과 권력구조 문제였다. 제헌헌법은 내각제와 대통령제를 절충하는 과정에서 국회에 의한 대통령 간선이라는 특이한 제도를 도입했다. 국회는 대통령 선출권한을 행정부를 견제할 수 있는 가장 좋은 수단으로 여겼고, 행정부는 이러한 국회의 간섭과 견제로부터 벗어나고자 했다. 국회를 장악한 야당은 이승만에게서 권력을 탈환하는 방법은 내각제 개헌밖에 없다고 생각했다. 반면 행정부를 장악한 이승만은 재선, 즉 권력연장을 위해 헌법을 대통령 직선제로 바꾸고자 했다.

그러나 부산정치파동을 단순히 권력장악을 둘러싼 이승만과 야당 사이의 정쟁政爭으로만 보아서는 안 된다. 그럴 경우 이 사건은 단순히 민주냐 독재냐는 식의 단선적 차원에서만 평가되며, 이승만의 행위는 집권연장을 위해 헌정질서를 파괴한 친위쿠데타 정도로 자리매김되게 된다. 여기서 이 사건에서 드러난 이승만의 탈법적 행위를 옹호하고 싶은 생각은 추호도 없다. 그것은 분명 군대를 동원해 헌정질서를 중단시킨 행위로서 비난받아 마땅하다. 다만 이 사건을 정쟁의 수준에서만 보면 그것에 내포된 또 다른 두 차원을 놓쳐 그것이 지닌 복합적 의미를 이해하지 못하게 된다는 점을 지적하고 싶다.

우선 부산정치파동은 우리에게 내각제와 대통령제 중 어느 것이 당시의 한국 여건에 더 적합한가라는 문제를 던져주고 있다. 당시 한국은 전쟁 속에서 국가를 형성해 가고 있었으며, 정당정치는 아직 뿌리를 내리지 못하고 있었다. 이런 상태에서 내각제가 과연 한국에 적합했을까?

전시하의 신생국가에서 전쟁을 원활하게 치르면서 국가형성도 제대로 해나가기 위해서는 내각제보다는 대통령제가 더 나아 보인다. 이런 나라일수록 정치적 권위와 안정을 확립하는 게 긴요한데, 이를 위해서는 강력한 리더십을 발휘할 수 있는 대통령제가 더 효과적이기 때문이다. 미국도 이 점을 알았기 때문에 이승만을 대체하는 대신 '순화'시키는 것으로 마음을 바꾼 것이다.

당시 의회 내의 여러 정치세력은 놀라울 정도의 가변성을 보이면서 이합집산을 거듭하고 있었다. 예를 들어 보자. 1951년 3월 4일 의석분포는 신정동지회 70, 민국당 40, 공화구락부 40, 민우회 20, 무소속 5석 등이었으며, 공화구락부는 민국당과 보조를 같이하여 이승만 정부를 성토하는 데 앞장서고 있었다. 그러나 얼마 뒤인 5월

29일 공화구락부의 주류는 친이승만 세력인 신정동지회의 주류와 통합하여 공화민정회를 구성하는 무원칙성을 보여주었다. 그 후 공화민정회에서 민우회나 무소속으로의 이탈이 가속화되어 12월 19일경에는 공화민정회 85, 민국당 39, 민우회 34, 무소속 17석 등으로 된다.

정당이 뿌리내리지도 못했고, 의원들이 이렇게 무원칙하게 움직이는 나라에서 내각제가 과연 제대로 시행될 수 있었겠는가? 앞서 언급했지만 이 문제에 대한 미국대사관의 판단도 부정적이었다. 당시 미국은 야당세력을 지지해 이승만을 교체하려고 마음먹고 있었지만 내각제 개헌에 대해서는 부정적인 생각을 가지고 있었던 것이다.

따라서 제도 자체만 놓고 본다면 형성과정에 있는 나라에서 국가의 권위를 확립하는 데 더 도움이 되는 것은 내각제보다는 대통령제였다. 이 점이 우리가 부산정치파동과 발췌개헌에서 이승만의 개인적 권력욕과는 별개로 읽어내야 하는 또 다른 차원이다. 물론 장기적으로 볼 때 여기에도 양면성이 있다. 부산정치파동과 발췌개헌을 통해 국가형성의 핵심인 '정치적 권위'의 확립은 이루어졌고, 정치적 안정도 확립될 수 있었다. 그러나 그것이 장기적으로는 '정치적 권위주의'로의 길을 마련하는 단초가 되었음도 부인할 수 없다.

부산정치파동에서 나타난 의회와 행정부 사이의 갈등의 이면에는 전쟁정책을 둘러싼 미국과 이승만(정부)의 대립이라는 또 다른 차원이 내포되어 있었다. 앞에서 설명했듯이 중국의 참전 이후 미국은 한국전쟁을 휴전으로 봉합하여 또 한 번 분단선을 설정하려 했고, 이승만은 북진통일을 주장했다. 미국은 이러한 정책을 실현시키기 위해 자신들의 영향력이 미치는 국회를 이용해 이승만을 밀어내려고 했다. 이승만(정부)은 이러한 미국과 그것의 영향력 아래에 있는 국회에 맞서 휴전을 저지하고 북진통일을 실현하기 위해서는 대통령 직선제 개헌을 통해 자신이 계속 집권해야 한다고 주장했다. 따라서 북진통일론을 일본을 중심으로 생각하는 미국의 동아시아 정책과 재再분단을 겨냥한 미국의 한반도 정책에 대한 약소국 지도자 이승만의 견제수단이자 협상수단으로 생각한다면, 직선제 개헌론은 단순히 집권연장책 이상의 의미를 지니게 된다.

이러한 미국과 이승만 사이에서 야당세력은 어정쩡한 모습을 보였다. 그들은 한편으로는 미국의 비호 아래 이승만으로부터 권력을 탈취하기 위해 내각제 개헌을 추진하면서도 다른 한편으로는 미국의 의사에 반해 이승만의 북진통일론을 지지[11]하는 모순된 태도를 보이고 있었다. 그들의 주된 관심은 권력쟁취를 위한 내각제 개헌이었으며, 이러한 국내정치를 전쟁정책과 어떻게 연결시켜 풀어나가야 할지에 대해서는 전혀 고민을 하지 않고 있었다. 그들에게는 국내정치와 전쟁정책을 유기적으로 연결시키는 안목이 없었던 것으로 보인다. 이 점에서 이승만은 정치를 전쟁정책의 연장선상에서 이해하고 있었던 유일한 정치가였다고 할 수 있다.

이승만 정권의 안정화

이승만의 의회 장악과 행정부 우위의 확립

부산정치파동 이후 의회에 대한 행정부의 우위가 굳어졌다. 이전까지 이승만은 한 번도 의회를 장악할 수 없었다. 그 이유는 이승만 세력이 의회에서 과반을 넘는 안정다수의석을 점한 적이 한 번도 없었기 때문이었다. 이승만 세력이 원내에서 다수였을 때도 있었지만, 어떤 경우든지 가변적 정립구도하에서의 불안정 다수에 불과했다. 이 점에서 1948년 국회가 처음 구성된 이래 1952년 부산정치파동이 있기 전까지 한국의회는 만성적인 여소야대與小野大 상태였다. 더구나 의회는 대통령 선출권까지 지니고 있었기 때문에 행정부(이승만)가 의회에 대해 우위에 서기 어려웠다.

하지만 부산정치파동 이후 사태는 급속히 달라졌다. 특히 발췌개헌으로 국회가 대통령 선출권을 박탈당하자 그 동안 이승만에 맞섰던 의원들은 하나둘 이승만에게 투항해 왔다. 그 결과 1952년 12월 경 원내의석분포는 이승만을 위해 부산정치파동에 앞장섰던 원외자유당은 68석으로 늘었고, 그에 반해 내각제 개헌을 추진했던 원내자유당과 민국당은 각각 29석과 31석으로 줄었다. 그리고 이듬해 5월에 민국당은 29석으로 더 축소되고 원내자유당은 20석에도 못 미칠 정도로 위축되어 원내교섭단체조차 구성하지 못하고 해체되고 말았으며, 원외자유당은 103석으로 급증하면서 마침내 '원외'라는 수식어를 떼고 명실상부하게 자유당으로 출범하게 되었다.[12]

한국 국회는 이때 처음으로 여대야소與大野小 상태로 변했다. 아울러 한국에서는 이때 처음으로 의회에서 안정다수를 점한 정당과 행정부를 장악한 정당이 일치하는 단점정부單占政府, unified government가 탄생했다. 이것은 여소야대가 여대야소로 변한 것이지만, 분점정부分占政府, divided government가 단점정부로 변한 것이라고 말하기는 어려웠다. 대통령제하에서 국민은 대선大選과 총선이라는 별개의 정치적 절차를 통해 대통령과 의회에게 서로 다른 정당성을 부여한다. 만약 두 선거의 결과가 일치해 여대야소가 되면 두 정당성이 합치되면서 단점정부가 생겨나지만, 여소야대가 되면 '이중의 정당성dual legitimacy'이 발생하면서 분점정부가 발생한다. 그런데 발췌개헌 이전에는 여소야대였지만 대통령 직선제가 아니었기 때문에 엄밀한 의미에서 분점정부 상태였다고 보기 어렵다. 따라서 한국 정치에서 단점, 분점 여부에 대한 구분은 발췌개헌 이후부터 의미가 있다고 할 수 있다.

어쨌든 집권 2기가 시작되면서 이승만 정권은 급속히 안정되어

갔다. 이제까지 수적 우위와 대통령 선출권을 무기로 행정부(이승만)를 견제하던 국회(야당 세력)는 이제 두 가지 무기를 모두 잃고 그의 수중에 들어왔다. 이때 확립된 의회에 대한 행정부 우위현상은 1980년대 후반 민극화 이전까지 이어졌다..[13]

이승만의 자유당 장악

이승만의 지시에 따라 자유당이 만들어졌지만, 그가 처음부터 당을 완전히 장악하고 통제한 것은 아니다. 부산정치파동 직후에는 자유당의 당권을 놓고 이승만(세력)은 이범석의 민족청년단(이하 족청) 계열로부터 거센 도전을 받았다. 이러한 도전을 물리치고 이승만이 당을 완전히 장악하는 데는 1년 이상의 긴 시간이 필요했다. 이러한 갈등의 이면에는 이범석 세력을 위험시하는 미국의 의중도 깔려 있었다.

자유당의 모태는 원외자유당이다. 원외자유당은 이승만의 언질에 따라 족청계가 구심점이 되고 국민회, 대한청년단, 대한노동조합총연맹, 대한농민조합연맹, 대한부인회 등의 사회단체가 힘을 합쳐 만든 것이다. 본래 반이승만 입장에 섰던 다수 의원들이 발췌개헌 이후 권력을 좇아 이러한 원외자유당에 대거 가담함으로써 성립된 정당이 바로 자유당이다.

따라서 자유당 내에는 다양한 파벌과 대립이 있을 수밖에 없었다. 그중 특히 족청계를 이끌고 있는 이범석은 꿈이 컸다. 그는 직선제 개헌공작에서의 자신의 공을 내세워 이승만에 이은 2인자, 즉 부통령이 될 것을 꿈꾸었다. 그러나 이승만의 생각은 달랐다. 그가 보기에 이범석과 족청계는 개헌추진과정에서는 필요했지만 그것이 달성된 후에는 정치적으로 부담스러운 존재였다. 따라서 그는 장택상 총리를 통해 함태영을 부통령으로 밀었고, 그 결과 이범석은 낙선하고 말았다.

이승만이 이범석을 배제한 데에는 스스로의 정치적 계산 외에 미국의 영향력도 적지 않게 작용했다. 부산정치파동 당시 미국은 이승만을 유지시키기로 결정하는 대신 주변의 과격한 세력으로부터 그를 격리시켜야 한다고 생각했다. 미국이 위험하다고 본 주변인물은 이범석, 원용덕, 임영신, 윤치영, 안호상 등이었고, 그중 핵심은 이범석이었다. 미국은 이범석 집단을 대중조직과 경찰을 장악하고 테러와 공포정치를 주도하는 위험한 세력으로 보았다. 특히 미국은 이승만과 이범석이 군대까지 장악하는 것을 경계했다. 따라서 미국은 이승만과 이범석을 분리하고, 이범석 대신 "행정능력이 있으면서 온건하고 성실한 세력"을 내세우려고 했다.[14] 이에 비추어볼 때 이승만이 이범석을 배제하게 된 데에는 미국의 공작이 적지 않게 작용했다고 볼 수 있다.

흥미로운 것은 이승만의 용인술用人術이다. 그는 대통령 선거가 끝나자 이범석 견제에 공이 많은 장택상을 총리에서 물러나게 하고 족청계인 백두진, 진헌식, 신중목, 이재형 등을 총리, 내무, 농림, 상공장관에 각각 임명했다. 이범석을 견제하기 위해 장택상을 이용하고, 장택상에게 권력이 쏠리는 것을 막기 위해 족청계를 이용하는 이승만의 절묘한 분할지배 방식을 엿볼 수 있는 대목이다.

그러나 미국이 터부시하는 족청계를 이승만이 재기용한 데에는 장택상 견제 외에 다른 이유도 있었다. 이 무렵 이승만과 미국 사이에는 휴전문제를 둘러싸고 다시 긴장이 고조되고 있었고, 이승만은 휴전반대와 북진통일 운동을 위해 족청계의 대중조직이 필요했다. 당시 북진통일투쟁위원회가 전국적으로 결성되었는데, 족청계가 장악하고 있던 자유당의 지방조직이 그 역할을 같이하는 경우가 대부분이었다.

어쨌든 이범석의 낙선으로 잠시 주춤했던 족청계는 대선이 끝난 지 3개월이 채 되지 않아 내각의 주요 포스트를 거의 장악하는 회복세를 보였다. 더 나아가 족청계는 원외자유당까지 완전히 장악하려고 했다. 족청계는 당의 지방조직은 장악하고 있었지만 중앙조직까지는 완전히 손에 넣지 못하고 있었다. 중앙조직은 족청계 외에 국민회, 대한청년단, 대한노동조합총연맹, 대한농민조합연맹, 대한부인회 등의 사회단체들이 권력을 분점하고 있었다. 1952년 9월부터 이듬해 5월 사이에 이들 기간단체들을 장악하기 위한 족청계와 비족청계 사이의 싸움이 진행되었다.

이 무렵 휴전문제를 둘러싼 한미 간의 갈등은 타결의 실마리를 보이기 시작했고, 이승만은 다시 족청계를 공격하기 시작했다. 족청계의 자유당 장악 시도에 이승만이 제동을 걸기 시작한 것은 5월 10일의 대전 전당대회부터였다. 하지만 본격적인 거세가 시작된 것은 6월에 들어서였다. 이범석을 반강제적으로 외유外遊 보낸 것(6월 5일)을 시작으로 자유당 징계위원장 신형식의 구속(6월 30일), 연합신문 편집국장 정국은의 간첩혐의 체포(8월 31일), 신중목 농림장관과 진헌식 내무장관의 파면과 이재형 상공장관의 해임(9월 10일),

이승만의 족청거세성명(9월 12일), 족청계에서 배신한 백두진 국무총리의 이름으로 제출된 양우정 의원 구속동의안의 가결(10월 17일), 이범석의 귀국과 때를 맞춘 자유당 내 족청계 간부 8명의 제명(12월 9일) 등이 이어졌다.

그 결과 자유당에서 이범석과 족청계는 완전히 제거되며, 그 빈자리를 미국이 원하는 "행정능력이 있으면서 온건하고 성실한 세력," 즉 이기붕 같은 인물들이 메우게 된다. 물론 족청계가 제거된 이후에도 당내에서는 이기붕 중심의 주류와 이갑성, 배은희, 조경규 등이 이끄는 비주류 사이의 갈등이 있었다. 그러나 이기붕에 대한 이승만의 신임이 절대적이었기 때문에 갈등의 궁극적 결과는 주류의 승리였다.

보나파르트의 등장

이제 이승만 정권은 안정적 기반 위에 서게 되었다. 정부수립 이후부터 줄곧 이승만을 공격하던 의회는 부산정치파동을 계기로 급속하게 힘을 잃고 말았다. 미국은 여러 차례 이승만 제거를 꿈꾸었지만 대안부재라는 이유로 결국 그를 인정하고 말았다. 족청계의 거센 도전도 이승만의 반격에 물거품처럼 사라졌고, 자유당은 이승만의 휘하에 놓이게 되었다. 이승만은 행정부뿐 아니라 국회와 당까지 완전히 장악하게 되었다. 이로써 이승만은 1960년까지 한국사회에서 보나파르트Bonaparte[15]로 군림할 수 있게 되었다.

안정기의 정치

휴전 이후 한국정치는 체제선택의 문제에서 점차 벗어나기 시작했다. 이 문제를 둘러싸고 전쟁의 참화까지 겪은 남북한은 이제 선택의 방식을 좀더 긴 호흡으로 바라보기 시작했다. 양측은 전쟁이란 수단에 의존하지 않고 경쟁을 벌이는 방식, 즉 '체제경쟁의 정치'를 시작했다. 이로써 한국정치도 체제선택의 문제에서 어느 정도 자유로울 수 있게 되었고, 그 자리가 '이해갈등 조정의 정치'로 점차 메워져 오늘에 이르고 있다.

1954년 제3대 민의원 선거

정권을 안정화시킨 이승만은 자신의 권력을 연장하는 작업에 돌입했다. 헌법에 따르면 대통령은 "재선再選에 의하여 1차 중임重任"할 수 있었다. 재선 임기가 1956년에 끝나게 되어 있는 이승만으로서는 이러한 제약에서 벗어나고 싶었고, 그것은 또 한 번의 개헌을 필요로 했다. 그 전초전이 1954년 5월 20일 제3대 민의원 선거 [16]였다.

이 선거에서 자유당은 이승만의 집권연장을 위한 개헌을 지지하는가의 여부를 주요한 기준으로 삼아 203개 지역구 대부분에 대해 공천제를 시행했다. 부산정치파동 이후 당세가 급속히 약화된 민국당은 203개 지역구 중 77개에 대해서만 공천을 한 채 선거에 임했다. 이 선거에서도 무소속이 무려 822명이나 출마하는 난립을 보였다.

선거결과 자유당은 개헌 추진이 가능한 의석수인 136석(전체 의석수의 2/3)에는 못 미치나 과반은 넘어서는 114석을 차지하는 성과를 거두었다. 민국당은 15석을 확보하는 데 그쳐 원내교섭단체조차 구성하지 못할 정도로 패하고 말았으며, 군소정당 출신이 7명 당선되었다. 이에 반해 무소속은 67명이나 당선되어 여전히 강세를 보이면서 한국에 아직 정당정치의 착근이 요원함을 보여주었다.

이승만 정부는 경찰이나 관권을 동원해 선거에 적지 않게 개입했다. 조봉암같이 경찰의 방해로 후보등록을 하지 못한 사람도 있었으며, 온갖 방해와 압력으로 입후보를 포기한 사람도 90여 명에 달했다. 특히 족청계 후보들에 대한 탄압이 심했으며, 신익희, 조병옥 등의 민국당 인사들과 장택상, 오위영, 정헌주 등 과거 이승만에 맞섰던 사람들도 적지 않은 압력과 방해에 시달려야 했다.

그러나 자유당의 승리와 민국당의 참패라는 선거결과를 관권의 조직적인 선거개입만으로 설명하기에는 부족하다. 이승만이 지닌 국부國父적 이미지가 여전히 국민들에게 호소력을 가졌다는 점과 민국당이 근대 정당으로서의 체계와 조직력을 결여하고 있었다는 점 등이 함께 고려될 필요가 있다.

농지개혁과 한국전쟁을 거치면서 소농小農화된 농민들이 이승만의 소극적 지지기반이 되었음은 이미 지적한 바 있다. 이승만은 전쟁말기 휴전반대를 위한 국민운동을 대대적으로 동원하고 반공포로석방과 같은 과시적 행동을 통해 농민의 범위를 넘어서는 범국민적인 인기를 모으는 데 성공했다.[17] 이승만은 해양주권선언과 그것을 침범한 일본어선에 대한 나포, 일본에 대한 재산청구권 요구, 독도 사수 등과 같은 반일적 정책도 구사했는데, 그 역시 오랜 식민지를 겪은 국민들에게 상당한 정서적 호소력을 지녔었다. 선거가 다가오자 이승만은 반대파를 용공容共적이고 친일적인 부류라고 몰아치면서 그런 사람들에게는 표를 주지 말라고 국민들에게 호소했다. 전자는 일부 무소속을 지칭하는 것이었고, 후자는 주로 민국당을 가리키는 것이었다. 당시가 반공논리가 어느 때보다 위세를 떨치던 종전 직후였고 1953년 말 '구보다久保田 망언' 등으로 반일감정이 비등하던 시점이었음을 생각할 때, 이러한 이승만의 호소는 국민들에게 상당한 영향력을 미쳤다.

한편 조직력이나 체계 면에서 민국당은 자유당에 비해 너무 형편없었다. 이 점은 전체 203개 지구당 대부분에 대해 자유당은 선거전에 개편을 완료했으나 민국당은 고작 40여 개 정도에서 했을 뿐이며, 공천도 자유당은 모든 지역구에서 했으나 민국당은 77곳밖에 내세우지 못했다는 사실에서 잘 증명된다.[18] 민국당이 이렇게 조직면에서 취약한 이유는 그것이 애초부터 하부조직 없이 소수의 명망가들을 중심으로 중앙에서 결성된 가분수정당인데다 명망가들의 연령 또한 높아 당이 활력을 잃었기 때문이다.

사사오입개헌

자유당은 제3대 민의원선거에서 과반이 넘는 의석을 확보했지만, 개헌가능의석을 확보하기 위해 선거 직후부터 무소속 영입에 힘을 기울였다. 마침내 136명의 서명을 확보한 자유당은 1954년 9월 8일 대통령 중임 철폐를 골자로 하는 개헌안을 국회에 제출했다. 이것은 11월 27일 표결에 붙여졌으나 재적 203석 중 찬성 135표, 반대 60표, 기권 7표를 얻어 1표 차로 부결되고 말았다. 그러나 이틀 후 자유당은 사사오입四捨五入이라는 해괴한 논리를 앞세워 가결을 선포했다. 이것이 소위 '사사오입개헌'이다.

주지하듯이 개헌안의 핵심은 "이 헌법 공포 당시의 대통령에 대하여는 제55조 제1항 단서(재선에 의하여 1차 중임할 수 있다)의 제한을 적용하지 아니한다(부칙 제3항)"는 것이었다. 이에 따라 이승만은 중임 제한의 고리에서 풀려나 장기집권의 길을 열게 되었다.

그러나 이 개헌안에는 그 외에도 중요한 내용이 몇 가지 더 들어 있었다. 우선 국무원에 대한 연대책임제가 폐지되고 민의원은 개별 국무위원에 대한 불신임권만 갖게 되었다(제70조의 2의 제1항). 이로써 의회의 대정부 견제기능은 보다 약화되게 되었다.

대통령이 궐위된 때에는 부통령이 승계하여 잔여임기를 채운다(제55조 제2항)는 내용도 새로 들어갔다. 이것은 연로한 이승만에게 갑자기 변고가 생겼을 경우에 대비하기 위해 넣은 조항이었다. 자

【 사사오입개헌안에 서명하는 이승만 】
이승만은 중임제한의 고리를 스스로 풀고 장기 집권의 길을 열
고자 했다.

유당은 앞으로 있을 정·부통령 선거(1956년)에서 이승만과 이기붕
을 동반 당선시키고, 이승만에게 변고가 생길 경우 이기붕이 자동
승계할 수 있도록 하기 위해 이 조항을 신설했다. 그러나 뒤에서 보
겠지만 예상을 뒤엎고 야당(민주당) 후보인 장면이 부통령에 당선됨
으로써 자유당은 4년 내내 이 조항 때문에 장면에게 정권이 넘어갈
까봐 가슴 졸이며 살아야 했다.

국무총리제를 폐지한다는 내용도 추가되었다. 이것의 명목상의

【 사사오입개헌을 통과시킨 국회 】

이승만의 장기집권을 위해 자유당은 초대 대통령에 한하여 중
임제한을 철폐한다는 것을 주요 골자로 한 헌법개정안을 '사사
오입'을 통해 통과시켰다.

목적은 보다 강력한 대통령중심제를 확립하겠다는 것이었다. 그러
나 실제로는 국무총리 직책을 없앰으로써 이기붕이 실질적인 2인자
역할을 할 수 있게 되고, 더 나아가 자유당의 영향력이 그만큼 커질
수 있다는 점이 고려되었다.[19]

　마지막으로 이 개헌에서의 중요한 변화는 경제조항이다. 앞서 설
명했듯이 제헌헌법의 경제조항은 놀라울 정도로 국가 통제적이어
서 시장경제의 원칙을 훼손할 소지가 있는 내용도 일부 들어 있었

다. 이런 내용이 전면적으로 개선된 것은 아니었지만, 일부조항에서 국가 통제적인 내용이 상당히 완화되었다. 주요 지하자원이나 수자원에 대한 국유원칙은 없어지고 법률이 정하는 바에 따라 민간에게 특허할 수 있게 되었다(제85조). 외국무역에 대한 국가통제도 법률의 제한을 받도록 했으며(제87조), 국방상의 필요와 같은 특수한 경우를 제외하고는 사영기업을 국공유로 이전하거나 경영을 통제할 수 없도록 했다(제88조).[20]

'민주당'과 '진보당'의 출현

사사오입개헌으로 이승만 정권은 권력을 연장할 수 있었지만, 그로 인해 만만치 않은 대가를 치러야만 했다. 개헌 과정에서 자유당이 보여준 상식 이하의 행태 때문에 세 가지 반작용이 생겨났다. 자유당 자체에 내분이 발생했고, 반이승만 세력이 호헌護憲의 이름 아래 뭉쳐 강력한 야당을 만들게 되었으며, 이승만의 국부적 이미지가 훼손되고 정권의 정당성이 큰 손상을 입게 되었다.

1954년 12월 9일 무리한 개헌에 반발하여 김영삼, 김재곤, 김재화, 김홍식, 도진희, 민관식, 성원경, 손권배, 신정호, 신태권, 이태용, 한동석, 현석호, 황남팔 등 자유당 소장파의원 14명이 탈당했다. 이에 자유당은 추가 탈당을 막기 위해 개헌안에 반대표를 던진 박영종, 김두한과 탈당 우려가 있는 김지태, 김형덕 등의 국회의원을 제명하였다. 개헌 때문에 자유당은 18명의 의원을 잃는 만만찮은 손실을 감수해야만 했다.

그 동안 약세를 면치 못하던 민국당은 무소속의원들과 힘을 합해

61명으로 된 호헌동지회를 구성하는 한편 범야당세력을 규합하여 신당을 만들기로 결의했다. 애초 신당추진운동에는 민국당 계열(신익희, 조병옥, 김도연, 윤보선 등)을 비롯하여 무소속의원들(곽상훈, 장택상 등), 과거 원내자유당세력(장면, 오위영, 김영선 등), 자유당 탈당파의원들(현석호, 김영삼 등), 대한부인회(박순천), 조민당(한근조), 혁신계(조봉암, 서상일 등) 등 원내외의 광범위한 반이승만 세력이 참여했었다. 이들 세력은 이승만의 전횡에 반대한다는 것을 빼고는 어떤 이념적 공통기반도 지니지 못했다. 따라서 신당추진운동은 출발부터 파벌 간에 의견충돌이 잦을 수밖에 없었다.

이러한 충돌은 보수세력과 혁신세력 사이에 특히 심했다. 보수세력의 핵심인물 중 일부는 과거 경력이 깨끗지 못한 사람들과는 당을 같이할 수 없다고 주장했다. 좌익경력자와 독재행위나 부패행위가 현저하여 사회적 지탄을 받은 자가 이 범주에 속했는데, 전자는 조봉암 같은 인물을, 후자는 이범석과 장택상을 주로 지칭하는 것이었다. 결국 신당추진운동은 보수진영의 자유민주파와 혁신계의 민주대동파[1]로 분열되었으며, 전자는 민주당, 후자는 진보당이란 별개의 정당을 결성하게 된다.

비록 단일 야당을 만드는 데는 실패했지만, 강력한 야당이 두 개 생겨났다는 사실이 지니는 의미는 결코 작지 않았다. 이들의 출현으로 그 동안 원내에서 마음대로 행동할 수 있었던 이승만과 자유당은 상당한 행동의 제약을 느끼게 되었다.

그러나 민주당은 이질적인 두 세력이 모여 결성되었기 때문에 끊임없는 파벌싸움에 시달려야 했다. 민주당의 두 축은 한민당과 민국당을 거쳐온 전통야당 정치인들(신익희, 조병옥, 김도연, 윤보선, 유진산 등)과 과거 이승만을 위해 일했으나 부산정치파동을 전후해 그로부터 소외된 관료출신들 및 원내자유당 계열의 정치인들(장면, 박순천, 오위영, 곽상훈, 엄상섭, 김영선 등)이었다. 전자는 본래부터 야당이었다는 의미에서 구파舊派, 후자는 새로 야당에 가담했다는 뜻에서 신파新派라고 했다.[22] 서북지방(평안도) 출신의 홍사단계열(정일형, 주요한, 김재순 등)도 상당수 가담했는데, 그들은 주로 신파와 뜻을 같이했다. 두 파벌은 창당 초기부터 당권과 당직의 배분이나 정·부통령 후보선정 등의 문제로 사사건건 대립했다. 이러한 파벌 싸움은 민주당을 '한 지붕, 두 가족' 정당으로 만들었고, 효과적인 반이승만 투쟁을 방해하기도 했다.

마지막으로 무리한 개헌으로 인해 국민들에 대한 이승만의 영향력 또한 심각하게 훼손되기 시작했다. 그가 지녔던 국부적 이미지는 상당한 타격을 받았고, 정권의 정당성도 심각한 손상을 입었다. 그 결과 이승만 정권으로부터 민심이반이 시작됐는데, 그것이 집약적으로 나타난 것이 1956년 제3대 정·부통령 선거였다.

동요하는 이승만 정권

1953년 제3대 정·부통령 선거

이 선거에는 자유당에서 이승만과 이기붕, 민주당에서는 신익희
(구파)와 장면(신파), 그리고 진보당에서 조봉암과 박기출이 각각
정·부통령 후보로 나섰다. 민주당이 "못 살겠다 갈아보자"라는 선
거구호를 내세우자 자유당은 "갈아봤자 별수 없다"라는 구호로 맞
섰고, 진보당은 "피해대중 뭉쳐라"와 "평화적인 남북통일"을 구호
로 내놓았다.

사사오입개헌으로 인한 민심이반 때문에 이 선거에서 야당에 대
한 국민들의 기대는 그 어느 때보다도 높았다. 문제는 야당후보가
단일화되지 못했다는 것이었다. 선거 막바지, 신익희 후보가 급서急
逝함으로써 후보를 단일화시킬 수 있는 기회가 마련되기도 했다. 진
보당은 자신들의 부통령 후보인 박기출을 사퇴시키고, 대신 조봉암

【 1956년 대통령 선거운동 】

1956년 정·부통령 선거에서는 민주당의 '못 살겠다 갈아보자'
라는 선거구호가 큰 호소력을 발휘했다.

과 장면을 민주와 진보 양 당의 공동 정·부통령 후보로 하자고 제
안했다. 그러나 민주당은 대통령 후보로 진보당의 조봉암을 지지하
지 않는다는 입장을 분명히 하고, 신익희의 추모표를 유도하거나
심지어 "조봉암에게 투표하느니 차라리 이승만에게 표를 주라"고
호소하기까지 했다.

선거결과는 이승만 55.7%(유효표로는 70%), 조봉암 23.8%(유효표
로는 30%), 죽은 신익희에 대한 추모표를 포함한 무효표[23]가 20.5%

로 나와 이승만이 제3대 대통령에 당선되었다. 1952년 제2대 정·부통령 선거에서는 4명의 후보가 난립했지만 이승만이 72%(유효표로는 74.6%)를 득표하여 대통령에 당선되었다. 그 당시 조봉암은 11.4%, 이시영은 10.5%, 신흥우는 6.1% 득표하는 데 그쳤다. 이러한 4년 전의 경험에 비추어볼 때, 이번 선거에서 이승만이 얻은 55.7%(유효표로는 70%)란 득표율은 그 자신과 자유당에게는 충격적인 것이었다. 더구나 진보당의 조봉암에게 총투표자 중 23.8%(유효표로는 30%)가 표를 던졌다는 사실과 헌법상 대통령 유고 시 승계권을 지닌 부통령에 자유당의 이기붕을 제치고 민주당의 장면이 46.4% 득표로 당선되었다는 것은 이승만과 자유당에게 위기감을 갖도록 하기에 충분했다.

이승만에 대한 지지가 이렇게 떨어진 이유는 무엇인가? 죽은 신익희는 어떻게 그 많은 추모표를 얻을 수 있었는가? 그리고 조봉암은 왜 예상 외로 많은 득표를 했을까?

이 무렵에는 휴전 직후와 같은 맹목적인 반공 분위기가 그대로 유지되기가 어려웠다. 따라서 이승만이 반공을 핑계로 국민을 동원하거나 그들에게 영향을 미치는 것이 이전만큼 용이하지 않았다. 이런 상태에서 사사오입개헌 같은 비상식적인 행동이 저질러지자 민심은 점차 이승만과 자유당으로부터 멀어지기 시작했다.

이러한 민심이반과 이승만의 영향력 쇠퇴는 특히 도시지역에서 강하게 나타나 여촌야도與村野都 투표성향으로 표출되었다. 당시 전국적으로 23개 시(서울특별시 포함)와 141개 군이 있었다. 먼저 시 중 이승만이 1위 득표한 곳이 13개(56.5%)였으며 조봉암이 7개

(30.4%), 신익희가 3개(13.0%)였는데 반해, 군 단위에서 이승만은 무려 125개(88.7%)에서 최고득표했고 조봉암은 14개(9.9%), 신익희는 2개(1.4%)에서 1위를 차지하는 데 그쳤다.[24] 그리고 대표적 도시인 서울에서는 투표자 총수에서 이승만이 33.7%를 얻은 반면 야권은 66.3%—신익희가 46.7%, 조봉암이 19.6%—를 획득했음을 볼 수 있다(표4-1 참조).

도시에서 야당지지가 높은 것은 농촌에 비해 관권의 개입이 쉽지 않고 대중매체나 고등교육의 보급률이 상대적으로 높아 도시민의 정치의식이 향상되어 있었기 때문이다. 특히 서울과 경기 일원에서 신익희에 대한 추도표가 많이 나온 데에는 야당지野黨紙들의 공헌이 컸다. 구파 계열의 《동아일보》와 가톨릭이 발행하던 관계로 장면이 이끄는 신파를 지지했던 《경향신문》은 조봉암을 지지하기보다 신익희에 대한 추모표를 던질 것을 공공연히 유도하기도 했다.

특이한 것은 신익희가 서울, 경기 일원에서 표를 많이 얻었다면 조봉암은 영호남 지역에서 많은 표를 획득했다는 점이다. 도시의 경우 조봉암은 전북의 전주·이리, 전남의 광주·목포·여수, 경북의 대구·김천, 경남의 부산·진주·충무·진해, 제주도의 제주, 충남의 대전 등에서 우세를 보였다. 반면 신익희는 서울을 비롯하여 경기의 인천·수원, 강원의 춘천·강릉·원주, 충북의 청주 등에서 우위를 보였다. 이러한 추세는 군 단위에서도 나타났는데, 전남북과 경남북의 거의 대부분 군—79개 군 중 62개(78.5%)—에서 신익희에 비해 조봉암이 우세를 보였다.[25]

이러한 영호남 지역에서의 조봉암에 대한 표 쏠림 현상은 해방 이

| 표4-1 제3대 대통령 선거 득표 상황

선거인수	기권자	총투표자수		유효표수(유효투표율)	
		계	무효표 수 (신익희) (무효표/전체)	이승만 (득표/전체 : 득표/유효표)	조봉암 (득표/전체 : 득표/유효표)
서울 703,799	95,058	608,741	284,359 (46.7)	324,382(53.8) 205,253 (33.7 : 63.2)	119,129 (19.6 : 33.7)
경기 1,119,859	60,888	1,058,971	271,064 (25.6)	787,907(74.4) 607,757 (57.4 : 77.1)	180,150 (17.0 : 22.9)
충북 521,061	21,317	499,744	89,517 (17.9)	410,227(82.1) 353,201 (70.7 : 86.0)	57,026 (11.4 : 13.9)
충남 961,871	61,300	900,571	212,067 (23.5)	688,504(76.5) 530,531 (58.9 : 77.0)	157,973 (17.6 : 22.9)
전북 910,566	35,356	875,210	169,468 (19.4)	705,742(80.6) 424,674 (48.5 : 60.1)	281,068 32.1 : 39.8)
전남 1,330,447	44,299	1,286,178	257,798 (20.0)	1,028,410(80.0) 741,623 (57.7 : 72.1)	286,787 (22.3 : 27.9)
경북 1,492,013	93,291	1,398,722	275,275 (19.7)	1,123,447(80.3) 621,530 (44.4 : 55.3)	501,917 (35.9 : 44.7)
경남 1,646,398	108,061	1,538,337	205,338 (13.3)	1,332,999(86.6) 830,492 (54.0 : 62.3)	502,507 (32.7 : 37.7)
강원 804,325	14,652	789,673	79,710 (10.1)	709,963(89.9) 644,693 (81.6 : 90.8)	65,270 (8.3 : 9.2)
제주 116,501	5,585	110,916	12,252 (11.1)	98,664(88.9) 86,683 (78.1 : 87.8)	11,981 (10.8 : 12.1)
합계 9,606,870	539,807	9,067,063	1,856,818 (20.5)	7,210,245(79.5) 5,046,437 (55.7 : 70.0)	2,164,808 (23.8 : 30.0)

자료: 『대한민국선거사』(1973), pp.730 ~ 740에서 필자가 작성.

후부터 한국전쟁에 이르는 기간 동안 이 지역이 보여준 이데올로기적 성향 및 피해와 관련지어 설명되기도 한다. 이 지역은 해방부터 전쟁까지 좌파, 특히 빨치산 활동의 강력한 기반을 이루었던 곳이며, 바로 그 이유 때문에 전쟁 기간 동안 군이나 경찰로부터 받은 피해가 가장 컸던 지역이기도 했다. 또한 영남의 상당 부분은 전쟁 중 북한에 의해 점령되지 않은 지역이었기 때문에 전쟁 중에도 좌파세력이 노출되지 않고 잔존해 있을 수 있었던 지역이기도 했다. 바로 이런 지역적 특성이 있었기에 조봉암이 내세운 "피해대중 뭉쳐라"나 "평화적인 남북통일" 같은 구호가 지역민들에게 보다 호소력이 있었고, 그에 대한 지지로 이어질 수 있었다는 것이다.[26]

한국정치에 대한 미국의 우려 증대

선거결과는 이승만과 자유당뿐 아니라 미국에게도 적지 않은 충격을 안겨주었다. 선거 직후인 5월 24일 국무성에 보낸 보고서에서 주한미대사관은 선거결과에 대해 '놀라움과 전진(민주발전) 그리고 우려(혼란과 분열)'가 교차하는 것으로 평가했다.[27] 미국은 이승만에 대한 지지가 떨어지고 조봉암이 만만치 않은 득표를 했다는 사실과 장면이 헌법상 대통령 유고 시 승계권을 지닌 부통령에 당선되었다는 사실에 당혹감을 감추지 못했다.

휴전 이후 미국의 한반도정책의 기조는 현상유지였다. 따라서 미국으로서는 이승만의 북진통일도 달갑지 않았지만 "평화적인 남북통일"을 내세우는 진보당의 등장도 그리 환영할 만한 것은 아니었다. 양자는 방식이 다를 뿐 현상유지라는 기조를 뒤흔들 수 있는 정책이었기 때문이다. 휴전 이후 3년이 경과하면서 북진통일론은 점차 위세를 잃어가고 있었다. 이런 판국에 평화통일론이 등장하자 미국으로서는 마음이 편치 않았다. 1950년대 후반 들어오면서 북한이 남한에 대해 평화공세를 취하고 있다는 점도 미국의 심기를 불편하게 만들었다. 특히 미국은 한국의 사회경제적 상황에 대한 대중들의 불만이 진보당의 주장을 매개로 하여 북한의 선전공세와 연결될 수 있는 가능성에 대해 매우 민감하게 반응했다. 이런 상태에서 조봉암의 예상을 뛰어넘는 득표는 미국을 놀라게 만들기에 충분했다.

한편 주한미대사관은 이기붕이 부통령에 당선될 것으로 예상[28]했기 때문에 장면의 당선에 몹시 당혹해 했다. 미국은 극우적인 이범석이나 경직된 민주당(특히 장면)보다 이기붕을 높게 평가했다. 미국은 그의 리더십 부족을 염려하면서도, 이승만 유고 시 그가 승계하면 경제개발에 보다 적극적이 되고, 대미관계에서는 "덜 독자적less independent"이며, 대일관계에서는 "덜 삐걱거리고less obstreperous," 대북관계에서도 "광적인 과격함"이 없어질 것이라고 기대했다.[29] 포스트 이승만으로서의 이기붕에 대한 미국의 기대는 그의 낙선으로 일단 물거품이 되고 말았다.

협상선거법과 진보당 사건

미국은 이러한 위기를 자유당과 민주당 내의 온건파를 부양하고 강경파를 억제하는 동시에 제3의 진보적인 정당의 등장을 막아서 한국정치를 보수양당 구도로 끌고 가는 것으로 돌파하려고 했다.

【 공판정에 선 조봉암 】

이승만 정부는 혁신세력에 대한 탄압을 시작했고 1958년 1월 조
봉암 등 진보당 간부들을 간첩 또는 간첩방조죄로 구속·기소
했다.

미국이 생각한 온건파의 중심인물은 자유당의 이기붕과 민주당의
조병옥이었다. 이들이 중심이 되어 진보세력의 대두를 견제하고 보
수양당제를 확립하기 위해 만든 것이 '협상선거법'인데, 미국은 이
러한 타협안이 나올 수 있도록 배후에서 적지 않은 영향력을 행사
했다.[30] 이 법의 골자는 ① 정당이 추천한 위원의 선거위원회 참여,
② 참관인 권한확대 및 선거사범 엄벌, ③ 선거운동원 제한 및 선거
공영제, ④ 50만 환의 입후보 공탁금 제도시행, ⑤ 언론조항 강화

등이었다. 이를 통해 민주당은 선거가 보다 공정하게 이루어질 수 있는 제도적 보장(①, ②, ③)을 받았다. 반면 자유당은 선거 때마다 자신들에게 큰 타격을 입히는 언론에 족쇄를 채울 수 있는 장치(⑤)를 마련하게 되었다. 그리고 입후보 공탁금 제도(④)를 도입함으로써 자유당과 민주당 그리고 미국은 무소속의 난립과 진보적인 군소정당의 출마를 막고 보수양당제로 나아갈 수 있게 되었다. 이렇게 자유, 민주 양당 및 미국의 이해가 서로 거래되는 가운데 언론의 격렬한 반대를 무릅쓰고 이 법은 1958년 1월 확정되었다.

1958년 1월 12일에 터진 진보당 사건도 보수양당구도 확립에 공헌했다. 1956년 제3대 정·부통령 선거에서 조봉암이 전체투표자 중 23.8%를 득표했다는 것은 이승만과 보수 양당에게는 충격적인 일이었다. 더구나 대선 이후 혁신세력 내의 여러 분파는 통합을 통한 세력결집과 증진을 끊임없이 모색하고 있었다.[31] 보수 양당은 이런 기세 속에서 총선이 치러지기를 원치 않았다. 따라서 이승만 정부는 1957년 말부터 혁신세력에 대한 탄압에 나섰다. 우선 혁신계 인사였던 박정호, 김경태 등을 간첩혐의로 체포했고, 12월에는 근민당 재건사건으로 장건상, 김성숙 등을 구속했으며, 이듬해 1월에는 조봉암, 박기출, 김달호, 윤길중 등 진보당 간부들을 간첩 또는 간첩방조죄로 구속·기소하고 2월에는 진보당의 정당등록을 취소시키고 말았다.[32] 이러한 일련의 사건은 협상선거법과 함께 혁신세력의 원내진입을 막는 데 크게 공헌했다.

제4대 민의원 선거와 보수양당구도 확립

진보당사건이 진행 중인 가운데 협상선거법에 의거해 1958년 5월 제4대 민의원 선거가 치러졌다. 선거결과 자유당 126석, 민주당 79석, 통일당 1석, 그리고 무소속이 27석을 차지했다. 자유당과 민주당 및 미국의 속셈대로 이 선거에서 자유, 민주 양당이 압도적 의석을 차지했고 무소속과 군소정당은 크게 타격을 입었다. 그 동안 선거 때마다 적어도 1/3 이상의 의석을 점했던 무소속은 30석을 밑돌았고, 진보적인 정당을 포함한 여타 군소정당들도 모두 몰락하고 말았다. 그 결과 한국 최초로 양당제가 확립되었으나, 그 성격은 보수양당제였다.

주한 미대사 다울링Walter C. Dowling은 이 선거의 결과 한국에 양당제가 확립되게 되었다고 하면서 "한국 정치의 절정high-point"이라고 긍정적으로 평가했다.[33] 민주당도 출범 당시 33석이던 의석을 79석으로 늘렸기 때문에 선거결과를 만족스럽게 생각했다. 특히 민주당은 전체의 1/3을 넘는 의석을 차지함으로써 국회소집권, 의안발의권, 수정동의안 제출권을 가짐은 물론 자유당의 개헌 시도까지도 저지할 수 있게 되었다.

그러나 자유당, 특히 당내 강경파는 선거결과에 몹시 실망했다. 비록 과반은 넘었으나 또 한 번의 개헌[34]을 추진하기 위한 원내의석 2/3 확보에는 실패했기 때문이다. 여촌야도 현상이 더 심해져서 도시지역에서 자유당이 참패를 면치 못했다는 점도 강경파를 불편하게 만들었다. 전국 27개 도시(서울 포함)의 62개 선거구에서 민주당은 42석, 무소속이 6석을 차지한 반면 자유당은 14석밖에 얻지 못했다. 서울의 16개 선거구에서도 자유당과 무소속이 각 1석씩 확보하고 나머지는 모두 민주당에게 돌아갔다.[35]

자유당 강경파는 이 모든 것의 책임을 언론에 돌렸다. 온건파가 주도해서 만든 협상선거법으로는 비판언론에 족쇄를 채우기에 역부족이라는 것이었다. 이에 강경파는 언론을 보다 효과적으로 봉쇄하고 행정조직을 보다 효율적으로 동원하기 위한 조치를 강구하게 된다. 국가보안법 개정과 지방자치제법 개정이 그것이다.

강경파의 득세와 비서정치

족청계 제거 이후 얼마 동안은 이승만이 자유당에 대해 상당히 직접적인 영향력을 행사했다. 그러나 1950년대 중반을 넘어서면서 자유당에 대한 리더십은 이승만에서 이기붕으로 이동하기 시작했다. 정권말기로 갈수록 이승만의 리더십은 더욱 약화되었고, 이기붕도 건강이 악화되면서 자유당 내의 강경파와 이승만을 둘러싸고 있는 일부 경무대 비서들이 국정을 농단壟斷하는 현상이 생겨나게 되었다.

1953년 족청계 거세 이후 자유당은 이승만의 통제하에 놓이게 되었다. 그 무렵 이승만은 총재로서 당의 주요 직책인 부·차장을 직접 임명함은 물론 국회의원 후보공천에 대한 최종결정권까지 직접 행사하는 등 당무에 깊이 관여했다. 이기붕은 당의 2인자로서 중앙위원회 위원장이란 직책을 맡고 있었으나 이승만에게 절대충성과 순종으로 일관하여 자신에게 공식적으로 부여된 권한조차도 제대로 행사하려 들지 않을 정도였다.[36]

1954년 제3대 민의원 선거를 통해 관료 출신의 많은 인물들이 자유당 공천으로 원내로 진입해 당 간부로서 이기붕 주변에 포진했다. 장경근, 한희석, 이재학, 임철호, 인태식, 박용익 등이 대표적이다. 1950년대 중반을 고비로 이승만이 당무黨務에서 점차 손을 떼는 것과 비례해 당내에서의 이기붕의 비중이 높아갔는데, 그때 그를 떠받치던 기반이 바로 이들 관료출신 의원이자 당 간부들이었다.

이러한 이기붕의 위상은 1956년 제3대 정·부통령 선거에서 그가 부통령에 낙선함으로써 흔들리기 시작했다. 선거 직후 국회부의장 조경규를 중심으로 한 50여 명의 인물들이 이기붕 중심의 자유당 권력구조에 대한 쇄신을 주장했다. 이 갈등은 이승만이 이기붕의 손을 들어줌으로써 어렵지 않게 마무리되었다. 그러나 이후 자유당은 앞으로 있을 선거에 대비하는 방안과 그것을 위해 당을 강화하는 방안을 둘러싸고 점차 강경파와 온건파로 갈라지기 시작했다. 강경파의 중심인물은 장경근, 한희석, 임철호 등이었고, 온건파는 이재학이 중심이었다. 이기붕은 온건파에 가까웠지만, 시간이 경과할수록 강경파에 밀리기 시작했다. 이기붕의 건강악화도 그의 당내 영향력 저하를 부추겼다.

자유당이 강경파에게 점차 장악되는 것과 보조를 같이 해서 경무대(이승만)는 몇몇 비서들에 의해 농단되기 시작했다. 대표적 인물이 박찬일 비서와 곽영주 경무관이었다. 이들은 이기붕의 주선으로 경무대에 들어갔지만, 후반으로 오면서 자유당 강경파들과 점차 보조를 맞추었다. 이들은 이승만의 부인 프란체스카와 이기붕의 부인 박마리아와 같이 이승만의 눈과 귀를 막고 소위 비서정치 시대를

열었다.[37]

당시 주한미대사관이 국무성에 보낸 전문에도 이 점이 잘 묘사되어 있다.

프란체스카 여사가 박찬일 비서와 협력하여 대통령의 심기를 불편하게 만들 만한 정보를 가능한 한 차단하려고 하고 있습니다. 그녀는 때때로 이승만 대통령이 정확히 알지 못하는 것에 대해 그를 대신해 직접 정책결정을 내리기도 했는데, 이는 오랜 관행처럼 되어왔습니다. 최근 이 대통령이 정신적·육체적으로 쇠약해지면서…… 이러한 관행이 일어날 가능성이 훨씬 높아졌습니다. 박찬일이 프란체스카의 암묵적인 동의 아래 보다 강력한 권력을 행사하고 있는 것으로 여겨집니다.[38]

당과 경무대가 강경파로 채워지는 것과 발맞추어 행정부도 점차 강경파들이 장악하게 되었다. 당내 강경파는 자유당 간부들을 직접 내각의 각료로 임명[39]하거나 강경한 인물을 발탁하는 등의 방법으로 내각과 중앙조직을 점차 강경파로 채워갔다. 최인규 내무장관, 홍진기 법무장관, 이강학 치안국장 등이 이렇게 충원된 정부 내의 대표적인 강경파들이었다.

당과 내각의 강경파와 경무대 비서실은 합심하여 다가올 선거에서 승리할 수 있는 보다 확실한 방안을 강구하게 된다. 이들은 언론에 보다 효과적으로 재갈을 물리면서 경찰과 행정조직을 보다 효율적으로 동원하는 것이 가장 좋은 방책이라고 여기고, 그것을 위해 국가보안법 개정과 지방자치제법 개정을 밀어붙였다.

언론에 재갈 물리기: 국가보안법 개정

1956년 제3대 정·부통령 선거부터 투표성향에서 여촌야도가 뚜렷해졌다. 당시 사람들의 입에 오르내린 "자유당에 편향적인 경찰은 농촌을 장악했고, 민주당에 편향적인 신문은 도시를 장악했다"는 말이 이런 투표성향의 원인을 잘 말해 주고 있다.

당과 내각의 강경파는 도시에서 신문의 영향력을 약화시키기 위해 국가보안법을 개정하기로 했다. 그들은 법안 개정의 명분으로 "공산당의 흉계를 분쇄하며 국가의 안전과 언론계의 보다 올바른 발전을 위한다"는 것을 내세웠으나 그것은 구실일 뿐이었다. 1958년 11월 18일 정부는 전문 3장(총칙, 죄와 형, 특별형사소송규정) 40조 및 부칙 2조로 구성된 개정안을 국회에 제출했다. 이 중 논란의 핵심은 제17조 제5항 인심혹란죄(소위 언론조항) 부분이었다. 그것은 "공연히 허위의 사실을 적시 또는 유포하거나 사실을 왜곡하여 적시 또는 유포"할 경우 처벌하겠다는 내용을 담고 있었다. 민주당 의원들은 이 법의 국회통과를 막기 위해 본회의장을 점거하고 농성을 벌였다. 그러나 12월 24일 경호권이 발동되어 농성 의원들을 의사당 식당과 다방에 감금한 가운데 자유당 단독으로 국가보안법 개정안의 내용을 약간 수정한 후 통과시켰다. 이것이 소위 '2·4 파동'이다.[40]

언론조항의 경우 "공연히 허위의 사실을 허위인 줄 알면서 적시 또는 유포하거나 사실을 고의로 왜곡하여 적시 또는 유포"할 경우로 자구字句가 수정되었다. 고의성과 의도성을 첨가함으로써 구성요건을 약간 강화한 것이다. 이러한 수정에도 불구하고 이 조항의

【 국가보안법 국회 통과 】

1958년 12월 24일 자유당 단독으로 신국가보안법을 통과시킨 이른바 '보안법파동'은 자유당 정권의 정권 연장을 위한 하나의 수단이었다.

구성요건은 여전히 너무 막연하고 포괄적이어서 자의적으로 해석되고 남용될 소지가 많았다.[41]

이런 우려는 1959년 4월 30일 《경향신문》 폐간 조치로 현실화되었다. 가톨릭이 운영하는 관계로 장면(민주당 신파)과 가깝던 이 신문은 국가보안법 개정안 통과 이후에도 사설과 칼럼을 통해 이승만 정권에 대해 매서운 비판을 그치지 않았다. 그러던 중 4월 5일자 신문에 '간첩 하모 체포'라는 기사가 실리자 정부는 이것을 문제 삼고 나섰다. 이 기사 때문에 체포된 간첩과 접선하려던 또 다른 간첩을 놓쳤다는 것이었다. 이에 정부는 취재기자 둘을 국가보안법 위반으로 구속하고 주필과 사회부장은 불구속 입건하는 등 압력을 가하다가 결국 신문 자체를 폐간시키고 말았다.[42]

이제 비판언론이나 야당의 입은 위축될 수밖에 없었다. 이 사건을 통해 개정 국가보안법은 국가안보를 지킨다는 본연의 임무에서 벗어나 정권안보를 지키는 도구로서의 역할을 충실하게 하고 있음을 입증했다.

지방행정조직과 경찰, 그리고 사회단체 동원하기

1958년 12월 24일 자유당이 야당의원들을 감금하고 단독으로 통과시킨 법안 중에는 지방자치법 개정안도 있었다. 당시 도시에서는 자치단체장 선거에서 민주당 후보가 당선되는 경우가 적지 않았다. 특히 1958년 10월 4일 대구 시장 보궐선거에서 민주당 출신의 조준영이 당선되자 자유당과 내각의 강경파들은 위기감을 느꼈다. 다음 선거에서 행정력을 최대한 동원하기 위해서는 자치단체장의 도움이 필수적인데, 거기에 민주당 계열의 인물이 많아서는 곤란했기 때문이다. 따라서 이들은 시·읍·면장을 선거로 뽑지 말고 중앙정부가 임명하는 방식으로 바꾸자는 법률개정안을 제출했는데, 그것이 이번에 통과된 것이었다. 이로써 강경파들은 1960년부터 각급 지방자치단체장을 자신들의 충복忠僕으로 앉히고, 지방행정조직을 선거에 보다 효율적으로 동원할 수 있게 되었다.

강경파는 경찰의 동원력을 높이기 위한 방안도 생각해 냈다. 그들은 해당 지역 경찰서장의 임면任免에 그 지역 출신 자유당 의원의 의견을 절대적으로 존중했으며, 각종 선거에서 자유당 후보의 득표 정도를 경찰 인사의 중요한 기준으로 삼았다.[43]

이승만 정권이 국민들에 대한 헤게모니적 지배능력을 상실하자 그것을 보충하기 위해 당과 내각의 강경파는 경찰이나 지방행정조직과 같은 공식적인 기구뿐 아니라 각종 유사類似사회단체까지 선거에 이용하려고 기도했다. 그들은 국민회, 대한멸공단, 반공청년회 등 각종 우익 사회단체(사실은 일종의 폭력조직)들을 대한반공청년단으로 통합하고 그것의 지방조직까지 결성시켜 선거에 동원하려고 했다.

미국의 정책변화와 이승만 정권의 붕괴

빅 브라더big brother의 정책변화

한국전쟁 당시 미국은 수차에 걸쳐 이승만 제거를 꿈꾸기도 했지만, 최종 선택은 항상 그를 유지시키는 것이었다. 그만한 리더십을 지닌 인물이 없다는 것이 주된 이유였다. 그러나 1950년대 말 한국 정치가 자유당과 내각 및 경무대의 강경파에 의해 농단되는 것을 지켜보면서 미국은 이승만의 리더십에 대해 점차 회의를 품기 시작했다.

미국은 포스트 이승만 문제와 관련하여 자유당의 온건파 지도자 이기붕에게 많은 기대를 걸고 있었다. 국가보안법 사태가 터진 후에도 미국은 자유당과 민주당의 온건파를 중심으로 이 일을 수습하려고 했다. 이 경우 민주당 온건파의 중심인물은 조병옥이었다. 미국은 비타협적인 장면(민주당 신파)보다 온건 타협론자인 조병옥(민주당 구파)을 선호했다.[44] 따라서 미국은 포스트 이승만 구상의 하나로 자유, 민주 양당의 온건파를 묶어서 여당으로 만들고, 강경파인 민주당 신파를 야당으로 삼는 방안을 검토하기도 했다. 이승만 유고 시 자유당의 자생력이 문제시 될 수도 있었다. 만약 자유당이 공중분해되고 민주당이 여당의 위치를 차지하면, 야당 자리가 비게 되고 그 공백을 진보당 같은 혁신정당이 등장해 메울 수도 있었다. 이런 보수保革구도는 미국으로서는 가급적 피하고 싶은 시나리오였다. 한국정치가 보수양당구도를 유지하는 것이 미국으로서는 제일 바람직했고, 위의 방안은 바로 이 목적을 달성하기 위한 것이었다.[45]

그런데 1950년대 말이 되면서 이기붕이 건강상의 이유 등으로 정국에 대한 통제력을 잃어가고 있었는데, 바로 여기에 미국의 고민이 있었다. 다울링 대사는 이기붕과의 면담에서 "조봉암을 죽이지는 않을 것" 같다는 전망을 얻어냈지만 결과는 정반대였다.[46] 이기붕의 의사와는 무관하게 1959년 7월 31일 조봉암이 사형되는 것을 보고 미국은 자유당이나 내각에 대한 이기붕의 영향력에 대해 회의를 갖기 시작했다.

이에 미국은 이승만 정권에 대한 정책을 전면적으로 재검토하기 시작했다. 미국은 여야의 온건파를 중심으로 타협을 이끌어내려는 노력을 거두어들였다. 미국은 한국정치가 이미 조정의 국면을 지났고, 다가올 1960년의 선거(제4대 정·부통령)가 커다란 정치위기가 될 것으로 예견하고 그에 대비하기 시작했다. 미국은 더 이상 이승만 정권과 동일시되는 것을 부담스러워 했다. 미국은 이승만 정권과의 절연dislocation을 모색하는 것이 자국의 이익에 도움이 된다고 생각했다. 그래야만 미국은 이승만 정권의 붕괴가 한국에서 반미감정의 확산으로 이어지는 것을 막고, 미국의 이익에서 벗어나는 (좌우의 극단적인) 인물이나 세력이 포스트 이승만 정권으로 등장하는 것을 피할 수 있다고 생각했다. 절연정책만이 한국에서 정치적 위기가 발생했을 때 미국이 이승만과 운명을 같이하는 처지에 놓이는 것을 피할 수 있게 해준다는 것이 미국의 계산이었다.[47]

이승만의 반일정책의 정치경제학

이러한 미국의 정책변화의 이면에는 동아시아 정책을 둘러싼 이승만과 미국의 충돌이라는 보다 크고 뿌리 깊은 갈등이 자리잡고 있었다. 1947년 이후 미국은 일본을 중심으로 하는 동아시아 정책을 펼쳤고, 이승만은 반일정책을 고집했다. 이승만의 반일정책은 대개 자신의 정당성 부족을 메우려는 상징적 대중조작 정도로 이해되는 수가 많다. 북진과 반공을 통해 충분히 확보하지 못한 국민적 지지기반을 보충하고, 또 정부 내에 친일파가 많다는 주장을 잠재우기 위해 동원한 정책에 불과하다는 것이다. 이러한 이해는 틀리지는 않지만 불충분하다. 왜냐하면 이승만의 반일정책은 대중조작이라는 소극적인 면 말고 일본을 중심으로 하는 미국의 동아시아 정책구도에 대한 한국의 대응논리라는 적극적인 측면도 지니고 있었기 때문이다.

1953년 등장한 아이젠하워D. Eisenhower 정부의 대외정책의 기조는 '뉴룩New Look전략' 이었다. 그것은 공화당 내의 대외개입주의 노선과 재정보수주의 노선 사이의 타협의 산물이었다. 아이젠하워는 공화당 내에서 고립주의에 반대하는 대외개입주의의 대변자였다. 그러면서도 그는 전임 트루먼H. Truman 행정부의 과다한 군사비 및 대외경제원조 지출에 대해 비판적이었다. 이 점에서 그는 전통적인 공화당식의 재정보수주의자였다. 문제는 대외개입주의와 재정보수주의가 양립되기가 어렵다는 점이었는데, 여기서 찾아진 접점이, 개디스L. A. Gaddis가 말했듯이, '경제성'의 원칙이었다. 그는 뉴룩 전략을 핵무기, 동맹, 심리전, 비밀공작 그리고 외교교섭의 다섯 가지 요소로 정리하면서, 이들의 이면에 깔린 공통요소로 '경제성'에 대한 관심을 지적하고 있다. 미국은 해외기지(직접주둔)를 줄이기 위해, 국지전에 대비하는 재래식 전력의 유지비는 동맹국에게 분담시켰고 그들 간의 군사동맹(지역적 집단안보체제)의 구축에 적극 나섰다. 대신 미국 자신은 비용 -편익cost-benefit 면에서 상대적으로 효과가 큰 핵전력과 해공군력에 중점을 두기 시작했다.[48]

이런 뉴룩전략의 두 요소, 즉 통상전력의 강화와 '건전한 경제'의 확립은 미국에 대해서는 상대적으로 조화로운 결과를 낳을 수 있었으나, 동맹국들에게는 잠재적 대립관계에 서는 경우가 많았다. 이 전략에 따라 동맹국들의 방위비 부담은 가중되었고, 그것은 곧 경제발전과 길항拮抗관계에 서는 수가 많았기 때문이다. 그리고 이런 모순은 이 전략이 동아시아의 국가들 사이에 차별적으로 적용됨으로써 보다 심화되었다. 이 전략에 따라 일본은 미국의 용인 아래 경제를 중시하는 노선을 선택할 수 있었던 반면, 여타 국가들, 특히 한국과 대만은 군사우선 정책을 취할 수밖에 없었다.[49]

한국전쟁 이후(특히 스탈린 사망을 계기로) 전 세계적 수준에서는 미소 간에 긴장이 완화되었으나 동아시아에서는 중국의 공세로 오히려 군사적 긴장이 고조되고 있었다. 미국은 중국을 봉쇄하기 위해 지역적 집단방위기구 창설을 서둘렀다. 그러나 영국 및 영연방 국가들의 반대와 일본의 소극적 자세로 그것은 부분적으로만 실현(주로 미국과 동맹국 간의 쌍무조약형태)되는 데 그쳤다. 그러자 미국은 한국, 대만과 같은 냉전의 전초국가들의 군사력을 강화하기 시작했다. 미국은 이 국가들의 군사력을 일국 차원이 아닌 극동 전체의 세력균형의 일부로 재규정하면서 이들에게 자국의 경제력을 훨씬 초과하는 군사력을 보유하도록 했다.

그러면 이러한 미국의 세계전략 및 동아시아전략에서 한국에 대한 원조정책이 차지하는 위상은 어떠했는가? 주지하듯이 당시 미국의 대아시아 경제정책은 일본을 중심으로 한 수직적 지역분업을 지향하고 있었다. 따라서 한국에 대해서는 공업화 억제방침이 취해졌고, 일본을 중심으로 한 지역적 분업체제에의 편입이 대한정책의 여러 국면에서 강제되었다. 미국의 대아시아 정책이 지닌 이런 지역적 편차는 한국전쟁 이후 한국에 제공된 부흥원조의 성격과 운용을 둘러싼 한미 간의 대립을 추적해 보면 쉽게 드러난다.

당시 미국은 한국을 동아시아 냉전의 전초기지로 유지시키기 위해 연평균 2억 달러가 넘는 원조를 제공했다. 그러나 이 원조는 단순히 한국 한 나라만을 위해서가 아니라 동아시아 지역통합적 차원에서 제공된 것이었다. 이와 관련하여 우리는 한국전쟁 이전부터 미국 측의 기록에 등장하는 '원조의 조정,' '달러의 이중적 움직임,' '원조달러의 이중사용' 등의 용어들이 전후에도 계속 사용되고 있음에 주목할 필요가 있다. 그것은 한국정부로 하여금 미국이 제공한 원조의 상당 부분을 일본으로부터의 물자구입에 돌리게 강제함으로써 동일한 액수의 원조로 한·일 양국을 동시에 부양한다는 것이었다. 그러나 그것이 두 나라에 가져오는 결과는 차별적이었다. 일본은 경제를 발전시키겠지만, 한국의 부흥 노력은 그만큼 더뎌지고, 경제 면에서 일본에 종속될 수밖에 없다. 더구나 한국은 일본이 면제받은 군사비 부담까지 져야 했다.[50]

1950년대 아시아 최대의 원조수혜국이던 한국의 이승만 정부와 미국 사이에 원조물자의 대일구매를 둘러싸고 격한 대립(때로는 원조의 일시적 정지까지도 포함한)이 전개된 것은 이러한 배경에서였다. 그리고 이것을 이해할 경우 우리는 이승만의 반일노선의 이면에 깔린 또 다른 측면을 발견하게 된다. 그것은 단순히 정치적 상징조작에 그치지 않고, 동아시아에서 한국의 정치·경제적 위상을 정립하는 문제와도 관련된 것이라고 할 수 있다.

아울러 이승만의 반일정책은 북진정책과 함께 미국의 뉴룩전략의 동아시아적 전개 속에서 한국의 전략적 가치를 높이는 수단으로서의 의미도 지녔다고 할 수 있다. 그에게 있어 한반도의 긴장을 고조시킴으로써 미국의 대한원조와 개입을 확대시키는 것과 한국이 일본의 배후지 역할을 맡기를 거부하는 것은 동전의 양면과도 같은 관계였다.

마지막으로 이승만의 반일정책은 국내에서의 그의 권력기반의 확충과도 관련된 문제였다. 당시 미국이 한국에 바랐던 것은 다음 세 가지였다. 첫째, 미국은 한국이 냉전의 전초기지 역할을 충분히 수행할 정도로 강하면서도 북진을 감행할 정도로까지는 강하지 않은 국가strong state가 되기를 원했다. 둘째, 미국은 한국이 경제적 발전보다는 안정을 우선시하는 국가, 즉 작은 정부small or liberal state이길 희망했다. 끝으로 미국은 한국이 자신들의 동아시아 전략에 따라 일본에 종속적인 국가dependent state가 될 것을 요구했다. 이승만은 한국에 대한 미국의 이런 요구사항들 사이에 서로 상충되는 면이 있음을 간파했다. 따라서 그는 첫째 요구사항을 확실하게 수행하는 대가로 나머지 요구들로부터 어느 정도 자율성을 확보하고자 했다. 아울러 미국의 요구사항들 중 둘째와 셋째는 이승만과 그 주변세력의 권한과 기반을 잠식시킬 수 있는 것들이었다. 그것이 실현될 경우 그들이 귀속재산과 미국 원조를 둘러싸고 지대를 추구rent-seeking할 여지는 축소될 수밖에 없었기 때문이다.[51] 이승만이 갖가지 수단을 동원하여, 때로는 무리를 범하면서까지 원조의 양과 구성성분, 그리고 그것의 운용방식에 대해 미국과 충돌한 까닭은 바로 이 때문이었다.

한미 간의 불협화음과 이승만 정권의 붕괴

아이젠하워 행정부의 두 번째 임기가 시작되는 1957년을 전후하여 미국의 대외(특히 대아시아)정책은 군사우선에서 경제중시로 전환되기 시작했다. 그것의 직접적 계기는 소련·중국·북한 등 사회주의국가들이 급속한 산업화에 성공함으로써 제3세계 국가들에게 하나의 대안모델로서 부상했다는 점이다. 이런 사회주의권의 경제적 공세는 냉전의 성격을 군사적인 것에서 정치·경제적인 것으로 바뀌게 만들었다. 이제 미국은 아시아를 포함한 제3세계 국가들의 경제개발의 중요성을 인식하게 되었고, 그것은 뉴룩전략의 내용에도 반영되었다. 이 전략의 핵심인 '건전한 경제'의 확립은 과거에는 미국에 대해서만 강조되었고, 여타 동맹국들은 통상전력의 강화라는 명목 하에 더 많은 군비를 부담할 수밖에 없었다. 그런데 이제 '건전한 경제'의 확립에 대한 관심은 한국을 위시한 주변부 국가들로까지 확대되게 되었다.

이러한 미국의 정책변화에 대응하여 한국 내부에서도 리더십과 제도 그리고 정책이 변화할 조짐을 보였다. 1950년대 후반 자유당 내부에 형성된 이기붕을 중심으로 한 온건파 집단과 해방 후 미국의 지원 아래 여러 프로그램을 통해 훈련된 기술관료들이 이러한 미국의 정책변화에 대응하는 주체였다. 그들은 부흥부와 몇몇 위원회를 중심으로 재정안정계획과 장기경제개발계획 등의 정책을 추진했다. 그러나 변화의 조짐은 결국 꽃피지 못하고 좌절되고 말았다. 그 이유는 이승만 말기로 갈수록 개발보다는 정권에 집착하는 강경파가 득세하게 되었고, 미국은 원조를 대폭 삭감했으며, 미국을 대신하여 재원을 공급할 일본과의 관계개선은 여전히 부진했기 때문이었다.

특히 이러한 동아시아 정책변화 속에서 한일 간의 조속한 관계개선을 바랐던 미국 입장에서는 이승만의 반일정책은 이제 점차 용인하기 어려운 것으로 되고 있었다. 북진정책 이후 한국 외교를 이끌어온 반일정책이 드디어 이승만에게 부담으로 작용하기 시작했다. 이런 와중에 국내정치에서 터져나온 터무니없는 부정선거와 그에 대한 한국 국민들의 분노는 미국에게 이승만이란 부담을 덜 수 있는 기회를 제공했다. 한국전쟁 당시부터 여러 차례 입안되고 검토되었던 미국의 '비상한 조치'가 한국 국민들의 분출에 편승하여 성공을 거두는 순간이었다.

|주|

1) 개전 초기의 국내 정치에 대해서는 김일영, 「전쟁과 정치」, 유영익 · 이채
진 편, 『한국과 6 · 25전쟁』 (서울: 연세대 출판부, 2002), pp15 ~ 21.

2) Robert T. Oliver, *Syngman Rhee and American Involvement in
Korea, 1942 ~ 1960: A Personal Narrative* (Seoul: Panmun Book
Company, 1978), pp.381 ~ 382.

3) "The Ambassador in Korea (Muccio) to the Assistant Secretary of
State for Far Eastern Affairs (Allison)", February 15, 1952, *FRUS,
1952 ~ 1954, Vol. XV, Part 1* (1984), pp.50 ~ 51. 당시 장면 총리 비
서실장이던 선우종원에 따르면 내각제 개헌안이 제출된 다음 날 무초가
장면을 찾아와 '미국은 다음 선거에서 이승만을 배제키로 했다'고 은밀
히 알려주고 갔다고 한다. 선우종원, 『격랑 80년』 (서울: 인물연구소,
1998), p.152.

4) 선우종원, 앞의 책, pp.153 ~ 155. 이 단계에서 이종찬이나 밴 플리트가
진짜로 이 일에 동의했는지는 의문이다. 아마도 이것은 이용문 스스로의
의중이 짙게 반영된 행동으로 보인다. 조갑제, 『내 무덤에 침을 뱉어라』 3
권 (서울: 조선일보사, 1998), pp.39 ~ 43.

5) 이승만은 1951년 11월 30일에도 직선제와 양원제를 골자로 하는 개헌안
을 국회에 제출했다가 찬성 19, 반대 143, 기권 1로 부결된 바 있다.

6) R. T. Oliver, 앞의 책, pp.388 ~ 389.

7) "The Chargé in Korea (Lightner) to the Department of State", May
30, 1952, *FRUS 1952 ~ 1954, Vol. XV, Part 1* (1984), pp.266 ~ 267.

8) 장택상이 그날 있었던 국무회의의 내용을 미대사관 직원에게 보고(?)한

것이 이 전문의 주요 내용이다. 그에 따르면, 이승만이 각료들에게 국회를 해산하지 않는 대신 다른 대안을 마련하라고 다그치자, 장택상이 타협적인 개헌안을 제시했고, 이승만이 장택상에게 그것을 가지고 중재에 나서보라고 암시했다고 한다. "The Chargé in Korea (Lightner) to the Department of State", June 3, 1952, *FRUS*, *1952~1954*, *Vol. XV*, *Part 1* (1984), pp.293~295. 장택상의 타협안은 다음 3가지 항목이었다. ① 대통령 직선제, ② 대통령이 지명한 총리에 대한 국회의 동의절차; 국회의원 2/3가 불신임하면 총리는 사직해야 함, ③ 대통령이 총리가 제청한 사람을 각료로 지명할 때, 비로소 국회는 그 각료에 대한 동의절차에 들어감. 발췌개헌안은 이 타협안을 토대로 만들어진 것이다. 한편 허정은 장택상의 타협안이 미국의 작품이라고 했다. 허정, 『내일을 위한 증언』 (서울: 샘터사, 1979), pp.184~185. 그러나 미국 외교문서에 나타난 사실로 본다면, 오히려 타협안 자체는 장택상이 제시했고, 미국이 그것을 수용한 것으로 보아야 할 것 같다.

9) "The Secretary of State to the Embassy in Korea", June 4, 1952, *FRUS*, *1952~1954*, *Vol. XV*, *Part 1* (1984), p.303.

10) 이러한 해석은 김일영, 「전쟁과 정치」, pp.51~53 참조.

11) 국회는 반이승만 세력에 장악되어 있었지만 전쟁에 대해서만은 1951년 6월부터 이미 '정전설 반대 결의안'을 내는 등 이승만과 공동보조를 취하고 있었다.

12) 애초 자유당을 만들려는 움직임은 원내와 원외 두 군데에서 있었다. 그런데 원내의 창당세력(원내자유당)은 의회의 기득권(대통령 선출권)을 놓치고 싶어하지 않았기 때문에 이승만과 등지고 내각제 개헌추진세력

이 되었고, 원외의 창당세력(원외자유당)은 대통령 직선제 개헌을 밀어

붙이는 친이승만 세력이 되었다. 그러나 원내자유당이 교섭단체 지위를

유지하지 못하고 해체되자 원외자유당도 '원외'라는 형용사가 불필요

하게 되어 자유당으로 단일화되었다.

13) 김일영, 「한국 권위주의체제의 성격과 변화: 불완전포괄형, 일인지배하
의 관료우위형, 그리고 방어적 근대화를 위한 동원형」, 김영명 편, 『동아
시아 정치체제』(춘천: 한림대 아시아문화연구소, 1998), pp.193~233
참조.

14) "The Ambassador in Korea (Muccio) to the Department of State",
June 28, 1952, *FRUS, 1952~1954, Vol. XV, Part 1* (1984), pp.363
~364. 자세한 설명은 김일영, 「전쟁과 정치」, pp. 44~46 참조.

15) 이 말은 맑스K. Marx가 처음 사용한 것이지만, 여기서는 진보당 강령
에 나오는 한국판 '보나파르티즘'이라는 말에서 차용한 것이다. 권대복
편, 『진보당』(서울: 지양사, 1985), p.35.

16) 1952년 발췌개헌에 따라 민의원과 참의원을 두는 양원제가 채택되었으
나 참의원 선거는 실제로 시행되지 않고 유보되었다. 참의원 선거는 4·
19혁명 이후인 1960년 7·29총선에서 처음 시행되어 양원을 구성했다.
그러나 5·16쿠데타 이후 1963년 개헌으로 다시 단원제가 되면서 참의
원 자체가 사라지고 말았다.

17) 윤천주, 『한국정치체계: 정치상황과 정치참여』(서울: 서울대학교 출판
부, 1987), pp.168~169.

18) 대한민국 국회사무처, 『국회사』(서울: 국회사무처위원국 자료편찬과,
1971), p.1062.

19) 이한빈, 『사회변동과 행정』 (서울: 박영사, 1968), pp.122~123.

20) 개헌안에 경제조항이 포함되게 된 배경에는 미국의 강력한 요구가 있었다. 미국은 1953년 한국과 경제재건과 재정안정계획에 관한 합동경제위원회 협약을 체결한 후 한국에 대해 자유사기업 원칙에 보다 충실하게 경제를 운용할 것을 요구했는데, 경제조항 개정도 이런 맥락에서 이루어진 것이다.

21) 민주대동파에 반드시 혁신계 인물들만 있는 것은 아니었다. 이범석이나 장택상 같은 극우적 인물들도 있었으며, 민국당에서 이탈한 서상일, 신도성, 김수선 등도 섞여 있었다. 이러한 복잡한 구성 때문에 결국 민주대동파에서는 진보당(조봉암) 외에도 민주혁신당(서상일), 공화당(이범석, 장택상) 등의 여러 정당이 만들어지나 진보당을 빼고는 별 영향력이 없었다.

22) 김영삼은 자유당에서 민주당으로 당적을 옮겼기 때문에 신파에 속해야 했으나, 조병옥과의 개인적 친분관계 때문에 구파에 가담했다. 반면 김대중은 장면과의 개인적 친분으로 신파에 가담했다. 이 점에서 1990년대 말까지 이어진 김영삼과 김대중의 갈등은 1950년대 민주당의 신·구파 갈등으로까지 소급될 수 있다.

23) 엄밀하게 말해 무효표가 전부 신익희를 지지하는 표는 아니다. 1952년 정·부통령 선거에서도 무효표가 3.5% 정도 나왔다. 이에 비추어 볼 때 이 선거에서 나온 무효표 중 약 4%는 신익희에 대한 추모표가 아니라 문자 그대로 무효표라고 할 수 있다.

24) 중앙선거관리위원회, 『대한민국선거사』 제1집 (1973), pp.1012~1019에서 추출.

25) 특히 조봉암은 전북의 전주시 정읍군, 전남의 목포시 완도군, 경북의 대
　　구시 · 김천시 · 경주군 · 달성군 · 월성군 · 영천군 · 경산군 · 칠곡군, 경
　　남의 진주시 · 충무시 · 진해시 · 진양군 · 창녕군 · 양산군 · 울산군 · 통
　　영군 · 고성군 등에서 나머지 두 후보를 누르고 최고 득표를 기록했다.
　　경기, 강원, 충남북에서 조봉암이 우세한 군은 전체 60개 중 14개
　　(23.3%) 정도였는데, 특이하게도 경기, 강원 지역에서 조봉암이 우위를
　　지킨 군은 거의 전부가 휴전선에 가까운 곳―연천, 포천, 강화, 옹진,
　　양구, 고성, 양양, 금화, 철원―이었다. 자료는 중앙선거관리위원회,
　　『대한민국선거사』 제1집 (1973), pp.1012～1019에서 필자가 추출.

26) 유근일, 「1950년대 후반기 국가와 헤게모니 투쟁: 진보당에 대한 하나
　　의 시각」, 서울대 석사논문 (1987), p.37.

27) "Turner C. Cameron to Department of State, 'The 1956 Presidential
　　Election in the ROK(Ⅹ): Final Report'", May 24, 1956, 795B.00/5-
　　2456, RG 59, Decimal File, 1955～59, NA. 이철순, 「1950년대 후반
　　미국의 대한정책」, 문정인 · 김세중 편, 『1950년대 한국사의 재조명』
　　(서울: 선인, 2004), pp.304～305에서 재인용.

28) 선거 전인 5월 2일 미대사관은 국무성에 보낸 보고서에서 이기붕의 당
　　선을 예측하고 있다. "Turner C. Cameron to Department of State,
　　'The 1956 Presidential Election in the ROK(Ⅸ): The Situation in
　　Mid-Campaign'", May 2, 1956, 795B.00/5-256, RG 59, Decimal
　　File, 1955～59, NA. 이철순, 위의 글, p.304에서 재인용.

29) OIR 7157, "Current Political Trends and Prospects in the ROK",
　　February 7, 1956, RG 59, NA. 이철순, 위의 글, p.303에서 재인용.

30) Donald S. Macdonald, U.S.-*Korean Relations from Liberation to Self-reliance, The Twenty-Year Record: An Interpretative Summary of the Archives of the U.S. Department of State for the Period 1945 to 1965* (Boulder: Westview Press, 1992), p.169.

31) 대선 이후 혁신세력은 조봉암 중심의 진보당(1956. 11. 10. 창당), 서상일·이동화 등 진보당 이탈파 중심의 민주혁신당(1957. 10. 15. 창당), 장건상·김성숙 등이 중심이 된 구舊근민당 계열 등 크게 셋으로 분열되었다. 그러나 1957년 9월 진보당과 구근민당 계열, 노농당의 일부, 구舊한독당 계열 등이 연합하여 혁신세력통일주비회를 발족시키는 등 통합을 위한 노력이 그치지 않았다. 자세한 것은 이상두, 「한국혁신정당연구」, 이상두 편, 『남북한의 이데올로기와 정치』 (서울: 거목, 1986), pp.344~351.

32) 선거법 협상과정에서 이기붕과 조병옥은 1958년 민의원선거에 진보당이 참여하지 못하게 해야 된다는 데 합의를 보았다고 한다. 「진보당 사건의 배경과 경과」, 《통일일보》, 1969년 7월 26일; 김창진, 「1950년대 한국사회와 진보당」, 김일영(외), 『1950년대 한국사회와 4·19혁명』 (서울: 태암, 1991), p.124에서 재인용.

33) "Editorial Note", *FRUS, 1959~1960, Vol. XVIII: Japan, Korea*, p.456.

34) 이승만 유고 시 장면에게 정권이 넘어가는 것을 막기 위해 자유당 강경파는 또다시 개헌을 할 생각도 지니고 있었다.

35) 중앙선거관리위원회, 『역대국회의원선거상황』 (1971), pp.263~275.

36) 손봉숙, 「제1공화국과 자유당」, 한국정치학회 편, 『현대한국정치론』 (서울: 법문사, 1986), pp.153~154.

37) 김상래, 「후기 비서실」, 중앙일보사 편, 『남기고 싶은 이야기들』 (서울: 중앙일보사, 1977), pp.381~382, p.397.

38) "Telegram from the Embassy in Korea (Dowling) to the Department of the State", August 15, 1959, *FRUS 1959~1960, Vol. XVIII: Japan, Korea*, p.580.

39) 자유당 간부에서 각료로 나간 사람으로는 강성태, 인태식, 이중재, 임철호, 이근직, 장경근, 정운갑, 최순주, 최인규 등이 있다.

40) 이완범, 「1950년대 후반 한국정치사 연구: 이승만 정부 몰락 과정에서 일어난 보안법 파동을 중심으로」, 문정인 · 김세중 편, 앞의 책, pp.472~479.

41) 박원순, 『국가보안법(증보판)』 (서울: 역사비평사, 1995), pp.144~152.

42) 이 결정은 철저하게 당과 내각의 강경파 주도로 이루어졌다. 한배호, 「경향신문 폐간결정의 사례」, 한배호, 『한국의 정치』 (서울: 박영사, 1984), pp.110~140.

43) 김정원, 『분단한국사』 (서울: 동녘, 1985), p.191.

44) "Gilstrap to Dulles", February 2, 1959, 795B.00/2-259, RG 59, Decimal File, 1955~59, NA, 이철순, 앞의 글, p.328~329에서 재인용. 1952년 부산정치파동 당시 미국은 장면을 이승만에 대한 대안으로 생각한 바 있었다. 그러나 그 무렵 장면이 보여준 소극적이고 우유부단한 태도에 실망하여 그 후 미국은 장면을 그다지 신뢰하지 않았다. 특히 부통령이 된 후 장면이 보여준 비타협적이면서 원칙만 내세우는 태도에 대해 미국은 견제의 필요성을 제기하기도 했다. 김일영, 「정계의 영원한 초대받은 손님: 장면론」, 《황해문화》, 1995년 제3권 2호.

45) 이 방안은 이기붕, 이재학, 김진만 등의 자유당 온건파와 조병옥, 유진산 등의 민주당 온건파(구파)를 중심으로 1959년 1월 말부터 내각제 개헌협상으로 나타나기도 했다. 이영석, 『야당 40년사』(서울: 인간사. 1987), pp.64~69.

46) "Dowling's Telegram to Secretary of State: Ambassador Dowling's Conversation with ROK Speaker of the National Assembly Yi Ki-bung", June 23, 1958, 795B.00/6-2358, RG 59, Decimal File, 1955~59, NA, 이완범, 앞의 글, p.469에서 재인용.

47) "Herter to American Embassy in Seoul", August 24, 1959, 795B.00/8-2459, RG 59, Decimal File, 1955~59, NA, 이철순, 앞의 글, p.330~335에서 재인용.

48) John L. Gaddis, *Strategies of Containment* (Oxford: Oxford University Press, 1982), pp.127~163.

49) 李鍾元, 『東アジア冷戰と韓米日關係』(東京: 東京大學出版會, 1996), pp.11~41.

50) 李鍾元, 위의 책, pp.105~127.

51) Meredith Woo-Cumings(Jung-en Woo), *Race to the Swift: State and Finance in Korean Industrialization* (New York: Columbia University Press, 1991), pp.43~72.

제 5 장

1950년대: 맹아萌芽의 시기

불임인가 맹아인가 | 이승만 정부의 경제정책: 소비재 중심의 수입대체산업화 |
경제개발계획의 입안 노력과 좌절

불임인가 맹아인가

1950년대는 대개 잿빛 이미지로 우리에게 다가온다. 전쟁, 궁핍, 지저분함, 무규범, 퇴폐, 혼란, 독재 등이 우리가 연상하는 이 시대의 이미지이다. 이 시기 대부분의 사람들은 역사에 의해 내동댕이쳐졌다는 상실감 속에서 방향을 잃은 채 살아갔다. 희망보다는 절망이 앞선 가운데 하루하루의 생존이 문제가 되던 때였다. 이를 가리켜 이문열은 잔혹한 '불임不姙의 세월'이라 했고, 이범선은 조물주의 '오발탄'들이 행선지도 모른 채 떠다니는 시기로 그리고 있다. 그리고 김수영은 당시 지식인들의 정신세계를 "알맹이는 다 이북 가고 여기 남은 것은 찌꺼기뿐"이라는 자학적 상태로 묘사했다.[1]

이러한 암울함은 일차적으로는 전쟁의 상흔이 워낙 깊었던 탓이다. 하지만 전후 이어진 정치사회적 혼란과 무기력함도 이런 어두운 이미지를 우리에게 각인시키는 데 일조一助했다. 특히 1950년대

【 전쟁이 낳은 고아 】

전쟁이 휩쓸고 간 폐허의 자리에 한 고아가 고개를 떨구고 앉아
있다.

의 사회적 무기력함은 1960년대 이후의 역동성과 대비되면서 이 시
기를 더욱 어두운 색깔로 덧칠하게 만들었다.

　그러나 근자에 들어 1950년대에서 이후 시기의 싹을 발견하려는
움직임이 일고 있다. 1950년대를 건너뛰어서는 1960년대 이후 한
국 사회가 보여준 정치경제적 역동성을 설명할 수 없다. 1960년
4·19월 혁명 이후 아래로부터의 민주화 운동은 끊임없는 탄압과
좌절 속에서도 끈질긴 생명력을 보여주었다. 1961년 군사쿠데타 이

후 군부엘리트가 주도한 위로부터의 산업화는 보기 드문 역동성을 과시했다. 이러한 두 과정이 1950년대와 무관하게 설명되기는 어렵다. 따라서 1950년대를 더 이상 한국 현대사의 '잃어버린 고리' missing link로 취급하지 말고, 바로 거기서 이후 시기의 맹아萌芽를 찾아보자는 움직임이 최근 일고 있는 것이다.[2]

적어도 자료를 통해서 본다면 1950년대는 불임의 세월만은 아니었다. 1953~1960년 사이 한국의 경제성장률은 연평균 4.9%로 비슷한 수준의 후진국들의 평균성장률 4.4%를 조금 상회했다. 이 시기 원조자금으로 건설된 사회기반설비는 1960년대 이후 산업화의 밑거름이 되었다. 해방 당시 13세 이상 인구의 80%가 어떤 형태의 교육도 받지 못한 상태였다. 그러나 1952년부터 실질적인 의무교육이 시작된 결과 1959년에는 순 문맹율이 22.1% 대로 낮아졌다.[3] 같은 기간 고등교육 이수자도 크게 증가[4]함으로써 1960년대 이후 노동집약적 산업화의 밑바탕이 되는 양질의 풍부한 노동력의 풀pool이 형성되었다. 그리고 1960년대 이후 산업화를 이끌어갈 엘리트 관료들이 재무부와 부흥부復興部 주변에 속속 충원되기 시작한 것도 바로 이때였다. 이런 점에서 이 시기는 1960년대 이후 꽃피는 역동성의 싹을 회임懷妊한 시기였다.

이승만 정부의 경제정책:
소비재 중심의 수입대체산업화[5]

휴전 이후의 한국 경제 상황

한국전쟁은 경제 전체에 큰 타격을 입혔다. 인적 피해나 주택, 교육 · 위생시설 등의 생활기반 시설 파괴는 말할 것도 없고, 도로, 철도, 발전 및 통신설비 등 사회간접자본도 극심한 손상을 입었다. 금속, 기계, 화학, 섬유, 식품 등의 각종 생산설비도 평균 60% 이상 부서지고 말았다.[6] 그리고 이러한 시설파괴로 인한 극심한 물자부족과 전비戰費조달로 인한 통화증발 때문에 경제는 살인적인 인플레이션 hyper-inflation에 시달리고 있었다.

이런 상황에서 전후 한국의 경제목표는 단기적으로는 안정에 그리고 중장기적으로는 재건과 부흥에 모아질 수밖에 없었다. 이승만 정부는 국가가 이런 작업을 주도해야만 한다고 생각했다. 제도로서의 시장이 거의 기능하지 못하는 상태에서는 국가가 나서서 시장을

【 한국전쟁 후 서울의 모습 】
한국전쟁 이후 폐허가 된 서울을 한 군인이 시찰하고 있다.

창출할 수밖에 없다. 이러한 정부의 생각은 이론적으로 보아 별로
틀린 점이 없었다. 또 현실적으로 보아도 정부가 귀속재산이나 원
조물자, 금융 등과 같은 거의 모든 재원을 직접 통제하고 있는 상황
에서 국가주도성은 불가피했다.

다만 국가가 과연 부흥을 주도해 나갈 충분한 역량을 갖추었느냐
가 문제였다. 당시 국가는 이를 감당할 정도의 재원과 능력'을 아직
구비하지 못하고 있었다. 1953~1960년 사이 한국은 정부 총수입

의 72.5%를 원조에 의존하고 있었다. 이런 상태에서 경제재건에 필요한 투자재원을 국내저축만으로 충당하기는 어려웠고, 부족분은 해외재원에 의존해야 했다. 이 경우 해외재원은 크게 두 가지였다. 하나는 유엔군과 관련된 외환수입이었고, 다른 하나는 미국 원조로 제공되는 재화를 판매하여 얻은 수입收入 즉 대충자금對充資金: counterpart fund이었다.

이 시기 한국이 외환을 얻을 수 있는 통로는 수출, 외자도입, 그리고 무역 외 수입의 셋이었다. 1950년대를 통틀어 수출은 2억 6,800만 달러 정도였고, 외자도 314만 달러 정도 도입되었을 뿐이다. 결국 이 시기의 주된 외환수입원은 무역외수입이었다. 1952 ~ 1960년 사이 무역외수입은 6억 5,600만 달러였는데, 그중 81%가 정부거래에서 발생했다. 정부거래는 유엔군 관련 외환수입이 거의 대부분을 차지했다. 그것은 1950년대 초반에는 유엔군 대여금 상환 불償還弗로 구성되었고, 1950년대 후반에는 유엔군이 직접 매각한 달러와 유엔군의 직간접 군원불軍援弗로 구성되었다.[8]

그러나 이 시기 한국정부의 주된 해외재원은 역시 원조였다. 1950 ~ 1960년 사이 한국은 ECA(경제협조처), CRIK(한국민간구호계획), UNKRA(유엔한국재건단), ICA(국제협조처), PL(미공법)480 등 다양한 기구와 채널을 통해 총 24억 1,000만 달러에 이르는 엄청난 양의 원조를 받았다.[9] 원조는 대개 재화의 이전이란 형태를 띠었기 때문에 이를 통해 직접 외환이 얻어지는 것은 아니었다. 원조물자를 판매하여 얻은 수입은 산업은행에 별도로 마련된 대충자금계좌에 적립되었는데, 그것이 당시 정부 수입의 70%를 상회했다. 정부는 이렇게 원조로 마련된 재원을 가지고 국방비나 재건투자를 비롯한 온갖 지출수요를 감당할 수 있었다.

한국 경제에 대한 미국의 구상: 경제안정 우선

문제는 원조로 마련된 재원의 운용방식을 둘러싸고 공여자인 미국과 수혜자인 한국 사이에 생각이 달랐다는 점이다. 미국은 한국 경제의 최우선과제가 경제안정이라고 생각했으나 한국은 경제재건이 우선이라고 여겼다. 당시 원조는 무상으로 제공되는 대신 그 운용에서 공여국의 허락을 받도록 되어 있었다. 따라서 상이한 구상을 지닌 두 나라 사이의 충돌은 불가피했다.

원조자금의 운용에 관한 미국의 구상은 이와 관련하여 한미 간에 맺은 두 협정의 내용을 보면 잘 드러난다. 1952년 12월 대한민국과 국제연합사령부 간의 경제원조에 관한 협정〔일명 마이어(Meyer) 협정〕이 맺어졌으며, 그 이듬해 12월에는 국무총리 백두진과 경제조정관인 우드C. T. Wood 사이에 경제재건과 재정안정계획에 관한 합동경제위원회 협약(일명 백-우드 협정)이 체결되었다. 두 협정(협약)은 여러 내용[10]을 담고 있었지만 골자는 한미 간에 '합동경제위원회(CEB)'를 설치하고, 그것을 통해 한국이 안정기조의 확립에 중점을 둔 정책—소위 중간안정정책—을 추진하도록 감독하겠다는 것이었다. 이후 한국정부는 경제정책수립에서 합동경제위원회의 제약을 받을 수밖에 없었는데, 이 위원회는 한국의 정부조직법을 초월하는, 경제운영에 관한 실질적인 최고의사결정기관처럼 군림하는 경우도 적지 않았다.[11]

【 미국의 원조물품 】

1949년 초 체결된 한미경제원조협정에 의해서 미국 경제협조처
의 원조가 본격화되었다.

　미국이 한국에서 경제재건보다 안정에 중점을 둔 직접적인 이유
는 경제적인 것이었다. 그러나 그 이면에는 정치사회적 요인과 군
사적 요인이라는 보다 깊은 이유가 있었다. 당시 한국은 통화팽창
과 물자부족으로 인한 극심한 인플레를 겪고 있었다. 이 점에서 시
중통화를 최대한 흡수하고 물자를 원활하게 공급해 인플레를 억제
하는 것이 최우선 과제임은 분명했다. 다만 이것을 해결하는 방식
에 있어 미국은 단기적으로 안정효과가 나타나는 것에만 지나치게

신경을 썼다. 미국이 우선시한 것은 소비재물자를 원활하게 공급함으로써 인플레를 잡고 민생안정을 이루자는 것이었다. 이를 위해 미국은 원조물자를 소비재 위주로 편성하는 한편 복구가 용이한 일부 소비재 생산부문에 소요되는 원자재도 일부 들여왔다. 그러나 미국은 장기간의 대규모 투자가 요구되는 기간산업에 대해서는 통화를 팽창시키고 경제안정을 저해한다는 이유로 지원하기를 꺼렸다. 그 결과 이 당시 미국이 제공한 원조물자는 소비재와 원자재가 81%인 데 반해 생산재와 시설재는 19%밖에 안 되는 기형적인 구성비율을 보였다.[12]

그러나 인플레 억제라는 경제적 요인이 미국이 단기적인 안정을 강조한 주된 이유는 아니었다. 미국이 한국에 엄청난 액수의 원조를 제공한 궁극적 이유는 한국을 동아시아의 반공보루국가로 만들기 위해서였다. 이러한 목적은 사회 안정 없이는 달성되기 어려웠고, 바로 그 안정을 이루기 위해 미국은 막대한 원조를 소비재물자 위주로 채웠던 것이다.

미국의 대한원조가 지닌 군사적 성격은 원조물자의 판매수입, 즉 대충자금에 대한 지출방식 면에서 미국이 한국정부에게 요구하는 내용을 보아도 드러난다. 미국은 한국정부가 대충자금의 가급적 많은 부분을 국방비에 쓰기를 강권했으며, 그 결과 한국은 1954∼1960년 사이 대충자금 지출액의 34.8%를 국방비로 쓸 수밖에 없었다. 아울러 미국은 이 자금의 가급적 많은 부분을 일본으로부터의 물자구입에 쓰라고 강권했다. 한국은 1차 생산품 생산에 주력하고 여타 부족한 물자는 스스로 생산하기보다 일본에서 구매해 쓰라는 것이었다. 이러한 미국의 요구는 동아시아 지역을 일본을 중심으로 재편해야 하고, 그를 위해서는 일본 경제의 회복이 시급하다는 미국의 동아시아 정책구상[13]에 기반을 둔 것이었다. 특히 미국으로서는 한국전쟁 덕분에 팽창된 일본 경제를 전쟁이 끝난 후에도 계속 지탱시켜줄 수 있는 수요를 창출하는 것이 급했고, 그 대상의 하나로 한국의 대일구매를 생각했다.[14]

결국 한국에 대해 안정을 강조하는 미국의 숨은 의도는 일본은 경제, 한국은 군사적 방위를 나누어 맡는 동아시아 국제 분업 관계를 완성시키려는 것이었다. 한국을 경제적으로 재건 및 자립시키는 것은 애초부터 미국의 구상 속에 들어 있지 않았다.

이승만 정부의 경제재건 노력: 수입대체산업화

반면 이승만 정부는 최우선과제를 경제안정이 아니라 경제재건과 부흥이라고 보았다. 한국정부의 본래 구상은 원조재원을 사회기반설비와 생산재 산업에 집중 투자함으로써 조속한 시일 내에 한국 경제를 재건하고 더 나아가 자립시키자는 것이었다. 그러나 이것은 경제안정을 우선시하는 미국의 반대에 부딪혀 수정될 수밖에 없었다. 이 과정에서 양국은 원조의 양과 구성비율, 운용방식 등 모든 면에서 자주 충돌했다.

원조당국, 즉 미국과 유엔은 전쟁 중에 이미 전후 한국 경제의 재건을 위한 실태조사를 두 차례 실시했다. 그 결과 나온 것이 '네이산 보고서Nathan Report'와 '타스카 보고서Taska Report'이다. 두 보고서의 공통된 결론은 한국 경제의 조속한 재건을 위해서는 정부주도의 중장기 경제계획을 수립, 추진해야 한다는 것이었다. 특히 '타스카 보고서'에 의거하여 미국 정부는 휴전과 함께 FOAForeign Operation Administration(대외활동본부) 자금 200만 달러를 한국에 지원키로 하고, 합동경제위원회에 그 구체적 사용내용을 협의하라는 지시를 내렸다.

그러나 협의에 들어가기 전에 한국 측이 자체적으로 원조자금 운용계획을 수립했는데, 그 내용은 시멘트, 비료, 조선소, 발전소, 학교 등 사회기반설비에 대한 투자에 집중되어 있었다. 한국은 이 계획에 따라 생산재 대 소비재가 7 대 3 정도로 구성된 원조물자를 제공해 줄 것을 미국에 요청했다. 이것은 경제안정을 우선시하는 미국의 의도와는 상당한 차이가 있는 것이었다. 따라서 양국은 상당한 갈등과 조정을 거쳐 1953년 10월 '종합부흥3개년계획'을 수립한다.[15] 이것은 미국이 제공하는 원조물자의 구성비율이 생산재 대 소비재가 3 대 7 정도로 역전된 것을 전제로 만들어진 것이었다. 따라서 그 내용도 자립지향의 측면은 상당 부분 포기되고 대신 안정기조를 유지하면서 소비재산업을 중심으로 재건을 지향하는 절충적인 성격을 지닐 수밖에 없었다.

원조물자의 판매대금인 대충자금의 운용방식도 문제였다. 앞서 설명했듯이 미국은 한국정부가 대충자금의 가급적 많은 부분을 국방비에 쓰기를 원했으며, 일본으로부터의 물자구입에도 할애할 것을 강권했다. 그러나 이승만 정부는 이러한 미국의 대일구매 요구를 거부하면서 대충자금을 가급적 경제부흥에 돌리고 싶어했다. 특히 이승만은 일본으로부터 물건을 수입하는 대신 한국에서 생산할 것을 주장 [16]했다.

1950년대 한국 경제의 특징인 소비재 중심의 수입대체산업화는 바로 이러한 배경에서 형성된 것이었다. 생산재 중심의 재건 및 자립의지가 소비재 위주의 수입대체산업화적 재건으로 위축된 데는 미국이 공여한 원조의 내용과 미국이 제시하는 원조자금 운용방식이 큰 역할을 했다. 투자재원의 대부분을 원조에 의존해야 하는 한국으로서는 생산재 중심의 재건과 자립을 추진하기가 어려웠던 것이다.

이렇게 외부 압력에 의해 방향을 전환하는 과정에서 이승만 정부가 생산재와 사회기반설비에 대한 투자의욕을 완전히 포기한 것은 아니었다. 이를 위해 이승만 정부는 가급적 생산재의 비중이 높은 원조를 보다 많이 확보하려는 노력을 멈추지 않았다.

한국은 가능하면 원조물자의 내용에서 생산재의 비중을 늘려서 그것을 장시간이 소요되고 대규모 투자재원이 필요한 사회기반설비 및 기간산업의 복구와 확충에 충당하고자 했다. 미국이 이러한 한국의 요구에 적극 응하지 않았기 때문에 이 부문의 재건은 한계가 있을 수밖에 없었다. 그래도 이승만 정부는 제한된 생산재 원조물자를 비료, 시멘트, 판유리 등과 같은 대표적인 생산재 공장건설과 에너지 부족문제를 해결하기 위한 전력개발사업, 석탄증산계획 등에 집중 투자함으로써 적지 않은 성과를 냈다.

이승만 정부가 중점을 기울인 분야는 소비재 원조물자를 기반으로 할 수 있는 산업화, 즉 소비재 위주의 수입대체산업화였다. 정부는 투자집중부문을 선정함에 있어 세 가지를 주로 고려했다. 첫째,

원료를 국내 또는 원조물자 등으로 쉽게 구할 수 있는가, 둘째, 국내 수요가 큰 생필품인가, 마지막으로 생산설비가 이미 어느 정도 구비된 부문인가였다. 그 결과 섬유 산업(면방, 모방 등)과 음식료품 산업(제분, 제당, 주정 등)이 중점투자대상으로 선정되었다. 1950년대에 면방, 제분, 제당업을 중심으로 하는 삼백三白 산업 위주로 경제가 발전한 연유는 바로 여기에 있었다.[17]

수입대체산업화의 정책수단과 정경유착

이승만 정부는 이러한 중점분야를 집중육성하기 위해 금융통제, 저환율 고수, 보호무역 등의 정책적 수단을 동원했다. 이런 정책들은 재원을 가급적 많이 확보하여 효율적으로 집중 투자하면서 그 부문을 보호·육성하는 데 일정 부분 기여하기도 했다. 그러나 그 과정에서 정경유착의 폐해가 적잖이 발생하기도 했다.[18]

이승만 정부는 중점분야에 대한 집중투자 재원을 확보하기 위해 금융기관에 대한 통제를 강화했다. 당시 모든 금융기관은 귀속재산의 형태로 정부의 통제하에 있었기 때문에 이것은 어려운 일이 아니었다.[19] 금융통제는 주로 저금리정책의 고수와 민간은행의 여신상한제 그리고 융자순위제로 나타났다. 이 시기 사채금리는 연 48~120%였으나, 정부는 은행의 일반대출금리를 연 20%를 넘지 못하도록 묶어두었다. 특히 산업은행의 장기융자금리는 시중은행의 일반대출금리보다 훨씬 낮았다.[20] 이 시기 연평균 물가상승률이 22% 수준이었음을 생각한다면 은행대출의 실질금리는 마이너스였다고 볼 수 있다. 이런 상황에서는 금융자금에 대한 항상적인 초과수요가 존재할 수밖에 없었다.[21] 더구나 정부는 융자순위제를 도입해 각 산업을 갑·을·병 세 범주로 나누고 중점육성산업을 갑의 범주[22]에 위치시켜 저리의 융자를 집중해 주는 정책을 폈다. 이것은 부족한 재원을 효율적으로 관리하여 경제재건을 이루기 위한 고육책이었지만, 이 와중에 정치가나 관료와 기업가 사이에 유착의 여지가 생겨난 것도 사실이다.

이승만 정부는 미국으로부터 가급적 많은 양의 원조를 확보하기 위해 애썼다. 그래야만 대충자금의 규모를 키워 투자재원을 조금이라도 더 확보할 수 있었기 때문이다. 그러나 미국은 원조의 양을 늘리는 대신 한국정부에게 세금을 더 거두고, 환율정책을 저환율 및 고정환율에서 고환율 및 변동환율로 바꾸라고 요구했다. 미국의 논리는 이러했다. 고환율 정책은 시중 통화를 최대한 흡수할 수 있어 인플레 진정 효과가 있다. 고환율 정책은 대충자금의 규모를 늘려 주며, 이 확대분과 세금을 더 거둔 부분을 가지고 한국정부는 재정적자를 보전하고 안정화를 달성할 수 있다. 그리고 물가가 오르면 환율도 인상되는 변동환율제는 한국 경제의 가격기구를 회복시켜 줄 것이었다.

이러한 미국의 강권에도 불구하고 한국정부는 저환율 및 고정환율 정책을 굳게 고수했다. 한국정부의 대응논리는 이러했다. 저환율 정책을 취해야 원조물자의 국내 판매가격이 낮아지고, 생산비가 절감되어서 물가가 안정된다. 저환율 정책이 대충자금의 규모를 축소시킬 수는 있다. 하지만 이러한 물가안정 효과를 생각할 때 환율을 올리기보다는 원조의 양을 늘림으로써 대충자금의 규모를 키울 생각을 해야 한다. 고율의 인플레하에서 변동환율제를 시행하면 경비지출이 증대되고, 물가가 상승하는 연쇄반응이 일어나서 곤란하다. 그리고 세금을 더 걷기 위해 노력하겠지만 당시의 경제사정을 감안할 때 이 역시 한계가 있다. 결국 미국이 원조를 늘리는 것이 가장 좋은 방안이다.[23]

한국정부가 이렇게 저환율 및 고정환율 정책을 고집한 데에는 물가를 안정시키면서 좀더 많은 원조를 받겠다는 목적 외에 두 가지 이유가 더 있었다. 하나는 유엔군에 대여한 환화의 대가로 상환받는 달러의 양을 늘리기 위해서였다. 환율이 낮을수록 대여금에 대한 달러수입이 늘어나기 때문에 이승만은 환율을 현실화하라는 미국의 강력한 요구에도 불구하고 저환율 정책을 고집했다.[24] 이 정책에 대한 이승만의 집착은 전쟁 중이던 1952년 자신에게 환율 인상을 건의하던 재무장관 최순주를 사표 내게 만들 만큼 강했다. 따라서 1950년대 내내 재무장관과 관료들은 환율 안정을 최우선의 과제로 생각할 수밖에 없었다.[25]

한국정부가 저환율 정책을 고수한 또 하나의 이유는 이승만과 그 주변세력의 정치적 계산 때문이었다. 당시 한국의 환율체계는 원면 환율, 대충자금 예치 환율, 공정 환율 등으로 복잡하게 나누어져 있었지만, 대부분의 경우 공정 환율이 자유시장 환율의 절반에도 미치지 못하는 수준이었다.[26] 이런 상황에서 외환에 접근한다는 것은 곧 엄청난 차익을 보장받는 일이었다. 따라서 모든 자본가들은 국가가 보유하고 있는 외환을 배정받기 위해 애썼고, 이 과정에서 정치인이나 관료들이 필요한 정치자금을 염출하거나 축재蓄財할 수 있는 여지가 생겨났던 것이다.

　마지막으로 수입대체산업화는 보호무역이라는 정책수단을 수반했다. 이 시기의 대표적인 소비재 수입대체산업은 삼백三白 산업, 즉 면방, 제분, 제당이었다. 정부는 이 분야를 중점 발전시키기 위해 강력한 보호무역 정책을 폈다. 당시 무역 정책의 기본방침은 포지티브positive 시스템, 즉 수입목록에 오른 상품만 들어올 수 있는 제도였다. 그 외의 제품은 수입제한 품목과 금수禁輸 품목으로 나뉘어 있었는데, 국내에서 육성하는 수입대체산업 품목은 수입제한으로 보호받고 있었다. 이런 보호조치는 유치幼稚단계에 있는 국내 산업을 육성하기 위해 불가피한 측면도 있었다. 그러나 경쟁이 인위적으로 제한됨으로써 그 와중에서 렌트rent가 창출되고 부패가 싹틀 수 있는 여지가 생긴 것도 사실이다.

경제개발계획의 입안 노력과 좌절

미국의 제3세계 원조정책 변화

1950년대 후반 들어 미국은 정치·군사 및 경제 면에서 어려움을 겪기 시작했다. 미국은 그간의 대규모적인 달러살포(원조) 정책 때문에 국제수지 적자가 증대하고 달러가 부족해지는 경제적 곤란에 직면했다. 이 무렵 소련은 대륙간탄도미사일ICBM을 개발하고, 최초의 인공위성인 스푸트니크Sputnik를 지구궤도에 쏘아 올리는 등의 쾌거를 거두고 있었다. 1950년대 소련 경제는 상당한 역동성을 보여주었으며, 이를 바탕으로 소련은 제3세계의 주요 국가들에게 원조와 더불어 그들의 발전모델을 수출하고 있었다. 이 때문에 제3세계 국가들 사이에서 소련식 개발모델에 대한 우호적인 분위기가 형성되고 있었으며, 민족주의 내지 반反식민주의적 기운이 높아가고 있었다. 이러한 소련의 발전과 영향력 증대는 정치, 경제, 군사 및 과학 면에서 그 동안 미국이 누렸던 우위를 위협하기에 충분한 것이었다.

이러한 사태에 대처하기 위해 미국은 기존의 대외원조정책에 대한 전환을 모색하게 된다. 우선 미국은 원조를 차관으로 점차 대체하기 시작했다. 이를 위해 미국은 1958년 국제협조처ICA, International Cooperation Administration 내에 개발차관기금DLF, Development Loan Fund 을 설치하고, 1961년에는 국제협조처에 의한 원조를 대외원조법 FAA, Foreign Aid Act에 의한 국제개발처AID, Agency for International Development 원조로 바꾸어 대외원조에서 개발차관 공여를 원칙으로 했다. 아울러 미국은 원조의 중심을 군사적인 것에서 경제개발로 바꾸기 시작했다. 미국이 제공하는 도움(원조 및 차관)과 발전모델에 따라 수혜국들이 스스로 경제발전을 할 수 있는 능력을 키우는 것이야말로 그들 나라가 정치군사적 안정을 확보할 수 있는 최선의 방책이라는 것이 미국의 생각이었다.

경제위기

그 결과 한국에 대한 미국의 원조액도 1957년을 고비로 크게 줄면서 점차 차관으로 대체되게 되었다. 1957년 3억 8,000만 달러였던 원조액이 1958년 3억 2,000만 달러, 1959년에는 2억 2,000만 달러로 떨어졌다.

미국의 원조 감소는 곧바로 한국의 경제위기로 이어졌다. 1957년 8.7%였던 연평균 성장률이 1958년에는 7.9%, 1959년에는 2.1%로 급락했다. 당시 한국 경제에서 미국의 원조가 차지하는 비중이 절대적이었음을 생각하면 이러한 성장률 저하는 충분히 예상 가능한 것이었다.

더 심각한 것은 정부가 그 동안 중점 추진해 온 소비재 산업 부문에서 과당경쟁 및 과잉설비투자로 인한 문제가 나타났다는 점이다. 1958년에서 1960년 사이 면방직 부문의 조업률은 65%, 제분은 25~40%, 그리고 제당은 25%에 불과했다. 제당의 경우 총 7개 업체가 있었고 그들이 생산하는 양은 국내 수요의 3배가 넘었다.

해당 기업들은 원가절감, 조업단축, 시장 확대, 사업다각화 등의 방법으로 이러한 애로를 타개하려고 노력했다. 그러나 원조 감축으로 경제 전체가 위축되는 상황에서 이러한 노력은 큰 효과를 거두기 어려웠다.

상황을 더욱 어렵게 만든 것은 정부와 자유당의 안이함이었다. 그들은 강경파에 휘둘려 이러한 경제적 어려움을 타개하기 위한 효과적인 대책을 마련하기보다는 다가올 선거에서 이길 궁리만 하고 있었다. 그들은 권력쟁취라는 좁은 의미의 정치에 빠져 사회 전체의 부를 키우고 그것을 적절하게 배분한다는 진정한 정치의 영역을 도외시하고 있었다.

엘리트 전문 관료의 형성

이런 상황에서 그래도 다행스러운 것은 정부 일각에서 경제발전의 문제를 고민하고 개선하려는 의지와 능력을 지닌 전문 관료들technocrats이 형성되고 있었다는 점이다. 이들은 대부분 일제하에서 대학교육을 받고 관督이나 은행 등에서 일하다가 해방 후에도 정부기관이나 한국은행, 산업은행 같은 국책은행에서 근무한 사람들이거나 1년에 25명 정도 선발했던 고시[27]를 통해 관직에 진출한 사람들이었다. 이들 중에는 1950년대 초반 미국에 단기 연수나 유학을 다녀와서 영어와 미국식 경제학 및 기획·관리 제도를 습득할 기회를 지닌 자들이 많았다. 드물지만 이들 중에는 국제기구에서 일한 경험을 지닌 사람도 있었다. 부흥부의 송인상 장관, 차균희 차관, 이기홍 기획국장, 재무부의 이한빈 예산국장, 한국은행의 신병현 조사부장 등이 이러한 엘리트 경제 관료에 속하는 대표적인 사람들이었다. 당시 주한 미대사 다울링은 한국정부 내의 경제관련 부서에는 젊고 유능한 관리들이 다수 유입되어 있기 때문에 미국 당국자들과 호흡을 맞추기가 수월하다고 평가했다.[28]

이들 엘리트 경제 관료들은 경제발전을 위해서는 한국도 장기적인 경제개발계획을 가져야 하며, 그것을 추진하기 위해 인도의 '계획위원회Planning Commission' 같은 기구가 필요하다고 생각했다. 한국에서도 한국전쟁 말기에 미국경제고문단의 주도로 경제재건을 위한 계획안인 '한국경제재건계획'〔일명 '네이산Nathan 보고서'〕와 '타스카Tasca3개년 대한원조계획'이 작성되었으며,[29] 1954년에는 '경제부흥5개년 계획'이 만들어진 바 있다. 그러나 이들은 모두 경제계획이라기보다는 미국이 어느 정도를 원조하면 한국이 전전戰前 수준으로 부흥할 수 있겠는가를 분석한 부흥계획서에 불과했다.[30] 이들 경제 관료들은 이런 부흥계획서가 아닌 진정한 의미의 장기발전계획을 만들고 싶어했다. 그러나 발전을 위한 주된 투자재원인 원조가 미국에 의해 일 년 단위로 정해지는 상황에서 장기계획을 세운다는 것은 결코 쉬운 일이 아니었다.

당시 한국에는 기획 및 조정기구planning and coordinating institution로 1955년 만들어진 부흥부가 있었다. 그러나 그것은 예산기능을 지니지 못했고, 다른 경제부처들과 수평적 관계에 있었기 때문에 실질적인 기획·조정기능을 발휘하기는 어려웠다. 당시 엘리트 경제 관료들 사이에는 경제개발을 실질적으로 강력하게 추진할 수 있는 권한을 지닌 부처의 필요성에 대한 공감이 형성되어 있었다. 그를 위해 이 부처는 인도의 계획위원회가 지닌 조정기능 외에 자원(예산) 배분권도 지녀야 하며, 그런 의미에서 여타 부처보다 서열이 높은 부처Senior Ministry가 되어야 한다는 것이 이들의 생각이었다.[31]

이러한 생각은 이승만 정부하에서는 실현되지 않았다. 이승만 정부 자체가 이러한 일에 무관심했고, 예산기능을 쥐고 있는 재무부가 부처이기주의에 사로잡혀 그 권한을 포기하려고 하지 않았기 때문이다. 아울러 이들은 아직 몇몇 부처에 고립된 섬처럼 떠 있는 존재에 불과했다. 대부분의 부처는 전문성과 생산성을 갖추기보다는 연공서열이나 따지면서 자리보전에 급급한 '서기書記정신'에 투철한 관료들로 채워져 있었다.

계획의 입안과 좌절

미국 원조의 감축이 예상되는 1957년 중반부터 주한미대사관과 미국 원조처 관리들은 한국정부의 담당자들, 특히 부흥부에 대책을 강구하라고 알려왔다.[32] 이에 부흥부 관료들을 중심으로 미국의 후원 아래 부흥부 산하 자문기관으로 '산업개발위원회Economic

Development Council, EDC' 가 1958년 4월 1일 설치되었다. 미국은 이 위원회를 중심으로 한국이 경제개발계획을 마련하는 것을 적극 지원했으며, 그 중심인물들인 엘리트 경제 관료들과 비공식적으로 정기적인 접촉[33]을 가지면서 그들을 후원하기도 했다.

이 무렵 경제개발계획을 마련하는 작업을 진두지휘한 것은 부흥부 장관 송인상이었다. 미국의 원조가 급속히 줄기 시작하는 시점에 장관에 취임한 그는 그 대책을 경제계획에서 구했다. 그의 기본적인 생각은 미국과 매년마다 원조액을 둘러싸고 교섭을 벌이느니 차라리 장기계획을 세우고 그 틀 위에서 미국이 대한원조규모를 확정하게 만들면 어떻겠냐는 것이었다. 이러한 생각에 따라 산업개발위원회가 중심이 되어 1960~1966년 사이의 7개년에 대한 경제개발계획을 작성하기로 했다. 이들은 계획기간을 전반부 3년과 후반부 4년으로 나누고 우선 전반부 3개년에 대한 경제계획안(1960~1962)을 1959년 12월 31일에 완성했다.

이것은 한국정부가 독자적으로 만든 최초의 경제개발계획이라는 점에서 의의가 컸다. 그러나 이것은 내용 면에서 문제가 적지 않았고, 제대로 실행되지도 못했다. 이 계획의 가장 큰 문제점은 내용 면에서 기존의 것들과 별 차이가 없다는 점이었다. 이것 역시 앞서 마련된 계획안들과 유사하게 미국으로부터 원조를 보다 많이 그리고 안정적으로 얻기 위한 계획이었다는 성격이 짙었다. 또한 이 계획은 자립적 균형성장을 목표로 하고 있고, 그를 위해 1차 생산품 수출과 수입대체공업에 중점을 두고 있다는 점에서 박정희 정권이 만든 수출지향적인 경제개발계획안과는 달랐다.[34]

이 계획의 더 큰 문제점은 시기를 놓쳐 실행에 옮겨지지도 못했다는 점이다. 우선 1960～1962년 사이의 3년을 계획기간으로 하고 있으면서 계획안 자체가 1959년 12월 31일에 완성되었다는 것은 때늦었다고 볼 수밖에 없다. 더구나 당시 권력 핵심층의 경제에 대한 무관심 때문에 국무회의 통과도 지연되고 말았다. 당시 자유당과 내각을 장악하고 있던 강경파들은 1960년 선거에서 이승만과 이기붕이 동반 당선될 수 있는 대책을 마련하는 데 온통 정신을 쏟고 있었다. 이러한 집권세력에게 경제계획안을 검토할 여유는 없었다. 결국 이 안은 부정선거에 대한 불만으로 온 나라가 들끓고 있던 4월 15일에야 국무회의에서 수정·통과되지만, 그 직후 이승만 정부가 붕괴됨으로써 인쇄과정에서 폐기처분되고 말았다.

|주|

1) 이문열, 『변경 제1부: 불임의 세월』(서울: 문학과 지성사, 1989); 이범선, 「오발탄」, 『한국대표문학전집』제9권 (서울: 삼중당, 1972); 김수영, 《민족일보》, 1961년 3월 2일; 이호철, 『문단골 사람들』(서울: 프리미엄 북스, 1997), p.94에서 재인용.

2) 선구적 연구로는 유영익, 「1950년대를 보는 하나의 시각: 남한의 변화를 중심으로」, 《계간사상》, 1990년 봄호; Meredith Woo-Cumings(Jung-en Woo), *Race to the Swift: State and Finance in Korean Industrialization* (New York: Columbia University Press, 1991), ch.3; 李鍾元, 『東アジア冷戰と韓米日關係』(東京: 東京大學出版會, 1996).

3) 김종서, 「문맹자조사: 1959년 12월 31일 현재」, 『중앙교육연구소 조사연구』5 (1961), p.17.

4) 학생수가 중학생은 10배, 고등학생 3.1배, 대학생은 12배 증가했다. 안해균, 「교육문화행정」, 이한빈(외), 『한국행정의 역사적 분석: 1948~1967』(서울: 한국행정문제연구소, 1969), pp.333~344.

5) 자세한 설명은 김일영, 「이승만 정부의 수입대체산업화정책과 렌트추구 및 부패 그리고 경제발전」, 문정인·김세중 편, 『1950년대 한국사의 재조명』(서울: 선인, 2004), pp.608~618 참조.

6) 한국산업은행조사부, 『한국 산업경제 10년사』(1955), pp.996~997; 이대근, 『해방 후~1950년대의 경제』(서울: 삼성경제연구소, 2002), pp.241~255.

7) 이러한 능력은 엘리트 관료들이 재무부와 부흥부를 중심으로 모이기 시작하는 1950년대 말에 가면 어느 정도 나타난다. 그러나 이때에도 이들

이 조직화된 힘을 발휘할 만한 여건은 아직 갖추어지지 못했다. 자세한 것은 송인상, 『부흥과 성장』(서울: 21세기북스, 1994), pp.151~153, 193~202, 247~249, 268~269; Kim Il-Young, "The Race against Time: Disintegration of the Chang Myon Government and Democracy Aborted", *Review of Korean Studies*, *Vol.7*, No.3 (2004) 참조.

8) 한국정부는 참전 유엔군이 필요로 하는 환화圜貨경비를 한국은행으로부터 차입하여 대여해 주고 그 대가를 달러로 상환받았는데, 그것이 유엔군 대여금 달러불이다. 이것은 종전 이후 점차 사라졌고, 대신 1954년부터는 유엔군이 달러를 직접 경매하여 환화를 조달해 썼는데, 그것이 유엔군 직접 매각불이다. 한편 유엔군이 자신들이 필요로 하는 재화나 서비스를 구매한 대가로 지불한 달러도 있었는데, 그것이 유엔군 직간접 군원불이다. 최상오, 「1950년대 외환제도와 환율정책에 관한 연구」 성균관대 경제학박사논문, 2001년, pp.39~53.

9) 한국은행, 『경제통계 연보』(1962), p.227.

10) 자세한 내용은 국회도서관 입법조사국, 『미국의 대한원조관계자료』, 제1집(1964), 제3집(1965); 한국산업은행조사부, 앞의 책, pp.936~959 참조.

11) 이대근, 『한국전쟁과 1950년대 자본축적』(서울: 까치, 1987), p.123.

12) 이대근, 『해방 후~1950년대의 경제』, pp.342~343.

13) Meredith Woo-Cumings(Jung-en Woo), 앞의 책, pp.52~57; 李鍾元, 앞의 책, pp.105~127.

14) 이 점은 특히 NSC 5506, "Future of United States Economic Assistance

for Asia", Secret, January 21, 1955, NSC Series, Policy Papers Sub-series, Box 14, WHO File, DDE Library에 잘 나타나 있다.

15) 이대근, 『해방 후 ~ 1950년대의 경제』, pp.279 ~ 286, 361 ~ 363.

16) 이 문제에 관한 이승만의 단호한 의지에 관해서는 송인상, 앞의 책, pp.149 ~ 150.

17) 위의 책, pp.364 ~ 379, 435 ~ 438.

18) 1950년대에 일어난 대표적인 정경유착의 스캔들로는 중석불사건, 국방부 원면 부정사건, 산업은행 연계자금사건, 금융오직사건 등이 있다. 이에 관한 자세한 설명은 김일영, 「이승만 정부의 수입대체 산업화정책과 렌트추구 및 부패 그리고 경제발전」, pp.618 ~ 627.

19) 정부는 은행의 민간불하를 가급적 늦추다가 1956년에 가서야 일부 은행부터 불하가 시작되었다. 박병윤, 『재벌과 정치』(서울: 양서원, 1982), pp.140 ~ 144.

20) 산업은행의 대출금리는 3 ~ 15% 수준이었고, 특히 대충자금 융자는 3 ~ 10% 정도로 더 낮았다.

21) 이상철, 「수입대체공업화정책의 전개, 1953 ~ 1961」, 안병직 편, 『한국경제성장사: 예비적 고찰』(서울: 서울대학교 출판부, 2001), p.463.

22) 당시 이 범주에는 제조업 대부분과 전기업, 광업, 군납업, 농림어업, 수출업, 전매사업 등이 속했다. 한국개발연구원, 『한국경제 반세기 정책자료집』(서울: 한국개발연구원, 1995), pp.141 ~ 142.

23) 최상오, 앞의 글, pp.208 ~ 213.

24) 그렇다고 이 당시 환율이 전혀 변하지 않은 것은 아니다. 미국과의 약속에 따라 환 대 달러의 환율은 1953년 60 대 1에서 1954년 2월 80 대 1,

1954년 12월 180 대 1, 1955년 8월 500 대 1 그리고 1960년 2월에는 650 대 1로 조금씩 높아져갔다. 그러나 공정 환율은 여전히 실세 환율의 절반 수준을 넘지 못했다.

25) 박병윤, 앞의 책, p.131; 김정렴, 『한국경제정책 30년사』(서울: 중앙일보사, 1990), pp.74～78; 송인상, 앞의 책, pp.149～150.

26) 김광석 · L. E. Westphal, 『한국의 외환무역정책』(서울: 한국개발연구원, 1976), pp.35～36.

27) 1949년에서 1962년 사이 고시로 충원되는 고위 공무원수는 연평균 25.8명에 불과했다. 이것은 1961～1970년 사이 44.6명과 1971～1980년 사이 174.8명과 비교해 보아도 현저히 작은 수다. 김병국, 『분단과 혁명의 동학』(서울: 문학과지성사, 1994), pp.172～201.

28) Dowling to Department of State, "Situation and Short-term Prospects of the Republic of Korea", November 21, 1957, 795B.00/11-2157, RG 59, Decimal File, 1955～59, NA, 이철순, 「1950년대 후반 미국의 대한정책」, 문정인 · 김세중 편, 앞의 책, p.317에서 재인용.

29) 한국개발원, 『한국경제 반세기 정책자료집』(서울: 한국개발원, 1995), pp.140～141, 152～156.

30) 김진현 · 지동욱, 「한국장기개발계획의 내막: 1차, 2차 5개년계획이 만들어지기까지」, 《신동아》, 1966년 9월호, p.101.

31) 이기홍, 『경제근대화의 숨은 이야기: 국가장기경제개발 입안자의 회고록』(서울: 보이스사, 1999); 조용목, 「EPB는 이렇게 태어났다」, 《경우》, 1987년 11월.

32) 이기홍, 위의 책, p.263.

33) 이에 관해서는 Donald S. Macdonald, *U.S.-Korean Relations from Liberation to Self-reliance, The Twenty-Year Record : An Interpretative Summary of the Archives of the U.S. Department of State for the Period 1945 to 1965* (Boulder: Westview Press, 1992), p.277; 이한빈, 『일하며 생각하며』(서울: 조선일보사, 1996), pp.106～107 참조.

34) 이완범, 「제1차 경제개발5개년계획의 입안과 미국의 역할, 1960～ 1965」, 한국정신문화연구원 편, 『1960년대의 정치사회변동』(서울: 백 산서당, 1999), pp.22～26.

제 **6** 장

4 · 19혁명, 장면 정권
그리고 민주주의의 유산流産

4 · 19혁명과 이승만 하야 | 장면 정권의 성립과 불안정성 | 발전의 실패, 무능력
인가 시간부족인가 | 사회적 안정유지의 실패 | 군부통제의 실패 | 미국의 우려 증
대 | 시간과의 경쟁에서의 패배

4·19혁명과 이승만 하야

3·15에서 4·19를 거쳐 4·26까지

1958년 제4대 민의원 선거 직후부터 자유당과 내각 및 경무대의 강경파는 1960년 3월 15일에 치러질 제4대 정·부통령 선거에 대한 준비에 들어갔다. 우선 그들은 국가보안법과 지방자치법 개정 등의 제도적 정비를 통해 언론을 봉쇄하고 행정력을 총동원했다. 실제 선거에서 그들은 3인조 투표, 9인조 투표 등의 공개투표와 4할 사전투표事前投票 등의 노골적인 부정선거를 대대적으로 자행했다. 그 결과 이승만과 이기붕이 동반 당선되었다.

3·15선거를 전후하여 부정선거에 항의하는 학생들의 시위가 그것은 2월 28일 대구에서 고등학생들의 시위로 처음 불이 당겨졌다. 선거 직후부터 4월 초까지는 남부지역에서 주로 시위가 일어났다. 특히 선거 당일 오후 마산에서의 시위 도중 경찰의 최루탄에 맞아

숨진 김주열 군의 시신이 4월 11일 마산 앞바다에 떠오르자 대학생과 시민들도 분노하기 시작했다.

서울에서의 시위는 4월 18일 고대생 시위로 촉발되었다. 이튿날인 19일부터 각 대학 학생들이 시위에 참여했다. 시위대가 경무대 앞까지 진출하자 경찰은 발포했고 다수의 사상자가 발생했다. 이후 계엄령이 선포되었지만 시위는 그치지 않았다. 25일에는 서울 시내 대학교수들까지 부정선거를 규탄하고 학생들을 지지하는 시위를 벌였다. 이에 이승만 대통령은 26일 하야 성명을 발표하게 된다.

미국의 개입과 이승만 하야

이승만은 왜 하야했을까? 학생들이 대규모 시위를 벌였기 때문에, 교수들까지 시위에 가담했기 때문에, 다수의 사상자가 났기 때문에. 모두 틀린 것은 아니지만 충분한 설명이 되지는 못한다. 적어도 두 가지 요인을 더 생각해야 한다. 하나는 미국의 개입이고, 다른 하나는 군이 정치적 중립을 지켰다는 점이다. 사실 후자는 전자의 연장선상에 있는 것이다. 미국은 한편으로는 군부에게 정치적 중립을 지키도록 끊임없이 신호를 보냈고, 다른 한편으로는 이승만에게 물러나도록 직접적인 압력을 가했다.

앞서 설명했듯이 1959년 7월 조봉암이 사형되는 것을 보고 미국은 이승만 정권과 거리를 두기 시작했다. 미국은 이승만 정권과 동일시되는 것이 자국의 이익에 더 이상 도움이 되지 않는다고 판단했다. 미국은 이 정권과 거리를 두다가 정치적 위기가 발생하면 절연하는 것이 이승만과 운명을 같이하는 처지에 놓이지 않는 방법이

【 4 · 19혁명 】

1960년 3월 15일 부정선거로 인해 이승만 독재정권에 대한 대
규모 반독재투쟁인 4 · 19혁명이 일어났다. 사진은 팽팽한 긴장
감이 감도는 시위현장의 모습.

라고 미국은 생각했다.

　4 · 19혁명이 바로 그런 위기였다. 미국은 이승만 정권에 대한 지
지를 철회하고 그를 퇴진시키기 위해 신속히 움직였다. 1959년 12
월 새로 부임한 주한 미대사 매카너기Walter P. McConaughy는 시위가
확산되자 세 차례에 걸쳐 이승만을 면담했다. 면담 횟수가 거듭될
수록 그의 발언은 단호해졌다. 4월 26일 마지막 면담이 있기 전 매
카너기는 김정렬 국방장관에게 전화를 걸어 이승만에게 결단을 내

【 이승만 대통령과 주한 미대사의 요담 】
1960년 4 · 19혁명이 일어나자 주한 미대사는 이승만과 면담하
고 하야를 종용했다.

릴 것을 촉구하라고 요청했다. "이승만이 학생대표를 만나야 하며,
새로운 선거를 실시하고, 자신의 장래 정치적 역할을 고려해 보겠
다는 성명을 발표하라"는 것이 미국의 요구였다. 이에 밀려 이승만
은 같은 날 오전 "국민이 자신의 사임을 원하면 그리 할 것이며, 선
거를 새로 실시"하겠다는 성명을 발표했다.[1] 성명 발표 이후 이승만
과 면담한 매카너기는 성명에 담긴 조건부적 내용(국민이 원하면)이
지닌 애매함을 보다 명확하게 하려고 그를 몰아붙였다. 매카너기는

현재 '미국의 이익'까지 위험에 처할 정도가 되었다고 하면서 '존경받는 자리로 은퇴'할 것을 직접적으로 권했다. 결국 이승만은 이에 동의했고, 27일 오후 국무원 사무국을 통해 대통령 사직서를 정식으로 국회에 제출했다.[2] 이로써 미국은 이승만을 버리는 대신 한국에서의 미국의 이해를 지킬 수 있었다.

장면 정권의 성립과 불안정성

내분에 휩싸인 민주당

이승만 정권이 몰락하자 민주당은 분열하기 시작했다. 외부의 강력한 적이 없어지자 민주당 신·구파는 이제 당내 파벌싸움에 모든 관심을 집중하기 시작했다. 두 파벌은 이 경쟁에서 이기기 위해 누구와 손잡는 것도 꺼리지 않았다. 이 때문에 이승만 하야 후 성립된 허정 과도정부 아래서도 자유당은 어느 정도 영향력을 유지할 수 있었다. 두 파벌이 모두 자유당 의원들의 도움을 필요로 했기 때문이다.

이승만 퇴진 이후 내각제 개헌과 재선거 중 무엇을 먼저 할 것이냐를 둘러싸고 논란이 벌어졌다. 우선 개헌을 한 연후에 총선을 치르자는 입장과 정·부통령 선거를 다시 치러서 새 정부를 구성한 후 개헌을 하자는 주장이 맞섰다. 자유당과 민주당 구파는 전자를 지지했고, 민주당 신파는 후자를 내세웠다. 자유당 의원들은 구파와 연합하여 내각제 개헌을 먼저 추진하기를 원했다.[3] 그들은 국회가 개헌안을 처리하는 기간 동안은 자신들의 지위가 유지될 수 있고, 그 틈에 구명救命활동을 벌일 수도 있다는 점을 계산에 넣었다. 구파는 조병옥이 죽은 후 뚜렷한 대통령 후보를 갖지 못했었다. 따라서 그들은 선先재선거가 장면에게 일방적으로 유리하다고 생각해 반대했다. 대신 그들은 먼저 내각제 개헌을 추진하면서 자유당과의 공조를 부활시킬 경우, 자신들이 권력에 먼저 다가설 수도 있다고 여겼다. 이와는 달리 신파는 자유당과 구파의 야합을 경계하는 한편 장면을 내세워 재선거를 치를 경우 승산이 있다는 계산 아래 선재선거를 요구했다. 이 대립은 일단 선개헌론의 승리로 끝났다. 신파의 반발에도 불구하고 구파가 제출한 내각제 개헌특위 구성과 개헌기초위원 선출안이 자유당 의원들의 도움으로 채택되었기 때문이다.[4]

그 후 개헌과정에서도 신·구파는 계속해서 파벌의 이해를 앞세웠다. 그들은 자유당 의원들뿐 아니라 구정권하의 부정축재자들과 손잡는 것도 마다하지 않았다. 그 결과 민주당을 둘러싼 추잡한 정치자금 거래설이 끊이지 않았다. 민주당과 자유당 사이에 정치자금과 정치적 생명연장이 서로 거래되었다는 소문이 나돌기도 했고, 자유당계 재벌들이 민주당에 정치자금을 헌납함으로써 위기를 모면하려 한다는 언론보도도 있었다.[5] 이 와중에 개혁은 점차 뒷전으로 밀렸고, 구세력은 생명을 연장할 수 있었다. 이 모든 사태의 근원은 민주당의 파벌싸움이었다.

7·29총선이 다가오자 파벌갈등은 더욱 심해졌다. 두 파는 각자의 후보를 많이 공천하려고 치열하게 다투었다. 결국 민주당은 신파 113명, 구파 108명 그리고 중도파 8명을 공천했지만, 이 과정에서 양파의 갈등의 골은 더욱 깊어만 갔다. 특히 조직의 열세 때문에 공천자수에서 밀린 구파 지도자들 사이에서 분당分黨의 불가피성을 언급하는 발언들이 터져 나오기 시작했다. 그들은 "민주당이 압승할 경우 일당독재가 등장할 것이고, 그러면 혁신계가 다시 등장할 것이다. 이러한 사태를 막기 위해서는 보수정치인들끼리 양당제를 수립해야 한다"고 말했다.[6]

한편 4·19혁명으로 정치적 공간이 넓어지자 진보당 해산 이후 숨죽이고 있던 혁신계가 다시 움직이기 시작했다. 그들은 짧은 기간에 사회대중당, 한국사회당 등을 결성했고 노동, 교육, 언론 등 여러 부문에서 목소리를 높이고 있었다.

7·29총선과 장면 내각의 성립

7·29총선에서 민주당은 국회의 압도적 다수 의석을 차지했다. 이 당은 민의원에서 총 233석 중 175석을 차지했다. 49명의 무소속 당선자 중 상당수가 민주당 공천탈락자였고, 그들 중 다수가 선거 직후 다시 입당했기 때문에 이 당이 차지한 실제 의석은 이보다 훨씬 많았다. 혁신정당은 고작 5명의 당선자를 내는 데 그쳤다.

이 선거는 두 가지 결과를 낳았다. 한편으로는 민주당의 분열을 가속화시켰고, 다른 한편으로는 혁신계가 활동의 장을 원외에서 찾도록 만들었다. 만약 혁신계가 원내에서 상당한 의석을 차지해 민

1960년 10월 제2공화국이 탄생했다. 수립기념식장에서의 윤보선 대통령(왼쪽) 내외와 장면 총리 내외의 모습이다.

주당의 강력한 경쟁세력으로 부상했다면, 민주당의 파벌싸움은 분당으로까지 치닫지는 않았을 것이다. 그러나 민주당이 압도적인 원내의석을 차지하자 두 파벌은 그 동안 마음속으로만 꿈꾸어 왔던 이혼을 실천에 옮기기 시작했다.

선거 직후 신·구파는 별도로 당선자 모임을 가졌다. 여기서 구파가 신파보다 수적으로 다소 우세한 것으로 나타나자 구파는 별개의 당을 만들 자신감을 갖게 되었다. 구파는 이러한 수적 우세에 무소속의원들을 성공적으로 영입하기만 하면 대통령과 국무총리를 모두 차지할 수 있다고 여겼다.

그러나 오래지 않아 구파가 오산誤算을 했음이 드러났다. 그들은 윤보선을 대통령으로 앉히는 데는 성공했으나, 김도연을 총리로 만드는 데는 실패했다. 실패의 주된 원인은 구파가 무소속을 끌어들이는 데 실패했기 때문이었다. 무소속 의원들은 내각에 참여하기를 원했는데, 이러한 욕구를 채워주는 데 김도연보다 장면이 적극적이었다. 이 점이 장면이 총리에 당선될 수 있었던 결정적 요인이었다.[7]

1960년 8월 22일 장면 총리는 신파 10명, 친장면적인 구파 1명, 원외 2명 등으로 1차 내각을 구성했다. 이에 구파는 84명의 의원으로 구파동지회라는 별도의 원내교섭단체를 등록함으로써 분당을 공식화했다.

총선에서 민주당의 압승은 그 동안 내연內燃하던 당의 분열가능성을 현실화시켰다. 애초 민주당은 이승만과 혁신계에 반대하는 사람들이 모인 소극적 성격의 정당이었다. 그런데 4·19혁명으로 이승만이 퇴진했고, 7·29총선에서 혁신계마저 경쟁상대가 되지 못함이 증명되었다. 민주당의 존재이유(raison d'être)였던 외부의 반대대상이 모두 소멸한 것이다. 이제 당을 효과적으로 묶어놓을 수 있는 접착제는 더 이상 없었다. 남은 것은 누가 '주운' 파이(pie)를 더 많이 먹느냐는 파벌다툼 뿐이었고, 그것은 결국 분열로 이어졌다.

장면 내각의 불안정성

제1차 장면 내각 성립 이후 신파와 구파는 각각 내홍內訌에 휩싸였다. 우선 신파에서는 원로들이 각료직을 독점한 데 대해 소장파(이철승 그룹)가 크게 반발했다. 이들은 원내비판세력을 자처하면서 독자적인 목소리를 내기 시작했다. 구파도 신당 결성을 앞두고 신파와 다시 합하자는 주장이 대두되어 분열되고 말았다. 결국 20여 명 의원들이 민주당으로 복귀한 가운데 11월 8일 구파 의원 65명은 신민당을 결성했다.

이로써 민주당은 국회에서 124명의 의원을 확보하게 되었다. 이것은 원내과반수를 7석 넘는 의석이었다. 장면 정부는 출범 이후 처음으로 원내안정 다수의석을 확보한 것처럼 보였다. 그러나 실상은 그와 달랐다. 민주당으로 복귀한 구파의원들은 그들이 기대했던 보상, 즉 각료직이나 당직의 우선 배정이 실현되지 않자 당 지도부에 반기를 들기 시작했다. 이제 민주당에는 원래 있던 노장파와 소장파(약 25명) 외에 구파에서 복귀한 협력파 의원들(약 15명)이라는 또 하나의 파벌이 추가되었다.

따라서 민주당은 겉으로는 과반을 넘는 124석을 지닌 정당이었지만, 실제적으로는 각료직을 놓고 다투는 세 파벌의 느슨한 연합체에 불과했다.

이제 권력게임은 분당 이전보다 훨씬 복잡하게 되었다. 신·구파 갈등을 이어받은 민주당과 신민당 간의 갈등에다가 민주당 내의 세 파벌 사이에서 벌어지는 그 못지않은 다툼이 추가되었기 때문이다. 이러한 복잡한 갈등구조 때문에 장면 내각은 집권 9개월 동안 단 한 번도 원내에서 '실질적' 안정의석을 확보하지 못했다. 이 문제를 해결하기 위해 장면은 세 차례나 개각을 단행했지만, 끝내 분열을 극복하지 못했다.[8]

발전의 실패, 무능력인가 시간부족인가

장면 정부는 출범하면서부터 경제제일주의를 표방했다.[9] 그럼에도 불구하고 장면 정부하에서 경제사정은 별로 호전되지 않았다. 그것은 이 정부가 9개월 남짓밖에 집권하지 못했던 탓도 있다. 어떤 정부도 이렇게 짧은 기간에 경제상황을 반전시키기는 어려웠을 것이다. 여기서는 장면 정부에게 과연 경제발전을 이끌 능력이 있었는가에 대해 의문을 제기하고자 한다. 이 정부가 추진한 주요 경제정책은 경제개발계획과 국토개발계획이었다. 두 계획의 추진 상황을 살펴봄으로써 이 정부의 경제개발능력을 가늠해 보고자 한다. 이때 초점은 제도형성과 정책입안 및 추진에 맞추어질 것이다.

때를 놓친 제도형성

앞서 설명했듯이 이승만 정권 말기 엘리트 경제관료 사이에서는 경제개발계획을 추진하기 위해 예산과 기획 및 조정기능을 모두 지닌 부처가 필요하다는 의견이 대두되었다. 하지만 이런 구상은 권력핵심층의 무관심과 부처이기주의 때문에 실현되지 못했다. 그러나 경제제일주의를 내세운 장면 정부가 등장하면서 이 구상은 활기를 띠게 되었다. 민주당 정책위원회는 정부 각료와 여당 간부들로 구성된 정부기구개편 7인 위원회를 두었다. 이 위원회는 재무부의 예산권과 부흥부의 기획 및 외자外資권 그리고 내무부의 조사통계권을 모두 이양받았으면서 동시에, 여타 부처보다 서열이 높은 경제개발부 신설을 골자로 하는 정부기구개편안을 작성했다. 정부는 이 계획을 1960년 11월 초 공식 발표했지만, 그것을 현실화시키지는 못했다. 내분에 휩싸여 있던 장면 정부로서는 이러한 개혁구상을 실천에 옮길 만한 정치적 결단성과 추진력을 갖지 못했던 것이다.[10]

장면 정부에 호의적인 사람들은 이것을 시간적 여유가 부족했던 탓으로 돌린다. 그들은 군부의 권력찬탈이 없었다면 그것은 분명 실현되었을 것이라고 주장한다.[11] 그러나 군부가 쿠데타로 집권한 지 10일 만인 1961년 5월 26일에 경제개발부[12]를 발족시킨 것과 비교한다면, 장면 정부의 시간타령은 그다지 설득력이 있어 보이지 않는다. 이 정부는 경제제일주의를 표방했으면서도, 그것을 주도적으로 이끌 제도형성을 6개월 동안 이루지 못했다. 이것은 군부에게 시간을 도난당해서라기보다는 이 정부의 결단력과 추진력 부족 탓으로 보는 것이 더 타당할 것 같다.

때늦은 계획 수립

경제개발계획의 수립도 비슷하다. 경제우선주의를 표방한 장면 정부는 1960년 11월 말 부흥부 산하의 산업개발위원회에 장기 경제 개발계획을 세우라고 지시했다. 이 위원회는 이승만 정부에서 만들어진 3개년계획안을 참조하여 1961년 5월 10일 경제개발5개년계획안(1961~1965)을 거의 마무리했다. 그러나 이 계획 역시 인쇄과정에서 군사쿠데타가 일어나는 바람에 휴지로 변하고 말았다.

이 경우도 시간이 문제였다. 장면 정부에 호의적인 사람들은 쿠데타가 없었으면 이 계획은 실행될 수 있었고, 성공했을 것이라고 주장하고 있다. 이들의 주장은 이렇다. 장면 정부는 이 계획을 추진하는 데 필수적인 재원을 확보하기 위해 미국과 교섭을 벌여 3억 달러의 지원약속을 받아냈다. 이제 7월에 장면이 미국을 방문해 케네디J. F. Kennedy 대통령과 이 지원안에 서명하는 일만 남았었는데, 쿠데타가 일어나는 바람에 모든 것이 수포로 돌아가고 말았다. 군사정권은 이 계획안을 도용해 1962년부터 제1차 경제개발5개년계획을 시작했다.[13]

그러나 이러한 주장에 대한 반대증거도 만만치 않다. 미국정부는 장면 정부의 경제개발계획안을 물품구매목록 내지는 프로젝트목록에 불과하다고 평가했으며, 사회주의적이라고 혹평하기도 했다.[14] 국내신문도 이 안을 실현가능성이 낮은 것으로 평가했다.[15]

그러나 보다 중요한 것은 역시 시간이었다. 어째서 1961년 1월부터 시작할 경제개발계획안이 5월이 되도록 채 완성되지 못했는지가 해명되어야만 하는 것이다. 이러한 늑장은 군부가 쿠데타 사흘 뒤부터 관계전문가들을 소집해서 경제개발계획안을 짜기 시작해 두 달 만에 완성시켜 발표하는 것과는 너무나 대조적이었다.[16] 빠른 것이 반드시 좋은 것은 아니다. 하지만 적절한 시간 내에 마친다는 것은 중요한 일이다. 그런데 장면 정부는 항상 시간과의 싸움에서 문제를 드러냈다. 계획안 작성과정에서의 지체는 앞서 살펴본 경제개발부의 설치가 지연된 일과 함께 장면 정부의 추진력과 결단력을 의심케 하는 중요한 요인이 되고 있다. 그러다 보니 장면 정부가 경제제일주의를 내세웠지만, 실제로는 집권 9개월 동안 허송세월을 보낸 것은 아닌가라는 의구심이 생기는 것이다.

별 성과를 거두지 못한 국토개발계획

장면 정부는 단기적인 경제정책으로 국토개발계획을 실시했다. 이것은 실업자 구제와 사회기반시설의 형성을 목표로 하는 사업이었다. 이것은 미국의 식량원조자금PL480에서 마련한 1천만 달러, 정부가 보유한 달러를 민간인에게 매각해서 마련된 돈 150억 환, 그리고 추가경정예산 400억 환을 투입해 발전소나 도로를 건설하고, 농지개간, 수자원개발, 조림 등의 사업을 벌이겠다는 것이었다. 그리고 이 사업에 많은 인력을 참여시켜 넘쳐나는 실업자를 구제하겠다는 것이었다.[17]

이 사업은 그나마 도상圖上계획으로 끝나지 않고 장면 정부에 의해 1961년 3월부터 시행에 들어갔다. 따라서 장면 정부에 호의적인 사람들은 이 사업의 성과를 크게 평가하고 있다. 특히 이 사업을 위해 대학을 졸업한 국토건설대원 2,000여 명을 공정하게 선발·교육

시켜 각 건설현장에 파견한 것을 장면 정부의 큰 업적으로 내세우고 있다.[18]

그러나 이 사업이 실제로는 그렇게 원활하게 진행되었던 것 같지 않다. 우선 2,000명 정도의 고용으로는 실업자 구제에서 상징적 의미 이상을 지니기 어려웠다. 그나마 선발된 대원 중 일부는 봉급이 적고 침식이 불편하다는 이유로 건설현장에 부임하기를 거부하기도 했고,[19] 사업에 필요한 재정이 제대로 공급되지 못했고, 예산배정이나 사업선정과정이 정치적 압력에 의해 좌우되는 경우도 많았다. 그리고 각 지방에서 중점사업보다는 전시위주의 작은 사업이 주로 추진됨으로써 임기응변적이고 전시적인 사업에 불과하다는 비판이 끊이지 않았다.[20]

어쨌든 이 사업은 시작된 지 두 달 만에 쿠데타가 일어나 중도하차하고 말았다. 만약 장면 정부에게 좀더 시간이 허용되었다면, 이것이 과연 더 많은 성과를 낼 수 있었을까? 제도형성이나 정책입안 및 추진과정에서 장면 정부가 보여준 추진력과 결단력 부족으로 미루어볼 때, 긍정적으로 답하기는 어려울 것 같다. 더구나 이것에 필요한 재원확보가 쉽지 않았다는 점이 어두운 전망에 더욱 힘을 실어주고 있다.

군부는 장면 정부로부터 권력만 앗아간 것이 아니라, 정책의 내용과 시간까지 절취했다는 것이 장면 정부에 우호적인 사람들의 주장이었다. 군부는 분명 민간정부로부터 권력을 찬탈했다. 그리고 이 정부가 세운 계획의 핵심 아이디어가 군부에 의해 실행에 옮겨진 것도 사실이다. 그러나 이들은 시간을 절취당한 것을 탓하기 전에 장면 정부의 능력부족을 탓해야 했다. 장면 정부는 주어진 시간을 선용善用하는 데 실패했다. 민주주의로의 이행에서 결정적으로 중요한 요인 중 하나인 '시간과의 경쟁'에서 진 것이다. 바로 여기에 장면 정부의 비극이 있었고, 더 나아가 한국 민주주의의 비극이 있었다.

사회적 안정유지의 실패

4·19혁명으로 정치적 장이 넓어지자 그 동안 억눌렸던 갖가지 요구와 주장들이 난무하면서 사회적 혼란이 일어났다. 그 속에서 학생들과 혁신진영은 민주화의 진척과 남북관계의 개선을 요구했다. 그러나 장면 정부는 이러한 문제들에 대해 소극적이고 우유부단한 태도를 보였다. 이 정부에게는 이러한 의제를 선점하여 사회 세력의 기선을 제압할 수 있는 능력이 부족했다. 그 결과 이 정부는 민주주의의 정착을 위해 필요한 어느 정도의 사회적 안정을 유지할 수 없었다.

혁신계의 등장과 체제 선택문제의 재론

1960년 후반이 되면서 학생들의 관심은 점차 민주주의로부터 민족주의로 이동하기 시작했다. 민주화가 더딘 데 대한 실망과 장면 정

【 혁신계의 시위 】

4·19혁명으로 넓어진 정치공간에서 남북회담을 주장하며 시위를 벌이고 있는 혁신계 정치인과 학생들.

부에 대한 불만이 이들에게 좀더 근원적인 문제를 생각하게 만들었던 것이다. 민주화의 지체, 경제적 후진성 등 한국이 부딪힌 모든 문제의 근원에는 외세에 의한 분단이 있고, 자주적 통일을 이루지 않고는 이 문제를 해결할 수 없다는 것이 이들이 내린 결론이었다. 따라서 이 무렵부터 각 대학은 통일운동의 물결에 휩싸이기 시작했다.

통일운동은 7·29총선에서 참패한 후 원외에서 활로를 모색 중이던 혁신계의 움직임과 합쳐지면서 그 세가 증폭되었다. 그 동안 혁신계는 개인적인 차원에서 통일문제에 대한 관심을 표명했지만, 조직적인 차원에서 그것을 거론하지는 않았다. 그런데 원외활동을 위해 이제 혁신계도 대중동원이 필요하게 되었다. 혁신계는 학생들이 통일문제에 관심이 높다는 것을 알고, 그들과 연대할 수 있는 조직을 만들었다. 가장 대표적인 것이 1961년 1월 사회대중당의 주도로 16개 정당·사회단체들이 모여 결성한 민족자주통일중앙협의회(이하 민자통으로 약칭)였다. 민자통은 이후 전개되는 모든 통일운동의 중심에 서 있었다.

1961년에 들어서면서 혁신진영의 움직임은 더욱 활발해졌다. 2월 8일 한미경제협정이 체결되었다. 그런데 이것의 내용이 대단히 불평등적이어서 야당은 물론 혁신진영 전체가 크게 반발했다. 특히 문제가 된 것은 한국정부가 미국의 재정 및 기술원조를 어떻게 사용하는지에 대해 미국이 '계속해서 감시·감독'할 권한을 지닌다는 것과, 한국정부가 '원조와 관련된 모든 정보를 미국이 요구하면' 제공해야 한다는 조항이었다.[21] 이 협정에 대해 혁신진영은 공동투쟁위원회를 구성해 적극적 반대에 나섰다.

이 반대운동은 국민들로부터 그다지 큰 호응을 얻지는 못했다. 하지만 휴전 이후 처음으로 통일문제에 이어 반미문제가 본격 제기되었다는 점에서 이것이 준 충격은 컸다. 한반도의 현상유지를 첫 번째 이해관계로 생각하는 미국에게 통일과 반미가 쟁점화되었다는 것은 안정을 깰 뿐 아니라, 한반도에서의 미국의 이해의 근간을 뒤흔들 수도 있는 일이었다.

뒷북치는 정부의 대응과 관료조직의 기능마비

통일문제에 관한 한 혁신진영이 철저하게 의제를 선점한 채 사태를 주도해 나갔다. 장면 정부는 이것을 위험한 용공容共적 활동으로 비난하고 탄압할 뿐, 그 이상의 적극적인 대책을 내놓지 못했다. 학생운동의 방향이 통일문제로 나아가자 장면 정부는 기회가 있을 때마다 배후에 있는 불순세력을 조사하겠다고 경고했다.[22] 1961년 3월 들어 혁신진영의 움직임이 격렬해지자 정부는 김달호, 고정훈, 선우정 등 혁신진영의 지도자들을 구속하기도 했다.[23] 그러나 정부는 비난이나 탄압과 같은 소극적 대응으로 일관했을 뿐 혁신진영의 통일방안에 맞설 수 있는 보다 적극적인 대응논리를 내놓지 못했다. 정부가 할 수 있는 일이라고는 '유엔감시하에서 대한민국의 헌법 아래 남북한 주민이 모두 참여한 선거를 통한 통일'이라는 낡은 레코드를 되풀이해서 트는 것뿐이었다.

통일에서 시작한 혁신진영의 움직임이 반미로까지 이어지고, 그 도를 더해가자 장면 정부는 규제방안으로 '반공임시특별법'과 '데모규제법'이라는 두 개의 특별법을 제정해 혁신진영을 활동을 제압하려는 강경한 모습을 보여주기도 했다. 그러나 대규모 숙정조치 때문에 경찰과 관료조직이 위축된 상황에서 정부가 혁신진영의 반대를 뚫고, 이 법의 제정을 관철시키기는 어려웠다. 이 일로 장면 정부의 위신은 더욱 실추되었고, 오히려 혁신진영의 기세만 올라가는 결과가 초래되었다. 당시 신문은 이러한 법의 필요성에 대해 의문을 제기하면서, 장면 정부를 '할 일은 안 하고 안 해도 될 일만 서두르는 정부'라고 혹평했다.[24]

한편 과거 이승만 지지자들에 대한 가벼운 처벌 때문에 사회적 불만이 터져 나오자 장면 정부는 특별법을 제정해 그들을 좀더 엄중히 처벌하려 했다. 그러나 이것으로 이미 돌아선 학생과 시민들의 마음을 돌이킬 수는 없었다. 오히려 이 법의 제정은 그 동안 장면 정부에게 협조적이던 보수적 기득권층의 지지마저 철회하게 만드는 역효과를 가져왔다. 특히 이 법으로 과거 이승만 정부에 충성했다는 이유 때문에 다수가 옷을 벗게 된 관리와 경찰은 더 이상 장면 정부에게 적극적으로 충성하려고 하지 않았다. 그들은 정부와 시민 양쪽으로부터 배척되지 않을 만큼만 일을 하는 기회주의적 태도를 보였다.[25] 따라서 행정을 담당하고 질서를 유지해야 할 관료조직의 기능이 급격히 저하될 수밖에 없었다.

만약 대규모 공무원 숙청 후 장면 정부가 후속인사를 지체 없이 공정하게 단행했다면 관료조직의 기능저하는 조기에 회복되었을지도 모른다. 그러나 정파 간의 갈등 때문에 정부는 즉각적으로 후속인사를 하기 어려웠고, 그나마 후임자를 임명한 경우에도 정실이 작용하는 경우가 많았다. 이런 현상은 모든 부처에서 나타났지만, 특히 내무부에서 심했다. 민주당과 신민당은 다가올 지방자치선거에 대비하기 위해 서로 자기 당에 가까운 인물을 중앙과 지방의 요직에 앉히려 했다. 이러한 정파적 이해관계의 충돌 때문에 인사는 차일피일 미루어졌다. 결국 10월 들어서야 장면은 도지사를 임명했는데, 모두 신파에 가까운 사람들이었다. 내무부는 경찰과 지방행정을 관장하면서 사회질서유지를 담당하는 부처였다. 이런 부처의 인사가 이렇게 지연됨으로써 심각한 행정공백이 발생했고, 그것은

사회적 혼란의 조기수습을 어렵게 만들었다.[26]

　요컨대 과거 이승만 지지자들에 대한 처벌문제를 두고 우왕좌왕하는 바람에 장면 정부는 학생과 시민은 물론이고, 관리와 경찰의 지지도 잃고 말았다. 이러한 관료조직의 지지철회는 장면 정부의 질서유지기능을 급격히 저하시켰다. 더 나아가 파벌싸움에서 비롯된 인사의 지체와 정실은 관료조직을 기능마비상태로까지 몰고 갔다.

군부통제의 실패

이중지배구조하에서 이미 정치화된 한국군

한국전쟁이 터지면서 한국군은 이중지배구조하에 놓이게 되었다. 전쟁이 터진 직후인 1950년 7월 15일 이승만 대통령은 원활한 전쟁수행을 위해 '현재의 적대상태가 지속되는 동안'이라는 단서를 붙여 모든 한국군에 대한 '통수권command authority'을 유엔군사령관에게 넘겼다. 그 후 이것은 1954년 11월 17일 체결된 한미합의의사록 제2조에서 "대한민국은 상호협의에 의하여 그렇게 하는 것이 상호이익에 가장 유리하기 때문에 변경하는 경우가 아니면, 유엔군사령부가 대한민국의 방위를 책임지는 한 그 군대를 유엔군사령부의 '작전통제권operational control'하에 둔다"는 내용으로 바뀌어 오늘날까지 지속되고 있다. 이로써 한국군은 한국 대통령의 통수권 밑에 있으면서 동시에 유엔군사령관의 작전통제권 아래에 속하는 이중지배구조하에 놓이게 되었다.

　이러한 이중지배구조는 두 지배력 사이에 협조가 잘될 때에는 별 문제가 없다. 그러나 만약 둘 사이에 불협화음이 생겨 양쪽에서 오는 명령이 다를 경우 한국 군부는 선택의 문제에 직면하게 된다. 이러한 사태는 주로 한국 정치가 격변과 혼란에 휩싸여 한미 간의 관계가 미묘할 때 발생했다. 이 때 한국의 군부가 어떠한 선택을 하건 그 결정은 이미 고도의 정치성을 지닐 수밖에 없었다. 따라서 한국 군의 정치화는 그것이 이중지배구조하에 놓이게 되면서 이미 시작되었다고 할 수 있다.

　지난 50여 년간 한국군은 여러 차례 이러한 정치적 결단을 내려야 하는 상황에 직면했었다. 1952년 부산정치파동, 1960년 4·19혁명, 1961년 5·16쿠데타, 1979년 12·12군반란, 1980년 5·17쿠데타, 1987년 6월 항쟁 등이 그 좋은 예이다. 우리가 흔히 한국군이 정치화되기 시작한 시점始點으로 보는 5·16군사쿠데타가 나기 전에도 한국군은 이미 두 차례, 즉 부산정치파동과 4·19혁명에서 정치적 선택에 봉착했었다. 두 사건 모두에서 한국군은 정치적 중립을 선택했다. 그러나 이것은 군부가 대통령의 지시(정치개입)보다 유엔군사령관의 명령(정치적 중립)을 선택한 결과였다는 점에서 진정한 중립적 선택이었다고 보기 어려웠다.

　부산정치파동 당시 이승만은 부산·경남 일원에 계엄령을 선포하고 육군참모총장 이종찬에게 군대 출동명령을 내렸다. 그러나 이종찬은 군이 정치에 개입할 수 없다고 하면서 출동명령을 거부했다. 그 결과 이승만은 원용덕이 지휘하는 헌병대에 의존해 친위쿠데타를 수행할 수밖에 없었다. 당시 한국군 수뇌부가 정치적 중립을 택한 결단은 분명 높이 평가할 만한 것이다. 하지만 이 일이 있기 전에 이미 군 수뇌부가 미군 측으로부터 이승만에 대한 미국의 평가가 부정적이라는 점을 계속 들어오고 있었다는 사실을 상기할 필요가 있다. 결국 모든 정황을 두고 본다면 당시 군 수뇌부의 결단은 형식상 중립을 택한 것이지만, 사실은 미국의 의중을 반영한 것이라고 할 수 있다.[27]

1952년 부산에서 한국군이 보여준 '불개입의 개입' 또는 '중립의 비중립성'은 1960년 4·19혁명 당시 서울에서 재연되었다. 4월 19일 오후 계엄령이 선포되면서 시내에 군이 투입되었다.[28] 그러나 군은 경찰과 달리 시민들에게 발포하지 않았으며, 오히려 시민들과 호의적 관계를 유지했다. 당시 AP통신은 "군대는 정숙히 서울로 들어왔다. 그들은 데모대원들에게 손뼉을 치던 연도의 구경꾼들로부터 환영의 갈채를 받았다. 몇몇 군인들도 미소짓고 손을 흔들었다"고 보도했다.[29] 이러한 군의 중립적 태도는 미국의 압력과 함께 이승만을 하야시키는 데 결정적 역할을 했다. 그러나 이때 한국군이 보여준 정치적 중립도 '불개입의 개입'적 성격을 띠고 있었다.

군을 방치한 장면

한국전쟁 이후 한국군은 부산정치파동 당시와는 다른 의미에서 정치화되어 있었다. 이 당시 군의 정치화는 주로 부패와 선거관여로 나타났다. 한국전쟁이 끝나자 이승만은 탁월한 용인술을 가지고 이중지배구조하의 정치화된 군부를 요리했다. 그는 군부의 직업적

이해professional interests를 가능한 한 보장해 주면서 동시에 육군 특무대를 이용해 군부에 대한 감시를 게을리하지 않았다. 또한 군 내부에서 특정 세력이 지나치게 비대해져 자신에게 도전하는 것을 막기 위해 몇 개의 파벌을 양성하여 서로 견제토록 하는 수법을 사용했다.[30] 이러한 용인술 덕에 이승만 정부하에서 군부의 정치화는 주로 부패로 나타났다. 막대한 군수물자를 빼돌려 사리사욕을 채우고, 그중 일부를 정치권에 상납함으로써 자신들의 진급을 보장받는 것이 1950년대 정치화된 군인의 대표적인 모습이었다. 그리고 선거 때마다 여당에 유리하게 군을 동원하는 것도 이 무렵 군의 정치화의 전형적인 모습이었다.

그런데 4·19혁명을 거치면서 군의 정치화는 그 양상이 변하기 시작했다. 사회의 민주화 움직임은 군에도 영향을 미쳤다. 군 내부에서도 이승만 독재에 협력했거나 부패한 장성이나 장교들을 추방하자는 움직임이 일어났다. 청년장교들이 이러한 움직임을 주도했다. 이들은 부패한 정치군인들의 추방과 군의 혁신을 주장했다는 점에서 새로운 의미의 정치군인들이었다.

이들 청년장교들은 대개 민족주의적인 열망에 불타고 있었다. 이들은 조국의 경제적 후진성을 안타까워하고, 어떻게 해야 '부국강병'을 이룩할 수 있는지, 그리고 그것을 위해 가장 근대화된 조직인 군대가 할 역할은 무엇인지를 고민하는 사람들이었다. 그러나 이러한 청년장교들의 민족주의적 열망 뒤에는 진급이 더딘 데 대한 불만도 도사리고 있었다. 김재춘을 비롯한 육사 5기와 김종필을 대표로 하는 육사 8기가 주축을 이루고 있었던 이들의 계급은 대개 중령이나 대령이었다. 이들의 선배들은 나이가 비슷함에도 불구하고 이미 대부분 장군이 되어 있었다. 그러나 이들은 인사적체 때문에 언제 장군으로 진급할지 알 수 없었다.

이런 상태에서 1960년 8월 27일 장면 정부는 10만 명을 감군한다고 발표했다. 이것은 결국 미국과 군부의 반발에 부딪혀 철회되고 말았지만, 진급문제에 대한 불만이 쌓인 청년장교들에게 대단히 실망스러운 발표였다. 더구나 장면 정부가 자신들이 요구하는 부패한 고위장교들에 대한 숙정은 게을리하면서 군대 수만 줄이려 한다는 사실에 이들은 크게 분노했다.

이렇게 민족주의적 열망과 진급에 대한 불만에 차있던 청년장교들은 유사한 생각을 지니고 있던 박정희 소장과 만나면서 반역을 꿈꾸기 시작했다. 박정희는 당시 군부 내의 주요한 두 파벌인 서북파와 동북파 어디에도 속하지 못했다. 그는 북한이 아니라 남한, 그중에서도 경북 출신이었고 남들보다 진급도 늦었다. 그러나 그는 청렴하고 민족주의적인 군인으로 청년장교들로부터 존경을 받고 있었다.

민족주의적 열망과 진급에 대한 불만이 박정희와 청년장교들을 새로운 의미의 정치화된 군인이 되도록 '내모는 요인들pushing factors'이었다면, 4월 혁명 이후 전개된 사회적·이데올로기적 혼란은 이들을 군영 바깥으로 '끌어내는 요인pulling factors'이었다. 이 기간 중의 사회적 혼란과 그에 대한 장면 정부의 무기력한 대응에 대해서는 이미 살펴보았다. 이러한 혼란과 무기력은 군부가 정치에 개입할 수 있는 좋은 명분을 제공했다. 특히 통일문제에 관해

학생들과 혁신진영이 내건 최대강령주의적maximalist 주장과 요구는 시민들을 불안하게 만들었고 미국의 심각한 우려를 불러일으켰다. 군부는 이러한 토양 위에서 반공과 질서의 수호자로 나섰던 것이다.

　민주주의로의 이행기를 관리함에 있어 군부에 대한 성공적인 통제가 갖는 중요성은 아무리 강조해도 지나치지 않다. 무력의 관리자이자 질서의 수호자로서의 군부의 역할은 정치체제의 성격과 무관하게 중요하다. "폭력에 대한 독점적 사용이 근대 민주주의의 필수요건이다. 따라서 군에 대한 통제력을 지니는 데 실패했다는 것은 민주적인 권력을 포기했음을 의미한다."[31]

　그런데 장면 정부는 이 점을 너무 도외시했다. 정부 내의 어느 누구도 군부와 적절한 커넥션을 유지하지 못하고 있었다. 장면 정부 안에서 군부에 대한 충분한 정보망을 지녔거나 필요한 통제력을 지닌 사람은 아무도 없었다. 이런 상태에서 이 정부는 군부의 직업적 이해를 보장해 주는 데에도 소홀했다. 한마디로 이 정부는 군을 방치했던 것이다.

미국의 우려 증대

　이런 사회적 혼란이 계속되고, 장면 정부가 점차 안으로부터 해체되어 가는 조짐을 보이고 있을 때, 미국은 이러한 사태를 어떻게 평가하고 있었을까?

　1960년 11월 22일 미행정부는 '한국의 전망'이라는 보고서를 작성했다. 이 보고서는 "향후 몇 년 동안 리더십에서의 변화와 세력재편이 일어날 것"인데, 그 경우 "현재와 같은 보수정당 우위에서 벗어나 사회주의 세력의 힘이 강화될 것"이라고 하면서 장면 정부와 한국 정치의 장래를 비관적으로 전망했다.[32]

　이러한 비관적 전망은 이듬해 3월 초 국제협력단CA 한국지부의 기술자문을 맡고 있던 팔리H. Farley가 백악관에 보낸 '한국의 상황, 1961년 2월'이라는 보고서(소위 팔리 보고서)에서는 더욱 노골화되었다. "1961년 2월 한국은 병든 사회이다"라는 문장으로 시작하는 이 보고서에서 팔리는 장면 정부의 무능과 부패를 통렬히 비판하면서 이 정부가 4월을 넘기기 어려울 것이라고 전망했다. 내버려둘 경우 한국에서는 공산혁명이나 그와 비슷한 사태가 일어날지 모른다. 이것을 막기 위해 미국정부는 하루 빨리 한국에 '특명전권대사'를 파견하여 개혁을 단행하도록 적극 개입해야 한다. 만약 그렇지 않으면 최악의 경우 군사쿠데타가 일어날지 모른다고 그는 경고했다.[33]

팔리 보고서는 케네디 대통령에게 큰 충격을 안겨주었다. 케네디는 국무부와 미중앙정보국에 한국의 상황에 대해 정밀한 평가보고서를 제출하라고 명령을 내렸으며, 국가안보위원회 NSC에도 새로운 대한정책을 입안하라고 지시했다.

그러나 이 보고서에 대한 국무부의 반응은 그렇게 호의적이지가 않았다. 국무부도 한국의 상황이 불안정하다는 점에 대해서는 동의했다. 그러나 장면 총리가 최근 지도력을 회복하고 있기 때문에 미국이 지속적인 경제원조와 적절한 정치적 지원을 계속한다면 장면 정부는 유지될 수 있다는 것이 국무부의 생각이었다. 국무부는 미국이 한국문제에 직접적이고도 깊이 개입해야 한다는 팔리의 제안을 '비현실적'인 것으로 여겼다. 그랬다가는 4월 혁명 이후 엄청나게 성장한 한국의 민족주의 때문에 내정간섭이라는 비난을 받을 것이고, 반미운동에 직면하게 되리라는 것이 국무부의 평가였다.[34]

미중앙정보국은 3월 21일 '한국에 대한 단기전망'이라는 정보보고서를 국가안보위원회에 제출했다. 거기서 중앙정보국은 "이승만 대통령을 붕괴시킨 4월 혁명 1주년을 맞아 시위와 약간의 폭력적

행위들이 벌어질 것이다…… 그러나 현시점에서 반대집단과 일반인들이 느끼는 분노는 4월 혁명을 야기시켰을 때만큼 심하지는 않다"고 하면서 한국의 사태를 단기적으로는 그렇게 비관적으로 전망하지 않았다. 그러나 이 보고서는 "한국이 경제적으로 매우 취약하고 정치적으로 불안정하기 때문에 향후 몇 년 동안 내적 위기나 위기의 위협 등이 예외가 아닌 정상 상황을 표현하는 말이 될 것"이라고 결론을 맺음으로써 장기적으로는 역시 한국의 전망이 밝지 않다고 평가했다.[35]

어쨌든 국가안보위원회는 4월 초부터 케네디의 지시에 따라 이러한 부처 간의 견해차이를 조정하여 새로운 대한정책을 마련하기 위한 준비에 돌입했다. 5월 초에는 이 작업을 전담할 부서task force가 만들어졌다. 그러나 '허약한 장면 정부를 어떻게 사회경제적 개혁에 단호하게 착수할 수 있는 정부로 바꿀 것인가'의 문제를 둘러싸고 미행정부는 여전히 의견의 일치를 보지 못하고 있었다. 이러한 시점에 한국에서 쿠데타가 발생했다. 팔리 보고서가 가정한 '최악의 경우'가 일어난 것이다.

시간과의 경쟁에서의 패배

　한국현대사에서 4월 혁명 이후 1년은 백화제방百花齊放의 시기이자 '잠깐 보였던 하늘'의 시기였다. 민주당은 혁명의 주체는 아니었지만, 국민들로부터 이 시기의 관리를 위임받았다. 그러나 장면 정부는 정당성은 있었지만 능력은 부족한 정권이었다. 장면 정부는 과도기 내지 이행기를 넘기는 데 필요한 정치안정을 유지할 능력도 없었고, 경제발전을 도모할 역량도 부족한 상태에서 안으로부터 허물어져갔다.

　이러한 난관을 헤쳐나가기 위해 장면 정부는 몇 가지 노력을 기울였다. 그러나 그것은 내적 분열과 외적 공격으로 효과를 발휘하기가 어려웠다. 넓어진 자유공간에서 언론과 모든 사회집단들은 정부에 대해 무차별적으로 공격을 가할 수 있게 되었다. 그러나 사회세력, 특히 혁신진영은 민주화의 성과를 보존하는 전략적 사고가 부족했다.

이러한 내부분열과 능력부족 그리고 외부의 공격으로 장면 정부
는 이행기에 필요한 시간관리에 실패했다. 시간을 선용善用하지 못
하면 시간의 보복이 기다리고 있다. 장면 정부에게 그 보복은 군의
정치개입이었다.

|주|

1) "Telegram from the Embassy in Korea to the Department of the State", April 26, 1960, *FRUS, 1959~1960, Vol. XVIII: Japan, Korea* (1994), pp.639~640.

2) "Telegram from the Embassy in Korea to the Department of the State", April 28, 1960, *FRUS, 1959~1960, Vol. XVIII: Japan, Korea* (1994), pp.640~644.

3) 이것은 1950년대 말 자유당 온건파와 민주당 온건파(구파) 사이에 추진되었던 내각제 개헌 시도와 맥을 같이 하는 것이었다.

4) 정수산, 「제2공화국의 붕괴과정에 관한 연구」, 서울대 정치학박사 논문 (1992), p.91.

5)《동아일보》, 1960년 6월 8일 및 7월 27일.

6) 이 주장은 1950년 말 이래 미국 및 민주당 구파의 생각과 일맥상통하는 것이다.

7)《조선일보》, 1960년 8월 18일; Sung-Joo Han, *The Failure of Democracy in South Korea* (Berkeley: University of California Press, 1974), pp.119~121.

8) 자세한 설명은 김일영, 「시간과의 경쟁에서의 패배: 장면 정부의 해체와 유산된 민주주의」,《황해문화》, 2001년 봄호, pp.291~293; Kim Il-Young, "The Race against Time: Disintegration of the Chang Myon Government and Democracy Aborted", *Review of Korean Studies, Vol.7*, No.3 (2004), pp.176~180 참조.

9) 1961년 신년사에서도 장면은 우선은 경제이고 통일은 그 다음이라고 했다.

10) 김흥기, 『비사 경제기획원 33년: 영욕의 한국경제』 (서울: 매일경제신
문사, 1999), pp.31~34.

11) 정헌주, 「민주당정부는 과연 무능했는가」, 《신동아》, 1985년 4월호.

12) 이것은 두 달 뒤인 7월 22일 경제기획원으로 명칭이 바뀐다.

13) 정헌주, 앞의 글, pp.274~276. 이러한 도용盜用설은 부분적으로만 타
당하다. 군사정권이 출범 후 장면 정부가 작성한 경제개발부안을 가져
다 쓴 것은 사실이다. 제1차 경제개발5개년계획도 장면 정부의 5개년계
획안을 참조해 만든 것이었다. 장면 정부의 계획안에 들어있던 불균형
성장론과 기간산업위주의 수입대체 산업화전략은 군사정부에서도 그대
로 수용되었다. 그러나 박정희 정부는 이러한 원안原案이 아니라 그 내
용을 수출지향산업화전략으로 바꾸어 1964년부터 시행한 수정안에 의
거해 경제발전을 성공시켰다. 그러므로 박정희 정부가 이룩한 경제발전
이 모두 장면 정부 덕분이라는 주장은 지나친 것이다.

14) Donald S. Macdonald, *U.S.-Korean Relations from Liberation to Self-
reliance, The Twenty-Year Record* (Boulder: Westview Press, 1992),
p.289; D. H. Satterwhite, "The Politics of Economic Development:
Coup, State, and the Republic of Korea's First Five-Year Economic
Development Plan(1962~1966)", Ph. D. Dissertation (University of
Washington, 1994), p.353.

15) 《조선일보》, 1961년 5월 14일.

16) 김흥기, 앞의 책, pp.55~56.

17) 김영선, 「국토건설계획과 실업자대책」, 《사상계》, 1961년 1월호,
pp.203~209.

18) 정헌주, 앞의 글, pp.272~273.

19) 《조선일보》, 1961년 3월 7일.

20) 《경향신문》, 1961년 2월 19일, 2월 25일, 4월 11일, 4월 30일; 정수산, 앞의 글, pp.167~169.

21) Se-Jin Kim, *Documents on Korean-American Relations 1943~1976* (Seoul: Research Center for Peace and Unification, 1976), pp.263~266.

22) 《조선일보》, 1960년 11월 1일.

23) 《한국일보》, 1961년 3월 22일.

24) 《한국일보》, 1961년 3월 24일.

25) Sung-Joo Han, 앞의 책, pp.139~165.

26) 정수산, 앞의 글, pp.142~157.

27) 부산정치파동 당시의 군부의 움직임에 대해서는 김일영, 「전쟁과 정치」, 유영익 · 이채진 편, 『한국과 6 · 25전쟁』 (서울: 연세대 출판부, 2002) 참조.

28) 이 병력 이동은 유엔군사령관의 허락 아래 진행되었다. "Telegram from the Embassy in Korea to the Department of State", April 19, 1960, *FRUS 1958~1960 Vol. XVIII: Japan, Korea* (1994), pp.618~620.

29) 조갑제, 『내 무덤에 침을 뱉어라』 3권 (서울: 조선일보사, 1998), p.161 에서 재인용.

30) 창군 초기 군 내부에는 크게 광복군 내지 중국군파(이범석, 유동열, 송호성 등), 일본 육사파(이응준, 채병덕, 이종찬, 김석원, 김정렬 등), 만군파(만주군관학교 출신의 정일권, 백선엽, 박정희, 강문봉, 이주일 등)의

세 파벌이 있었다. 먼저 이승만은 김구 세력을 거세하려는 의도에서 광복군과 중국군 출신을 도태시키는데 그 공간을 메우고 들어온 것이 일본 육사파였다. 그런데 일본 육사파가 비대해지고 그들의 리더인 이종찬이 부산정치파동 당시 자신의 명령을 거부하자 이승만은 그들 대신 만군파를 등용하기 시작했다. 이때 만군파 내부에는 백선엽 중심의 서북파(평안·황해도 출신)와 정일권 중심의 동북파(함경도 출신)가 있었는데, 이승만은 양쪽을 번갈아가며 참모총장에 발탁함으로써 그들 전체를 견제했다. Se-Jin Kim, *The Politics of Military Revolution in Korea* (Chapel Hill : The University of North Carolina Press, 1971), ch.3 ~ 4.

31) Alfred Stepan, *Rethinking Military Politics : Brazil and the Southern Cone* (Princeton : Princeton University Press, 1988), p.15.

32) "Prospects for the Republic of Korea", November 22, 1960, *FRUS, 1958 ~ 1960, Vol. XVIII : Japan, Korea* (1994), pp.697 ~ 698.

33) "The Situation in Korea", February 1961, 한국정신문화연구원 현대사연구소 편, 『5·16과 박정희 정부의 성립』 제1집: 주제별 문서철 (성남: 한국정신문화연구원, 1999), pp.14 ~ 38; *FRUS, 1961 ~ 1963, Vol. XXII : Northeast Asia* (1996), pp.424 ~ 425.

34) 한국정신문화연구원 현대사연구소 편, 위의 책, pp.6 ~ 12.

35) "Short-range Outlook in the Republic of Korea", March 21, 1961, *FRUS, 1961 ~ 1963, Vol. XXII : Northeast Asia* (1996), pp.430 ~ 435.

제 **7** 장

부국 富國의 길: 박정희 정권과 발전국가의 등장

국가의 시대 개막 | 쿠데타가 '혁명'으로 | '혁명'의 제도화 과정 | 정치권의 재편: 대선과 총선 | 국회의원 선거: '이상 6, 현실 4' | 발전국가의 물적 기초의 형성 | 발전국가의 형성과 위기

국가의 시대 개막

사회의 시대에서 국가의 시대로

근대국가는 물리적 힘을 배타적으로 독점하면서도 그것을 이데 올로기적으로 합리화할 수 있고, 또 그것을 지탱하기에 충분한 물질적 재원을 갖추었을 때 비로소 안정적으로 유지될 수 있다. 베버 M. Weber가 국가를 주어진 영역 내에서 '물리적 강제수단에 대한 합법적 사용의 독점'을 성공적으로 주장할 수 있는 인간공동체로 정의[1]한 것이나 맑스주의자들이 자본주의 국가의 핵심기능으로 강제, 축적 그리고 동의를 언급한 것은 모두 이 때문이라고 할 수 있다.[2]

근대국가의 (안정화) 요건을 갖춘다는 면에서 장면 정부와 박정희를 중심으로 하는 군부는 좋은 대비를 보여주었다. 장면 정부는 근대국가의 이러한 세 가지 기능적 요건을 제대로 충족시키지 못했다. 이 정부가 붕괴된 직접적 요인은 정부가 군부통제, 즉 물리력의 배타적 확보에 실패한 탓이었지만, 그 이면에는 질서유지의 실패와 이데올로기적 포용성의 부족, 그리고 경제적 성과의 부재라는 요인도 있었다. 한국현대사에서 그 어느 때 보다도 사회세력이 활성화되어 있었다는 점에서 장면 정부는 '사회의 시대'였다. 그러나 장면 정부에게는 이렇게 활성화된 사회부문을 적절하게 제어하면서 그 에너지를 발전적 방향으로 몰고 갈 능력이 부족했다. 그런 점에서 이 시기는 '사회가 국가를 포위한 시대'였다고 표현할 수 있다.

1961년 5월 16일 군부가 권력을 잡으면서 이 나라에는 '국가의 시대'가 개막되었다. 박정희를 위시한 군부세력은 쿠데타를 통해 집권함으로써 처음부터 물리력은 어느 정도 장악할 수 있었다. 그러나 마상馬上에서 천하를 얻었다고 거기서 천하를 다스릴 수는 없는 법.[3] 강제수단의 장악은 권력창출과 유지의 요건들 중 하나에 불과했다. 이데올로기적 포섭과 물질적 재원에 뒷받침되지 않는 강제력은 곧 한계를 드러낼 수밖에 없었다. 따라서 군부는 경제적 성과를 추구하기 시작했는데, 그 방식은 국가주도형이었다. 군부는 국내외적으로 총동원된 자원을 의도적으로 왜곡 배분시켜 자신들이 선정한 특정산업부문을 먼저 발전시키는 불균형 발전전략을 구사했다. 이제 국가는 사회를 압도하면서 질서와 발전의 중심에 자리잡기 시작했다. 그 와중에 때때로 억압이 질서와 발전으로 포장되어 강제되는 부작용도 나타났지만, 어떤 경우에도 국가의 중심성은 유지되었다. '발전국가developmental state'의 전형이 한국에서도 나타나기 시작한 것이다.

발전국가란 무엇인가

발전국가란 '사유재산과 시장경제를 기본 원칙으로 하면서도 방어적 근대화defensive modernization라는 목표를 위해 시장에 대한 장기적이면서 전략적인 개입을 하는 국가'[4]이다.

부국강병이란 후발late 내지 후후발late, late 산업화 국가들은 대개 추격발전catch up development과 자국 방어라는 이중의 과제에 직면한다. 그들은 한편으로는 경제발전 면에서 선발 산업화 국가들을 추격하고, 다른 한편으로는 선발국들의 정치경제적 팽창으로부터 자국을 보호해야 하는 두 가지 과제에 봉착하는 것이다. 이러한 이중 과제를 달성하기 위해 이들 국가들은 부국과 강병을 동시에 추구하는 방어적 근대화를 목표로 삼는다.

국가가 시장에 대해 장기적이면서도 전략적으로 개입한다는 것은 다음과 같다. 첫째, 국가는 중점적으로 육성할 전략산업target industries을 결정한다. 이것은 국가의 방향이나 목표 설정과 관련된 지도자 개인이나 지도집단의 정치적 결단에 따라 결정되는 수가 많다. 특히 국방의 이유 때문에 중공업 육성이 때 이르게 강조될 수도 있다. 둘째, 이러한 전략산업을 발전시키기 위해 국내외의 가용可用 자원을 총동원한다. 셋째, 이렇게 동원된 자원을 국가는 전략산업 부문에 의도적으로 왜곡 배분한다. 넷째, 이러한 금융지원 외에도 국가는 산업별 지시계획, 가격의 과다경쟁 규제, 선택적 보호주의, 보조금 정책 등을 통해 전략산업을 집중 지원한다. 다섯째, 이러한 정책을 펴기 위해서는 국가가 금융기관을 자신의 통제하에 두는 것이 필수적이다. 여섯째, 이 경우에도 국가는 전략산업(에 종사하는 기업)에 무조건적으로 특혜를 주기보다는 그들이 이룩한 경제적 성과에 따라 자원을 배분하는 방식으로 경제성장을 유도한다.

이러한 발전국가적인 시장개입의 과정에서 관치官治금융이 발생했고, 정경유착政經癒着이 싹텄으며, 비효율이 발생한 것은 사실이다. 그러나 산업화 초기 단계에서는 이렇게 한정된 자원을 특정분야에 몰아주는 방식이 상당한 효과를 발휘한 것도 사실이다. 이때 정부가 추구하는 것은 단기적인 효율성efficiency보다는 중장기적인 효과성effectiveness이었다.

이러한 발전국가는 대개 후발 내지는 후후발산업화에 성공한 나라들에서 많이 나타났다. 발전국가는 민주적 의사결집과정보다는 리더의 정치적 결단과 행정적 효율성을 앞세우며 자원배분에서 선택과 집중을 강조한다. 이러한 발전국가가 민주적이 되기는 쉽지 않다. 실제로 그것은 권위주의 체제와 결합하는 수가 많았다. 그러나 둘 사이의 관계는 필연적이라기보다는 선택적 친화성elective affinities이 높다고 봐야 한다.

그런데 방어적 근대화를 지향하는 국가라고 해서 모두 전략적 시장개입을 할 수 있는 것은 아니다. 우선 사회에 대한 국가의 자율성autonomy이 커야 하며, 이러한 자율성은 반드시 상당한 국가능력state capacity을 동반해야 한다.5 따라서 높은 국가의 자율성과 능력은 발전국가의 또 다른 요건이라고 할 수 있다.

한국에서 이러한 발전국가의 등장요건의 일부, 특히 국가가 사회로부터 상대적으로 높은 자율성을 확보할 수 있는 기초적 조건은 1950년대에 마련되었다. 농지개혁의 단행과 그에 뒤이어 벌어진 한국전쟁은 한국 사회의 전통적 지배계급인 지주의 몰락을 가져왔다. 새로운 자본가계급이 생겨났지만, 아직 그 규모가 작았고 자기재생산능력을 갖추지 못했었다. 당시 국가는 일제로부터 미군정을 거쳐 한국정부로 이관된 막대한 귀속재산을 거머쥐고 있었고, 미국에서 들어온 원조물자에 대한 배분권도 지니고 있었으며, 외환 및 수출입에 대해서도 엄격한 통제를 가하고 있었다. 이러한 상태에서 유치幼稚자본의 성장은 국가 내지는 정치권력과의 결탁 없이는 이루어질 수 없었다. 그리고 해방 이후 활성화되었었던 노동자, 농민 등의 사회계급 역시 농지개혁과 전쟁을 거치면서 그 세력이 급격히 약화 내지는 보수화되어 버렸다. 요컨대 지주가 몰락하고, 자본이 국가의존적이며, 여타 사회계급이 숨죽이고 있는 상황에서 국가의 상대적 자율성은 높을 수밖에 없었다.

그러나 국가의 자율성이 크다는 것은 발전국가의 요건 중 하나에 불과하다. 발전을 추진할 만한 능력을 수반하지 않은 자율적인 국가는 단순히 권위주의에 그치기가 쉽다. 아쉽게도 1950년대 한국은 이 경우에 해당되었다. 당시 한국에서는 발전을 추진할 인적, 제도적 능력이 맹아적으로 형성되고 있었다. 하지만 그것을 조직화할 정치적 리더십의 부재로 이런 맹아들은 고립된 상태로 남아 있어야만 했다. 1950년대에 맹아적으로만 존재했거나 결여되었던 이러한 인적, 제도적, 정치적 능력은 1960년대 들어와 점차 마련되었다. 여기서는 그 과정을 추적해 보겠다.

쿠데타가 '혁명'으로

관망하는 미국

1961년 5월 16일 불과 3,600여 명[6]을 동원하여 일어난 군사쿠데타는 주한미국 대사관과 유엔군의 즉각적인 반발에 직면했다. 당일 오전 10시 18분 미8군 공보처를 통해 매그루더C. B. Magruder 유엔군 사령관과 그린M. Green 주한 미 대리대사는 '장면 정부에 대한 지지'와 '군 내의 질서회복'을 요망하는 성명을 발표했다.[7] 특히 한국군에 대한 작전통제권을 지니고 있던 매그루더는 일부 군인들에 의해 자신의 권한이 침해당한 데 대해 불쾌감을 감추지 못하고 있었다. 이 때문에 매그루더는 5월 16일 오전 11시 30분경 윤보선 대통령을 면담하는 자리에서도 한국군을 동원하여 쿠데타를 진압하자는 강경책을 건의하며, 5월 19일 쿠데타 주도세력(을 대표하는 김종필)과 만나 대화를 시작하면서도 처음부터 이 점을 문제 삼았다.[8]

【 5 · 16군사쿠데타 】

박정희와 김종필을 중심으로 한 청년 장교들이 1961년 5월 16일
군사쿠데타를 일으켰다.

　이러한 한국 내 미국 포스트의 반발에도 불구하고 쿠데타가 성공
할 수 있었던 까닭은 무엇인가? 5월 18일(워싱턴 시각) 미중앙정보
국은 케네디 J. F. Kennedy 대통령에게 제출한 보고서에서 "어떤 저항
도 존재하지 않았고, 국민들은 무관심했으며, 장면 총리의 저항포
기, 장도영의 이중행동, 윤보선 대통령의 타협적 태도와 이에 기인
한 합헌적인 정권이양, 그리고 이에 따른 군사정권의 정통성 강화"
를 이유로 꼽았다.[9] 이것은 사태의 본질을 꿰뚫은 지적이긴 하지만,

다분히 미국의 입장을 대변한 분석이라고 할 수 있다. 당시 3,600명을 동원하여 일으킨 군사쿠데타가 '혁명'으로 둔갑할 수 있는가의 여부를 결정하는 열쇠를 쥔 것은 미국이었다. 미국정부의 수용 여부에 따라 그것은 일부 군인들이 벌인 해프닝으로 끝날 수도 있고, 거창한 '구국의 혁명'으로 변모할 수도 있었다. 그런데 이 보고서에는 그 점이 누락되어 있었다.

한국 내 미국의 지휘부가 쿠데타에 대해 즉각 거부감을 보인 것과는 달리 미국정부는 유보적인 태도를 보였다. 국무부 대변인 화이트L. White는 5월 16일 정오(워싱턴 시각)의 정례 브리핑에서 미국은 한국에서 벌어지고 있는 유동적인 상황을 '주시'하고 있다고만 밝히면서, 매그루더와 그린의 성명은 그들의 직무 범위 안에서 이루어진 것일 뿐이라고 해명했다.[10]

이러한 미국의 유보적인 태도는 5월 16일 밤 10시 45분(워싱턴 시각) 미국무부가 주한미국 대사관에 보낸 전문에서 보다 명확하게 드러난다. 거기서 국무장관 대리 보울즈C. Bowles는 다음과 같은 훈령을 내리고 있다. "총리 및 내각 구성원들이 잠적했고, 대통령과 군 지도부 및 핵심 공직자들이 쿠데타를 진압하거나 또는 어느 쪽을 편드는 어떤 행동도 취하려고 하지 않는 기묘한 상황에서 장면 정부가 큰 상처를 받지 않고 이 위기를 넘길 수 있을지 자신이 서질 않는다. ……그러므로 사태가 명확해질 때까지 조심스러운 관망의 자세를 취하기로 했다. 우리는 계속해서 장면 정부가 재건되기를 희망해야 하지만, 다음 두 가지를 피해야 한다. 한편으로는 장면 정부의 재건에 역행하는 어떤 행동도 취해서는 안 되지만, 다른 한편으로는……끝장났을지도 모를 이 내각의 운명과 미국이 공공연히 동일시되는 어떤 행동도 자제해야 한다."[11]

유약한 장면

물론 미국의 이러한 애매한 태도를 부채질한 것은 한국 내의 미묘한 분위기였다. 군통수권자 중 한 사람인 장면은 잠적한 채 나타나지 않았고, 또 다른 사람인 윤보선은 친親쿠데타적인 언행을 보임으로써 미국으로 하여금 쿠데타 진압 이후의 정치적 안정에 대해 자신감을 갖지 못하도록 만들었다.

주지하듯이 장면은 쿠데타가 나자 깔멜 수녀원에 은신한 채 3일 동안 나타나지 않았다. 그런데 최근 공개된 미국 자료에 따르면, 그가 이곳에서 외부와 완전한 연락두절상태로 있었던 것이 아님이 밝혀졌다. 그는 매그루더와 그린이 민주당 정부를 지지하는 성명을 발표한 직후 미대사관에 두 차례 전화를 했다. 이 통화에서 그는 자신을 지지하는 성명에 감사를 표하면서 유엔군사령관이 상황을 맡아서 "권한을 행사"해 달라고 요청했다.[12] 이튿날인 5월 17일에도 장면은 중개인을 통해 대사관에 편지를 보냈다. 거기서 장면은 다시 쿠데타 세력에 대한 미국의 대응조치에 대해 물었다.[13]

장면이 이렇게 몸을 숨긴 채 매그루더에게 모든 (군사적) 권한을 행사해 반란을 진압시켜 달라고 요청했지만, 미국 입장에서는 이 문제가 그렇게 단순하지 않았다. 미국은 그 동안 한국 정치에 수없이 개입했지만, 그 방식은 대부분 은밀하고 간접적이었다.[14] 중요한 한국인에게 영향력을 행사해 그들로 하여금 미국이 원하는 방향으로 한국 정치를 끌고 나가도록 하는 것이 일반적인 미국의 개입방식이었다. 따라서 미군을 진압에 동원하는 것은 처음부터 생각하기 어려운 방안이었다. 이 점은 매그루더가 쿠데타에 가장 반발했던 사람이었지만, 미군을 동원하는 것에 대해서만은 일관되게 반대했다는 사실에서도 잘 드러난다.[15]

그렇다면 남은 것은 한국군을 동원하는 것인데, 이를 위해서도 미국은 한국의 총리나 대통령의 재가를 얻으려고 애썼다. 제도상으로 유엔군사령관에게 한국군의 동원권이 있었다. 그러나 미국은 한국 정치에 직접 개입했다는 오명을 뒤집어쓰기 싫어했다. 따라서 미국은 자신에게 부여된 권한을 직접 행사하기보다는 한국 지도자의 재가를 통해 그 권한을 행사하려 했다. 이러한 상태에서 매그루더에게 주어진 권한을 행사할 것을 요청하는 장면의 요구는 받아들여지기 어려웠다.

근시안적 윤보선

이에 매그루더는 총리가 부재한 상태에서 군통수권을 행사해야 할 윤보선에게 반혁명군의 동원을 요청하기 위해 5월 16일 오전 11시 30분 그린과 함께 청와대를 방문했다. 그러나 윤보선은 한국군 간에 유혈사태가 날 수 있다고 하면서 이러한 제안에 반대했다. 그뿐 아니라 그는 5월 17일에는 이 사태와 관련해 어떤 "불상사와 희생이 발생해서도 안 된다"는 친서를 일선 지휘관들에게 전달함으로써 쿠데타에 내응하는 듯한 태도를 취하기까지 했다.[16]

매그루더는 이러한 윤보선의 친쿠데타적 언행을 정략적인 것으로 파악했다. 그가 보기에 '윤보선은 쿠데타를 정적인 장면을 제거하고 새로운 정부를 수립하기 위해 수용할 수도 있는 방안'으로 여기는 것 같았다.[17]

이렇게 총리는 겁에 질려 나타나지 않은 채 모든 것을 미국에게 미루고 있고, 대통령은 눈앞의 이익 때문에 한국군의 사용을 반대하고 있는 상황에서, 매그루더는 자신이 처한 딜레마를 5월 17일 오전 11시 40분 합참에 보낸 전문에서 이렇게 쓰고 있다. "나는 이한림의 1군을 동원해 반란을 진압할 수도 있다. 다만 그것이 성공하더라도 복원될 정부가 이미 국민들의 지지를 잃었다는 점과 그 이후 정부를 이끌 지도자가 없다"는 점이 문제이다. 따라서 "총리가 은신처에서 나온다면 내가 그를 얼마나 지지해야 할지도 의문"이라고 하면서 매그루더는 "나의 권한으로 한국군에게 반란진압 명령을 내리지 않을 것"이라고 결론을 맺고 있다.[18]

비슷한 시각에 그린도 장면이 보낸 중개인에게 "상황을 원상으로 돌리기 위한 지원과 힘은 반드시 한국인에게서 나와야 한다"고 강조하고 있었다. 그는 이를 위해서는 장면이 윤보선과 장도영을 만나야 한다는 말도 덧붙였다.[19]

미국의 최종 선택은 묵인

이제 미국은 초기의 관망자세에서 쿠데타에 개입하지 않는 쪽으로 점차 방향을 틀기 시작했다. 이때 불개입이란 쿠데타에 대한 묵인 내지는 수용을 의미했다. 이러한 미국의 방향전환은 5월 18일 낮 12시 23분(워싱턴 시각으로는 5월 17일 밤 11시 23분) 미국무부가 주한미국 대사관에 보낸 전문에서 가장 잘 드러나고 있다. 여기서 미국은 장면의 회복불능을 거의 기정사실로 인정한 상태에서 "국민통합을 유지할 수 있으면서도 문민적 구성원이 다수를 차지하는 정부를 조속히 구성하되, 그것은 광범위한 기초를 지니고 있고 정파의 이해에 얽매이지 않는 책임 있는 정부"여야 할 것이라고 방향을 제시했다. 아울러 "현재 구성되어 있는 혁명위원회가 이러한 방향으로 나아가지 못할 것으로 보이면, 가능한 모든 영향력을 동원하여 그 위원회에 작용을 가할 것"을 지시했다. 마지막으로 미국은 "윤보선에게 그 직위를 계속 유지케 함으로써 정부계승작업이 최대한 합법적이고 연속적인 상태에서 추진될 수 있게 하라"는 명령도 내렸다.[20]

이 무렵부터 모든 상황이 쿠데타 세력에게 유리하게 전개되기 시작했다. 5월 18일에는 쿠데타 세력에게 가장 큰 군사적 위협이던 1군사령관 이한림이 체포되었고, 육사생도들이 '혁명'을 지지하는 가두행진을 벌여 시중의 분위기를 선도했으며, 그 동안 잠적했던 장면이 나타나 내각 총사퇴를 결의하는 등 모든 것이 점차 쿠데타 세력에게 호의적으로 전개되었다.

이어서 5월 19일부터 매그루더와 쿠데타 지도부 사이에 몇 차례의 회동이 이루어졌다. 관망자세를 견지하는 동안 미국은 쓸데없는 오해를 피하기 위해 쿠데타 지도부와 공식적으로 만나기를 회피했었다.[21]

그러나 쿠데타를 묵인하기로 한 이상, 더 이상 면담을 회피할 이유가 없었다. 어쩌면 유엔군사령관과 반란군 지도부가 만났다는 사실 자체가 미국이 이 쿠데타를 인정했음을 상징하는 일이기도 했다. 이 회동의 결과 5월 26일에 군사 '혁명'을 인정하는 대신 손상된 유엔군사령관의 작전통제권을 복원시킨다는 데에 합의하는 한미공동성명이 발표되었다.[22] 그 와중인 5월 22일(워싱턴 시각) 미국무부는 "혁명정권이 공약한 유엔 지지와 사회개혁 및 헌정에의 복귀를 찬양하며, 조속한 시일 내에 합헌적인 절차로의 복귀를 촉구"한다는 성명을 발표했다.[23]

이렇게 볼 때 쿠데타가 '혁명'으로 둔갑하는 고비는 5월 18일이었다. 이 날을 전환점으로 불과 3,600여 명의 병력을 동원하여 일으킨 쿠데타가 국내외적으로 기정사실로 받아들여지면서 구국의 일념에서 일으킨 '혁명'으로 변신할 수 있었다.

누구 책임인가

'구국의 혁명'으로 둔갑하면서 성공할 수 있었던 요인은 무엇인가? 이와 관련하여 미국의 책임을 거론하는 주장이 있다. 소수의 군인들이 일으킨 쿠데타가 불과 이틀 만에 군대문제에 관한 한 장면에게는 권한이 거의 없었기 때문에 그에게는 책임질 일도 별로 없었다. 책임을 져야 한다면 그것은 군을 실질적으로 관할하고 있는 사람, 즉 유엔군사령관이 져야 한다. 그런데도 매그루더는 자신에게 부여된 권한, 즉 쿠데타에 가담하지 않은 한국군 주력부대인 1군이나 미군을 동원하여 반란을 진압하기를 거부했다. 따라서 책무를 방기한 매그루더, 더 나아가 그 배후에서 불개입을 표명한 미국이 쿠데타를 성공시킨 장본인이라는 것이 이 주장의 골자이다.[24]

이러한 주장은 일면 타당하면서도 미국에게 지나친 기대를 걸고 있었던 것이 아닌가 생각된다. 미국이 마음먹기에 따라 이 쿠데타는 해프닝으로 끝날 수도 있고, 구국의 '혁명'으로 둔갑할 수도 있었던 것은 사실이다. 이 점에서 쿠데타를 성공시킨 '궁극적' 요인은 분명 미국의 묵인에 있었다고 할 수 있다. 그러나 왜 미국이 반란을 묵인할 수밖에 없었는가에 대해서도 생각할 필요가 있다. 미국이 한국정치에 개입하기 위해서는 적절한 명분과 매개체가 필요한데, 당시 미국은 이것을 발견하기 어려웠다.

만약 장면이 은신하지 않고 쿠데타 세력에 맞서는 모습을 보여주었더라면, 그리고 윤보선이 정략에 얽매이지 않고 민간정부를 지키려는 노력을 했더라면, 아마도 미국은 관망이나 불개입과는 다른 행동을 취했을지도 모른다.

그러나 장면은 잠적한 채 미국의 대응만을 촉구하고 있었고, 윤보선은 눈앞의 이익에 사로잡혀 쿠데타를 정략적으로 이용하려고 하는 상황에서, 미국으로서는 개입의 적절한 명분과 동기를 찾기가 어려웠다.

이러한 한국 정치인들의 유약하고도 근시안적 태도를 무시한 채 미국의 책임만을 따지는 것은 무리한 주장이다. 그것은 어찌 보면 상당히 미국에 비판적인 입장으로 보이지만, 사실은 미국에 너무 지나친 기대를 걸고 있는 것이 아닌가 여겨진다.

미국은 전지전능한 국가도 아니며, 항상 자선을 베푸는 국가도 아니다. 미국도 그때그때의 상황에 따라 전략적 선택을 해야 하며, 선택의 기준은 대부분 국익일 수밖에 없다. 1961년 5월 16일부터 사흘 동안 미국은 한국에서 불개입이라는 전략적 선택을 했으며, 미국으로 하여금 그러한 선택을 하게 만든 '일차적' 원인은 한국의 지도자들이 제공했음을 우리는 인정해야 한다.

'혁명'의 제도화 과정

물리력에 대한 독점적 장악

미국의 인정을 받은 후 군부는 일차적으로 물리력에 대한 안정적 통제권을 확보하는 일에 착수했다. 그것은 정군整軍작업과 각종 반혁명사건에 대한 처벌을 통해 이루어졌다. 특히 박정희·김종필 라인은 1961년 7월의 반혁명사건을 통해 장도영을 중심으로 한 서북(평안도 및 황해도) 출신의 군인들과 육사 5기를 거세하고, 1963년 3월의 반혁명사건을 통해서는 김동하를 주축으로 하는 동북(함경도) 출신의 군인세력을 제거함으로써 군을 완전히 손아귀에 넣었다.[25] 이 과정에서 장군 40명을 포함 약 2,000명의 장교가 쿠데타에 비우호적인 인물들로 분류되어 예편되었다.

그러나 군의 장악이 물리력 확보의 전부일 수는 없었다. 따라서 쿠데타 주도세력은 군에 대한 숙정과는 별개로 사회 전체에 대한 통제력과 침투력을 강화하고자 쿠데타 직후부터 김종필의 주도로 중앙정보부의 창설에 착수하여, 6월 10일 중앙정보부법을 공포했다. 중앙정보부는 형식상으로는 북한 및 해외 관련 정보업무를 주로 다루기 위해 만들어졌다. 하지만 실제로는 박정희의 전폭적 지원과 신뢰 속에서 김종필이 자신의 인맥으로 정보부 조직을 장악함으로써, 군정 기간 동안 이것은 정권을 안정시키고 군정 이후를 내다본 새로운 정부와 정당을 연구하고 조직하는 산파역할을 담당하였다. 당시 정보부는 군부 내(박정희 · 김종필 라인에 대한)의 반대파는 물론이고 정치인, 공직자, 군부, 재야, 학생 등에 대한 공작과 사찰활동까지 벌임으로써 정권 안보의 첨병역할을 훌륭히 수행했다. 그리고 각종 정치제도(국가재건최고회의 조직안, 헌법, 선거법, 정당법 등)의 정비로부터 군부의 정치적 기반이 될 조직(민주공화당)을 은밀하게 만드는 일에 이르기까지 군정하에서의 모든 정치적 프로그램을 관리하는 중추적 역할을 하기도 했다.

그런데 앞에서 지적했듯이 물리력의 확보는 권력을 안정화시키는 요건들 중 하나에 불과했다. 근대국가가 안정되기 위해서는 그밖에도 이데올로기적 합리화 능력과 충분한 물질적 재원의 확보가 필요했다. 따라서 쿠데타 지도부는 이러한 두 요건을 갖추려고 애썼다.

인기영합정책

우선 군부는 갖가지 인기영합적인popularist 정책을 통해 사회로부터 지지를 유도하고자 했다. 그들은 각종 사회악을 소탕한다는 명분 아래 1만여 명의 폭력배, 4만여 명의 부정공직자, 그리고 50여명의 부정축재자 등을 체포·구속 내지는 파직시켰으며, 언론 정화작업을 통해 소수를 제외한 대부분의 언론사들의 등록을 취소했다.[26] 호화사치생활을 금하기 위해 밀수와 외제품의 사용을 단속했으며, 풍기문란을 이유로 무도장舞蹈場이나 사창가 등도 폐쇄시켰다. [27] 기존의 정당·사회단체를 정치혼란과 사회불안을 가중시킨 주범으로 몰아 모두 해산시키는 한편, 혁신정당 관련자, 교원노조 관계자, 노조 지도자 등 4,000여 명을 용공분자로 몰아 구속시켰다.[28] 그리고 식량난을 해결하기 위해 군부는 매점매석한 쌀 600가마를 압수, 영세민들에게 나누어주는 한편, 인구의 60% 이상을 점하는 농어민의 부담을 덜어주기 위해 연리 2할 이상의 고리채에 대해서는 채권을 일시 정지시키고, 정부가 신고를 받아 합법적인 이자율 내에서 정부 부담으로 갚아주겠다고 선언했다.[29]

초기의 호평好評

이러한 단호한 조치들은 5·16에 대해 초기[30]에는 무덤덤하던 사람들을 호의적인 쪽으로 돌리는 데 일조했다. 이것은 당시 대표적인 여론 주도 잡지로 지식층의 호응을 받던 《사상계》의 논조에서도 확인할 수 있다. 이 잡지는 5·16을 4·19의 연장선상에 있는 '민족주의적 군사혁명'으로 자리매김하면서 군사정부의 개혁조치들을 다음과 같이 긍정적으로 평가하고 있다.

4·19혁명이……민주주의 혁명이었다면, 5·16혁명은 부패·무

능·무질서와 공산주의의 책동을 타파하고 국가의 진로를 바로잡으려는 민족주의적 군사혁명이다. ……이러한 의미에서 5·16혁명은 4·19혁명의 부정이 아니라 계승, 연장이 되어야 하는 것이다. ……혁명정권은 지금 법질서 존중, 생활기풍 확립, 불량도당의 소탕, 부정축재자 처리, 농어촌 고리채 정리, 국토건설사업 등에서 괄목할 만한 출발을 보여주고 있다.[31]

유사한 평가는 군부 권위주의하에서 대표적 반정부 지식인의 한 사람이었던 이영희의 회고에서도 발견된다. 본래 그는 자신의 군대 체험에 근거하여 한국 군부를 철저하게 불신했었다. 그런데 당시 쿠데타 세력이 여러 개혁조치들을 단행하는 것을 지켜보면서 군사정권에 대한 자신의 생각이 조금씩 변해가는 과정을 이렇게 쓰고 있다.

나는 군인통치하에서 정치적 파쇼화의 경향을 걱정하면서, 사회경제적으로 '구악舊惡' 이 매질당하는 것에 대한 후련함이 뒤섞인 평가 때문에 흔들리고 있었다. ……군인정권이 18년이나 갈 것이라고는 생각지 못했었다. ……그렇게까지 부패하리라고 예측하기도 어려웠다.[32]

안팎의 도전에 직면한 '혁명'

그러나 이러한 '혁명' 에 대한 열광은 오래가지 못했다. 지속적인 물질적 보상이 뒤따르지 않는 상황에서 열기의 지속을 기대하기는 어려웠다. 그리고 쿠데타 주도세력이 연루된 갖가지 추문醜聞들이 터져나오면서 초반의 열기는 급속히 냉각되어 갔다. 국민들에게는 끊임없이 서로 갈등·반목하면서 정치자금과 관련된 의혹사건[33]이나 일으키는 군부가 파벌에 물들며 부패한 '구정치인'과 하등 다를 바 없게 여겨졌다. '신악新惡'이 '구악'을 대체한 것 아니냐는 소리도 터져나왔다.

군부에 대한 보다 강력한 도전은 외부로부터 왔다. 당시 미국은 한국의 정부 예산의 절반 이상과 국방비의 72.4%를 제공하고 있었다. 미국은 이런 경제적 수단을 가지고 한국의 정치과정에 개입할 수 있었다. 미국은 군부에게 체포된 정치인들을 석방하고 조속히 민정을 이양할 것을 촉구했으며, 쿠데타 세력은 이 요구를 거부할 수 없었다.[34]

'혁명'은 점차 위기를 맞고 있었다. 이 국면에서 박정희 세력은 '혁명'의 제도화와 물적 기반의 확충을 통해 권력의 연장을 시도했다. 전자는 민정에 참여하기 위한 정치적 준비작업으로, 그리고 후자는 새로운 정치자금원의 마련과 경제개발계획의 추진으로 나타났다.

민정참여를 위한 제도적 기반 마련

민정참여작업은 크게 두 방향으로 이루어졌다. 하나는 스스로의 정치적 조직 기반을 만드는 것이었고, 다른 하나는 정치적 게임의 규칙을 가급적 자신들에게 유리하게 정비하는 일이었다. 군부는 1962년 3월 16일 정치활동정화법[35]을 만들어 3,000여 명의 '구정치인'들의 손발을 묶어놓는 한편, 자신들의 정치적 기반이 될 민주공

【 민주공화당 창당 준비대회 】

1963년 2월 26일 민정이양 약속을 어기고 군부는 정당을 만들
어 마침내 집권에 나섰다.

화당(이하 공화당)을 비밀리에 만들기 시작했다. 이 작업은 그것에
소요되는 자금의 조달을 둘러싼 갖가지 추문과 모든 정치활동이 금
지된 상황에서의 사전事前 창당작업이 지닌 위법성 그리고 거기서
소외된 '혁명' 주체군인들의 반발 등 많은 우여곡절을 겪었다. 그러
나 이러한 소문과 사건 속에서도 창당작업은 꾸준히 진행되어 1963
년 2월 26일 드디어 결실을 보기에 이르렀다.[36]

한편 군부는 선거법과 정당법도 자신들에게 유리한 방향으로 손

질했다.[37] 이 법안들을 마련하면서 군부가 염두에 둔 것은 자신들이 만든 정당이 안정 다수를 차지할 수 있다는 전제하에서 양당제를 수립하겠다는 것이었다. 이를 위해 군부는 국회의원 선거제도에서 기존의 소선거구 단순다수대표제에 비례대표제(전체 의석의 4분의 1)를 가미했다. 사표死票방지와 직능대표가 이 제도를 도입하는 명분으로 들먹여졌지만, 그것은 명목상의 이유일 뿐이었다. 실제로는 지명도가 떨어지고 지역 기반이 약한 군 출신 인사들을 원내로 보다 많이 진입시키기 위해 도입된 것이었다. 비례대표 의석의 배분방식은 제1당의 득표율이 50%를 넘으면 득표율에 따라 각 정당에 의석을 배분하나, 그렇지 않을 경우 제1당에 의석의 절반을 우선적으로 배정토록 되어 있었다. 소선거구·단순다수대표제에서 제1당이 의석수가 아닌 득표율 면에서 절반을 상회할 가능성은 현실적으로 희박했다. 그러므로 이 제도는 여당에게 비경쟁적 방식으로 안정 의석을 확보해 주기 위해 고안된 장치라고 할 수 있다.

군부는 정치안정을 위해 양당제를 선호했다. 그것은 신당 등록 요건을 매우 엄격하게 규정한 정당법이나 비례대표 의석의 배분방식 면에서도 드러났다. 새 규정에 따르면, 정당은 중앙당과 함께 3분의 1 이상의 지역구에서 50명 이상의 당원을 확보한 지구당이 만들어질 경우에 한해 등록을 할 수 있도록 했다. 그리고 비례대표 의석배분에서 제2당은 그 총득표수가 제3당 이하의 모든 정당이 얻은 표에 둘을 곱한 수보다 적을 때에는 제1당이 차지하고 남은 의석의 3분의 2를 배정받았다. 그러나 제3당 이하의 정당들은 남은 의석 중 득표수에 비례해 배분을 받되, 지역구에서 3석 이상이나 득표율에서 5%를 넘지 못한 정당은 배분에서 배제토록 했다. 이 모든 조치들은 제2당을 키워주고, 군소정당의 난립을 막는 데 목적이 있었다. [38]

어째서 당시 군부는 양당제에 그토록 집착했는가? 여당이 안정 다수를 차지하기만 한다면 야권이 분열되어 있을 경우에 그들의 행보가 훨씬 간편하지 않았을까?[39] 이러한 집착은 아마도 장면 정부하에서의 무질서한 정당난립에 대한 반작용이 아니었을까 생각된다. 그들로서는 자신들의 정당이 안정 다수를 확보하는 것이 보장만 된다면, 양당제가 정치안정을 위해 낫다고 생각한 것 같다. 그들이 꿈 꾼 정당체제는 정권을 주고받는 양당제라기보다는 자신들이 권력을 장기간 독식하는 1.5정당제였던 것이다.[40]

한편 이러한 정치적 조직화 및 제도정비과정에는 막대한 자금이 필요했다. 쿠데타 주도세력은 이러한 정치자금을 마련하기 위해 애썼는데, 그 과정에서 터져 나온사건들이 4대 의혹사건과 대일협상 과정에서의 정치자금 수수시비[41] 등이었다. 또한 군부는 피폐한 경제를 되살림으로써 국민적 지지 기반을 넓히고자 했다. 1962년 제1차 경제개발5개년계획에 서둘러 착수한 것은 이러한 이유 때문이었으며, 일본과의 국교정상화를 급속히 추진한 것도 경제개발을 위한 재원조달이 주목적이었다.

정치권의 재편: 대선과 총선

군부 내의 갈등과 분열

박정희는 이렇게 제도적, 물질적으로 유리한 조건을 조성한 상태에서 1963년 정치적 게임의 무대에 본격 데뷔하고자 했다. 그러나 그 과정이 그렇게 순탄치만은 않았다. 그는 안팎으로부터 어려움에 시달려야 했다. 특히 주도권 장악을 둘러싸고 끊이지 않는 군 내부의 갈등이 그를 괴롭혔다.

'혁명'의 제도화 작업이 진행되는 중에도 군부는 주도권 장악을 둘러싸고 갖가지 내부적 갈등에 시달려야 했다. 특히 그 동안 김종필의 주도로 막후에서 은밀하게 진행되었던 공화당 창당작업이 1962년 12월 말 그 모습을 드러내자, 군부 내의 반反김종필 성향의 장성들이 창당작업에서 전적으로 소외된 데 대해 크게 반발하면서 내적 갈등은 증폭되었다. 그 와중에 반혁명음모사건[42]이 터지기도 했으며, 박정희는 민정참여와 불참 그리고 군정 연장 사이를 오락가락하기도 했다.

이러한 혼란 속에서 박정희는 그 자신의 정치진출 기반으로 삼고자 했던 공화당이 갖가지 추문과 비판에 휩싸여 제 기능을 기대하기 어렵게 되자 반김종필 세력의 핵심인물이면서 새로 중앙정보부장에 임명된 김재춘으로 하여금 새로운 범국민적 정당을 만들도록 지시했다. 그래서 결성된 것이 자유민주당(이하 자민당)이었다. 애초이 당의 결성과정에는 군 출신 외에 구자유당, 구민주당, 민정당, 공화당 등 민간의 각 정파의 사람들이 참여하였다. 그러나 공화당과의 합당이 난항을 겪고, 창당의 실마리를 제공했던 박정희가 다시 공화당으로 돌아서자 많은 사람들이 이탈하여 공화당으로 가고말았다. 자민당은 송요찬, 김재춘 등 권력에서 소외된 일부 군 출신인사들과 구야권 출신의 일부 인사들만이 참여한 가운데 1963년 9월 3일 창당되었다. 박정희는 그 사흘 전인 8월 31일 이미 공화당의총재 겸 대통령 후보로 지명되어 있었다. 결국 군정하에서 계속된군 내부의 갈등은 박정희가 공화당을 주축으로 민정에 참여하여1963년 10월 15일과 11월 26일에 대통령 선거와 국회의원 선거를각각 치르는 것으로 낙착되었다.[43]

야권의 갈등과 분열

군부가 내홍內訌에 휩싸여 있는 사이 기성 정치인들도 그에 못지않은 이합집산을 거듭했다. 1963년 정초를 기해 군부는 그 동안 묶어놓았던 기성 정치인들에 대한 규제를 풀었다. 기성 정객들은 처음에는 범야권을 결집할 것 같은 움직임을 보여주었으나 얼마 가지 못해 분열되기 시작했다. 창당 당시부터 갈등이 심했고, 제2공화국 시절에는 분당分黨까지 겪었던 구민주당의 신파와 구파는 이번에도 감정의 골을 극복하지 못하고 서로 갈라졌다. 구파는 구신민당을 주축으로 하고 무소속과 구자유당계를 일부 참여시켜 민정당을 구성했다. 신파는 구민주당의 재건을 꾀하다가 사정이 여의치 않자 허정과 연합하여 신정당을 창설했다. 그 밖에도 민우당(이범석의 족청계 중심), 정민회(변영태 중심), 자유당(장택상 중심) 등이 결성되어 야권은 그야말로 사분오열四分五裂되기 시작했다. 이들은 야권분열은 곧 선거의 패배임을 잘 알고 있었기에 한때 대동단결을 위해 국민의 당으로 결집되는 모습도 보여주었다. 그러나 얼마 못 가 민정당과 민우당의 일부가 거기서 떨어져나감으로써 야권통합은 결국 실패했다.[44]

제5대 대통령 선거

이로써 제5대 대통령 선거에는 박정희(공화당), 윤보선(민정당), 허정(국민의 당), 송요찬(자민당), 변영태(정민회), 오재영(추풍회), 장이석(신흥당) 등 일곱 명이 출마하게 되었다.[45] 일여다야一與多野란 처음 정치무대에 데뷔한 박정희에게는 더할 나위 없이 유리한 경쟁구도였다. 그러나 이러한 야권분열의 이점은 유세과정에서 허정(10월 3일)과 송요찬(10월 12일)이 윤보선의 지지를 선언하며 사퇴함으로써 소멸되고 말았다. 결국 선거는 박정희와 윤보선의 대결로 압축되고 말았다.

선거 결과는 아래의 '표 7-1'에서 보듯이 박정희가 윤보선을 15만 6,026표 차이로 누르고 신승辛勝하는 것으로 끝났다. 하지만 이 선거는 개표가 완료되기 전에는 좀처럼 그 결과를 장담하기 어려운 박빙의 승부였다. 미국조차도 선거가 임박하자 박정희의 승리를 점치면서도, 혹시 있을지 모를 윤보선의 승리 가능성에 대비한 계획을 세우라는 지시를 버거S. D. Berger 대사에게 내릴 정도였다.[46]

| 표7-1 1963년 제5대 대통령 선거 결과

정당	후보	총득표율(%)	유효득표율(%)	득표수
민주공화당	박정희	42.61	46.65	4,702,640
민 정 당	윤보선	41.19	45.10	4,546,614
추 풍 회	오재영	3.70	4.05	408,664
정 민 회	변영태	2.03	2.22	224,443
신 흥 당	장이석	1.80	1.98	198,837
	무효표	8.67	0.00	954,977
		100.00	100.00	11,036,175

출처: 중앙선거관리위원회, 『역대대통령선거상황』(1971), pp.82~83

산술적으로만 본다면, 윤보선의 패인은 야권후보 난립에 있었다. 야권후보들의 유효득표율의 합(53.35%)이 박정희의 합(46.65%)을 초과했기 때문이다. 허정과 송요찬이 사퇴했음에도 불구하고, 여타 군소후보들이 얻은 표는 약 83만 표(유효투표의 8.2%)에 달했다. 따라서 만약 이들마저 사퇴했더라면 윤보선이 당선되었을지도 모른다는 가정이 성립할 수도 있다. 당시 미대사관도 야권후보 난립을 윤보선의 결정적 패인으로 들었다.[47] 그러나 그들에 대한 지지표가

【 박정희 대통령 취임식 】

야권분열이라는 유리한 경쟁구도에서 정치무대에 데뷔한 박정
희는 윤보선을 간발의 차이로 따돌리고 대통령에 당선되었다.

반드시 윤보선에게 갔으리라는 보장은 없었다는 점에서, 이것은 높은 개연성을 진술한 것으로 받아들이는 것이 좋을 듯싶다.

박정희에게 승리를 안겨준 또 다른 중요한 요인은 풍부한 선거자금에 기반을 둔 물량공세와 공화당의 조직력 그리고 각종 친여적 사회단체들의 도움이었다. 공식적으로 집계된 선거비용만으로 보아도 총경비 1억 1,000만 원 중 박정희는 76.9%를 써서 17.3%를 사용한 윤보선을 압도했다.[48] 선거를 앞두고 출판한 책인『국가와 혁명과 나』에서 박정희는 지난 2년간의 '혁명' 정부의 경제적 실적을 자화자찬했지만, 당시의 실제 경제상황은 그다지 좋지 않았다. 1962년부터 제1차 경제개발5개년계획이 시행되었지만, 초기 단계였기 때문에 성과보다는 오히려 인플레나 물가(특히 쌀값)상승과 같은 부작용이 나타나는 시점이었다. 또한 당시는 수입대체의 심화를 주된 골간으로 했던 원래 계획의 문제점이 드러남에 따라 그 방향을 수출지향으로 돌리는 것이 검토되던 시점이었다.[49] 설상가상으로 연이은 흉년으로 기근도 심각했다. 이러한 상황에서 막대한 선거자금을 푸는 것은 상당한 효과가 있었다. 특히 선거 직전 박정희가 당시 한국일보 사장 장기영을 시켜 일본을 통해 들여와서 수해로 고통받던 삼남지방의 주민들에게 뿌린 21만 5,000톤의 호주 및 캐나다산 밀가루는 상당한 효과를 발휘했다.[50]

쿠데타 직후 군부는 국민들의 정신적 재무장을 명분으로 '재건국민운동'을 시작했다. 이 운동 자체는 오래지 않아 흐지부지되었다. 하지만 그 과정에서 만들어진 전국적 조직망은 그대로 살아 있다가 공화당의 창당과정에서 지방조직으로 흡수되며, 선거운동과정에서는 국민들을 동원하고 조직화하는 역할을 톡톡히 해냈다.[51] 그 밖에 5월동지회, 한국부인회, 한국청년회, 애국단, 4H 클럽, 토지개량조합 등과 같은 관변조직들도 선거과정에서 야당을 공격하고 농촌 주민들을 친여親與 쪽으로 모는 데 크게 기여했다.[52]

이에 대항하여 야당은 기껏해야 '바람', 즉 선전과 선동에 의존하는 것이 고작이었다. 그러나 이 선거에서 야당, 특히 윤보선이 불어제치는 바람은 그 위세가 만만치 않았다. 당시 야당 바람의 주된 동력은 윤보선이 야기한 '사상논쟁'이었다. 그는 박정희가 여순반란 사건 이후 군부 내의 좌익숙청과정에서 옷을 벗었던 전력이 있음을 들어 박의 사상이 의심스럽다는 의문을 제기했다.[53] 이것은 야당이 내세우는 '군정종식' 구호와 함께 급속하게 국민들 속으로 파고들어가 쟁점화되었다.

이에 대해 박정희는 '구정치인'들의 사대주의적이고 분파주의적인 정치행태 및 서구맹종적 민주주의를 공격하고, 자신들이 내세우는 민주주의의 자주성과 민족(주의)적 성격 및 자신들의 실천성과 활동성을 부각시키는 전술로 나갔다. 이것은 공화당이 열심히 일하고, 국민들이 부려먹을 수 있는 '황소'를 상징으로 정하고, '민족적 민주주의'의 구현을 목표로 내세운 데서도 엿볼 수 있다.

두 가지 선거쟁점 중 대중에 대한 전파력 면에서 앞선 것은 아무래도 사상시비였다. 내용이 단순하고 가십gossip성이 있다 보니 사람들은 아무래도 그쪽에 보다 민감한 반응을 보일 수밖에 없었다. 따라서 기존의 분석들 중에는 이 시비에 대한 유권자들의 반응이 지역별로 다르게 나타났고, 그 차이가 선거의 승패를 가름했다고 보는 경우가 많았다.[54] 이 선거에서는 표의 남북분할 현상이 나타났다. 윤보선은 서울, 경기, 강원, 충청 지역에서, 그리고 박정희는 영호남과 제주 지역에서 상대적으로 많은 득표를 했다. 분단과 전쟁과정에서 좌익 피해자들이 많았던 영호남과 제주 지방에서는 윤보선이 야기한 '사상논쟁'에 대한 반감으로 오히려 박정희에 대한 지지표가 많이 나왔다. 그리고 박정희의 득표율이 높은 지역은 1956년 대통령 선거에서 진보당의 조봉암에 대한 지지표가 많이 나온 지역과 대개 겹쳤다. 반면 휴전선과 가까운 경인 및 중부 지방에서는 사상시비가 먹혀 들어가 윤보선에 대한 지지가 높았다는 것이다.

사상시비가 이 선거의 중요한 쟁점이었던 것만은 분명했으며, 남부 지방의 일부에서 그 영향이 나타나기도 했다.[55] 그러나 이것을 전체적인 득표율 분포와 그대로 연결시키기에는 아직 해명되어야 할 문제들이 많이 남아 있다. 우선 이 선거에서는 표의 남북분할 현상과 여촌야도 현상이 중첩되어 나타났다. 박정희가 표를 많이 얻은 전남의 경우 광주, 순천, 목포 등의 도시에서는 윤보선이 큰 차이로 박정희를 눌렀으며, 경북에서도 유사한 현상이 일어났다. 따라서 이러한 표의 중첩성의 구조가 명확히 규명되지 않는 한 이 문제를 선거의 승패를 가름한 결정적 요인으로 섣불리 단정 짓기는 어렵다. 만약 이 선거에서 이념적 투표성향의 영향력을 인정할 경우, 우리는 다음 선거인 1967년 대선에서는 왜 이러한 투표성향이 갑자기 소멸되었는가라는 또 하나의 난제에 봉착하게 된다.

한편 이 선거는 '진보적 여당 대 보수적 야당'이라는 초유初有의 구도로 치러졌다. 당시 학생 및 지식층은 군부에 대해 원초적 거부감을 지니고 있으면서도, 그들이 내세우는 반미적이고 민족주의적인 언동에 대해서는 동감을 표하는 혼란을 노정하고 있었다. 물론 박정희식 민족적 민주주의가 허구라고 비판하는 지식인들도 많았지만, '구정치인'들의 대미 사대주의 일변도의 정치행태와 대비되는 군부의 자주성에 동감을 표하는 사람들도 적지 않았다.[56] 따라서 선거 결과를 분석함에 있어서는 '진보적 여당'이라는 한국 정치에서는 형용모순적으로 보이는 상황이 이 선거에서 유권자들에게 어떤 영향을 주었는가도 고려되어야 한다. 어쩌면 현재의 정치적 태도와 입장을 보여주는 이 문제가 과거의 전력에 대한 사상시비 못지않은 영향을 선거에 주었을지도 모른다.[57]

아울러 당시 캐나다와 호주에서 들여온 21만 5,000여 톤의 밀가루가 선거 직전 주로 태풍 '셜리'의 피해를 입은 남부 지역에 집중적으로 살포되었다는 점도 이 지역 표의 동향과 관련하여 반드시 고려되어야 할 사항으로 여겨진다.

어쨌든 이 선거에 대한 당시의 중평은 큰 무리 없이 치러졌다는 정이었다. 당시의 신문들도 대개 '그만하면 괜찮았다'는 식으로 평했고, 미대사관과 국무성도 '민주적인 선거가 질서 있게 진행되었다'고 보고서에서 지적했으며, 유엔한국통일부흥위원단UNCURK 역시 선거가 '조직적이고 질서 있게' 치러졌다고 평가했다.[58]

박정희와 김종필

대통령 선거에서 근소한 차이로 이긴 박정희는 국회의원 선거에 대비하기 위해 '자의반 타의반'으로 1963년 2월 외유를 떠났던 김종필을 불러들였다. 귀국 후 김종필은 선거운동과정에서 여전히 민족주의와 대미 자주성을 강조함으로써 미국의 우려를 자아냈다. 특히 그는 11월 5일 서울 문리대에서 있었던 학생들과의 공개토론회에서 "생활 주변을 감싸고 있는 양키즘에서 벗어나 경제발전에 힘을 집중하자"고 발언함으로써 미국을 자극했다. 이에 대해 미대사관은 국무성에 보내는 전문에서 미국의 대한정책에 대한 김종필의 고발에 대해 우려를 표명하면서 그가 외유 이전과 별로 달라진 것

이 없다고 개탄했다.[59]

　사실 군정 당시부터 박정희와 김종필에 대한 미국의 태도는 차별적이었다. 박정희에 대해서는 균형을 유지하기 위해 노력하는 신뢰할 만한 인물로 평가했으나, 김종필에 대해서는 갖가지 추문을 일으키고 무리한 경제정책을 추진하는 급진적인 민족주의자로서 위험시했다. 따라서 미국은 온건파인 박정희를 강경파인 김종필로부터 분리시켜 경제발전에 주력토록 만들고자 애썼다.[60] 이러한 맥락에서 미국은 1963년 2월 박정희에게 김종필을 외유시키도록 강권했으며, 대통령 선거가 끝난 후에도 김의 귀국을 저지하려고 하였다.[61] 그리고 귀국 후의 이러한 언행을 보면서 미국은 김종필이 과거와 전혀 달라지지 않았다고 의심스러운 눈길을 주었다.

국회의원 선거: '이상 6, 현실 4'

아래의 표7-2에서 보듯이, 이 선거에서 공화당은 예상[62]을 뒤엎고 175석 중 110석을 차지하는 기대 이상의 성과를 거두었다.

| 표7-2 1963년 제6대 국회의원 선거 결과

정당	의원수(지역구:전국구)	득표율(%)	정치자금사용비율(%)
민주공화당	110(88:22)	32.4	38.2
민 정 당	41(27:14)	19.3	15.1
민 주 당	13(8: 5)	13.2	13.8
국 민 의 당	2(2: 0)	8.6	12.8
자유민주당	9(6: 3)	7.6	9.1
기 타	0	19.0	11.0
	175	100.0	100.0

출처: 중앙선거관리위원회, 『역대국회의원선거상황』(1971)

공화당이 32.4%의 득표율로 전체 의석의 62.8%에 달하는 110석을 점할 수 있었던 것은 무엇보다도 선거제도가 자신들에게 유리했기 때문이었다. 먼저 32.4%의 득표율로 지역구 의석의 67.1%인 88석을 차지할 수 있었던 것은 소선거구 단순다수제 선거방식이 지닌 맹점, 즉 득표율과 의석수 사이의 괴리 때문이었다. 특히 야권후보가 난립함으로써 이러한 괴리는 증폭되었다. 그리고 지역구에서 1위를 한 정당에게 일방적으로 유리한 전국구제도 역시 이러한 괴리를 넓히는 데 기여했다.

　공화당이 압승을 거둘 수 있었던 또 다른 요인으로 압도적인 선거자금의 살포를 들 수 있는데, 이에 관해서는 이미 앞서의 대선분석에서 자세히 설명했으므로 여기에서 반복하지 않겠다. 그밖에도 공화당의 승인勝因으로 다음 두 가지가 지적되어야 할 것 같다. 하나는 미국의 도움이고, 다른 하나는 구자유당계 정치인들의 영입이었다.

　이 선거에서 미국이 한국에게 요구한 경제안정화 프로그램(재정안정계획)이 주요 쟁점의 하나로 떠올랐다. 당시 미국은 이것을 한국 정부에 강제하기 위해 1,500만 달러의 원조를 유보하고 있었다. 야당은 이것을 박정희 정부의 무능과 외교 실패의 증거라고 공격했고, 미국이 박정희 정부에 대한 지지를 철회했다는 소문도 나돌았다. 그러자 박정희 정부는 버거 대사에게 빨리 원조를 제공해 이런 소문을 불식시키라고 압력을 넣었다. 이에 미국은 이 문제가 정치쟁점화하는 것을 막고, 여당이 의회에서 다수를 차지할 수 있도록 11월에 1963년 보조금으로부터 1,000만 달러를 한국에 풀었다.[63] 이것은 상기上記의 1,500만 달러와는 별개의 재원에서 나왔기에 그 원천과 의미를 둘러싸고 설전이 벌어지기는 했지만, 박정희에게 불리한 소문을 잠재우기에는 충분했고, 이 선거에서 여당에게 유리한 분위기를 조성하는 데 크게 공헌했다.

그리고 선거 직전인 11월 22일에 있었던 케네디 암살사건도 한국의 총선 결과에 영향을 주었다. 이로 인해 선거전이 일시 중단되었으며, 박정희는 선거가 임박했음에도 장례식에 참석하기 위해 24일 도미했다. 이러한 일련의 움직임들은 당시 유권자들이 안정 희구적 선택을 하도록 분위기를 조성하는 데 기여했다.[64] 따라서 미국이 의도한 것은 전혀 아니었지만, 이 사건은 총선에서 공화당의 승리에 기여한 미국 측 요인의 하나라고 볼 수 있다.

한편 공화당은 선거를 앞두고 '구정치인'들을 대거 포섭하여 공천을 주었는데, 그것 역시 이 당이 총선에서 승리 하는데 적지 않은 영향을 미쳤다. 공화당이 공천한 총 162명 중 '구정치인'이 51명으로 3분의 1 정도를 차지했으며, 그중 구자유당계가 28명으로 가장 많았다. 그리고 51명 중 47명이 전국구가 아닌 지역구로 공천을 받았다.[65] 공화당이 이렇게 '구정치인'을 영입한 것은 지명도 면에서 떨어지는 군 출신 및 새로 충원된 정치 엘리트들만으로 선거를 치르는 것이 한계가 있다고 생각했기 때문이었다. 이러한 '구정치인'들의 영입은 그들이 내세운 '혁명' 이념과는 동떨어진 것이었다. 그러나 정치적 현실 앞에서 '혁명' 이념은 무력할 수밖에 없었다. 박정희 스스로도 이 공천을 평하여 '이상 6, 현실 4'라고 밝힐 정도로 당시 공화당의 심정은 다급했던 것이다. 이러한 '구정치인' 영입전략은 주효奏效하여 공화당 공천으로 출마한 구자유당계 정치인들의 거

의 대부분이 당선되는 성과를 거두었다.[66]

사실 군부와 '구정치인'의 '야합'은 선거 훨씬 전부터 이루어졌다. 이 경우 군부는 구민주당계보다는 구자유당계에 대해 더 호감을 보였다.[67] 그것은 1962년 군부가 정치활동정화법을 만들어 3,000여 명의 손발을 묶어놓을 때, 구민주당계에 비해 구자유당계가 훨씬 많이 이 법망을 피할 수 있었던 것에서도 드러난다.[68] 그리고 김재춘의 주도로 자민당의 실험이 이루어질 때, 거기에는 다수의 '구정치인'들이 참여했었다. 그 후 박정희의 명령으로 이 당과 공화당의 합당이 모색될 때, 자민당에 가담했던 다수의 '구정치인'들이 공화당으로 옮아갔다. 따라서 1963년 국회의원 선거 직전 영입된 '구정치인'들 외에 공화당 내에는 이미 다수의 '구정치인'들이 있었다고 할 수 있다.

'불운한 군인' 말에서 내려 '조국 근대화'에 나서다[69]

1963년은 발전국가의 형성에서 중요한 한 해였다. 지난 2년간 '혁명'의 제도화 작업을 통해 자신들에게 유리한 정치제도와 규칙 및 조직 기반을 만든 박정희와 군부세력은 이 해에 있었던 두 차례의 선거에서 승리함으로써 이제 절차적 정당성을 획득하게 되었다. 이로써 발전국가는 물리적 기반 외에 정당성의 토대까지 갖추게 되었다. 스스로를 '불운한 군인'으로 자처하며 말 위에서 내려온 박정희는 비교적 공정한 선거를 통해 대통령에 당선됨으로써 일단 민간 정치인으로 화려한 변신에 성공했다. 그의 세력 역시 총선에서 압승을 거둠으로써 낯선 정계에 성공적으로 발을 들여놓았다. 그리고 총선을 거치면서 정치권은 군부와 자유당계를 중심으로 한 일부 '구정치인'들이 여당이 되고, 구민주당 출신의 정치인들이 분열된 채 야권을 이루는 모습으로 재편되었다. 그것은 마치 '구구악舊舊惡'과 야합한 '신악'이 사분오열된 '구악'과 맞서는 형상이었다. 1972년 유신체제의 출범과 함께 정치가 형해화形骸化되기 전까지 한국의 정치권은 이 형상을 크게 벗어나지 않았다.

발전국가의 물적 기초의 형성

제1차 경제개발5개년계획의 수정

1963년은 또 다른 의미에서도 중요한 해였다. 박정희 정부가 경제정책의 방향을 대내지향적인 수입대체에서 대외지향적인 수출지향으로 전환시킬 생각을 적극적으로 추진하던 때가 바로 이 때였기 때문이다.

민족주의와 자주성에 기반을 둔 '혁명' 이념에 따라 '혁명' 정부가 애초에 구상했던 경제발전계획은 농업육성을 통해 국내시장을 확대하고 기간산업을 건설하여 수입대체 효과를 거둠으로써 자립경제를 지향한다는 것이었다. 이러한 구상은 1962년 시작된 제1차 경제개발 5개년계획에 그대로 반영되었다. 그러나 흉작으로 인한 쌀값파동(1963년 초), 개발에 따른 통화팽창과 수입·수요의 확대, 통화개혁(1962년 6월)의 실패와 외자도입의 부진에 기인하는 자금(특히 외환)압박 등으로 경제개발은 초입부터 난관에 봉착했다.

이에 '혁명' 정부는 미국의 강권을 받아들여 재정안정정책을 추진하는 한편 경제개발계획의 수정에 착수했다. 1963년에 진행된 수정안 마련과정에서 대두된 것이 바로 수출지향적 공업화였다. 이제 개발의 중점은 중농주의에서 공업으로, 기간산업 위주의 내포적 공업화에서 비교우위에 입각한 경공업 중심의 수출산업으로 옮아갔다. 이 수정안은 민정으로 탈바꿈한 박정희 정부에 의해 1964년부터 착수되며, '한강의 기적'은 이 수정안의 성공에 힘입은 것이었다.[70]

국내자본의 총동원

박정희 정부는 경제발전에 필요한 재원을 확보하기 위해 모든 가용자원을 총동원하려고 했다. 먼저 정부는 국내자본에 눈을 돌렸다. 내자內資를 동원하기 위해 그들은 부정 축재자들로부터의 재산 환수와 화폐개혁 그리고 은행의 실질적 국유화와 개발금융기관화 등의 조치를 취했다. 그러나 이러한 조치들을 통한 내자동원은 기대한 만큼의 성과를 거두지 못했다.

1962년 6월 9일 군부는 사장死藏된 현금을 끌어내 경제개발에 필요한 자금을 확보하려는 목적에서 화폐개혁을 전격 시행했다. 그러나 이것은 미국의 반발, 예상치 못한 부작용(매점매석, 물가폭등, 기업의 자금난 등)의 속출 등의 이유 때문에 시행 34일 만에 사실상 원점으로 돌아가고 말았다. 이 조치는 화폐단위를 10분의 1로 절하하는 효과만을 가져왔을 뿐, 기대했던 내자동원은 거의 이루지 못한 채

끝나고 말았던 것이다.[71]

군부는 본래 부정 축재 환수조치를 통해 총 800억 환을 거두어들이려 했다. 그러나 이 계획 역시 중간에 수차례의 변질과정을 겪으면서 환수액이 점차 축소되어 갔다. 그리고 한때는 부정 축재자로 지목된 재벌들이 경제개발계획에 따른 공장을 지어 그 주식을 국가에 헌납하는 방안도 나왔으나, 그것마저도 실효성 있게 지켜지지 않았다. 결국 1964년 말경 약 40억 원 정도가 환수된 것으로 알려졌는데, 이 정도로는 경제개발을 추진하기 위한 내자의 동원이란 목표를 충족시키기에는 역부족이었다.[72] 다만 성과가 있었다면 그것은 재벌에 대한 군부의 태도가 집권 초기의 적대적인 것에서 호의적인 것으로 바뀌었다는 점이다. 이제 군부는 재벌을 자신들이 정치를 해나가는 것뿐 아니라 경제를 발전시켜 나가는 데 있어서의 파트너로 인식하기 시작했다.

그런데 이렇게 확립된 새로운 정치지배층(군부)과 자본(재벌) 간의 연결은 어디까지나 국가가 경제에 대해 우위에 선 연결이었다. 이러한 국가의 우위성은 일차적으로는 군부가 지닌 무력으로부터 나온 것이었지만, 그것 못지않게 자본에 대한 국가의 우월성 확립에 공헌한 것은 은행을 실질적으로 국유화한 조치였다. 본래 시중은행은 미군정으로부터 귀속재산으로 넘겨받아 정부가 그 주식의 70% 이상을 소유하고 있었다. 그러나 1954~1957년에 이루어진 수차례에 걸친 주식공매를 통해 1957년이 되면 시중은행은 소수 재벌의 사금고로 전락하고 말 것이었다. 그러던 것이 쿠데타 이후 군부가 부정 축재 환수조치의 일환으로 재벌이 소유했던 시중은행 주식을 몰수하면서 다시 은행에 대한 정부지분율은 23～31%에 이르게 되었다. 그리고 1961년 시중은행 주식의 10% 이상을 소유한 민간 대주주의 의결권을 제한한 '금융기관에 관한 임시조치법,' 이듬해 한국은행을 재무부에 종속시킨 한국은행법 개정 등의 조치들을 통해 은행은 사실상 정부의 통제하에 놓이게 되었다.

은행, 즉 자금공급원을 장악함으로써 국가는 일단 자본에 대한 상대적 자율성을 높일 수 있는 최소한의 조건을 구비하게 되었다. 그러나 이로써 발전국가의 요건이 충족된 것은 아니었다. 발전국가가 되기 위해서는 이렇게 장악한 자원을 자신이 설정한 개발목표를 실현시키기 위해 동원·배분할 수 있는 의지와 능력이 있어야 한다. 이러한 의지와 능력을 갖추지 못했으면서 상대적 자율성이 큰 국가는 발전국가라기 보다는 약탈국가the predatory state[73]의 성격을 띠기 쉽다.

군부는 쿠데타로 집권한 직후부터 빈곤으로부터의 탈출을 목표로 세우고 장기적이고도 종합적인 경제개발계획에 착수했다. 그리고 국책은행인 한국은행과 산업은행뿐 아니라 시중은행도 실질적으로 국유화시켜 이 목표를 달성하기 위한 개발금융기관으로 만들어갔다.[74]

이를 위해 정부는 우선 은행법을 고쳤다. 금융기관의 자기자본 대 위험자산의 비율(은행법 제15조)을 종전의 100분의 10에서 150분의 10으로 개정했으며, 은행의 장기 증권투자 한도(은행법 제22조)를 종전의 요구불예금의 100분의 10에서 100분의 25로 높였다. 이로써 시중은행은 과거보다 훨씬 융통성 있게 정부의 개발금융수요에 대처할 수 있게 되었다. 실제로 1960년대 후반기 일반 은행의 대출 중 50% 이상이 정부의 유도에 따른 장기 설비자금이었으며, 그 밖에도 시중은행은 정부의 재정자금 부족을 메우는 역할[75]까지 맡아서 해야만 했다. 시중은행의 이러한 개발금융기관화는 단기적으로는 영세 상공업자들이 은행에서 단기 상업자금을 융통할 수 있는 기회를 박탈했으며, 장기적으로는 우리나라 은행의 부실화를 가져왔다.[76] 그러나 개발의 초기 단계에 그리고 자본이 턱없이 부족하던 시점에서는 이러한 조치들이 경제의 압축적 성장에 상당한 효과를 발휘한 측면도 있었다.[77]

그런데 모든 은행을 개발금융을 조달하는 기관으로 만들었음에도 불구하고 여전히 투자재원은 태부족했다. 총자본 형성에서 국내저축이 차지하는 비중이 1962년에는 25.4%였고, 1965년에도 49.1%에 불과했다.[78]

그나마 3년 사이에 국내저축의 비중이 이렇게 증가할 수 있었던 것도 정부가 반강제적인 수단까지 동원하여 대대적인 저축장려운동을 벌였기 때문이었다. 그리고 이러한 연장선상에서 획기적이었던 것은 1965년 9월에 단행된 '금리현실화' 조치였다. 이것의 핵심은 최고 수신금리를 종전의 연 16.8%에서 30%로 상향한 것이었다. 그 결과 시중은행의 예금은 1965~1969년 사이 연평균 71.6%라는 급속한 신장을 보였다.[79] 그러나 그래도 1970년 총자본 형성에서 국내저축이 차지하는 비중은 64.7%에 지나지 않았다.

요컨대 내자를 최대한 동원하려는 정부의 노력에도 불구하고, 국내재원의 부족으로 발전국가는 1960년대 중반까지는 여전히 그 물적 기초가 취약했다고 할 수 있다. 이 약점을 메우기 위해 정부는 부족한 투자재원을 어디에선가 조달해야만 했다. 원조가 급감하고 있고, 국내자본의 동원에 한계가 있는 상황에서 이러한 원천은 자연히 외자도입과 수출증대로 인한 외화획득에서 찾아질 수밖에 없었다.

1963년부터 2년 동안은 갖가지 분야에서 대외지향적 움직임이 확대 재생산되는 기간이었다. 서독에 광부와 간호사의 파견, 브라질 이민선 출발, 선원수출과 원양어업 개척, 울산정유공장에 대한 걸프의 투자와 같은 외자유치, 환율 현실화와 외자도입법 제정, GATT 가입, 한일국교정상화 추진, 베트남 파병 검토 등이 모두 이 무렵 일어난 일들이었다. 이 모든 움직임의 백미白眉는 역시 한일국교정상화와 베트남 파병이었다. 두 사건은 당시 정치적으로 큰 쟁점이 되었을 뿐 아니라 한국 발전국가의 물질적 기초 형성에 크게 공헌했기 때문이다.

한일국교정상화

박정희 정부 출범 이후 정치권 내부에는 하나의 주요한 전선戰線과 두 개의 부차적 전선이 형성되었다. 전자는 여야 간의 대결이었고, 후자는 여야 각각의 내분이었다. 공화당의 경우 군정 당시부터 있었던 김종필을 둘러싼 갈등이 날로 심각해졌으며, 야권은 구민주당의 신·구파에 연원을 둔 파벌 간의 반목과 분열이 갈수록 복잡해져 갔다.

이 당시 여야 대결의 불쏘시개 역할을 한 것은 한일국교정상화

【 굴욕외교 반대 시위 】

박정희 정권이 내세우던 '민족적 민주주의' 장례식을 벌이고
있는 대학생들.

추진의 문제였다. 선거에서 패배함으로써 의기소침해진 야권은 정부의 한일회담 추진 자세를 문제 삼아 공격을 가함으로써 세력회복을 꾀했다. 야권이 주로 문제 삼은 것은 회담에 임하는 한국 측의 태도가 너무 저자세라는 점과 밀실흥정과정에서 정치자금의 수수와 같은 검은 거래도 있었다는 점이었다.

1964년 3월 6일 야권은 단합하여 대일 굴욕외교 반대 범국민투쟁위원회를 조직하고, 전국적인 반대유세를 시작했다. 3월 24일 전국 주요 대학의 학생들이 일제히 시위에 돌입하면서 사태는 점점 심각해져 갔다. 학생들의 항의는 4·19 4주년 기념행사, '민족적 민주주의' 장례식(5월 20일), 단식투쟁 돌입(5월 30일부터) 등으로 그 열기를 더해가다가 마침내 6월 3일의 1만 5,000여 명의 학생들이 거리로 뛰쳐나오는 4·19 이후 최대 규모의 시위(소위 6·3사태)로까지 발전되었다.[80]

이에 박정희는 계엄령을 선포하기로 결정하고, 버거 대사와 하우즈H. Howze 유엔군 사령관을 불러 동의를 구했다. 이들은 이에 즉각 동의하면서도, 몇 가지 단서를 달았다. 국회의 문을 닫지 않는다는 것과 정부 측의 잘못도 시정한다는 것이 단서의 내용이었다. 후자는 김종필의 퇴진을 지칭하는 것이었다.[81] 결국 계엄령을 통해 소요 사태는 진정되지만, 김종필은 또 한 번 희생양이 되어 두 번째 외유에 오르게 되었다.

이 사태에서 미국이 보여준 이례적인 신속함은 그들의 동아시아 정책과 관련이 있었다. 당시 미국으로서는 한일 관계를 하루빨리 정상화시켜야 할 필요가 있었기 때문이었다. 중국이 공산화된 후 미국의 동아시아 정책 기조는 일본을 중심으로 하는 지역통합전략 regional integration strategy[82]이었다. 그런데 1950년대에는 이 구상이 부분적으로만 실현될 수 있었다. 그것은 한국, 미국, 일본, 그리고 대만이 모두 정치 · 경제적으로 서로 연결되는 것으로 나아가지 못하고, 미국이 여타 국가들과 쌍무적인 관계를 맺는 것에서 그치고 있었다. 이 전략이 미완성된 주된 이유는 이승만과 장제스가 일본과의 관계정상화를 완강하게 반대했기 때문이었다.

그런데 1950년대 말이 되면서 상황이 바뀌기 시작했다. 이 무렵 미국은 전후 최초로 달러위기에 봉착했고, 그 결과 지금까지의 무상원조를 위주로 한 개발원조정책을 재고할 필요성에 직면했다. 아울러 미국은 기존의 개발원조정책이 제3세계 국가들이 경제적 자생력을 갖게 만드는 데 그다지 효과적이지 못했다는 결론에도 도달했다. 그 주된 자극은 사회주의로부터 왔다. 당시 소련 · 중국 · 북한 등 사회주의 국가들은 급속한 산업화에 성공하여 제3세계 국가들에게 하나의 대안적 발전모델로서 부상했다. 이에 미국은 이 지역의 국가들에게 보다 호소력이 있는 개발정책을 생각해 내야 하는 필요성에 직면한 것이었다.

동아시아 지역에서 미국이 이에 대한 해답으로 발견한 것은 원조를 차관으로 돌리면서 패전의 상처에서 벗어난 일본에게 이 지역에 대한 경제 · 군사적 지원의 일부를 분담토록 하는 방안이었다. 미국은 이것이 자신의 부담을 덜어줄 뿐 아니라 한국, 일본, 대만에게도 도움이 된다고 믿었다. 이들 세 나라가 상품시장과 자본수요라는 서로의 필요성을 충족시켜 줄 수 있다고 생각한 것이었다. 그런데 이 방안은 필연적으로 동아시아 지역통합전략의 완성, 즉 일본과 한국, 일본과 대만 사이의 관계회복을 요구했다. 이러한 맥락에서 반일정책을 고집하던 이승만은 점차 미국에게 부담으로 작용하기 시작했고, 때마침 한국에서 부정선거를 계기로 국민들의 분노가 터져나오자 그 기회를 이용해 미국은 이승만이란 짐을 덜어버릴 수 있었다.

그 후 미국 정부의 동아시아 관계자들은 기회가 있을 때마다 한일관계의 조속한 정상화를 바란다는 발언을 반복하면서 한국과 일본 정부에 압력을 가했다.[83] 평소 민주주의와 의회정치를 존중한다고 입버릇처럼 되뇌던 미국이 박정희 정부의 계엄령 선포를 주저 없이 승인한 데에는 바로 이러한 국제정치적 배경이 있었던 것이다.

이러한 미국의 정책방향을 잘 알고 있었기에 장면과 박정희는 집권하자마자 일본과의 관계개선을 서둘렀다.[84] 특히 박정희 정부에게는 대일관계의 개선을 서둘러야 하는 그 나름의 이유도 있었다. 미국의 원조가 급속히 줄어들고 있는 상황[85]에서 정부는 경제개발 5개년계획을 성공적으로 추진하기 위해 외자도입이 절대적으로 필요했다. 정부는 제1차 경제개발계획에 소요되는 약 7억 달러 중 외자로 약 62%인 4억 2,600만 달러를 충당할 생각이었다. 그러나 계획에 착수한 지 2년이 지난 1964년 말까지 외자도입은 목표액의 30%에 불과했다.[86] 결국 당시 정부의 모든 외교적 노력은 외자도입에 집중될 수밖에 없었는데, 당시의 국제정치적 역학구도에서(특히 미국의 동아시아 정책구상과 관련시켜 보았을 때) 가장 손쉬운 외자도입원은 바로 일본이었다. 이것이 대일관계의 개선을 서두를 수밖에 없

었던 한국 측의 사정이었다.[87]

미국의 묵인하에 계엄령으로 정치적 위기를 일단 진정시킨 정부는 이 모든 소요사태의 원인이 '언론의 무책임한 선동과 학생들의 부화뇌동附和雷同'에 있다고 보고 이들을 규제하기 위한 입법 — '언론윤리위원회법'과 '학원보호법' — 을 서둘렀다. 이 중 언론윤리위원회 법안은 일단 국회에서 통과되었다가 결국은 시행이 보류되고 말았지만, 그 과정에서 대여 투쟁노선을 둘러싸고 야권에 내분이 생겨 야권재편이 일어나게 되었다.[88] 윤보선이 이끄는 제1야당인 민정당은 이 법안에 반대했다. 그러나 제2야당 그룹인 삼민회[89]가 수정안을 제출하고 이에 공화당과 민정당 내의 유진산파가 동조하여 이 법안이 통과되자 윤보선 측이 유진산을 제명함으로써 민정당은 혼란에 빠지고 말았던 것이다(소위 제1차 진산珍山파동).

그 후 야권은 여론의 따가운 질책 속에 다시 통합을 위한 협상을 시작했다. 그러나 고질적인 이해다툼으로 결국 한편으로는 '국민의 당'이 민주당에 흡수(1964년 10월 5일)되고, 다른 한편으로는 자민당이 민정당에 흡수 통합(1964년 11월 27일)되는 것에 그쳤다.

해가 바뀌자 정부는 그 동안 중단했던 한일국교정상화의 마무리를 서둘렀고, 그에 따라 한일회담 반대운동은 다시 불타오르기 시작했다. 학생들은 다시 거리로 뛰쳐나왔으며, 사회 각계각층에서 반대 집회 및 성명이 잇따랐다.

이 와중인 1965년 6월 14일 야권은 마침내 민중당이란 단일야당을 형성하는 데 성공했다. 그러나 6월 22일 한일협정이 조인되고, 8월 14일 그것이 국회에서 공화당 단독으로 비준되는 과정에서 대여

투쟁방안을 둘러싸고 통합야당은 다시 분열되고 말았다.[90] 당 해체라는 강경투쟁을 주장하던 윤보선파는 자신들의 주장이 먹혀들지 않고, 또 통합야당의 당권을 장악하는 데도 실패하자 11월 탈당하여 이듬해 3월 신한당을 만들었다. 이로써 모처럼 이루어진 야당의 통합은 다시 수포로 돌아가고 말았다.

한국군의 베트남 파병

한일국교정상화를 둘러싸고 농성, 시위, 진압, 그리고 휴교나 계엄령과 같은 충돌이 반복되고 있는 이면에서 한국군의 베트남 파병이 꾸준히 진척되고 있었다.[91] 1961년 11월 미국을 방문한 박정희는 군사정부에 대한 미국의 지지를 얻는 방안의 하나로 한국군을 베트남에 파견할 용의가 있음을 제안했다.[92] 이 제안은 아직 베트남에 대한 직접적인 군사개입을 유보하고 있던 케네디 정부에 의해 받아들여지지 않았다. 그 후에도 한미 간에는 몇 차례 유사한 제안과 거절이 반복되었다.

그러나 1963년 11월 출범한 존슨L. B. Johnson 행정부가 인도차이나에 대한 미국의 보다 적극적인 군사적 개입정책을 고려하기 시작하면서 사정은 변했다. 미국은 베트남에 대한 직접 개입의 명분을 높이기 위해 1964년 4월부터 우방국들의 협조와 참전을 요청하는 소위 '다국적 동맹 캠페인More Flags Campaign'을 벌이기 시작했다. 그런데 이 제안은 다수의 동맹국들로부터 외면당했다. 이에 미국은 한국이 기왕에 제출했던 참전 제안을 보다 진지하게 고려하기에 이르렀다.[93] 이후 한국은 미국의 동의와 독려 아래 1964년 9월 22일

의무반과 태권도 교관단 약 140명 파견을 시작으로, 이듬해 3월에 공병, 수송 등의 비전투 요원(비둘기부대) 2,000천여 명, 그리고 동년 10월에는 드디어 전투병력인 해병대(청룡부대)와 육군(맹호부대) 2만여 명을 보내기 시작했다. 참전 기간 한국은 약 5만 명의 전투병을 상주시켰으며, 1973년 철수할 때까지 연인원 32만 명 정도를 참전시켰다.

이러한 파병이 정치적으로 순조롭게 진행된 것은 아니었다. 국내적으로 그에 대한 반발이 만만치 않았으며, 특히 전투부대의 파병이 시작되면서부터 정부는 여론의 강력한 반대에 부딪혔다. 휴전선의 불안, 전쟁의 명분, 미국의 부당한 압력 등이 반대의 논거로 세워졌지만, 야당을 중심으로 파병문제를 박정희의 국내정치적 책략의 일환으로 파악하여 반대하는 논리도 만만치 않았다. 박정희가 파병의 대가로 '정치자금을 확보'하여 '집권연장'을 꾀하고 있다는 것이 야당(특히 윤보선)의 주장이었다.[94] 그러나 한일관계정상화 문제와 비교할 때 파병안에 대한 야당의 반대는 그렇게 강하지 않았다. 원내에서 반대토론을 전개한다든지 표결에 불참하는 것이 야당이 보여준 반대의 주종이었다. 그것은 당시 야당이 한일협정 반대투쟁에 힘을 집중해야 했던 탓도 있었지만, 야당의 주요 인사들에 대한 미국의 회유와 압력이 주효했기 때문이었다.[95]

앞에서 살펴보았듯이 이 무렵 박정희 정부는 경제적으로도 어려웠고 한일국교정상화의 무리한 추진으로 정치적으로도 상당한 곤경에 처해 있었다. 그런데 어째서 정부는 베트남 파병이라는 또 하나의 정치적 부담을 스스로 졌을까?

미국은 베트남전에 군사적으로 직접 개입하기로 결정한 이후 한일관계정상화를 더욱 서둘렀다. 베트남전에 전력을 집중해야 하는 미국으로서는 한국에 대한 지원 부담을 조금이라도 덜고 싶었고, 그 방법은 국교회복을 통해 일본이 그 짐의 일부를 맡아주는 길밖에 없다고 생각했다. 한국군의 파병도 한일관계 회복이라는 전제 위에서 가능한 것이었다. 따라서 1964년 이후 미국에게 있어 한일관계정상화와 한국군의 베트남 파병은 한 묶음으로 처리되어야 하는 것이었다.

그런데 참전을 자청할 만한 한국 측 이유는 무엇이었는가? 우선 정부는 파병을 통해 한국에 대한 미국의 군사적 안보공약을 보다 확고하게 할 수 있다고 생각했다. 1963년 말부터 정부는 미군의 부분 철수론에 신경을 곤두세우고 있었다.[96] 특히 미국이 한일관계의 조기회복을 독려하면서 베트남전에 점차 깊이 개입해 들어가자 국내에서는 미국이 한국을 일본에게 일임하고 미군을 베트남으로 빼돌리려는 것이 아니냐는 우려까지 나오고 있었다. 물론 미국 측에서는 번디 W. P. Bundy 국무성 극동담당 차관보나 맥나마라 R. S. McNamara 국방장관 등이 나서서 '한일국교정상화 이후에도 한국에 대한 미국의 경제 및 군사적 지원은 계속될 것'이라는 확인[97]을 해주었지만, 그것으로 한국정부의 안보적 불안감을 모두 가시게 할 수는 없었다. 이에 정부는 한국군을 베트남에 보내겠다고 먼저 제안함으로써 미군이 한국에서 철수할 명분을 사전 차단하고, 미국의 대한對韓 안보공약을 보다 확고히 하려고 했다. 또한 정부는 참전을 통해 신무기를 얻고, 한국군의 전투능력도 배양시킬 수 있겠다는

【 베트남에 파병되는 한국 군사들 】

한일관계 회복이라는 전제하에서 정부는 베트남전 파병을 결정
했다. 이러한 파병 결정 뒤에는 한·미·일 간의 미묘한 이해관
계가 얽혀 있었다.

추가적인 계산도 했다. 이러한 정부의 계산은 어느 정도 주효하여, 미국은 파병의 대가로 한국군의 현대화에 소요되는 군사장비와 시설을 제공하며, 파병에 따른 공백을 메울 추가적인 군사비도 부담하기로 약속했다.[98]

정부는 파병이 가져다주는 경제적 이익도 계산에 넣었다. 한일국교회복이 당시 한국정부가 절실히 필요로 하는 투자재원과 정치자금을 마련해 주는 호기회였던 것처럼, 베트남 파병도 그와 유사하거나 그것을 상회하는 이득을 우리에게 가져다 줄 것이라고 집권층은 생각했다. 앞서 설명했듯이 정부는 1964년을 기점으로 개발계획의 방향을 수입대체에서 수출지향으로 틀었다. 그러나 해외시장을 개척한 경험이 일천한 한국으로서는 보다 많은 수출시장을 확보하는 일이 급선무였다. 이러한 관점에서 베트남은 더할 나위 없이 좋은 상품판매처였다. 따라서 정부는 파병의 대가로 베트남에서 가급적 최대한의 경제적 이익을 보장받을 수 있도록 미국과 협상을 벌였다. 그 결과 베트남에 파견된 한국군이 사용하는 물자와 용역은 가급적 한국에서 구입하며, 미국이 베트남에서 국제개발처AID의 자금으로 시행하는 건설 및 구호 사업에 소요되는 물자와 용역도 한국에서 구매한다는 등의 경제적 보장을 받아냈다.[99] 이에 따라 한국은 1965~1973년 사이 베트남과의 무역에서 약 2억 8,300만 달러를 벌어들일 수 있었다.[100]

파병은 당시 심각한 사회적 문제였던 높은 실업률을 해소시키는 데에도 도움이 되었다. 이 문제를 해결하기 위해 정부는 이미 1963년부터 대외개방정책의 일환으로 노동력의 해외수출을 적극 추진하고 있었다. 그 결과 그해 말 서독으로 광부가 진출하기 시작했으며, 간호사, 선원 등이 뒤를 이었다. 1965년 이들 해외취업자들이 국내로 송금한 외화는 상품수출액의 10.5%, 무역외 수입의 14.6%나 되었다. 이러한 판국에 베트남전은 정부에게 국내의 유휴인력을 대규모적으로 소모시키면서 다량의 외화를 벌 수 있는 좋은 기회였다. 당시 미국은 한국군 파병에 따른 모든 비용(장비와 봉급 및 사상자에 대한 보상금 등)을 부담하기로 되어 있었다. 그리고 파병의 대가로 한국의 기업과 인력이 베트남 시장에서 활동할 수 있는 우호적 권리도 보장해 주었다.[101]

이에 따라 1965~1972년 사이 한국의 기업들이 벌어들인 수익과 군인과 노동자들이 받은 봉급 및 보상금은 모두 약 7억 5,000만 달러에 달했다.[102]

그리고 한국의 기업과 노동자들은 여기서 습득한 노하우를 토대로 이후 중동 등과 같은 세계시장으로 진출할 수 있는 부수적인 효과도 거두었다.

그밖에 정부는 파병에 대한 반대급부로 미국으로부터 조건이 좋은 공공차관을 다량 도입할 수 있었으며, 파병을 계기로 한국에 대한 미국의 안보공약이 보다 확고해짐에 따라 상업차관을 얻기도 한결 수월해졌다. 그 결과 1966~1972년 사이 총 35억 달러의 외자가 도입되었는데, 그중 공공차관은 26.4%인 11억 달러였으며, 45.6%인 19억 달러는 상업차관이었다.[103]

이렇게 도입된 공공차관은 주로 발전, 철도, 고속도로 등의 기간설비 건설에 투입됨으로써 그 후 한국 경제가 도약하는 데 크게 공헌했다.

요컨대 박정희 정부도 한일국교정상화와 한국군의 베트남 파병이 많은 부작용을 초래하고 자신들에게 상당한 정치적 부담을 가져다줄 것이라는 사실을 잘 알고 있었다.[104] 대일 종속이 심화되었고, 지나친 실리추구로 인해 명분을 잃음으로써 국제사회에서 한국의 외교적 고립을 초래했으며, 명분 없는 전쟁에 무고한 우리의 젊은이들을 내몰아 4,960명이 죽고 1만 6,000명이 다치게 했다는 비난, 전투수행과정에서 한국군이 벌인 무리한 행동으로 인해 베트남 국민들이 받은 깊은 상처 등 그 부작용과 정치적 부담은 상당히 컸다. 그럼에도 불구하고 정부는 일단 국가의 발전방향을 대외개방으로 선회한 이상 그것이 가져올 경제적 및 군사적 이득이 훨씬 크다고 판단했다. 특히 베트남전 참전으로 얻은 10억 달러에 달하는 수입과 35억 달러가 넘는 차관, 그리고 한일관계정상화로 일본에서 들어오기 시작한 6억 달러의 청구권 자금(무상원조 3억, 유상원조 2억, 민간상업차관 1억) 및 각종 차관이 합쳐져서 정부는 출범 초기 직면했던 만성적인 외환부족문제를 상당히 해결할 수 있었다. 이 재원은 정부가 추진하던 경제개발계획에 우선적으로 투입됨으로써 경제적 성과를 토대로 정권의 안정과 연속을 기하려는 박정희의 의도를 실현시키는 데 기여했다. 또한 이것은 새로운 정치자금원으로써 정권의 안정화에 공헌하기도 했다.

수출지향형 지배연합과 발전국가의 물질적 기초의 형성
대외개방정책의 시행과 한일국교정상화 및 베트남 파병의 성사

이후 국내로 쏟아져 들어오기 시작한 외자는 한국의 지배연합과 국가의 성격을 바꾸어놓았다. 기존의 수입대체형 지배연합 대신 수출지향형 지배연합이 한국 사회에 군림하게 되었으며, 쿠데타와 선거를 통해 물리적 기반과 정당성의 기초를 마련한 발전국가는 이제 보다 안정된 물적 토대까지 갖추게 되었다.

이미 설명했듯이 1950년대 이승만 정부의 경제정책은 원조물자에 기초한 소비재 위주의 수입대체 산업화였으며, 지배연합도 그와 관련된 업종을 중심으로 형성되었다. 당시 정부는 금융통제, 수출입 규제, 원조물자 배정, 귀속재산 불하 등의 정책적 수단을 가지고 경제를 통제했다. 일부 자본가들은 정치권력과 결탁하여 이 과정에서 특혜적 이익(지대)을 추구했으며, 그에 대한 반대급부로 정치권력은 정치자금을 우려내는 거래관계가 성립했다.[105] 그 결과 성립한 것이 1950년대식의 정경유착에 기초한 수입대체형 지배연합이었다.

그런데 미국의 정책변화로 1957년을 고비로 원조가 급속히 줄기 시작하면서 원조물자에 주로 의존하던 수입대체형 지배연합은 흔들리기 시작했다. 더구나 외환 및 무역 부문에 대한 통제의 고삐를 죄던 이승만 정부가 붕괴되고, 이에 기대어 치부하던 사람들이 부정 축재자로 몰리면서 이 지배연합은 그 존립 기반마저 위협받게 되었다.

이제 국내외적 여건 변화에 부응하는 새로운 지배연합의 형성이 필요한 시점이 되었다. 그러나 그것이 그렇게 용이한 일은 아니었다. 그를 위해서는 우선 원조를 대체할 만한 새로운 지대추구의 원천이 생겨나야만 했는데, 그것이 쉽지 않았기 때문이었다. 정부는 처음에는 국내자본을 총동원해 보려고 애썼다. 그러나 이미 살펴보았듯이 그것만으로는 개발에 필요한 자금을 충분히 확보할 수 없었다. 이러한 애로를 해결해 준 것이 한일국교정상화와 베트남 파병이었다.

이 두 사건을 계기로 막대한 외자가 유입되기 시작했으며, 상품 및 인력수출의 문 역시 활짝 열리게 되었다. 공공차관의 경우, 1959~1964년간의 누계가 1억 1,800만 달러에 불과하던 것이 1965년 7,700만 달러, 1966년 1억 5,400만 달러, 1969년 2억 3,300만 달러 등으로 급증했으며, 상업차관도 1962~1964년간의 합계가 1억 2,000만 달러에 지나지 않던 것이 1965년 7,800만 달러, 1966년 1억 500만 달러, 1969년 6억 2,300만 달러 등으로 크게 늘어났다.[106] 수출도 1962년 5,500만 달러, 1963년 8,700만 달러, 1964년 1억 1,900만 달러이던 것이 한일국교정상화와 베트남 파병이 이루어진 1965~1966년경부터는 가속도가 붙어 1965년 1억 7,500만 달러, 1966년 2억 5,000만 달러, 1967년 3억 2,000만 달러, 1968년 4억 5,500만 달러, 1969년 6억 2,300만 달러 등으로 급증했다.[107]

이로써 그 동안 박정희 정부를 괴롭혔던 투자재원의 부족문제는 상당히 해결되었다. 더구나 당시 도입된 대부분의 상업차관은 정부의 허가와 보증을 필요로 하는 것이었기 때문에, 정부는 내자의 동원·분배기관인 은행뿐 아니라 외자의 도입·분배권까지 장악하게 되었다. 이제 발전국가는 양적으로 안정적인 물적 기초를 갖추었을 뿐 아니라 내용적으로도 자본에 대해 우위에 설 수 있는 제도적 기반을 구비하게 되었다.

그러면 당시 자본은 국가가 모든 자금공급원을 장악했기 때문에 어쩔 수 없이 국가에게 복종한 것일까? 꼭 그렇지만도 않았다. 당시 국가는 자신의 지도에 따르는 기업에 대해서는 파격적으로 저리의 자금을 공급했기 때문에 모든 기업들은 적극적이고도 능동적으로 국가가 추진하는 개발계획에 참여하고자 애썼다. 당시 국가가 국내 은행과 해외차입을 통해 공급하던 자금의 금리는 시중의 일반 금리에 비해 턱없이 낮았다. 국내은행의 일반대출금리는 25%를 넘나들었는 데 반해, 정부가 정책금융이란 이름으로 수출기업들에게 제공했던 수출지원자금의 금리는 6~7% 수준이었으며, 차관의 금리 역시 대개 7%선이었다.[108] 따라서 기업들로서는 온갖 정치적 연줄을 동원하여서라도 수출금융과 차관을 얻으려고 애썼으며, 그것의 획득 여부가 곧 기업의 운명을 판가름했다고 해도 과언이 아니었다. 그리고 정치권은 자본에게 이러한 특혜를 알선하는 대가로 반대급부를 받아 챙기는 공생관계가 발생하게 되었다. 새로운 성격의 지배연합, 즉 수출지향형 지배연합은 바로 이러한 과정에서 발생한 것이었다.

　그러면 수출지향형 지배연합이 수입대체형과 다른 점은 무엇인가? 그리고 수입대체형 지배연합은 발전국가와 양립할 수 없는 것인가? 양자 모두 정치와 경제의 유착에 기초하고 있다는 점에서는 차이가 없었다. 그러나 유착이 발생하는 경제적 영역과 특혜적 이익을 추구하는 방식은 서로 달랐으며, 그 결과도 소비적인 것과 생산적인 것으로 상반되게 나타났다.

　앞서 밝혔듯이 1950년대의 정경유착은 주로 환차익, 수입허가나 원조물자 배정에서의 특혜, 정부재산의 특혜 불하, 그리고 저리자금의 융자 알선 등의 영역에서 일어났다. 그런데 1964년 5월 정부가 외환제도를 고정환율제에서 단일변동환율제로 바꾸고, 기본환율을 130 대 1에서 255 대 1로 인상하는 환율현실화 조치를 단행함으로써, 이제 환차익을 노린 정경유착은 그 의미를 잃게 되었다. 수입허가권을 둘러싼 유착도 주요 수입품의 80~90%가 자동인가품목으로 설정되는 네거티브 시스템이 도입됨으로써 더 이상 특혜의 원천이 되기 어려워졌다. 그리고 원조물자와 정부재산의 특혜 불하를 둘러싼 유착 역시 미국의 원조축소와 대부분의 귀속재산 불하가 1950년대에 완료되었다는 점 때문에 그 의미가 퇴색되었다.

다만 저리의 융자를 알선하고 그 반대급부를 챙기는 유착만은 1960년대에도 여전히 지속되었지만, 그 내용과 결과는 판이했다. 1950년대에 소수의 대기업에게 특혜적으로 제공된 저리의 융자는 주로 수입·수요를 충당하는 데 쓰였다. 그러나 박정희 정부하에서의 저리의 융자와 외자는 주로 수출을 통해 성과를 내는 기업에게 주어지거나 국가가 필요로 하는 사회기반시설이나 기간산업분야에 투입되었다.[109] 따라서 똑같이 융자를 둘러싼 특혜의 추구라 할지라도 1950년대의 그것은 소비적이었다면, 1960년대의 것은 성과에 따른 보상의 성격을 지녔다는 점에서 보다 생산적이었다고 할 수 있다. 존스L. P. Jones와 사공일은 이러한 차이를 다음과 같이 서술하고 있다.

(1950년대에서: 필자) 1960년대로 들어서면서부터 경제활동이 영

합零合에서 정합正合의 방향으로 전환되었다. ……1950년대에는 정치적 및 관료적 유대가 특혜적 접근을 위한 필요충분조건이었다.

그러나 1960년대 이후부터는 관료적(정치적이 아닌) 접촉은 단지 필요조건이었다. 특혜를 받게 되면 그것을 생산적으로 사용할 것이라는 점을 관료에게 확신시킬 수 있는 주장을 할 수 있어야 한다. …… 1950년대에는 영합거래의 가장 중요한 원천은……특혜적 외환과 원조였다.

1960년대 이후에는 특혜의 지배적 형태는 생산활동을 하기 위해서는 제반기능이 결합되어야만 이윤을 낼 수 있는 산업융자이다. 여기에도 영합이전零合移轉은 있을 수 있으나 반드시 정합활동과 결부되어 있어야 한다.[110]

발전국가의 형성과 위기

쿠데타와 선거를 통해 물리적 기반과 정당성의 기초를 마련한 발전국가는 대외개방정책을 통해 안정된 물적 토대까지 갖추게 됨으로써 이제 본궤도에 진입하게 되었다. 그러나 이러한 발전국가를 담당하고 있는 집권세력에게는 여전히 자유롭지 못한 문제가 하나 있었다. 그것은 바로 정치적 경쟁의 결과가 항상 열려 있다는 점과 그러한 게임의 규칙이 주는 제약이었다.

박정희를 위시한 새 집권층은 1963년의 제1차 승부를 무사히 통과함으로써 자신들이 담당한 발전국가가 절차적 정당성을 지니게 만들 수 있었다.

그렇지만 이들은 주기적으로 돌아오는 경쟁, 특히 1967년 선거를 피할 수 없었다. 그리고 이번 경쟁에서 이겼다 해도 이들 세력의 핵심인 박정희는 게임의 규칙에 따라 더 이상 출전의 기회를 얻지 못하게 되어 있다는 데 이들의 고민이 있었다. 따라서 이들은 발전국가를 사회 내의 여러 계급뿐 아니라 의회 및 정당정치로부터도 자율성을 지닌 국가로 만들고자 했다.

이것은 정치가 실종되고, 오로지 행정적 효율성에 의해 지배되는 국가가 탄생하는 것을 의미했다. 이러한 정치 실종의 시작이 1969년 단행된 삼선개헌이며, 그것의 최종적 완성은 1972년 10월에 출범한 유신체제였다.

두 번째 승부: 1967년 제6대 대통령 선거

1966년에 접어들면서 정국은 다시 선거체제에 돌입하기 시작했다. 1967년 5월 11일과 6월 8일에 각각 대통령과 국회의원을 뽑는 선거가 예정되어 있었기 때문이다.

먼저 선거태세에 들어간 것은 공화당이었다. 1964년 6·3사태를 전후하여 6개월간의 제2차 외유를 떠났던 김종필이 1965년 12월 당의장으로 복귀하면서 공화당은 선거에 대비하여 당 조직을 대대적으로 정비하기 시작했다. 1966년 말까지 공화당은 총유권자의 11%에 해당되는 약 155만 명의 당원을 확보했으며, 막대한 자금을 투입해 리里, 동 단위까지 조직을 확충해 나갔다.[111] 그리고 1967년 2월 2일 전당대회를 열어 박정희를 제6대 대통령 후보로 선출했다.

한일조약 비준 파동을 계기로 민중당과 신한당으로 분열되었던 야권은 대통령 선거가 다가오자 다시 합당과 후보 단일화를 논의하기 시작했다. 진통을 거듭하던 통합논의는 마침내 1967년 2월 8일

신한당의 윤보선과 민중당의 유진오가 각각 대통령 후보와 당수직을 나누어갖는 조건으로 신민당으로 통합하는 데 합의했다.

야권에서는 이밖에도 서민호(대중당), 전진한(한독당), 김준연(민중당), 오재영(통한당), 이세진(정의당) 등이 출마했으나 모두 군소후보에 지나지 않았기 때문에 결국 선거는 공화당의 박정희와 신민당의 윤보선 간의 대결로 압축되었다.[112]

이 선거에서는 개인의 신상문제보다는 경제개발, 농업대책, 한일관계 정상화, 베트남 파병 등과 같은 현珼 정부의 대표적인 정책에 대한 평가가 주된 쟁점으로 부각되었다. 공화당은 8.3%에 달하는 연평균 성장률, 1965년을 계기로 한 급속한 수출증대, 1인당 국민소득의 획기적 증대(1962년 83.6달러에서 1967년 123.5달러로) 등의 수치를 들면서 제1차 경제개발5개년계획이 성공적이었다고 자평自評하고, 제2차 계획의 성공적 완수를 위해서는 박정희 후보를 한 번더 밀어주어야 한다고 주장했다.

이에 대해 신민당은 그 동안의 개발이 소수 특권층만을 배부르게 하여 빈부격차를 심화시켰고, 특히 농민의 고통은 가중되었다고 비판하면서, 자신들은 성장과 분배를 조화시키면서 아울러 농공 간의 균형발전을 도모할 것이라고 선전했다.

그리고 신민당은 자신들이 집권하면 굴욕적으로 타결된 한일협정의 내용을 수정하고 베트남 파병과정에서 한미 간의 불충분한 협의내용에 대해서도 보완하겠다고 주장했다. 그러나 공화당은 선건설·후분배 원칙의 정당성을 재확인하면서, 한일협정과 베트남 파병도 우리 외교와 경제의 무대를 넓히고 활성화시키는 데 크게 도

【 제6대 대통령 선거 】

모두 6명의 후보가 나선 제6대 대통령 선거는 박정희 후보와 윤보선 후보의 양자 대결로 압축된 양상을 보였다. 사진은 후보자들의 선전 벽보.

움이 되었다고 반박했다.[113]

　5월 11일 치러진 선거 결과는 아래의 '표 7-3'에서 보듯이 박정희가 유효투표의 51.4%인 568만 8,666표를 얻어 41%인 452만 6,541표를 얻은 윤보선을 116만 2,125표 차로 눌러 이겼다.

　이 선거에서 박정희가 크게 이길 수 있었던 것은 공화당이 앞서 설명한 대로 저리의 은행융자와 차관을 특정 기업에 알선하면서 반대급부로 챙긴 정치자금을 풍성하게 사용한 탓도 있다. 하지만 보다 중요한 요인은 정부가 1차 경제개발계획을 성공적으로 추진했다는 사실이었다. 이 점은 당시 박정희가 얻은 표의 분포를 통해서도 확인할 수 있다.

　1956년 제3대 대통령 선거부터 한국에서는 여촌야도적인 투표성향이 지배적으로 나타났다. 이러한 여촌야도 경향은 이번 선거에서도 나타났다. 하지만 그 정도는 그 어느 때보다도 줄어들었다. 특히 전통적으로 야당후보가 압도적 우위를 보이곤 했던 서울에서 윤보선은 박정희를 앞서기는 했지만, 그 격차는 1963년 선거에 비해 현격히 축소되었다. 박정희와 윤보선은 1963년 선거에서는 서울에서 각각 30.17%(371,627표)와 65.12%(802,052표)를 얻어 그 차이가 34.95%(430,425표)나 났다. 그러나 이번 선거에서는 각각 45.19%(595,513표)와 51.28%(675,716표)를 얻어 그 차가 6.09%(80,203표)로 대폭 줄었다. 이러한 현상은 여타 도시에서도 나타났다. 도청소재지급 도시만을 대상으로 하여 볼 때, 경기도와 전남북을 제외한 나머지 지역에서는 박정희가 윤보선을 눌러 이겼던 것이다.[114] 이러한 도시 유권자들 사이에서의 박정희에 대한 갑작스러운 지지증가는 그 동안 이루어진 개발정책의 성과로밖에 볼 수 없다.

　이번 선거의 승패를 가른 또 하나의 중요한 요인은 표의 동서분할 현상이었다. 1963년 선거에서는 표의 남북분할 현상이 나타났던 데 반해, 이 선거에서는 부산과 경상남북도, 충북, 강원도 등 동쪽 지역에서는 박정희가 승리하고, 서울, 경기, 충남, 전라남북도

| 표7-3 1967년 제6대 대통령 선거 결과

정당	후보자	유효득표율(%)	득표수
민주공화당	박정희	51.4	5,688,666
신 민 당	윤보선	41.0	4,526,541
통 한 당	오재영	2.3	264,533
민 중 당	김준연	2.3	248,369
한 독 당	전진한	2.1	232,179
정 의 당	이세진	0.8	98,433
			11,058,711

출처: 중앙선거관리위원회, 『대한민국선거사』 제1집 (1973), pp.546

등 서쪽에서는 윤보선이 이기는 표의 동서분할 현상이 나타났던 것
이다.

이것은 일차적으로 두 후보에 대한 연고지 귀속적 투표[115]가 일
어난 탓이지만, 호남의 경우 지난 4년간의 경제개발과정에서 투자
가 주로 영남 지역에 집중된 데 대한 서운함의 표시였다고도 볼 수
있다.

어쨌든 이 선거에서의 승리를 통해 박정희는 자신이 이끄는 발전
국가를 보다 확고한 정당성의 기반 위에 올려놓을 수 있게 되었다.
특히 이번 승리는 업적에 기초한 것이었다는 점에서, 발전국가는
1963년 선거를 통해 획득한 정당성과는 차원이 다른 정당성을 확보
하게 되었다.[116]

제7대 국회의원 선거

이로부터 한 달 뒤인 6월 8일 제7대 국회의원 선거가 치러졌다. 여기에는 무려 11개 정당의 후보들이 난립하였지만, 당선자를 낸 것은 공화당과 신민당 그리고 대중당 뿐이었다. 공화당은 50.6%의 득표율로 전체 의석의 70.6%인 129석(지역구 102, 전국구 27)을 얻는 대승을 거두었으며, 신민당은 32.7%의 득표율로 45석(지역구 28, 전국구 17)을 얻었다.

그리고 대중당은 한 명만이 당선되었을 뿐이었다. 이러한 선거 결과로 1958년 총선에서 처음 확립되었다가 1960년과 1963년 총선에서 조금 흔들렸던 양당제가 한국 정치에 다시 뿌리내리게 되었다.

이 선거에서도 여촌야도 현상은 어김없이 나타났다. 신민당은 서울에서 14석 중 13석을, 부산에서 7석 중 5석을 차지하는 등 전체 지역구 당선자 28명 중 25명이 대도시에서 나왔다. 거꾸로 말하면 농촌에서는 거의 공화당 후보가 당선되었던 것이다.

이 선거에서 공화당이 얻은 129석은 개헌에 필요한 의석을 13석 초과하는 것이었다. 이러한 공화당의 압승은 한편으로는 박정희가 이끄는 발전국가의 정당성을 한층 강화시켜 주었으며, 다른 한편으로는 4년 후의 박정희의 거취문제를 고민하던 공화당에게 한줄기 햇살과도 같은 것이었다.

그러나 이러한 개헌선을 확보하기 위해 공화당은 총선에서 조직과 자금을 동원한 무리를 범했으며, 이러한 부정은 선거 후 야당의 강력한 반발을 불러일으켜 오히려 상당 기간 동안 새로 출범한 박

정희 정부의 부담으로 작용하였다.[117]

삼선개헌(1): 권력연장의 시발점

공화당은 부정선거를 둘러싼 야당의 공세를 무사히 넘기자 곧 박정희의 4년 후 거취문제에 관한 제도적 제약을 없애는 데 착수했다. 신민당의 등원거부로 개원이 어렵기는 했지만, 일단 국회가 열리자 압도적 다수 의석을 점한 공화당에게 신민당의 도전은 별로 문제가 되지 않았다. 오히려 공화당을 곤혹스럽게 만든 것은 박정희의 후계문제를 둘러싼 당내의 파벌 갈등이었다.

쿠데타 직후부터 군부 내에는 파벌 갈등이 끊이지 않았으며, 그것은 공화당 창당 이후에도 이어졌다. 그리고 이러한 집권층 내부 갈등의 중심에는 항상 김종필이 있었다.

군정하에서 그는 육사 8기 집단과 중앙정보부를 배경으로 하여 육사 5기(중심은 김재춘) 및 함경도 출신 장성들과 맞섰다. 후자의 세력은 자민당을 만들어 김종필이 만든 공화당에 대항하기도 했으나, 박정희가 공화당의 손을 들어줌으로써 결국 정치무대에서 사라지고 말았다.

그 후 공화당 내에서는 1963년 선거에서 박정희의 '이상 6, 현실 4' 원칙에 따라 외부에서 영입된 정치인들을 중심으로 하여 김종필에 맞서는 새로운 파벌이 형성되기 시작했다. 이효상, 백남억, 김성곤, 김진만 등이 핵심인물들이었는데, 그들의 다수는 영남 출신의 자유당계 구정치인들이었다.[118] 그리고 정부 쪽에서는 이후락 대통령 비서실장과 김형욱 중앙정보부장이 반김종필 파벌에 가담하고 있었다. 반김종필 파벌의 구성원들 간에도 갈등과 경쟁이 없었던 것은 아니다.

그러나 그들은 김종필을 견제하고 박정희의 집권을 유지시켜야만 자신들의 설 자리가 생긴다는 것을 누구보다도 잘 알았기 때문에 서로 연대할 수 있었다. 그리고 이러한 이들의 이해관계는 은근히 집권 연장을 바라는 박정희의 생각과 맞아 떨어졌다. 따라서 박정희의 외원外援 속에서 당 안팎의 반김종필 세력이 포스트 박정희를 노리는 김종필파에 대해 쐐기를 박은 것이 삼선개헌이었고, 그 과정에서 불거져 나온 친김종필파의 거센 반발이 당을 분란으로 몰고 갔던 것이다.

일의 발단은 1968년 5월에 터진 국민복지회사건이었다. 박정희는 이것을 김종필을 다음 대통령 후보로 옹립하려는 조직으로 보고 중앙정보부를 동원하여 철퇴를 가했다. 이에 항의하여 김종필이 일체의 공직을 사퇴하자 반김종필파는 그 틈을 타 당권을 완전히 장악하고 개헌에 착수했다.

본격적인 개헌공작[19]은 1969년에 들어서면서부터 시작되었다. 개헌추진파들은 당내외의 여러 의원들로부터 개헌지지 서명을 받는 한편, 그에 반대하는 김종필파 의원들을 회유하는 데 힘을 썼다. 그 와중에 야당이 제출한 권오병 문교부장관 해임권고안이 자신들의 세를 과시해 보려는 김종필파의 찬성으로 통과되어 버리는 4·8 항명파동도 있었다.

이것은 박정희의 지시로 양순직, 예춘호, 박종태 등 5명의 의원과

93명의 당원이 공화당에서 제명되는 것으로 끝났지만, 개헌을 둘러싼 당내의 진통을 잘 보여주는 사건이었다.

어쨌든 이러한 갈등 속에서도 개헌추진파들은 개헌선인 117석보다 4석 많은 121명의 의원들로부터 지지서명을 받아 개헌안[20]을 국회에 제출하였다.

이에 반대하는 학생들의 시위가 끊이지 않았고, 야당 또한 국회 본회의장을 점거하면서까지 이것의 통과를 저지하려 했으나, 결국 개헌안은 9월 14일 새벽 국회 제3별관에서 여당 단독으로 통과되고 말았다. 그리고 이것은 10월 17일 유권자의 77.1%가 참여한 국민투표에서 65.1%의 찬성으로 확정되었다. 이로써 박정희는 또 한 번의 4년에 도전할 기회를 갖게 되었다.

삼선개헌(2): 정치실종의 시발점

삼선개헌을 단순히 박정희 개인의 집권 연장책으로만 보아서는 안 된다. 그것이 한국 정치에 미친 영향은 그보다 훨씬 심원했다. 우선 그것은 의회 및 정당정치가 실종되기 시작하는 계기가 되었다. 이를 계기로 정치에 대한 행정의 추월이 시작되었으며, 그 귀결은 행정적 효율성이 정치를 완전히 대체한 유신체제의 수립이었다. 그리고 이 개헌은 발전국가가 그 동안 절차준수와 업적생산을 통해 쌓아온 정당성의 기반이 훼손되기 시작하는 기점이기도 했다.

파벌 간의 대립이 한국 정치의 고질병 중 하나인 것은 사실이다. 특히 이 파벌이 정책적 차이 보다 인간적 유대에 기초하고 있다는 점에서 그 심각성은 더하다. 하지만 한국의 정당에서 그것마저 없다면 당내민주주의는 요원하게 된다는 데 한국 정치의 고민이 있다. 이러한 맥락에서 삼선개헌은 그 동안 공화당 내에서 파벌 간의 대립의 형태로나마 유지되던 당내민주주의와 정당정치의 가능성을 잘라버리는 시발점이 되었다.

애초 김종필은 공화당을 창당하면서 그것을 자신의 정치적 기반으로 삼고자 했다. 이러한 구상에 따라 공화당은 강력한 사무국을 지닌 독특한 조직형태로 만들어졌다. 사무국은 중앙에서부터 시·도 지역에 이르는 위계적인 조직을 갖추었으며, 중앙당에서 임명한 요원들이 그 업무를 관장토록 했다. 국회운영이나 국회의원 공천을 포함한 모든 당무와 당 재정의 관리도 사무국이 맡도록 했다. 그리고 집권 초기 당정 간에 빈틈없는 협조기구가 구축됨으로써 공화당의 영향력은 국회를 넘어 행정부로까지 확대될 정도였다. 위로는 청와대 연석회의부터 당무위원–국무위원 연석회의, 경제정책회의, 정책협의회 등의 각료와 당 간부 수준의 협의체를 거쳐 아래로는 시·군 당정협의회에 이르기까지 긴밀한 당정협조체제가 구축되었다.[121]

이러한 당 조직과 당정협조기구는 집권 초기에는 김종필의 영향력 및 그의 정치적 구상과 맞물리면서 어느 정도 힘을 발휘했다.

그런데 이러한 공화당 우위현상은 1965년경부터 와해되기 시작했다. 그 결정적 계기는 1964년 중반 김종필이 한일국교정상화의 무리한 추진에 대한 책임을 지고 당직을 떠나 두 번째 외유를 나간 일이었다.

김종필이 자리를 비운 사이인 1965년 초 반김세력은 사무국 권한의 상당 부분을 국회의원(지구당 위원장)에게 이관하는 것을 골자로 하는 당헌개정작업을 했다. 이때 당의 재정권도 사무총장에서 재정위원장으로 넘어갔으며, 그 자리는 반김파의 대표주자의 하나인 김성곤이 차지했다.[122] 김종필은 1965년 12월 다시 당의장으로 복귀하지만, 제도적으로나 재정적으로 과거와 같은 힘을 발휘하기 어려웠다.

그래도 아직 과거의 세력 기반이 남아 있던 김종필에게 마지막 타격을 가한 것이 바로 삼선개헌이었다. 김종필 계열의 붕괴는 곧 공화당 우위파의 실권失權이자 당내민주주의의 조종弔鐘이었다. 당내에 복수의 파벌이 있을 때에는 정치적 쟁점에 대해 의원총회에서 자유스러운 토론이 이루어지기도 했고, 대통령도 그 결과를 어느 정도 존중해 주는 태도를 취했어야 했다.[123] 그런데 삼선개헌으로 당내파벌의 한 축인 김종필 계열이 사라지자, 이제 당에는 단일 파벌만 남게 되었고, 그것은 앞서 지적했듯이 박정희의 집권연장에서 자신들의 존재근거를 찾는 집단이었다.

이후 박정희는 반김계열의 4인(길재호, 김성곤, 김진만, 백남억)을 중간보스로 삼아 당을 간접 통할했다. 그러나 4인 체제가 1971년 10·2 항명파동[124]으로 자신의 뜻을 거스르자 박정희는 그들마저 내치고 말았다.

이제 당내에는 어떤 파벌도 존재하지 않게 되었고, 의견의 불일치도 있을 수 없게 되었다. 당의 의견은 존재할 수 없게 되었고, 모든 결정은 청와대에서 내려져 하달되는 식으로 되었다. 당이 박정

【 개헌안 날치기 통과 】

1969년 9월 14일 새벽, 국회 제3별관에서는 여당 단독으로 개헌
안이 날치기 통과되었다. 사진은 개헌안 날치기 통과 후 황급히
회의장을 빠져나오는 국회의원들 모습.

희의 친정체제 아래 들어가게 되었던 것이다.

당을 직접 통제함에 있어 박정희가 휘두르는 무기는 정치자금과
중앙정보부였다. 4인 체제를 몰락시킨 후 박정희는 그 동안 4인 협
의회(청와대 비서실장, 중앙정보부장, 공화당 재정위원장, 경제기획원 장
관)에 맡겨두었던 정치자금 수납 권한을 모두 회수하여 청와대 비서
실장에게로 일원화시켰다.[125]

이로써 공화당은 독자적인 자금조달능력을 상실하고, 당 운영비를 청와대에서 내려오는 하사금에 의존하게 되었다. 박정희는 이렇게 당을 청와대에 재정적으로 종속시킴으로써 당에 대한 확고한 통제권을 확보할 수 있었다.

당에 대한 또 하나의 통제수단은 중앙정보부였다. 정보부의 정치공작은 이미 1960년대 초부터 문제시되었던 것이지만, 그래도 공화당이 자율성을 발휘할 때에는 정보부가 정치를 전담하지는 않았다. 그러나 당이 박정희의 친정하에 들어가면서 당의 정치적 조정기능은 점차 쇠퇴하기 시작했다. 신민당은 더 이상 공화당의 협상의 파트너가 아니라 정보부의 공작의 대상이 되기 시작했다.

이러한 의회 및 정당정치 위축, 공화당의 자율성 상실, 당내민주주의 소멸 등과 같은 현상들은 유신체제가 출범하면서 그 절정에 달했다. 이제 의회나 정당의 정치적 기능은 정보부의 공작工作으로 대체되었다. 박정희가 직접 임명한 사람들로 구성된 유신정우회(약칭 유정회)라는 친위적 원내단체(의석의 3분의 1을 점거)가 생겨남으로써 공화당은 더 이상 집권당이 아니라 집권세력의 '일부'로 그 지위가 격하되게 되었다.

이 모든 과정의 절정이 유신이었지만, 그것의 시발은 삼선개헌이었다. 다시 말해 박정희에게 삼선의 길을 열어준 것이 결국 정치 대신 공작과 행정적 효율성이 지배하는 유신을 몰고 왔다는 점에서 1969년의 삼선개헌은 1972년 유신의 씨앗을 잉태하는 것이었다.

발전국가의 제1차 위기

1960년대 한국의 발전국가는 쿠데타 성공, 두 차례의 선거에서의 승리, 비약적인 경제성장 등을 통해 스스로의 물리적 기초와 정당성의 기반 그리고 물적 토대를 마련할 수 있었다. 그러나 1960년대 말경부터 이러한 기반들은 하나씩 무너지기 시작했으며, 발전국가는 점차 위기로 빠져 들어갔다.

위기의 시작은 외부로부터 왔다. 1968년부터 남북관계가 긴장되기 시작했으며, 베트남 파병을 계기로 그 어느 때보다도 보조를 잘 맞추어 나가던 한미관계도 삐걱거리기 시작했다. 1968~1969년은 한국전쟁 이후 한반도를 둘러싼 긴장이 가장 고조되었던 때였다. 1968년 1월 21일 북한의 무장게릴라 부대의 청와대 습격, 이틀 후 동해에서의 미국 정보수집함 푸에블로Pueblo호 피납, 11월 울진 · 삼척 지역에 120여 명의 북한 무장게릴라 침투, 1969년 4월 미해군의 정찰기 EC-121 피격 등 남한과 미국에 대한 북한의 군사적 도발이 끊이지 않았기 때문이다. 이렇게 남한의 안보가 위협받고 있는 시점에, 1969년 새 대통령에 취임한 닉슨R. Nixon은 그해 7월 25일 괌 Guam에서 '아시아 지역의 국가들이 자신의 안보에 대한 일차적 책임을 지게 하겠다'는 내용의 닉슨 독트린Nixon Doctrine을 발표[126]함으로써 한국 국민들을 놀라게 했다.

그리고 미국이 한국과의 한마디 사전논의도 없이 1970년 6월 주한미군의 3분의 1 감축안을 발표하자 한국 국민들의 안보적 불안감은 가중되었다.[127] 그 동안 미국의 안보 우산 밑에서 발전국가를 안정적으로 이끌 수 있었던 박정희가 받은 타격도 상당했다. 더구나

【 생포된 무장공비 김신조 】

1968년 1월 21일 북한 무장게릴라들이 청와대 폭파를 목적으로
습격하는 사건이 일어났다. 박정희 정권은 이를 계기로 반공과
안보를 강조하는 분위기를 조성, 점차 삼선개헌의 정국을 만들
어갔다.

1971년 들어서면서 미국이 베트남전 이후 아시아의 장기적 안정을
위해 과거 침략국으로 규정했던 중국과의 관계를 개선할 움직임을
보이자 한국 국민들의 안보의식은 불안감을 넘어 혼돈의 지경에까
지 빠지게 되었다.

한미 간의 갈등은 군사 · 안보적인 데에서 그치지 않았다. 1968년
달러화의 위기 이후 미국을 비롯한 세계경제는 장기불황에 빠져들

었다. 이에 미국은 자국경제를 보호하기 위해 1971년 10%의 수입부가세 부과와 몇몇 품목에 대한 수입쿼터제 실시 등을 골자로 하는 소위 신경제정책을 발표했다. 이것은 수출의 40%를 미국 시장에 의존하고 있던 한국 경제, 특히 섬유산업에 심각한 타격을 주었다. 게다가 닉슨 행정부의 베트남 철수정책에 따라 그 동안 한국 경제의 고도성장을 지탱해 왔던 베트남 특수特需도 사라질 지경에 처하게 되었다.

그러나 발전국가에 대한 보다 심각한 도전은 내부로부터 왔다. 1960년대 말부터 경제는 위기에 빠져들었으며, 사회 내의 각종 세력들이 국가에게 도전하기 시작했기 때문이다. 1969년을 정점으로 경제성장이 둔화되기 시작했다. 1969년에 15.9%에 달했던 GNP 성장률이 1970년과 1971년에는 8.9%와 10.2%로 낮아졌다. 그 동안 급속한 성장을 통해 물적 기반을 다지고 정당성을 키워오던 박정희 정부에게 성장세의 둔화는 곧 물적 토대와 정당성의 기초가 훼손됨을 의미했다.

더구나 이 무렵 경제성장 둔화의 원인을 살펴보면 문제가 훨씬 심각했다. 당시 한국 경제는 외채의 덫debt trap과 부실기업의 덫에 빠져 있었다. 1960년대 한국의 개발논리는 외자로 공장을 세워 만든 물건을 수출해 외채를 갚겠다는 것이었다. 그러나 자본뿐 아니라 원료나 중간재 그리고 기계까지 수입에 의존해야 했던 한국으로서는 수출의 증대는 곧 수입의 누증을 의미했으며, 그것은 국제수지의 악화를 가져왔다.

그 결과 차관도입에 따른 원리금 상환 부담 외에 경상수지의 적

【 전태일 분신 】

1970년 11월 13일 '노동자도 인간이다'를 외치며 한 이름 없는
노동자가 분신을 시도, 사망하는 사건이 일어났다. 사진은 전태
일의 어머니가 영정사진을 끌어안고 오열하는 모습.

자를 메우기 위한 외자도입이 필요하게 되었고, 그것은 결국 대외
채무의 급증을 초래하게 되었다. 그리고 이러한 상황을 더욱 악화
시킨 것은 외채를 들여 건설한 대부분의 업체가 부실기업으로 판명
이 났다는 사실이었다. 1969년 5월 정부는 차관업체 83개 중 45%
가 부실기업이라고 공식적으로 고백할 정도로 당시 부실기업의 문
제는 심각했다.

　이러한 경제위기에 덧붙여 발전국가를 더욱 곤혹스럽게 만든 것

은 각종 사회세력들의 도전이었다. 1969년 10월 전국섬유노조의 쟁의를 기점으로 점증한 노사분규는 1970년 11월 13일 전태일 분신 사건으로 그 상징적 절정을 맞게 되었다. 그리고 1971년에는 언론 자유화운동, 사법파동, 빈민들의 봉기인 광주대단지사건 등이 줄을 이었다.

이러한 사건들은 산업화의 역군이면서 제대로 대접받지 못한 노동계급, 산업화과정에서 소외된 농민과 도시 빈민들, 성장지상주의에 매몰된 민주적 권리를 되찾으려는 지식인들의 불만이 터져 나온 것이었다는 점에서 발전국가가 그 동안 추진해 온 불균형적 발전전략이 낳은 당연한 귀결이었다고도 볼 수 있다.

어쨌든 이러한 안팎으로부터의 도전 속에서 1971년 박정희는 또한 번의 4년에 도전할 기회를 갖게 되었다. 4월 27일 치러진 대통령 선거에서 박정희는 40대 야당후보인 김대중의 강력한 도전을 뿌리치고 약 94만 표의 차이로 대통령에 당선되는 데 성공했다. 그러나 한 달 뒤인 5월 25일의 국회의원 선거에서는 지난 선거에서 45석을 얻는 데 그쳤던 신민당이 44.4%의 득표율로 89석(지역구 65석, 전국구 24석)을 얻는 약진을 보인 반면, 공화당은 48.8%의 득표율로 113석(지역구 86석, 전국구 27석)을 얻는 데 그치는 부진을 보여주었다. 야당이 얻은 89석은 개헌 저지선인 69석(전체 204석의 3분의 1)을 훨씬 초과하는 것이었다는 점에서 박정희와 공화당에게 큰 충격을 주었다.

이제 박정희는 제도적인 정치적 경쟁에서도 점차 쫓기는 입장이 되었다. 이러한 복합적인 난국을 타개하기 위해 박정희는 7·4남북

공동성명이나 8·3사채동결조치 등을 발표하기도 했다. 전자는 변화하는 국제여건에 맞추어 남북관계를 개선하겠다는 것이었고, 후자는 심각한 경제위기를 탈출하기 위한 비상조치였다.

그러나 어떤 것도 박정희에게 궁극적인 해결책이 되지 못했다. 결국 박정희가 찾아낸 탈출구는 발전국가가 정치로부터의 자기 해방을 선언하게 만드는 것이었고, 그것이 곧 유신이었다.

|주|

1) Max Weber, "Politics as a Vocation", H. H. Gerth and C. W. Mills, From *Max Weber* (New York: A Galaxy Book, 1958), p.78.

2) Gordon L. Clark and Michael Dear, *State Apparatus* (Boston: Allen & Unwin INC, 1983), pp.36~59.

3)「陸賈列傳」,『漢書』卷43.

4) 이 개념은 본래 일본을 대상으로 한 존슨C. Johnson의 연구에서 비롯된 것이며, 오늘날 많은 학자들에 의해 한국과 대만의 경제발전을 설명하는 데에도 원용되고 있다. Chalmers Johnson, *MITI and the Japanese Miracle* (Stanford: Stanford University Press, 1981), ch.1; Peter Evans, *Embedded Autonomy: States and Industrial Transformation* (Princeton: Princeton University Press, 1995), ch.3; Adrian Leftwich, "Bringing Politics Back In", *The Journal of Development Studies*, Vol.31 No.3, Feb. 1995; Meredith Woo-Cumings (ed.), *The Developmental State* (Ithaca: Cornell University Press, 1999); 김일영, 「한국의 발전국가의 기원, 형성과 발전 그리고 전망」, 『한국정치외교사논총』, 제23집 1호 (2001), pp.87~91.

5) 여기서 국가의 상대적 자율성이란 '국가가 지배계급과의 관계에서 그들의 의사에 반해 목표를 세우고 정책을 입안할 수 있는 정도'를 의미하며, 국가능력은 '국가의 정책집행능력'으로서 그것의 크기는 국가가 제도적으로 어느 정도 정비되어 있고 또 어떤 목표를 위해 그것을 재정비할 수 있는가, 국가의 정책결정구조가 어느 정도 응집적인가, 국가가 보유하고 있는 각종 자원(resources)은 어느 정도인가 등의 요인에 의해 결정된다

고 본다. 이에 관한 설명은 Theda Skocpol, "Bringing the State Back In: Strategies of Analysis in Current Research", P. Evans, D. Rueschemeyer and T. Skocpol (ed.), *Bringing the State Back* In (Cambridge: Cambridge University Press, 1985), p.9, pp.15~16.

6) 당시 혁명군은 김윤근과 김동하가 이끄는 해병 1,000명, 문재준 등이 동원한 포병 1,000명, 박치옥 휘하의 공수단 500명, 이백일이 지휘하는 육군 1,000명 등에 불과했다. 한국군사혁명사편찬위원회, 『한국군사혁명사』 1집 (서울: 국가재건최고회의 한국군사혁명사 출판위원회, 1962), pp.213~220.

7) "Telegram from the Commander in Chief, U.S. Forces Korea (Magruder) to the Joint Chiefs of Staff", May 16, 1961, *FRUS 1961~1963 Vol. XXII* (1996), pp.450~451.

8) 천희상, 「박정희 · 김종필-매그루더 비밀회담기록」, 《월간조선》, 1991년 5월호, pp.312~315.

9) 조갑제, 「내 무덤에 침을 뱉어라」, 296회, 《조선일보》, 1998년 10월 11일.

10) 보울즈 국무장관대리는 대통령에게 보내는 5월 18일자 보고서에서 이들의 행동을 "국무부의 사전승인을 얻은 것은 아니지만, ……한국 국민들에게 한편으로는 미국이 민주주의적 제도를 유지 · 강화하는 데 관심을 쏟고 있고, ……다른 한편으로는 이 쿠데타와 미국이 아무 관련이 없음을 보여주기 위해 필요한 조치였다"고 설명했다. "Memorandum from Acting Secretary of State Bowles to President Kennedy", May 18, 1961, *FRUS 1961~1963 Vol. XXII* (1996), pp.463~464.

11) "Telegram from the Department of State to the Embassy in Korea",

May 16, 1961, *FRUS 1961~1963 Vol. XXII* (1996), p.455.

12) "Telegram from the Embassy in Korea to the Department of State", May 16, 1961, Central Files, 795B.00, Box2182.

13) "Telegram from the Embassy in Korea to the Department of State", May 17, 1961, Central Files, 795B.00, Box2182.

14) 부산정치파동 당시에도 이승만 전복공작을 꾀했지만, 그 방식을 항상 한국군을 동원한 쿠데타였지 미군이 직접 개입하는 것은 아니었다. 김 일영, 「전쟁과 정치」, 유영익·이채진 편, 『한국과 6·25전쟁』(서울: 연세대출판부, 2002), pp.26~43; 李鍾元, "米韓關係における介入の原型: 'エヴァーレディ計劃' 再考", 『法學』, 第58卷 第1號(1), 1994, 第59卷 第1號 (2), 1995.

15) 5월 16일 새벽 3시 장도영은 쿠데타에 가담한 해병부대를 막기 위해 미 군 헌병을 출동시켜 달라고 요청했지만, 매그루더는 이를 거부했다. "Telegram from the Commander in Chief, U.S. Forces Korea (Magruder) to the Joint Chiefs of Staff", May 16, 1961, *FRUS 1961~1963 Vol. XXII* (1996), p.449. 그 후로도 매그루더는 이 입장만 은 굳게 견지했다.

16) 홍규선, "윤보선 대통령의 24시", 《월간조선》, 1991년 6월호, pp.506~517.

17) "Telegram from the Commander in Chief, United Nations Command (Magruder) to the Chairman of the Joint Chiefs of Staff (Lemnitzer)", May 17, 1961, *FRUS 1961~1963 Vol. XXII* (1996), p.458.

18) 위의 문서, pp.460~461.

19) "Telegram from the Embassy in Korea to the Department of State", May 17, 1961, Central Files, 795B.00, Box2182.

20) "Telegram from the Department of State to the Embassy in Korea", May 17, 1961, *FRUS 1961~1963 Vol. XXII* (1996), pp.461~462.

21) 이 동안은 주로 미중앙정보국 한국지부장인 실바가 쿠데타 지도부와 접촉했다. Peer De Silva, 이기홍 역, 『서브 로자: 미국 CIA 비밀공작부』 (서울: 인문당, 1983), pp.208~216.

22) 자세한 것은 천희상, 앞의 글, pp.312-331.

23) AP, Washington, May 22, 1961, 한용원, 『5 · 16쿠데타의 발생과 전개 과정』, 한배호 편, 『한국현대정치론 II』(서울: 오름, 1996), p.72에서 재인용.

24) 홍석률, 『5 · 16 쿠데타의 원인과 한미관계』, 《역사학보》 168집, 2000년 12월, pp.80~83.

25) 한국군사혁명사편찬위원회, 앞의 책, pp.347~385; 이상우, 『8기의 영광과 5기의 몰락』, 《월간조선》, 1984년 5월호, pp.128~140. 이러한 과정을 거치면서 군의 중추가 이북세력으로부터 영남세력으로 점차 넘어간다. 그리고 1980년 집권하는 신군부의 모태를 이루는 하나회도 이 무렵 군부 내에 영남출신의 세력을 넓힌다는 명분하에 박정희, 박종규 등의 후원을 받아 결성되기 시작했다. 김진, 『청와대비서실』 (서울: 중앙일보사, 1992), pp.55~69.

26) 신문사는 115개 중 39개만이, 통신사는 316개 중 11개가, 그리고 주간지는 485개 중 32개만이 살아남았다.

27) 박정희, 『국가와 혁명과 나』(서울: 지구촌, 1997), pp.92~95.

28) 이러한 좌익척결작업은 당시 박정희를 둘러싼 좌익시비를 잠재우기 위해 이석제 중령이 생각해 낸 것이었다. 조갑제, 「내 무덤에 침을 뱉어라」, 293회, 《조선일보》, 1998년 10월 6일.

29) 그런데 고리채 정리사업은 당시 농어민들의 일반적 정서와의 괴리나 행정절차상의 번거로움 때문에 기대한만큼 큰 성과를 거두지는 못했다. 유호열, 「군사정부의 경제정책: 1961~1963」, 한배호 편, 앞의 책, pp.78~83.

30) 5·16 직후의 시중 분위기에 대해 맥그루더는 합참의장에게 보내는 5월 17일자 전문에서 '미군 방첩대(CIC)가 거리의 행인들을 상대로 여론조사를 해본 결과 열 명 중 네 명은 쿠데타를 지지했고, 두 명은 지지는 하지만 시기가 빨랐다고 했으며, 나머지는 반대했다'고 보고하고 있다. "Telegram from Magruder to Lemnitzer", May 17, 1961, *FRUS 1961~1963 Vol. XXII* (1996), p.458.

31) "권두언 - 5·16혁명과 민족의 진로", 《사상계》, 1961년 6월호, pp.34~35.

32) 이영희, 『역정: 나의 청년시대』(서울: 창작과 비평사, 1988), p.362.

33) 증권파동, 워커힐 사건, 새나라 자동차 사건, 회전당구(속칭 빠찡꼬) 사건 등 소위 4대 의혹사건을 지칭함.

34) 새로 부임한 주한 미대사 버거는 7월 중순 박정희와의 전화통화에서 미국의 지원을 얻기 위해서는 민정이양과 그를 위한 가시적 조치들(예컨대 체포나 탄압의 정지 등)이 중요함을 강조했다. 박정희는 이에 부응해 이튿날 공산주의 활동의 혐의가 없는 사람들 1293명을 석방했고, 7월말

민정이양을 공개적으로 약속했다. 8월 15일 박정희는 민정이양의 날짜
를 1963년 여름이라고 보다 구체적으로 밝힌 연후에야 11월 미국을 방
문하도록 허락받을 수 있었다. Donald S. Macdonald, *U.S.-Korean
Relations from Liberation to Self-reliance, The Twenty-Year Record:
An Interpretative Summary of the Archives of the U.S. Department of
State for the Period 1945 to 1965* (Boulder: Westview Press, 1992).
p.217.

35) 기성정치인의 활동을 6년간 금지시킴으로써 지명도 면에서 떨어지는
군출신 및 그들이 영입한 신진인사들이 정치적 기반을 잡는 데 충분한
시간을 벌자는 것이 이 법의 목적이었다.

36) 자세한 경과는 민주공화당, 『민주공화당 4년사』 (서울: 민주공화당기획
조사부, 1967), pp.28~50; 김영수, 「민주공화당 사전조직」, 《신동아》,
1964년 11월호, pp.173~183.

37) 이 모든 작업을 주도한 것은 김종필이 신당창당을 위해 만든 비밀조직
인 재건동지회였다. 한편 선거법과 정당법의 자세한 내용에 대해서는
중앙선거관리위원회, 『대한민국선거사』 제1집 (1973), pp.183~225,
1571~1578.

38) 그 밖에 입후보자격으로 정당공천을 명기함으로써 무소속 후보의 난립
을 원천봉쇄하는 조항도 있었다.

39) 실제로 1980년 5·17쿠데타로 집권한 신군부는 정당체제를 일여다야
(一與多野)로 만듦으로써 자신들의 운신의 폭을 넓히고자 했다.

40) 흥미로운 것은 이러한 군부의 양당제 구상이 1950년대 후반 이래 한국
정치에 대한 미국의 구상이었던 보수양당제와 일맥상통한다는 점이다.

41) 1962년 11월 김종필 중앙정보부장이 일본 외상 오히라(大平正芳)와 한일문제에 관해 비밀합의를 하면서 일본 측으로부터 거액의 정치자금을 받았다는 의혹이 그것이다. 뒤에 밝혀졌듯이, 두 사람 사이에 일본이 향후 10년간 한국에 무상 3억, 정부차관 2억, 상업차관 1억 달러를 제공한다는 내용의 비밀합의는 있었다. 그러나 1964년 김준연 의원이 주장했듯이 2천만 달러의 정치자금을 수수했는지는 밝혀진 바 없다.

42) 1963년 3월 11일 중앙정보부가 김동하, 박임항, 박창암, 이규광, 김윤근 등을 반혁명음모로 체포한 사건을 말한다. 1961년 7월 8일에 일어났던 장도영을 중심으로 한 반혁명음모사건이 군 내부의 서북(평안도)인맥을 제거하는 사건이었다면, 이 사건은 동북(함경도)인맥을 거세하는 결과를 가져왔다. 1950년대까지 군에서 그 위세가 가장 컸던 이북출신들은 이렇게 제거되며, 그 후 그 공백을 메우고 들어오는 것이 영남 인맥이다.

43) 자세한 경과에 대해서는 김정원, 『분단한국사』(서울: 동녘, 1985), pp.290~297.

44) 자세한 것은 중앙선거관리위원회, 『대한민국정당사』 제1집(1973), pp.436~542.

45) 미국은 이들 중 몇 명은 군부의 사주를 받아 출마했다고 보았다. Donald. S. Macdonald, 앞의 책, p.225.

46) 1963년 10월 11일 미중앙정보국은 한국의 선거에 관한 특별보고서에서 "유권자의 3분의 2를 점하는 농촌 지역의 표 덕분에 박정희가 승리할 것"이라고 예측했다. "SC 00613/63C: Background for Elections in South Korea/OCI, CIA," October 11, 1963, 한국정신문화연구원 현

대사연구소 편, 『5·16과 박정희 정부의 성립』제1집: 주제별 문서철 (성남: 한국정신문화연구원, 1999), pp.363~370. 미국무성도 주한미대사관에 보낸 10월 4일자 전문에서 '선거에서 야당이 승리하리라고는 보지 않는다. 그러나 현재와 같이 야당 붐이 일어난 상황에서 투표와 개표가 공정하게 이루어진다고 전제한다면, 우리로서도 야당이 승리할 가능성을 배제하지는 않겠다. 그 경우 군부 내의 강경파가 취할지도 모를 행동들에 대한 대비책을 강구하라'는 지시를 내렸다. "Telegram from the Department of State to the Embassy in Korea", October. 4, 1963, *FRUS 1961~1963 Vol. XXII* (1996), p.661; Donald. S. Macdonald, 앞의 책, p.225. 이에 따라 미대사관은 선거 당일 투표를 끝낸 윤보선 부부를 한국에 파견된 미정보부 요원인 케디 중령의 집으로 인도해 거기서 이틀간 머물도록 하는 보호조치를 취했다. 윤보선, 『윤보선 회고록: 외로운 선택의 나날』(서울: 동아일보사, 1991), 조갑제, 「내 무덤에 침을 뱉어라」, 446회, 《조선일보》, 1999년 6월 3일에서 재인용.

47) "Telegram from the Embassy in Korea to the Department of State", Oct 16, 1963, *FRUS 1961~1963 Vol. XXII* (1996), pp.665~666. 한편 *FRUS*에는 10월 29일 미대사관이 이 선거를 자세히 분석한 장문의 보고서를 항공편으로 국무성에 보냈다고 나와 있으나 아직 그 문서를 입수하지 못해 여기서는 10월 16일자 전문만을 참조했다.

48) 김정원, 앞의 책, p.299. 공화당은 이러한 막대한 정치자금을 일차적으로는 1962년 증권파동을 통해 마련했다. 이를 통해 공화당은 당시 가격으로 약 20억 원(미국 추정으로는 2,000~3,000만 달러)을 확보하여 창

당 작업에 쓰고, 나머지를 선거에 사용했다. 그 밖에도 정치자금과 관련해 공화당이 재일교포에게 수입허가를 내주는 대가로 960만 달러를, 그리고 특정 자본가들에게 설탕, 밀가루, 시멘트 산업에서의 특혜를 보장해 주는 소위 '삼분(三粉)폭리' 사건의 반대급부로 3,800만 달러를 받았다는 폭로도 있었다. 조일문, 「정치자금의 이론과 현실적 고찰」, 《사상계》, 1970년 2월호, pp.45~70.

49) 자세한 것은 뒤에서 설명된다.

50) 이 밀가루의 일부가 업자들에게 흘러 들어가 후에 '삼분폭리' 사건으로 비화되었다. 김형욱·박사월, 『김형욱 회고록』 제2부 (서울: 아침, 1985), pp.52~62; 오경환, 『정치자금의 내막』 (서울: 한그루, 1988), pp.122~124.

51) 그 결과 공화당원의 수가 1963년 3월 5일 15만 4,982명에서 8월 30일 70만 6,611명으로, 그리고 10월 15일에는 158만 6,000명으로 급증했다. 민주공화당, 앞의 책, pp.76~77, p.106, p.563.

52) 중앙선거관리위원회, 『대한민국선거사』 제1집 (1973), pp.517~518.

53) 이것은 곧 북한에서 밀파된 간첩 황태성과 박정희·김종필 사이에 모종의 커넥션이 있다든지 공화당 조직이 공산당 조직을 모방했다는 등의 소문으로 증폭되어 나갔다.

54) 선거 직후 언론에서도 이렇게 분석했다. 《동아일보》, 1963년 10월 17일. 그리고 당시 중앙정보부장이던 김형욱은 회고록에서 중앙정보부의 조사 결과에서도 이렇게 나왔다고 주장했다. 김형욱·박사월, 앞의 책(제2부), pp.66~73. 그러나 실제로 당시 정보부에서 그런 조사를 했는지, 만약 했다면 그것이 얼마나 과학적이었는지에 대해서는 알 수 없다.

55) 4 · 3사건의 피해가 컸던 제주지역에서 박정희가 70%의 득표율을 올린 것이 대표적 예다.

56) 이것은 당시 학생운동의 핵심인물 중 하나였던 서울 문리대 정치학과 4학년생 김경재가 조선일보에 실린 대학생 좌담회 '내일을 보는 우리의 자세'에서 한 다음의 발언에서도 확인된다. "군부세력이 젊은 층으로부터 웬만큼 지지를 받았던 것은 민족주의를 내걸었기 때문입니다. 그것을 권력상징의 수단이나 선전으로 전락시켜 우리들의 기대에 어긋나지 않게 정치를 해 주기를 바랍니다. 야당인사에게는 보신(補身)주의로서의 보수주의를 고집하지 말고 생활철학으로서의 이념을 만들어 가지 않는 한 그들이 다시 정권을 잡기는 어렵다는 것을 경고하고 싶습니다." 《조선일보》, 1963년 11월 7일. 실제로 군사쿠데타 이후 학생운동 내에서는 군부의 진보성을 인정하면서 그들과 타협하려는 움직임이 끊임없이 일어났다. 학생들이 다시 군부와 맞서게 되는 것은 1964년 3월 한일회담 반대시위가 시작되면서부터였다. 이 때 시위의 중심이 된 것은 그 전해 10월 7일에 발족된 서울 문리대의 진보적 학생서클인 민족주의 비교연구회였다. 박태순 · 김동춘, 『1960년대 사회운동』(서울: 까치, 1991), pp.159~174.

57) 이 문제는 선거 훨씬 전인 1963년 7월부터 이미 신문지상에서의 논쟁으로 지식층의 관심을 모으고 있었다. 함석헌, 「3천 만의 울음으로 부르짖는다」, 《조선일보》, 1963년 7월 16일~23일; 함석헌, 「정부당국에 들이대는 말」, 《동아일보》, 1963년 8월 16일; 이낙선, 「들이대는 말에 갖다 바치는 말씀」, 《동아일보》, 1963년 8월 22일~24일.

58) 《조선일보》, 1963년 10월 17일; "Telegram from the Embassy in

Korea to the Department of State", October 16, 1963 및 "Telegram
from the Department of State to the Embassy in Korea", October
22, 1963, *FRUS 1961~1963 Vol. XXII* (1996), pp.665~668; 중앙선
거관리위원회, 앞의 책, pp.899~901.

59) 조갑제, 「내 무덤에 침을 뱉어라」, 451회, 《조선일보》, 1998년 6월 14일.

60) Donald. S. Macdonald, 앞의 책, pp.218~220; "Telegram from the
Embassy in Korea to the Department of State", July 27, 1962;
"Telegram from the Department of State to the Embassy in Korea",
August 5, 1962, *FRUS 1961~1963 Vol. XXII* (1996), pp.589~594.
자세한 설명은 김일영, 「5·16 군사쿠데타, 군정, 그리고 미국」, 《국제
정치논총》, 제41집 2호 (2001), pp.324~329 참조.

61) 1963년 1월 24일 버거 대사는 미국무성에 보낸 전문에서 박정희가 김종
필을 일체의 공직에서 사임시켜 외국에 내보내겠다는 연락을 해 왔다고
보고했다. 이에 대해 국무성은 대사의 노고를 치하하는 답신을 보냈다.
"Telegram from the Department of State to the Embassy in Korea",
January 24, 1963, *FRUS 1961~1963 Vol. XXII* (1996), pp.618~619.
그리고 박정희가 당선되자 국무성은 김종필이 귀국할 경우 발생할지도
모를 강경파의 득세에 대해 우려했다. "Telegram from the Department
of State to the Embassy in Korea", October 22, 1963, 같은 책,
pp.667~668.

62) 당시 언론은 공화당의 의석수가 과반수를 밑돌 것이라고 보았으며, 미
대사관 역시 박정희는 대선에서는 이기나 공화당은 총선에서 이기기 어
려울 것이라고 예상했다. "Telegram from the Embassy in Korea to

the Department of State", September 2, 1963, *FRUS 1961~1963 Vol. XXII* (1996), p.659.

63) Donald. S. Macdonald, 앞의 책, p.226.

64) 중앙선거관리위원회, 앞의 책, (1973), p.525.

65) 공천자 중 25명은 지구당의 의사를 무시한 낙하산식 공천이었으며, 그 중 20명은 선거를 앞두고 외부에서 영입된 인사들이었다. 또 이들 20명 중 16명이 '구정치인' 출신이었다. 김용호, 「공화당과 3선개헌」, 동아일보사 편, 『현대사를 어떻게 볼 것인가』 제4권 (서울: 동아일보사, 1990), pp.85~86.

66) 김정원, 앞의 책, p.301.

67) 이것은 아마도 군부에게 권력을 빼앗긴 데 대한 반감으로 구민주당 출신들(민정당과 민주당)이 군부를 더욱 경원시했고, 군부 역시 장면 정부 하에서의 정치적 혼란의 책임을 당시의 집권세력인 구민주당의 무능과 부패에서 찾았던 까닭이 아닐까 싶다.

68) 김홍기, 「제3공화국에의 이정표」, 《신사조》, 1962년 11월호, p.46.

69) 이 표현은 1963년 8월 30일 박정희의 전역식사(轉役式辭)와 12월 17일 대통령 취임사에서 각각 따온 것이다. 대통령 공보비서관실, 『박정희 장군 담화문집』 (1965), p.496; 『박정희 대통령 연설문집』 제1집 (1965), p.13.

70) 자세한 것은 김일영, 「한국의 정치·경제적 발전경험과 그 세계사적 위상」, pp.469~471; 기미야 다다시(木宮正史), 「한국의 내포적 공업화전략의 좌절」, 고대 박사논문 (1991); 박동철, 「한국에서 '국가주도적' 자본주의 발전방식의 형성과정」, 서울대 박사논문 (1993); D. H.

Satterwhite, "The Politics of Economic Development: Coup, State, and the Republic of Korea's First Five-Year Economic Development Plan(1962~1966)", Ph. D. Dissertation (University of Washington, 1994).

71) 화폐개혁의 자세한 경과는 김정렴,『한국경제정책 30년사: 김정렴 회고 록』(서울: 중앙일보사, 1990), pp.81~95.

72) 김진현, 앞의 글, pp.169~177.

다만 성과가 있었다면 그것은 재벌에 대한 군부의 태도가 집권 초기의 적대적인 것에서 호의적인 것으로 바뀌었다는 점이다. 이제 군부는 재벌을 자신들이 정치를 해나가는 것뿐 아니라 경제를 발전시켜 나가는 데 있어서의 파트너로 인식하기 시작했다.

73) Peter Evans, 앞의 책, pp.45~47.

74) 김상조,「금융부문의 구조와 변화」, 양우진(외),『한국자본주의분석』 (서울: 일빛, 1991), pp.246~251.

75) 정부발행 국공채 인수, 산업은행이 지급보증한 대출, 정부관리기업에 대한 대출 등이 그 실례(實例)다.

76) 따라서 당시 대부분의 영세 상공업자들은 계(契)와 같은 사금융(私金融) 에 주로 의존해야만 했다. 그리고 오늘날 한국이 부딪히고 있는 금융위 기의 중요한 원인 중 하나인 부실은행도 바로 이 때부터 만들어졌다고 할 수 있다.

77) 웨이드(R. Wade)는 신속한 투자를 할 수 있고, 부문별 유동성 (mobility)을 높일 수 있으며, 기업이 단기적인 의사결정에 종속되는 것을 피할 수 있다는 점 등을 이러한 개발금융정책의 장점으로 들고 있다.

Robert Wade, "The Role of Government in Overcoming Market Failure: Taiwan, Republic of Korea and Japan", Helen Hughes (ed.), *Achieving Industrialization in East Asia* (Cambridge: Cambridge University Press, 1988), pp.133~134.

78) 경제기획원, 『외국인 투자백서』(1981).

79) 한국은행, 『경제통계연보』(각호), 김상조, 앞의 글, pp.252~253에서 재인용.

80) 당시 학생들의 움직임에 관한 자세한 설명은 박태순·김동춘, 앞의 책, pp.175~192.

81) Donald. S. Macdonald, 앞의 책, p.227.

82) 이에 관한 자세한 설명은 Herbert P. Bix, "Regional Intergration: Japan and South Korea in America's Asian Policy", Frank Baldwin (ed.), *Without Parallel: The American-Korean Relationship since 1945* (New York: Pantheon Books, 1973); 李鍾元, 『東アジア冷戰と韓米日關係』(東京: 東京大學出版會, 1996).

83) 이승만의 몰락을 지켜본 주한 미대사였던 맥카나기(W. P. McConaughty)는 1961년 이임성명에서 한일간에 조속한 관계정상화를 바란다고 했으며(《동아일보》, 1961년 4월 11일), 후임으로 온 버거 대사도 같은 취지의 발언을 반복했다. 그 뒤를 이은 브라운(W. G. Brown) 대사는 부임 일성(一聲)으로 자신의 임무를 양국간의 우호관계 수립이라고 말했으며(《한국일보》, 1964년 6월 8일), 그밖에도 로버트 케네디(R. Kennedy) 법무장관과 윌리엄 번디(W. Bundy) 미국무성 동아시아담당 차관보 등도 유사한 발언을 계속했다〔이도성 편, 『실록 박정

희와 한일회담: 5 · 16에서 조인까지』(서울: 한송, 1995),
pp.249~253].

84) 이에 관한 자세한 것은 이도성 편, 앞의 책; 李元德, "日本の戰後處理外交
の一硏究: 日韓國交正常化交涉(1951~65)を中心に"(東京大學校 博士論文,
1994); 李鍾元, "韓日國交正常化の成立とアメリカ?: 1960~65年", 近代日本
硏究會 編, 『近代日本硏究』第16卷 戰後外交の形成 (東京: 山川出版社,
1994); 李鍾元, "韓日會談とアメリカ: '不介入政策' の成立を中心に", 日本國
際政治學會 編, 『國際政治』第105號 (1994).

85) 미국의 대한원조는 1957년을 고비로 급속히 줄기 시작했다. 원조액(단
위는 달러)의 추이를 보면, 1956년(3억 2,600만 7,000), 1957년(3억
8,200만 9,000), 1958년(3억 2,100만 3,000), 1959년(2억 2,200만
2,000), 1960년(2억 4,500만 4,000), 1961년(1억 9,900만 2,000), 1962
년(1억 6,500만), 1963년(1억 1,900만), 1964년(8,800만), 1965년
(7,100만) 등이다. EPB, *Economic Survey* (1964), p.119 및 『합동연
감』(1967), p.165.

86) 『합동연감』(1972), pp.42~44.

87) 그 밖에 일본과의 관계회복은 박정희에게 새로운 정치자금원의 확보라
는 이득도 가져다주었다.

88) 자세한 내용은 Lee Chong-Sik, "Korea, Troubles in a Divided State",
Asian Survey, January 1965; 이영석, 『야당 30년』(서울: 인간, 1981),
pp.13~28.

89) 이것은 지난 총선에서 각각 13, 9, 2석을 얻는 데 그친 민주당, 자민
당, 국민의 당이 원내 활동을 위해 어울려 구성한 국회 내의 교섭단체

였다.

90) 투쟁노선의 차이는 명분이었을 뿐이고, 그 이면에는 사실 당권장악을 둘러싼 윤보선파와 범汎비윤보선계의 갈등이 도사리고 있었다.

91) 한일국교정상화와 마찬가지로 베트남 파병의 구체적인 추진과정 역시 이 연구프로젝트에서 별도의 연구과제로 책정되어 있기 때문에, 여기서 는 이에 대한 세밀한 추적보다는 그것이 국내 정치 및 경제에 미친 영향 을 중심으로 논의를 전개하겠다. 파병과정에 대한 자세한 연구는 Jiyul Kim, "U.S. and Korea in Vietnam and the Japan-Korea Treaty: Search for Security, Prosperity, and Influence", M.A. Thesis (Harvard University, 1991); Dong-Ju Choi, "The Political Economy of Korea's Involvement in the Second Indo-China War", Ph.D. Dissertation (University of London, 1995).

92) Donald. S. Macdonald, 앞의 책, p.109.

93) Robert M. Blackburn, Mercenaries and Lyndon Johnson's "More Flags": The Hiring of Korean, Filipino and Thai Soldiers in the Vietnam War (Jefferson: McFarland & Company, 1994), pp.1~30.

94) 《조선일보》, 1965년 1월 24일, 《동아일보》, 1966년 1월 31일, 이기 종, 『한국국제관계사』(서울: 형설출판사, 1992), pp.187~190에서 재인용.

95) 맥도널드는 미국측 기록을 토대로 이 무렵 버거 대사가 윤보선 등 야당 지도자들을 회유하는 데 상당히 노력했다고 썼다. Donald. S. Macdonald, 앞의 책, pp.109~110.

96) 실제로 하우즈 유엔군사령관은 1963년 12월 6일 한국에서의 군대(한국
군과 미군 모두) 감축에 대한 제안서를 제출했으며, 그것은 미국 내의
관계자들에 의해 검토 중이었다. "Memorandum from U. A. Johnson
to Bundy", December. 18, 1963; "Memorandum from Bundy to U.
A. Johnson", December. 20, 1963, *FRUS 1961~1963 Vol. XXII*
(1996), pp.671~672.

97) 번디는 1964년 10월 3일 한일관계의 조속한 타결을 독려하기 위해 방한
하여 이동원 외무장관과 회담한 후 이러한 내용을 담은 공동성명을 발
표했다. "Joint Statement issued at Seoul by Lee and Bundy",
October 3, 1964, Se-Jin Kim (ed.), Documents on Korean-American
Relations: 1943~1976 (Seoul: Research Center for Peace and
Unification, 1976), pp.284~285. 그리고 맥나마라도 1965년 3월 동일
한 취지의 발언을 했다. "Telegram from Brown to Rusk", March 18,
1965, Box 254, LBJ Library.

98) 자세한 것은 「(한국군의 월남 파병을 위한) 브라운 각서」, 1966년 3월 4
일, 국회도서관 입법조사국, 『한국외교관계자료집』(1966), pp.79~81
참조.

99) 그 외에 미국이 한국에 군사원조를 할 때 그 물자를 가급적 한국에서 역
외조달한다는 조항도 있었다. 앞의 「브라운 각서」 참조.

100) 아울러 한국은 참전의 대가로 미국시장 진출에서도 상당히 우호적인
조건을 누릴 수 있었다. 그 결과 한국의 대미수출은 1965~1973년 사
이 6배 이상 증대되었다. Dong-Ju Choi, 앞의 글, pp.198~207.

101) 앞의 '브라운 각서' 참조.

102) Dong-Ju Choi, 앞의 글, pp.207~211.

103) 위의 글, pp.214~222.

104) 대일종속의 심화, 지나친 실리추구로 명분을 잃음으로써 국제사회에 서 한국의 외교적 고립을 초래, 명분 없는 전쟁에 무고한 우리의 젊은 이들을 내몰았다는 비난, 전쟁에서 한국군이 벌인 지나친 만용으로 인해 베트남 국민들이 받은 깊은 상처 등 그 부작용과 정치적 부담은 상당히 컸다.

105) Yoon J. Cho, "Government Intervention, Rent Distribution, and Economic Development in Korea", Masahiko Aoki, Hyung-ki Kim and Masahiro Okuno-Fujiwara(ed.), The Role of Government in East Asian Economic Development: Comparative Institutional Analysis (Oxford: Clarendon Press, 1997), pp.208~210.

106) 한국산업은행 조사부, 『경제협력의 실적과 과제』(1970).

107) 상공부, 『무역진흥 40년』(1988), p.109.

108) 당시의 사채금리는 무려 연 55% 정도에 달했다.

109) 특히 수출산업에 대해 국가는 저리의 수출특융 제공 외에 세금감면, 수입보조금이나 관세보조금 지급 등 갖가지 유인책을 제공하기도 했다.

110) 사공일, L. P. 존스, 『경제개발과 정부 및 기업가의 역할』(서울: 한국 개발연구원, 1981), pp.307~308.

111) 『민주공화당보』(1967. 1), pp.16~18.

112) 더구나 서민호가 선거 중반 윤보선 지지를 선언하며 사퇴함으로써 선거는 더욱 양극화되었다.

113) 중앙선거관리위원회, 앞의 책, pp.533~536.

114) 중앙선거관리위원회, 앞의 책, pp.1045~1059.

115) 윤보선의 연고지는 충남이었으며, 호남은 그의 정치적 출신기반인 민주당 구파의 연고지였다.

116) 1966년 홍승직 교수가 1,515명의 교수와 언론인을 상대로 한 지식인의 가치관 연구에 따르면, 지식인들조차 경제성장을 위해 개인의 자유는 희생될 수 있다고 믿고 있었으며, 경제성장을 국가의 최고 당면목표로 두고 있었다고 한다. 김정원, 앞의 책, p.314.

117) 선거 직후부터 부정선거를 규탄하는 야당과 학생들의 항의시위가 이어졌으며, 야당이 개원(開院)을 거부하는 바람에 국회가 그 해 11월말에야 문을 열 수 있었다. 그리고 이에 굴복해 공화당은 6명의 당선자를 출당(黜黨)조치할 수밖에 없었다.

118) 1960년대 말 공화당을 좌지우지한 소위 '4인 체제'(김성곤, 백남억, 김진만, 길재호)의 멤버인 길재호(육사 8기)는 1960년대 중반에야 반김종필파에 가담했다.

119) 자세한 경과는 중앙선거관리위원회, 앞의 책, pp.559~566.

120) 이것의 내용을 보면, 대통령의 임기연장(제69조 3항)이나 대통령에 대한 탄핵소추 발의 및 통과기준의 상향조정(제61조)과 같이 대통령에게 유리한 조항이 핵심이었지만, 국회의 동의를 끌어내기 위해 국회의원들에게 유리한 조항도 들어 있었다. 국회의원의 수에 관한 법률적 상한선을 200인에서 250인으로 올리고(제36조 2항), 국회의원이 법률이 정하는 공직을 겸할 수 있도록 한 것(제39조) 등이 그 예에 해당된다.

121) 서울대행정대학원 행정조사연구실, 『최고관리』 (1965), pp.473~497. 역대 정권의 당정관계에 관한 개관은 김일영, 「한국 권위주의체제의 성격과 변화: 불완전포괄형, 일인지배하의 관료우위형 그리고 방어적 근대화를 위한 동원형」, 김영명 편, 『동아시아의 정치체제』 (춘천: 한림대학교 아시아문화연구소, 1998), pp.212~222 참조.

122) 이 때부터 정치자금은 이후락 비서실장, 김형욱 정보부장, 김성곤 당재 정위원장, 그리고 장기영 부총리 겸 경제기획원장관으로 구성된 4인 협의회에서 전담했는데, 이들은 모두 반김 파벌에 속했다. 김진, 앞의 책, p.262.

123) 예컨대 개헌을 앞두고 공화당은 1969년 2월과 7월에 두 차례의 의원총회를 열어 찬반 양측이 난상토론을 벌였으며, 박정희는 그 결과를 존중하는 듯한 태도를 취해야만 했다. 중앙선거관리위원회, 앞의 책, p.559, 563.

124) 신민당이 오치성 내무장관 해임결의안을 제출하자 4인 체제가 이것을 부결시키라는 박정희의 명령을 어기고 야당과 공모하여 통과시켜 버린 사건을 말한다. 박정희는 이 사건에 대한 책임을 물어 이들 4인을 권력의 핵심에서 몰아내 버렸다. 김진, 앞의 책, pp.288~292.

125) 김정렴, 『아, 박정희: 김정렴 정치회고록』 (서울: 중앙M&B, 1997), pp.224~232.

126) *Public Papers of the Presidents: Richard M. Nixon 1969* (Washington, D.C.: GPO, 1971), pp.548~549.

127) 자세한 설명은 김일영 · 조성렬, 『주한미군: 역사, 쟁점, 전망』 (서울: 한울, 2003), pp.85~92.

제 **8** 장

유신체제와 그 이후

유신체제 ㅣ 전환기의 한국 발전국가 ㅣ 한국 발전국가의 미래: 민주적 발전국가와
강한 사회의 조합

한국의 발전국가는 권위주의적 성격을 보다 강화시킨 유신체제를 통해 그 첫 번째 위기를 넘겼다. 그 후 그것은 세 차례 더 도전에 직면했다. 발전국가에 대한 두 번째 도전은 1980년대 초 시행된 경제자유화로부터 왔으며, 세 번째 도전은 1980년대 중반의 정치민주화로부터 왔고, 마지막 도전은 글로벌화로부터 왔다. 이러한 국내외적 도전은 발전국가에 대해 전환을 요구했다. 하지만 민주화 이후의 정권들은 이를 제대로 수행하지 못했고, 그 결과 한국은 금융위기에 빠지게 되었다.

그러나 모두冒頭에서 밝혔듯이 유신체제와 그 이후의 시기에 관한 자세한 설명은 이 책의 범위를 넘는다. 그것은 『현대한국정치사』 제2권의 몫이다. 따라서 여기서는 제2권과의 연결을 위해 필요한 범위 내에서 이 시기에 대한 간략한 스케치를 하는 것으로 책을 마치고자 한다.

유신체제

발전국가가 맞은 첫 번째 위기를 탈출하기 위해 박정희는 한편으로는 권위주의를 강화(유신)체제했고, 다른 한편으로는 중화학공업화를 추진했다.

유신은 국민의 정치적 선택권을 실질적으로 박탈했으며, 국회와 정당을 정치로부터 소외시켜 버렸다. 이것은 그래도 의회 및 정당정치가 유지되던 1960년대와는 대조를 이루는 점이었다. 발전국가의 관점에서 볼 때, 유신은 정치가 행정적 효율성에 의해 추월당하기 시작함으로써 발전국가가 드디어 사회(내의 여러 계급)뿐 아니라 정치로부터도 자율성을 확보하기 시작한 것을 의미했다. 특히 정당과 국회를 과시용 장식품으로 전락시켜 가는 과정은 박정희가 자신의 친위조직인 비서실의 기능강화를 통해 행정부에 대한 통제권을 높여가는 과정과 함께 일어났다. 박정희는 공화당이나 국회를 의사결

정과정에서 소외시켜 정책결정과정의 탈정치화를 도모하였다. 그
러면서 비서실과 행정 각 부처의 실무자를 이용하여 자신이 관심을
둔 중요한 정책에는 모두 직접 개입하고 결정하였다. 이를 위해 그
는 우선 유능한 전문가와 관료를 선발해 비서실을 강화했으며, 그
들을 통해 행정 각 부처의 업무추진 상황을 수시로 점검·조정·평
가했다. 그리고 특정 업무에 관해서는 비서실 안에 일종의 전담반
task force을 두고 그 추진을 직접 독려하기도 했다.[1] 이런 식의 비서실
운영은 한편으로는 국무회의와 행정부처의 재량권을 제약했지만,
다른 한편으로는 의회나 정당에 대한 행정부의 자율성을 높여주는
요인이 되기도 했다. 대통령의 우산 아래서 행정부는 국회나 정당의
정치공세를 피할 수 있었기 때문이다.

　이렇게 확보된 정치적 중립성 밑에서 행정부는 대통령의 결단에
따라 설정된 고도의 '정치'적 목표를 달성하기 위해 최대의 도구적
합리성을 발휘할 수 있었다. 그러나 이러한 도구적 합리성 제고의
이면에서는 민주주의의 부식腐蝕과 같은 실질합리성의 훼손이 동반
되고 있었고, 바로 거기에 권위주의를 보다 강화시킨 발전국가의
고민이 있었다.[2]

　한편 중화학공업화는 미국의 반대 속에서 일본 자본을 끌어들여
추진되었다. 이는 강화된 권위주의체제인 유신체제만이 줄 수 있는
갖가지 정책적 특혜와 사회·정치적 안정의 도움을 얻으면서 철강,
화학, 비철금속, 기계, 조선, 전자 등의 6대 전략업종에 국내외의 재
원을 집중 투자함으로써 단기간에 중화학공업을 육성하겠다는 정
책이었다. 미국의 반대 속에서도 박정희가 '때 이른' 중화학공업화

에 착수한 것은 두 가지 이유 때문이다. 하나는 그것을 통해 이미 국제경쟁력이 약화된 경공업 대신 중화학공업을 수출산업으로 중점 육성하겠다는 것이었다. 그러나 보다 중요한 이유는 북한과의 체제경쟁이었다. 남한을 앞서 있던 북한을 추격하는 정책으로서 박정희가 선택한 것이 중화학공업화였다. 그에게 있어 이러한 선택은 경제적 합리성을 넘어서는 고도의 정치적 계산에 근거한 것이었다. 이 점에서 중화학공업화 추진은 후발국가의 부국강병책과 맥이 닿는 것이자 방어적 근대화의 표본을 보여주는 것이었다.

전환기의 한국 발전국가

경제자유화와 정치민주화의 도전

집권 초반 전두환 정부는 정치와 경제를 불균형적으로 이끌어가는 정책을 폈다. 정치는 유신체제의 연속선상에 있으면서 경제는 '국가주도적 성장'보다 '시장순응적 안정'을 추구하는 비대칭성을 보여주었던 것이다.[3]

당시 거시안정화정책의 수단으로 정부가 선택한 것은 재정긴축, 통화억제, 임금동결 등이었다. 그 결과 관료조직과 공기업들에 대한 대대적인 기구감축이 단행되고, 각종 정부보조금이 대폭 삭감되었으며, 노동조합법을 위시한 5개 노동관계법에 대한 개악改惡을 통해 노동계급에 대한 통제를 강화하는 등의 조치가 이루어지게 된다.

전두환 정부의 경제개혁은 단순히 안정화에만 머물지 않았다. 정부는 이 기회에 국민경제에 대한 폭넓은 구조개혁을 통해 경제의 운용방식을 보다 시장지향적인 것으로 만들려고 했다.[4] 그것은 당시 '민간주도경제'의 확립이란 말로 표현되었는데, 그를 위해 동원한 정책수단은 산업구조(또는 투자) 재조정과 산업지원의 기회균등, 경쟁의 촉진, 금융 자율화, 그리고 시장개방 등이었다.[5]

이전의 국가주도적이고 성장지향적인 정책들과 비교할 때, 이러한 경제자유화 정책들은 분명 시장으로부터 국가가 퇴각하기 시작했음을 의미하는 것이었다. 물론 이러한 정책들로 인해 민간주도경제가 하루아침에 실질적으로 확립되지는 않았다. 금융(특히 제1금융권)에 대한 국가통제는 그렇게 쉽게 풀리지 않았으며, 국가는 그것을 매개로 여전히 자본에 대해 상당한 영향력을 행사할 수 있었다.[6]

그러나 이러한 경제자유화 조치를 이용해 국가에 대한 자본의 자율성을 점차 높여간 것은 사실이다. 특히 대기업은 공기업 민영화와 제2금융권에 대한 자유화 조치를 이용해 국가에 대한 자신들의 힘과 자율성을 신장시킬 수 있었다.[7]

한편 정치 면에서 전두환 정부는 권위주의적 통치방식을 늦추지 않았다. 여전히 국민들은 대통령 선택권을 비롯한 많은 기본권을 유보당하고 있었다. 그리고 다수의 정치인들이 법적으로 규제받고 있는 상태에서 정치는 소위 '우당적 다당제友黨的 多黨制'를 통해 희화화戱畵化되고 있었다.

이렇게 정치와 경제 사이에 비대칭성이 발생한 이유는 무엇인가? 주지하듯이 전환transition은, 그것이 정치적이건 경제적이건, 상당한 비용을 요구한다. 그러나 당시 신군부는 경제에서의 정책기조의 변화를 단기간에 수행하면서도 비용은 가급적이면 적게 들이고 싶었

【 6 · 10민주항쟁 당시 시위 모습 】
유신체제의 연속선상인 전두환 정부 집권하에서 경제와 정치
간의 불균형이 극대화되자 시민들이 정치적 민주화를 요구하며
전국적인 시위운동을 벌였다.

다. 따라서 그들은 정치는 과거 스타일로 유지하면서 그것을 통해
확보가능한 힘과 정치사회적 안정을 토대로 경제에서의 급속한 전
환을 달성하려고 했다. 국가주도적 성장전략을 시장순응적 안정전
략으로 단기간에 전환시키기 위해서는 전자의 정책 아래에서의 피
해층(기층민중)은 물론이고 수혜층(대자본가)에 대해서도 일정 부분
의 양보를 이끌어낼 필요가 있었다. 그것은 자본에 대한 국가의 자
율성과 기층민중에게 계속적으로 불이익을 강요할 수 있는 힘을 필

요로 했다. 그런데 바로 그 힘을 보장해 줄 수 있는 것은 권위주의밖에 없었다. 이것이 당시 정치와 경제 사이에 불균형이 발생할 수밖에 없었던 이유이다.

그러나 이러한 불균형은 일시적일 수밖에 없었다. 경제부문에서의 개방 및 자유화와 정치부문에서의 억압이 언제까지고 공존하기는 어렵기 때문이었다. 따라서 불균형의 시정을 요구하는 정치의 반격이 곧 시작되었다.

이런 반격은 1984년 전두환 정부가 허용한 유화조치로 상대적으로 넓어진 정치적 활동공간을 배경으로 시작되었다. 여기에는 이듬해 2·12총선으로 다시 정치의 장으로 복귀한 정치인들은 물론이고 노동계급을 중심으로 하는 기층민중과 학생, 지식인 등 거의 모든 계층과 세력이 참여했다. 이로부터 1987년 6월 항쟁까지의 민주화 투쟁과정은 정치와 경제 간의 비대칭성을 시정하기 위해 정치가 벌인 반격으로 볼 수 있으며, 노태우 정부부터 진행되는 민주화 과정 역시 양자 간의 균형을 맞추려는 노력으로 생각할 수 있다.

이러한 정치적 민주화 과정에서 폭발적으로 시민사회가 분출했다. 자본 외에 노동자, 농민, 빈민 등 다양한 이익집단이 제 목소리를 내기 시작했으며, 각 부분에서 사회정의를 주장하는 시민운동단체들도 생겨나기 시작했다. 시민사회의 활성화로 인해 그 동안 국가가 시민사회에 대해 누리던 무제한적인 자율성이 제약되기 시작했다. 이제 국가는 정책결정과정에서 그 동안 상대적으로 등한시했던 시민사회의 목소리를 의식하지 않을 수 없게 되었다. 그 동안의 성장지향정책은 수정을 강요받았고, 발전국가는 상대적으로 분배와

복지문제에 신경을 쓰지 않을 수 없게 되었다.

박정희 시대에는 정치적 권위주의와 국가주도적 성장전략 사이에 균형이 성립했으며, 그것의 총체적 표현이 권위주의적 발전국가였다. 그러나 이러한 균형은 전두환 정부를 거치면서 흔들렸다. 특히 전두환 후반기는 경제적 자유화의 경향과 정치적 비민주성 사이의 충돌이 노골화된 때였다. 다시 말해 정치와 경제 간의 불균형의 시정을 요구하는 정치의 맹렬한 도전이 이루어졌다는 점에서 이 시기는 한국의 발전국가가 '전환'의 시점을 맞은 때라고 할 수 있다. 이때를 기점으로 발전국가는 (경제자유화 정책에서 기인하는) 대기업(자본)의 도전과 (정치민주화로부터 오는) 시민사회세력의 도전에 직면하게 되었다. 그 동안 발전국가가 사회에 대해 누리던 상대적으로 큰 자율성은 이제 점차 제약되기 시작했다. 발전국가는 무엇인가 전환을 모색해야 할 시점에 온 것이었다.

필자가 보건대, 한국이 발전국가 모델의 수정과 변화를 모색했어야 할 최적의 시점은 1980년 중반 한국 경제가 3저 호황을 맞았을 때였다. 이 무렵 전두환 정부가 외부적 호조건에서 비롯된 경제적 여유를 선용善用하여, 한편으로는 한국 경제의 체질개선을 꾀하고 다른 한편으로는 정치체제에 대한 위로부터의 관리된 전환을 도모했더라면, 아마도 가장 비용을 적게 들이면서 정치와 경제의 새로운 균형을 수립할 수 있었을 것으로 생각된다.

만약 이때를 놓쳤더라도 정치적 민주화가 본격적으로 시작된 1988년 이후부터는 적어도 모델의 수정과 변화가 모색되었어야 했다. 그러나 노태우 정부는 대자본의 요구인 민간주도 경제와 시민사

【 14대 대통령선거에 당선된 김영삼 】
김영삼 정부는 시장지향적인 국가로 전환시키기 위해 규제철폐
와 경제자유화를 주된 내용으로 하는 개혁에 착수했다.

회세력의 주장인 경제민주화 사이에서 갈팡질팡하다가 결국에는
전자로 기움으로써 전환의 기회를 놓치고 말았다. 노태우 정부 초기
의 권력구도는 여소야대였다. 따라서 이 시기에는 경제민주화의 논
리가 민간주도 경제의 논리에 대해 우위를 점할 수 있었다. 이 당시
의 경제력집중 억제시책, 금융실명제 준비와 토지공개념 관련 법안
의 추진, 대규모 주택단지 조성 등은 경제민주화를 위한 개혁시도
로 볼 수 있다. 이러한 개혁적 움직임에 조직적으로 대응하기 위해

자본은 6개의 전국자본가단체가 모여 경제단체협의회라는 연합조
직을 결성하는 한편 정치권에 대해서도 안정적인 보수연합을 결성
할 것을 요구했다. 그들은 만약 그렇지 않을 경우 집권당에게 더 이
상 정치자금을 지원하지 않겠다는 위협도 가했다. 3당 합당은 이러
한 맥락에서 이루어진 것이다. 합당으로 집권세력이 원내다수의석
을 점하게 되자 국가는 그 동안 추진하던 경제민주화 조치를 후퇴
시키고 다시 친자본·반민중적인 정책으로 복귀하게 되었다.[8] 이로
써 한국의 발전국가는 또 한 번의 전환기회를 놓치고 말았다.

글로벌화의 도전과 잃어버린 10년

이러한 상태에서 1989년을 기점으로 한국을 둘러싸고 있는 외부
환경이 근본적으로 변하기 시작했다. 1989년 베를린장벽의 붕괴와
1991년 구소련의 몰락으로 사회주의권이 붕괴되었다. 그 동안 한국
을 규정하던 가장 중요한 국제관계의 틀인 냉전이 끝나고 탈냉전의
시대가 도래한 것이었다. 냉전시대에는 이데올로기가 경제적 이해
관계에 우선하는 경우가 많았다. 한국은 미국이 주도한 동아시아지
역 통합전략하에서의 지정학적 위상 때문에 미국으로부터 적지 않
은 경제적 혜택을 누릴 수 있었으며, 한국의 발전국가는 이러한 국
제분업 관계를 배경으로 탄생한 것이었다. 그러나 탈냉전시대가 도
래하면서 세계는 적나라한 경제적 이해갈등에 휩싸이기 시작했다.
동아시아지역 통합전략도 냉전시대와 같은 의미를 지니기가 어려
워졌다. 이제 미국은 동아시아에서 한국의 후견인으로 행동하기보
다는 자국의 경제적 실리를 점차 중시하기 시작했다. 한국이 과거

발전국가를 유지·발전시킬 수 있었던 조건의 하나가 탈냉전의 도래와 함께 허물어져버린 것이었다.

한편 1990년대 들어오면서 한국을 둘러싼 국제경제질서도 근본적으로 변하기 시작했다. 대표적 예가 GATT(관세와 무역에 관한 일반협정)체제의 종언과 WTO(세계무역기구)체제의 등장이다. GATT체제하에서는 그래도 한국을 비롯한 개발도상국들은 국제무역거래의 많은 점에서 예외를 인정받을 수 있었다. 한국의 발전국가는 이러한 허용범위를 최대한 이용하여 시장에 대한 전략적 개입을 할 수 있었다. 그러나 WTO체제하에서는 이러한 예외가 더 이상 허용되지 않았다. 그것은 신자유주의의 구호 아래 모든 시장에 대한 무조건적인 개방을 원칙으로 삼는 무역체제였다. 이 체제 아래에서 한국은 더 이상 어떤 특혜도 누릴 수 없게 되었다. 한국의 발전국가는 갖가지 정책수단을 동원하여 시장에 개입하는 것이 어렵게 되었다. 이제 한국 기업은 다른 국가들과 동일한 조건 위에서 무한경쟁에 뛰어들 수밖에 없게 되었다.

이로써 한국의 발전국가는 국내외적으로 심각한 도전에 직면하게 되었다. 국내적으로는 경제자유화와 정치민주화의 물결 속에서 자본가계급과 시민사회세력이 발전국가의 자율성을 제약했으며, 국외적으로는 탈냉전과 글로벌화globalization의 물결 속에서 신자유주의적인 무역질서가 발전국가에게 정책을 바꿀 것을 강요했다.

1993년 등장한 김영삼 정부는 규제철폐와 경제자유화를 주된 내용으로 하는 개혁에 착수했다. 이것은 국내외적으로 도전에 직면한 발전국가를 보다 시장지향적인 국가로 전환시키려는 노력이었다.

이 과정에서 한국 발전국가의 상징인 경제기획원이 해체되고, 경제
개발5개년계획도 없어지게 되었다.[9]

그러나 이 정부하에서의 개혁작업은 그다지 성공적이지 못했다.
경제기획원은 표면적으로는 해체되었지만 사실은 재무부와 통합되
어 재정경제원이란 보다 거대한 조직으로 되살아났으며, 기타 정부
조직 개편작업에서도 이와 유사한 현상이 발생되었다. 따라서 작은
정부를 만든다는 본래의 목표는 달성되지 못했다. 그리고 규제철폐
작업도 생각만큼 잘 진척되지 못했다. 오히려 관료들은 기존의 각종
규제에서 발생하는 정경유착에 기대어 관성적으로 지대를 추구했
고, 정치인들은 무용한 정쟁政爭만을 일삼았다.

한편 정부가 장기적 산업정책을 포기하고 규제혁파를 단행함으
로써 재벌은 더욱 그 힘을 신장시킬 수 있게 되었다. 그러나 한국의
재벌은 커진 몸집에 걸맞는 행동양식을 배우는 데에는 게을렀다. 그
들은 여전히 차입을 통해 거머쥔 재원을 가지고 문어발식 확장과
무분별한 투자에 열을 올렸고, 기술개발과 군살빼기는 외면했다.

요컨대 발전국가의 전환과 관련하여 김영삼 정부하의 개혁작업
은 그다지 성공적이지 않았다. 그리고 민주화가 시작된 노태우 정부
로까지 소급할 경우, 우리는 발전국가의 전환과 관련하여 '잃어버
린 10년'을 살았다고도 할 수 있다. 1997년 말 한국이 맞은 금융위
기는 이러한 맥락에서 이해될 수 있다.[10]

한국 발전국가의 미래: 민주적 발전국가와
강한 사회의 조합

국가가 전략적 산업을 정하고 그것을 위해 가용한 모든 자원과 신용을 동원하고 의도적으로 편중 배분하는 것이 발전국가의 특징이었다. 이런 모델에서는 국가 관료와 정치인, 기업(특히 재벌), 그리고 금융기관 간에 긴밀한 유대관계가 형성될 수밖에 없다. 이러한 유대관계는 적어도 초기 산업화 단계에서는 그들 간의 거래비용을 줄이고, 발전의 효율성과 효과성을 제고시킬 수 있었다는 점에서 긍정적 공조共助의 모습을 보여주었다. 그러나 시간이 경과함에 따라 점차 그 성격이 견고한 부패연합으로 변질되면서 경제의 역동성을 가로막는 장애요인으로 변해 갔다.

따라서 많은 학자들은 이제 발전국가의 유효성을 부인하고, 전환의 필요성을 주장하고 있다. 그러면서도 그들은 시장에 치중하는 신자유주의에 대해서는 강한 거부감을 보이고 있다. 이러한 이중성을 어떻게 평가할 것인가? 그들이 지향하는 바는 무엇이며, 도대체 어디로 가자는 것인가? 이러한 딜레마가 민주주의와 시장경제의 병행 발전 내지는 견제와 균형 등을 주장한다고 하여 해결될 수 있는가?

여기서는 한국 발전국가의 미래와 관련하여 두 가지 문제를 생각해 보겠다. 하나는 한국의 현상태에 관한 것이다. 한국의 국가는 아직도 발전국가인가, 아니면 신자유주의적 규제국가regulatory state[11]로 성격이 바뀌었는가? 두 번째는 한국의 지향점에 관한 것이다. 한국의 발전국가가 전환을 모색할 시점에 왔다는 사실에 대해서는 대부분 의견을 같이하고 있다. 문제는 그 내용인데, 현시점에서 한국은 발전국가에서 벗어나 신자유주의적 규제국가로 가야 하는가, 아니면 수정된 발전국가로 나아가야 하는가?

한국의 국가는 그 동안 진행된 신자유주의적 개혁에도 불구하고 여전히 발전국가적 속성을 지니고 있으며, 신자유주의적 규제국가로 전환될 가능성은 그다지 크지 못하다.[12] 그 동안 시장에 대한 국가 개입이 상당히 축소된 것은 사실이다. 그 와중에 국가가 산업정책과 금융수단을 통해 자본을 통제할 수 있었던 힘도 상당 부분 상실되었다. 그러나 국가가 시장에 대한 개입을 축소했다고 해서 곧 신중상주의적 발전국가가 신자유주의적 규제국가로 옮아가는 것은 아니다. 시장순응 내지는 시장친화적 정책을 취하더라도 국가가 성장과 발전을 위해 방향을 설정하고 자본의 산업참여방향을 유도하는 역할을 수행한다면, 그것은 여전히 발전국가라고 할 수 있다.

시장에 대해 개입할 수 있는 능력과 개입 정도뿐 아니라 시장을 선도할 의지 여부도 발전국가 여부를 판단하는 기준이 되어야 한다.

오늘날에 와서 국가는 시장에 개입할 수 있는 수단을 점차 상실해가고 있으며, 그 결과 국가의 능력과 자율성은 분명 축소되고 있다. 그러나 한국의 국가는 여전히 시장에 개입하려는 의지가 강하다. 그것은 시장기능회복에 자신의 역할을 한정시키는 국가가 결코 아니다. 현재 국가는 강력하게 경제구조개혁을 추진하고 있지만, 그것의 궁극적 목적이 단순한 시장기능의 회복에 있지는 않다. 오히려 국가가 꿈꾸는 것은 지식정보산업의 육성을 통한 국제경쟁력 강화이다. 이를 위한 국가의 직접적인 재정지원은 엄청나게 증대되고 있다.

20세기에 인류는 네 가지 종류의 국가주의를 체험했다. 파시즘(특히 민족사회주의: national socialism), 국가사회주의state socialism, 서구의 복지국가, 그리고 제3세계의 권위주의가 그것이다. 이 중 파시즘이 가장 먼저 몰락했고, 1980년대 민주화 물결 속에서 국가사회주의와 권위주의 또한 붕괴의 길을 걸었다. 그리고 복지국가도 1980년대를 거치면서 재정적자와 생산성 저하 등을 견디지 못하고 허물어졌다. 이러한 국가주의에 대한 반동으로 등장한 것이 시장의 효율성을 강조하는 신자유주의였다. 1990년대 이후부터 현재까지 전 세계적으로 신자유주의가 맹위를 떨치고 있으며, 이에 대한 반대의 목소리는 비정부기구NGO를 중심으로 한 시민운동에서만 간신히 들어볼 수 있을 뿐이다. 오늘날 시민운동은 한편으로는 국가주의에 반대하면서 다른 한편으로는 시장지상주의에 반대해야 하는 두 가지 과제를 짊어지고 있다. 두 과제 중 어느 쪽이 우세한가는 나라마다 그 사정에 따라 달라지겠지만, 둘을 조화시킨다는 것은 결코 쉬운 일이 아니다.

지난날 한국의 발전국가는 위의 네 가지 국가주의 중 권위주의에 속하는 것이었다. 그것은 산업화 초기 단계에 많은 성과를 낳았지만, 시간이 지나면서 부작용 또한 만만치 않게 생산해 냈다. 그 결과 국가 개입을 제한해야 한다는 목소리가 높아졌다. 그러나 이러한 부작용을 없애기 위해 시장기능에만 의존하는 것은 바람직하지 못하다. 시장 자체에서는 거대한 자본의 힘을 제어할 요소를 발견할 수 없기 때문이다. 따라서 우리는 두 방향에서 해결책을 모색해야 한다. 하나는 여전히 국가에게 역할을 기대할 여지가 있다는 것이고, 또 하나는 사회의 강화, 특히 시민운동의 활성화에서 활로를 찾아야 한다는 것이다.

　　이제까지 한국에서 이루어진 국가 개입은 주로 급속한 성장을 위한 것이었다. 그것은 서구 사회의 복지 내지는 재분배를 위한 국가 개입과는 질적으로 달랐다. 복지나 재분배를 위한 사회적 기반이 채 구축되지 않은 한국에서 시장으로부터 국가의 전면 철수를 주장하는 것은 참으로 무책임한 일이다. 한국에서는 반드시 국가의 역할이 남아 있으므로 시장에 개입하려는 의지를 지닌 국가는 여전히 필요한 것이다. 다만 개입의 내용이 달라질 필요가 있다. 즉, 국가의 시장개입 의지가 과거와는 다른 좋은 방향으로 귀착되어야 하는데, 그를 위해 중요한 관건은 개입의 내용이다. 이제 한국에서 과거와 같이 국가가 모든 금융자원과 수단을 총동원해 특정산업을 의도적으로 편중 지원하는 일은 어렵고 또 바람직하지도 않다.[13] 그러나 단기적으로 구조조정을 완수하기 위해 국가는 필요하며, 보다 장기적으로는 공동체를 유지하기 위한 사회안전망의 확충이라든지 내용이 달라진 산업정책(예컨대 첨단기술산업이나 지식정보산업의 발전을 위한)을 시행하기 위해서도 여전히 필요하다. 따라서 한국이 지향할 바는 시장으로부터 국가의 철수가 아니라 보다 한정적으로 시장에 개입하면서도 그 내용을 바꾼 제한적limited 발전국가[14]라고 할 수 있다.

이렇게 국가의 개입 의지와 내용을 문제 삼을 때, 우리는 발전국가와 민주주의의 양립가능성이란 문제에 부딪히게 된다. 앞에서 지적했듯이 지도자의 정치적 결단과 행정적 효율성만을 앞세우면서 자원배분에서 선택과 집중을 강조하는 과거와 같은 (포괄적) 발전국가가 민주적으로 되기는 쉽지 않았다. 실제로 그것은 권위주의체제와 친화성이 높았다. 그러나 개입의 내용이 달라진 제한적 발전국가도 그래야 할 필연성은 없다. 그것은 민주주의와 상대적으로 높은 친화성을 보일 수 있기 때문이다.[15]

마지막으로 필자는 민주적인 제한적 발전국가하에서의 국가-사회관계에 대해 언급하면서 글을 마치고자 한다.[16] 과거 권위주의적인 포괄적 발전국가하에서의 국가-사회는 영합zero-sum의 관계였으며, '강한 국가-약한 사회' 의 모델로 나타났다. 그러나 민주적인 제한적 발전국가에서의 국가-사회관계는 비영합non zero-sum적인 것으로 나타나야 한다. 국가가 강하고 능력이 있어야 하지만, 사회 역시 그에 대응할 수 있을 정도로 강해야 한다. 특히 강한 사회는 강한 국가의 타락을 막아준다는 점에서, '강한 국가와 강한 사회' 의 조합[17]은 민주적인 제한적 발전국가의 확립에 필수적이다.

사회의 강화는 시민운동의 활성화에서 그 길을 찾을 수 있다. 오늘날 시민운동은 한편으로는 국가와 더불어 시장의 횡포에 저항하면서, 다른 한편으로는 시장실패의 교정이라는 명목으로 일어날 수 있는 국가의 전횡을 막아야 하는 두 가지 임무를 지니고 있다. 시민운동이 제 역할을 해 강한 사회가 강한 국가와 양립할 때, 비로소 민주주의와 발전국가 역시 양립할 수 있을 것이다.

|주|

1) 경부고속도로나 울산공단 건설, 중화학공업화 추진, 새마을운동 등이 좋은 예다. 한영환,「한국의 경제발전과 행정체제의 대응능력」, 김광웅 편,『행정과 나라 만들기』(서울: 박영사, 1996), pp.242~245, 250~251.

2) 이러한 도구적 합리성 제고의 이면에서는 민주주의의 부식腐蝕과 같은 실질 합리성의 훼손이 동반되고 있었고, 바로 거기에 완성을 향해 치닫는 발전 국·실질적 합리성과 발전국가를 연관시켜 박정희 시대를 평가한 것으로는 김일영,「박정희 체제 18년, 어떻게 볼 것인가」,《사상》, 1995년 겨울호, pp.208~256 참조.

3) 김일영,「냉전=분단, 발전지향국가 그리고 경제발전: 한국의 경험을 중심으로」,《통일문제연구》, 제10권 2호, 1998 하반기, pp.53~55.

4) 이러한 전환의 배경에는 무역수지를 개선하려는 미국의 압력이 있었다.

5) Haggard, Stephan and Chung I. Moon, "The State, Politics, and Economic Development in Postwar South Korea", in Hagen Koo (ed.), *State and Society in Contemporary Korea* (Ithaca: Cornell University Press, 1993), pp.83~86.

6) 대표적 예로 국제그룹의 몰락을 들 수 있다.

7) Meredith Woo-Cumings(Jung-en Woo), *Race to the Swift: State and Finance in Korean Industrialization* (New York: Columbia University Press, 1991), pp.176~203; Hagen Koo and Eun Mee Kim, "The Developmental State and Capital Accumulation in South Korea", Richard P. Appelbaum and Jeffrey Henderson eds. *States and Development in the Asian Pacific Rim* (London: Sage, 1992),

pp.139~143.

8) 임혁백, 「지연되고 있는 민주주의의 공고화」, 최장집 · 임현진 편, 『한국사회 와 민주주의』 (서울: 나남, 1997), p.39.

9) 김윤태, 「전환기의 국가와 사회: 국가와 재벌 관계의 변화를 중심으로」, 한 국산업사회학회 편, 『과거의 기억에서 미래의 진보로』 (서울: 한울, 2000), p.96.

10) 김일영, 앞의 글, pp.56~60.

11) 이 개념은 존슨C. Johnson에게서 빌려 온 것이다. 그는 일본의 발전경험을 지켜보면서 자본주의=시장합리성market-rational, 사회주의=계획이데올로 기성plan-ideological과는 다른 또 하나의 경제유형을 착안하게 되는데, 그 것을 계획합리성plan-rational이라고 불렀다. 그리고 각각에 대응하는 국가 를 규제국가regulatory state, 명령국가, 그리고 발전국가라고 지칭했다. Chalmers Johnson, *MITI and the Japanese Miracle* (Stanford: Stanford University Press, 1982), pp.17~34.

12) 이연호, 「김대중 정부의 경제개혁과 신자유주의적 국가등장의 한계: 동아 시아 개발도상국의 한 사례」, 《한국정치학회보》, 제33집 4호 (1999), pp.300~304.

13) 村上泰亮, 노재현 역, 『반고전의 정치경제학』 (하권)(서울: 도서출판 삼성, 1994), pp.79~140.

14) 김은미는 이 개념을 포괄적comprehensive 발전국가와 대비시켜 사용하고 있다[Eun Mee Kim, Big Business, Strong State: Collision and conflict in South Korean Development (New York: SUNY Press, 1997), pp.27~50]. 여기서는 금융통제 여부를 중심으로 이 개념을 구분해 사용

하고자 한다.

15) 이에 관한 자세한 설명은 김일영, 「한국에서 발전국가의 기원, 형성과 발전, 그리고 전망」, 《한국정치외교사논총》, 제23집 1호 (2001) 참조.

16) 이러한 관점에서 한국 헌법의 경제조항과 기본권조항을 재검토한 것으로 김일영, 「한국 헌법과 '국가 - 사회' 관계」, 한국정치외교사학회 편, 『한국정치와 헌정사』 (서울: 한울, 2001) 참조.

17) 자세한 설명은 Linda Weiss and John Hobson, *States and Economic Development: Comparative Historical Analysis* (Cambridge: Polity Press, 1995) pp. 2~10) 참조.

에필로그

박정희 정권, 어떻게 볼 것인가?

죽어서도 영향력이 큰 박정희

한국근현대사를 둘러싼 논쟁의 중심에는 항상 박정희가 있다. 친일파, 한국현대사에서 군부의 역할, 경제발전의 공과 과, 한일국교 정상화(와 관련된 징용 및 위안부문제), 베트남 파병(과 관련된 고엽제 및 베트남 민간인 피해자문제), 각종 인권탄압, 지역감정 같은 해묵은 쟁점에서 그는 약방의 감초처럼 등장한다. 그가 없으면 논쟁 자체가 성립하지 않을 정도이다.

박정희는 현재 진행 중인 정치 및 경제적 사안에서도 여전히 위세를 떨치고 있다. 1997년 말 발생한 외환위기의 원인을 찾을 때도 사람들은 오래전에 죽은 그를 불러내고 있으며, 한국 경제의 발목을 잡고 있는 금융부실의 문제를 거론할 때에도 그를 소환하고 있다. 현재 만들어지고 있는 과거사 관련 법안의 상당 부분도 그를 겨냥한 측면이 있고, 향후 대권구도와 관련해서도 그는 여전히 중요한 변수로 남아 있다.

박정희는 죽어서도 영향력을 잃지 않은 채 우리 곁을 맴돌고 있다. 그는 전현직 대통령을 대상으로 한 인기도 조사에서 항상 50%를 훨씬 넘는 수치로 수위首位를 차지하고 있다. 민주화 운동을 통해 그와 직간접적으로 대결한 경험을 지닌 대통령들(김영삼, 김대중, 노무현)은 아직도 내심 그를 경쟁상대로 여기고 있다. 그(의 모델)를 극복하지 않고는 성공한 대통령으로 남을 수 없다는 것을 그들은 잘 알고 있기 때문이다.

그런데 죽은 지 25년이 넘었음에도 여전히 박정희가 현실 정치의 중심에 있다는 바로 그 사실이 그를 둘러싼 논쟁이 보다 학문적이고 객관적으로 진행되는 것을 방해하고 있다. 대부분의 경우 그가 관련되는 논쟁은 아카데믹한 차원에서 시작되었어도 어느새 현실 정치세력의 정파적 이해관계에 침윤되는 수가 많기 때문이다.

박정희 정권의 수혜자와 피해자가 아직 다수 남아 있다는 점도 박정희에 대한 객관적 평가를 방해하는 요인이다. 그래서 직간접적 체험 때문에 그를 극단적으로 미워하거나 좋아하는 사람들이 어느 정도 사라진 후에야 그에 대한 공정한 논의가 가능하다는 주장도 있다.

좋은 의미든 나쁜 의미든 박정희 시대는 한국 현대사의 거대한 호수이다. 이전의 모든 물의 흐름이 일단 그의 시대로 모여들었다가 그로부터 다시 모든 물의 흐름이 갈라지고 있기 때문이다. 그의 시대에 생겨난 산업화 세력과 민주화 세력 사이의 경쟁과 갈등이 여전히 정치의 중심을 차지하고 있다는 사실이 이를 반증하고 있다. 계승하려는 자도 극복하려는 자도 모두 박정희를 중심에 놓고 생각하지 않을 수 없는 것이 우리의 현실이다.

　죽었으되 죽지 않은 박정희, 모든 논쟁의 중심에 있는 박정희, 바로 이 점이 필자가 그에 대한 논의로 이 책을 마치려는 이유이다.

박정희 정권에 대한 찬반논리와 쟁점

　박정희 정권 18년 동안 한국 경제가 비약적으로 발전했다는 사실 자체에 대해 의문을 제기하기는 어렵다. 그러나 그런 발전을 어떻게 평가할 것이냐는 문제를 둘러싸고 있는 사람들 사이에 의견이 엇갈린다.

　한편으로는 비록 박정희가 쿠데타를 통해 집권하긴 했지만 국민을 절대빈곤으로부터 구하고 국가의 경제적 위상을 드높였다는 점에서 당시 성취된 경제발전을 긍정적으로 평가해야 한다는 주장이 있다. 이 입장은 결과론적 시각에서 박정희 시대에 추구된 경제발전전략—외자의존·수출지향·국가주도—이라든지 경제성장을 위해 정치발전과 통일을 잠시 접어두자는 '방법론적 유보'(선성장 후분배 또는 선성장 후통일)론에 대해서도 당시 시대여건에서 효율성 추구를 위해 불가피한 것이었다고 보고 있다.

　그러나 절차와 과정을 보다 중시하고 삶의 질적 측면을 우선시하는 입장에서는 이런 결과론적 논법에 대해 크게 반발하고 있다. 이 입장은 박정희 정권이 지닌 태생적胎生的 한계—친일경력이라든지 쿠데타를 통한 집권 등—로부터 그의 정당성을 문제 삼으면서, 당시의 발전전략이 초래한 대외종속성·불균형성·반민중성과 방법론적 우회전략이 지닌 반민주성과 반민족(통일)성을 지적하고 있다. 이들이 볼 때 경제성장은 민주주의의 발전이나 분배의 개선과 함께 갈 때에만 의미가 있는 것이었다. 그들의 관점에서 참여와 분배, 그리고 통일이 없는 성장은 무의미하며, 진정한 발전이라고 보기 어렵다.

이러한 두 입장은 1960~1970년대 친親체제(또는 산업화) 세력과 반체제(또는 민주화) 세력의 논리의 연장선상에 있다. 산업화 시기에는 산업화를 담당한 세력의 논리가 반대파인 민주화 세력의 논리를 압도했고, 민주화 이후에는 거꾸로 후자가 전자를 구축驅逐하고 있다. 그런가 하면 일반인들은 대개 박정희 정권이 '경제는 잘 했는데 정치는 못했다'는 식의 편의주의적인 양가兩價의 논리를 지니고 있는 것이 현실이다.

이러한 찬성과 반대의 논리는 여러 가지 점에서 서로 부딪히고 있다. 예컨대 경제발전이 박정희 덕인가 아니면 여타 요인들 덕인가, 정치발전(민주발전)과 경제발전 간에는 어떤 관계가 있는가, 자주적·폐쇄적 발전전략과 외자의존·개방적 발전전략 중 어느 것이 더 나은가, 불평등과 갖가지 사회적 문제를 야기하면서까지 경제발전은 추구될 만한 가치가 있는가 등이 모두 논쟁점이 될 수 있다.

이 중 가장 중요하고 핵심적인 문제는 '정치발전과 경제발전 사이의 관계'이다. 그것은 '산업화와 민주화의 관계를 어떻게 볼 것인가'의 문제이며, '경제성장과 민주주의는 항상 병행가능한가'를 묻는 것이기도 하다. 그리고 이 문제를 보다 쉽게 표현하자면, 박정희 정권이 '경제는 잘 했는데 정치는 못했다'는 식의 우리 사회에 보편화된 인식이 과연 옳은 것인지 또는 그런 인식이 과연 성립할 수 있는 것인지에 대해 의문을 던지고 있는 것이다.

산업화와 민주화의 균형발전은 모든 나라들이 바라는 바이다. 그러나 소망하는 것이 '항상' 실현가능한 것은 아니다. 경제발전이 일정 수준 이상으로 진행된 나라에서는 민주주의를 병행하기가 상대적으로 용이하다. 그러나 이러한 병행발전이 '항상' 가능한가는, 다시 말해 산업화 초기 단계에도 이러한 병행발전이 가능한가에 대해서는 의문의 여지가 있다.

김대중 정권은 출범하면서 '민주주의와 시장경제의 병행발전'을 모토로 내걸었고, 노무현 정권 역시 이 기조를 유지하고 있다. 그간에 이루어진 경제발전의 성과와 수준을 생각한다면 이것은 지극히 타당하며 현실적인 목표이다. 그러나 이 목표를 산업화 초기 단계인 박정희 정권에 그대로 대입하는 것에 대해서는 좀더 논의해 볼 필요가 있다.

이 문제를 제대로 바라보고 평가하기 위해서는 시야를 한국에만 두지 말고 좀더 넓힐 필요가 있다. 다시 말해 비교사적 관점에서 박정희 시대의 발전경험을 다른 나라의 그것과 견주어볼 때 그에 대한 우리의 평가는, 그것이 긍정적이든 부정적이든, 상대화되면서 좀더 객관성과 보편성을 획득하게 된다.

민주주의와 경제발전 사이의 관계에 관한 비교사적 검토

이론적으로 합의되기 어려운 쟁점

산업화와 민주화 사이의 관계는 일찍이 19세기의 맑스K. Marx와 베버M. Weber로부터 1960~1970년대의 립셋S. M. Lipset, 헌팅턴S.

Huntington, 무어B. Moore, 오도넬G. A. O'Donnell 등을 거쳐 최근의 뤼쉐마이어D. Rueschemeyer와 스티븐스 부부J. D. and E. H. Stephens에 이르기까지 많은 사회과학자들 사이에서 논의가 끊이지 않은 고전적인 주제이다. 따라서 이에 관한 이론적 및 경험적 연구는 무수히 많다.[1] 그러나 그들의 결론은 저마다 다르다.

민주주의가 경제발전을 저해한다고 주장하는 사람들은[2] 그 논거로 경제발전을 위해서는 투자재원의 마련을 위해 소비를 축소해야 하고 정치적 안정과 질서유지를 통해 합의에 기반한 강력한 국가행위를 끌어내는 것이 필요한데, 선거구민을 의식해야 하고 사회 내 여러 집단들로부터의 압력에 직면해야 하는 민주주의에서는 그런 필요조건을 확보할 수 없기 때문이라는 점을 들고 있다. 반면 민주주의가 경제발전을 촉진시킨다고 주장하는 사람들은[3] 그 근거로 민주주의야말로 자원의 효율적 배분을 보장하고 성장과 복지를 동시에 도모하며 정치적 안정과 질서유지를 통한 합의의 도출을 가능케 한다는 점을 들고 있다. 그런가 하면 양자 간에 유의미한 상관관계를 발견하기 어렵기 때문에 현시점에서 이 문제에 관해 할 수 있는 것은 몇 가지 계몽된 추측을 제공하는 것뿐이라고 고백하는 사람도 있다.[4]

이렇게 이론적으로 제각기 결론이 다른 문제에 필자가 새삼 개입하고 싶은 생각은 없다. 여기서 필자는 이 문제를 규범적 차원이나 추상적 이론의 차원이 아닌 역사적이고 경험적 사실의 차원에서 생각해보고자 한다.

영국은 병행발전의 모델이 아니다

정치와 경제의 병행발전이 보편적 과제로 제시되게 된 역사적 배경을 추적해 가보면 우리는 '모델로서의 영국'의 경험과 만나게 된다. 흔히 영국은 시민혁명과 산업혁명이라는 정치발전과 경제발전의 획기적epochal 사건을 순차적으로 겪으면서 양자를 조화 있게 발전시켜 온 대표적 국가로 간주되고 있다. 이런 영국의 예는 근대화론자들에 의해 많은 후발국들을 가위처럼 짓눌러 왔다. 권위주의적 산업화를 추진한 많은 후발국들은 영국 모델을 척도로 한 정치적 항의와 도덕적 심문에서 벗어나기 어려웠다.

그런데 영국의 경험이 과연 여타 국가들의 발전경험을 잴 만한 보편적 척도나 모델이 될 수 있는가? 다시 말해 영국의 발전경험을 보편적 모델로 삼아 후발산업화 국가나 후후발산업화 국가에 대해서도 그 기준을 그대로 적용하는 단선적 발전개념이 과연 타당한가?

이런 근대화론자들의 주장에 대해 영국의 경험은 근대화를 이루는 다양한 길 중의 하나에 불과하며, 더 나아가 그것은 되풀이되기 어렵다는 반론도 만만치 않다. "서구민주주의라는 것은 단지 특수한 역사적 상황에서 나타난 하나의 귀결에 불과"하며 "20세기의 70년대에 서서 되돌아본다면 비민주적이거나 심지어 반민주적인 근대화도 있었다는 부분적 진리가 제기"된다고 하면서 영국을 위시한 앵글로 아메리카적 경험을 상대화시키는 무어B. Moore의 주장[5]이나 "근대화 문제에 대한 자본주의적이고 민주주의적인 해결책은 되풀이 되는 것이 불가능"하다는 슈바이니츠K. de Schweinitz[6]와 "역사적으로 보면 민주주의체제는 법칙이라기보다는 예외"였다는 벨러H. U. Wehler[7]의 예외론 등이 모두 이에 해당된다.

그런데 이렇게 영국의 경험을 근대화에 이르는 다양한 경로들 중 하나로 상대화시켰으면서도 이들은 여타의 경로, 특히 위로부터의 혁명의 길을 설명할 때 자기도 모르는 사이에 영국의 경험을 다시 모델로 끌어들이는 모순을 범하고 있다. 무어의 경우 그것은 '부르주아 없이 민주주의 없다No bourgeois, no democracy'는 맑스주의의 명제를 그대로 수용[8]하는 데에서 잘 드러나며, 이런 무어의 입장은 독일의 경험을 '특수한 길Sonderweg'로 이해하려는 벨러나 코카J. Kocka, 빙클러H. A. Winkler 같은 학자들의 입장과 그대로 연결되고 있다.

무어가 국가Crown, 지주귀족, 그리고 부르주아 사이의 세력관계 및 동맹관계의 내용, 지주귀족의 농업경영방식, 그리고 농민층의 결집가능성 등 여러 요인을 동원해 근대화에 이르는 다양한 경로를 나누려고 한 것은 사실이다.[9] 그러면서도 그는 결국 부르주아혁명의 유무를 가지고 앵글로 아메리카적 길과 여타의 길―위로부터의 혁명과 농민혁명―을 구분함으로써 상대화시켰던 영국의 경험을 다시 모델로 도입하는 우를 범하고 있다. 이에 대해서는 다음 몇 가지 의문이 제기될 수 있다. 과연 부르주아혁명이 민주주의를 가져왔는가? 만약 그렇다면 그 경우 민주주의의 의미는 무엇이며, 그렇지 않다면 그때의 민주주의는 어떤 의미인가? 그리고 후자의 경우라면 앵글로 아메리카적 경로의 대명사인 영국을 과연 민주화와 산업화를 순차적 내지는 병행적으로 추진한 모델이라고 말할 수 있겠는가? 마지막으로 그렇다면 후자의 의미에서의 민주주의는 도대체 누가 가져오는가?

영국에서 부르주아화한 지주귀족과 부르주아의 힘이 강력했으며, 그들이 전쟁을 통해 절대왕권을 제어하고 영국을 대륙의 여타 국가에 비해 상대적으로 민주적인 국가로 만든 것은 사실이다. 그러나 그 경우 수립된 민주주의는 결코 오늘날과 같은 의미에서의 제도와 절차를 갖춘 '보통민주주의mass democracy'는 아니었다. 그것은 '유산자有産者 민주주의bourgeois democracy'였다. 19세기 초까지 영국에서 참정권은 토지귀족에게만 허용되었으며, 1832년 선거법 개정을 통해서도 그 허용범위가 산업자본가에게 국한되었다는 사실이 그것을 증명한다. 이후 선거법 개정은 노동운동의 주요과제였으며 그러한 노동운동에 대해 당시 영국정부가 심한 탄압을 가했다. 이러한 노력과 투쟁 끝에 영국에서 노동자가 선거권을 얻는 것은 1918년이고 부녀자까지 획득하여 일반국민 전체가 선거권을 갖게 되는 것은 1928년이었다(뒤의 E-1 참조). 1928년 영국의 1인당 국내총생산GDP을 1990년 미국 달러 기준으로 환산하면 5,115달러였다(뒤의 E-2 참조). 이 모든 점들을 상기한다면 '부르주아 없이 민주주의 없다'는 명제는 성립하기 어려우며, 영국을 민주화와 산업화를 병행적으로 추진한 모델로 보기 힘듦을 알 수 있다.

이 점에서 독일을 '특수한 길'로 보는 역사학자들에 대해 의문[10]을 제기하면서 영국이 결코 모델이 될 수 없음을 주장하는 일리G. Eley나 블랙번D. Blackbourn의 주장은 주목할 만하다. 일리는 '특수한 길'론자들이 19세기 영국에 대해 민주화의 정도는 과장하고 국가의

억압성 정도는 과소평가하고 있다고 비판하면서, 흔히 영국의 경험
이라고 일컬어지는 산업화와 민주화의 '조화로운 동시성'[11]은 구체
적인 역사지식에 반대되는 도그마일 뿐이라고 말했다. 민주주의가
시작되고 강화된 것은 통상 부르주아혁명으로 불리는 정치적 변혁
이 발생한 한참 뒤이다.[12]

그리고 그때 그것을 추진하는 담당자가 되었던 것은 부르주아가
아니라 산업프롤레타리아를 위시하여 도시수공업자, 쁘띠부르주아
지, 독립자영농 등이었다. 따라서 일리는 부르주아지를 항상 자유
주의 및 민주주의와 연결시키는 것은 편견이라고 주장한다.[13]

부르주아가 진실로 원하는 바는 산업자본주의를 자유롭게 발전
시키기 위한 법적·제도적 틀의 마련이지 정치적 자유주의는 아니
다. 만약 부르주아혁명 개념을 이렇게 법적·제도적 틀의 마련이라
는 의미로 재再정의한다면 독일도 그것을 조용하게 겪었으며, 그 점
에서 독일은 결코 예외, 즉 특수한 길을 걷지 않았다는 것이다.

이렇게 본다면 영국의 경험은 모델도 예외도 아니다. 영국이 민
주화와 산업화를 동시적으로 수행하지 않았다는 점이 증명된 이상
그것은 더 이상 다른 나라들에게 정치와 경제의 병행발전을 강요할
수 있는 모델이 되기도 어렵고, 또 되풀이되기 어려운 예가 될 수도
없다. 실제 영국의 경험은 산업화를 거쳐 민주화로 나아갔다는 점
에서 그 후의 대부분의 국가들의 경험과 별반 다르지 않다.[14]

다만 영국은 그것을 가장 먼저 겪었을 뿐이다. 이 점에서 영국은
병행발전이 쉽지 않음을 보여주는 '선구적 예prototype'로 보는 것이
가장 타당하다.[15]

박정희 정권하의 경제발전, 어떻게 볼 것인가

경험적 예를 찾기 어려운 병행발전론

이렇게 영국이 민주화와 산업화를 병행추진한 것이 아니라 그 역의 경우의 선구적 사례라면 산업화 초기 단계에 민주주의에 의거해서 경제를 도약시킨 사례를 찾기는 정말 어려워진다. 특히 그 범위를 후발산업화 국가들과 그 이후에 본격적인 산업화를 추진한 국가들로 한정시킬 경우 그 예는 거의 없다고 해도 과언이 아니다. 독일, 이탈리아, 일본 등의 후발산업화 국가들뿐 아니라 사회주의적 방식의 산업화를 추진한 구舊소련이나 동구권 국가들, 그리고 최근의 동아시아 신흥공업국들NICs에 이르기까지 산업화의 초기 단계에서 민주주의와 경제발전을 성공적으로 병행시킨 나라는 없었다. 그리고 사회주의권이 붕괴된 오늘에 와서는 권위주의적 자본주의방식으로 산업화를 추진한 국가들만이 비교적 순탄하게 민주주의로 이행하는 모습을 보여줌으로써 과거 제3세계 권위주의 국가를 이론적으로 합리화시켜 주는 도구라고 비난받던 헌팅턴의 이론[16]이 오히려 경험적으로 증명되는 모습을 보이고 있다.

이 점에서 박정희 정권하에서 일어난 권위주의적 경제발전은 영국을 '선구적 예'로 하는 일반적 경험에서 보아 크게 일탈된 것이라고 보기 어렵다. 아울러 실존하지도 않았던 영국 모델을 근거로 한 민주주의와 경제발전의 병행론을 가지고 박정희 시대를 비판하는 일도 이제는 그쳐야 한다.

선성장 후분배: 희생을 수반한 선택의 문제

그렇다고 권위주의적 발전국가 아래서 이루어진 경제발전과정에서 나타난 많은 부작용과 희생을 도외시하자는 것은 아니다. 다만 이러한 희생을 지적하고 비판하는 것도 산업화 초기 단계에서 민주주의와 경제발전의 병행추진이 현실적으로 어려움을 인정한 상태에서 이루어져야 보다 현실성을 지니게 된다는 것이다.

1960년대 초 한국은 민주주의와 경제발전이란 두 가지 선택지에 직면했었다. 남은 것은 선택의 결단이었고, 그것은 희생을 동반할 수밖에 없었다. 어느 쪽을 택하는 것이 보다 희생을 줄일 수 있을지는 아무도 장담할 수 없었다. 그것은 양적으로 계산될 수 있는 문제는 아니었다.

박정희 정권의 가치선택은 발전이었고 그 선택은 현실성이 있었다. 그것은 민주라는 가치의 소중함을 무시하기 때문은 아니다. 민주는 매우 중요하며 어떤 경우에도 포기될 수 없는 가치이다. 그럼에도 발전이란 가치를 옹호하는 것은 두 가지 이유 때문이다. 하나는 이미 살펴보았듯이 산업화 초기 단계에서 민주를 선택하여 발전을 성공적으로 이룬 선례가 없다는 경험적 근거 때문이다. 또 하나는 지극히 상식적인 것인데, 민주라는 가치가 중요하긴 하지만 그것이 만약 굶주림이나 절대빈곤과 배타적 선택trade-off관계에 있다면 생각을 달리 할 수 있기 때문이다. '사흘 굶어 도둑질 안 할 사람 없다'는 속담도 있듯이 빵의 문제는 민주라는 가치를 의미 있게 만드는 전제이다. 전자 없는 후자는 그 의미가 지탱되기 어렵다. 따라서 적어도 산업화의 초기 단계에서는 민주보다 발전을 선택하는 것은 의미 있다고 본다.

이러한 가치선택에 입각할 경우 1960~1970년대 박정희 정권하에서 일어난 경제발전은 긍정적으로 평가될 수 있는 부분이 적지 않으며, 그 과정에서 수반된 많은 희생은 가치선택의 결단에 부수되는 불가피한 손실로 여겨지게 된다. 이런 식의 평가에 대해 많은 비판이 제기될 수 있다. 만약 다른 가치판단에 입각할 경우 그것은 충분히 가능할 것이다.

산업화 과정의 불가피한 희생과 박정희 개인이 나누어져야 할 몫

그러나 그런 비판이 의미가 있기 위해서는 다음과 같은 문제가 먼저 고려되어야 한다. 우선 만약 우리가 발전이나 산업화 그 자체를 거부하지 않는다면 그 과정에서 필연적으로 초래되는 희생과 부작용도 어느 정도는 감수할 수밖에 없다는 점이다.

지구상의 국가들 중 지난 200년 동안 전통적인 농업사회로부터 근대 산업사회로의 사회변동과정으로부터 자유로울 수 있는 나라는 거의 없었다. 이 과정을 자본주의화라는 입장에서 바라본 맑스에게나 합리화의 관점에서 바라본 베버에게나 변동 그 자체는 피할 수 없는 운명이자 역사적 사실이었다. 그리고 이러한 운명적 과정에서 긍정과 부정 그리고 희망과 절망의 양면을 동시에 본다는 점에서도 두 대가大家는 같다. 맑스에게 있어 자본주의화는 임노동자에 대한 착취가 가중(서구사회)되고 전통사회를 폭력적으로 해체(제 3세계)시켜 가는 절망의 과정이면서 동시에 사회주의로의 길을 닦는 희망의 도정이었다면, 베버에게 있어 합리화는 관료화의 진행에 따른 형식합리성의 증대라는 긍정적 측면과 실질합리성의 훼손이라는 부정적 측면이 동시에 일어나는 이율배반적 과정이었다. 따라서 우리가 어느 입장을 택하건 산업화 과정에서 희생과 부작용의 측면을 부인할 수는 없으며, 또 그것은 역사적 경험에 비추어 보아도 부정될 수 없는 사실이다. 아울러 그런 희생과 부작용이 산업화 단계가 초기일수록 크다는 것도 우리는 역사적 경험을 통해 알고 있다.

한국에서 이런 산업화가 본격적으로 시발된 것이 바로 박정희 정권하의 1960~1970년대이다. 그렇다면 여기서 당연히 제기되는 의문이 이 시대에 발생한 여러 문제들과 부작용들의 원인을 과연 어디로 귀속시켜야 하는가이다. 박정희 정권 탓인가 아니면 산업화의 불가피한 부산물인가? 필자는 양자가 공유해야 할 문제라고 생각한다. 당시가 산업화 초기 단계였기 때문에 발생할 수밖에 없었던 문제들―예컨대 저임금·장시간 노동·정치체제의 비민주성 등―이 있었지만, 그것이 당시 한국이 추구했던 독특한 압축형 산업발전전략으로 인해 가중되었고 그 와중에서 자원의 왜곡배분이나 일인 장기집권과 같은 현상도 낳았다고 볼 수 있다.

이렇게 산업화 과정의 불가피한 희생의 측면을 고려했다고 해서 박정희 정권에 대한 여러 비판이 의미를 잃는 것은 아니다. 다만 산업화가 호오好惡의 가치판단을 떠난 피할 수 없는 운명과도 같은 과정이라는 점과 그러한 운명적 과정을 떠맡아 추진한 박정희 정권에게 그 시대의 모든 문제를 귀속시키는 오류를 범하지는 말자는 것이 필자가 말하고자 하는 요체이다.

맑스와 베버에게 산업화 과정이 긍정과 부정 그리고 희망과 절망의 이중적 과정으로 보였듯이 우리에게 박정희 시대는 발전과 퇴행이 교차하는 시기였다. 그러나 분명한 것은 발전이 퇴행을 낳았으면서도 동시에 그것을 다시 발전으로 역전시킬 수 있는 기반도 마련해 주었다는 점이다. 권위주의적 경제발전과정에서 여러 가지 부작용과 희생이 따랐지만, 그 속에서 자신의 모태인 권위주의를 부정하는 원동력인 중산층이 성장한 것도 사실이다. 이런 점에서 발전은 퇴행의 전제조건이라고 할 수 있지만, 그 역은 성립하지 못한다. 이것은 베버에게 있어 형식합리성의 증대가 실질합리성을 해쳤지만, 전자 없는 후자만의 요구가 무의미하고 공허한 것과 같은 논리이다.

| 표E-1 현 선진국의 민주주의 도입 시기

국가	성인 남성에 대한 보통선거권 도입 연도	진정한 의미에서의 보통선거권 도입 연도
오스트레일리아	1903년	1962년
오스트리아	1907년	1918년
벨기에	1919년	1948년
캐나다	1920년	1970년
덴마크	1849년	1915년
핀란드	1919년	1944년
프랑스	1848년	1946년
독일	1849년	1946년
이탈리아	1919년	1946년
일본	1925년	1952년
네덜란드	1917년	1919년
뉴질랜드	1889년	1907년
노르웨이	1898년	1913년
포르투갈	n.a.	1970년
스페인	n.a.	1977년(1931년)
스웨덴	1918년	1918년
스위스	1879년	1971년
영국	1918년	1928년
미국	1965년(1870년)	1965년

* 출처: Ha-Joon Chang, *Kicking away the Ladder* (London : Anthen Press, 2002), p.73.

| 표E-2 보통선거권 획득 시의 1인당 소득

1인당 GDP (1990년 미국 달러 기준)	현 선진국들NDCs (보통선거권 도입 연도/1인당 GDP)	현 개발도상국들 (보통선거권 도입 연도/1인당 GDP)
1,000달러 미만		대한민국(1948년/$777) 미얀마(1948년/$393) 방글라데시(1947년/$585) 에티오피아(1955년/$295) 이집트(1952년/$542) 인도(1947년/$641) 인도네시아(1945년/$514) 자이레(1967년/$707) 케냐(1963년/$713) 탄자니아(1962년/$506) 파키스탄(1947년/$631)
1,000~1,999달러		가나(1957년/$1,159) 나이지리아(1979년/$1,189) 멕시코(1947년/$1,882) 불가리아(1945년/$1,073) 터키(1946년/$1,129) 헝가리(1945년/$1,721)
2,000~2,999달러	노르웨이(1913년/$2,275) 독일(1946년/$2,503) 스웨덴(1918년/$2,533) 오스트리아(1918년/$2,572) 이탈리아(1946년/$2,448) 일본(1952년/$2,277)	콜롬비아(1957년/$2,382) 페루(1956년/$2,732) 필리핀(1981년/$2,526)
3,000~3,999달러	덴마크(1915년/$3,635) 프랑스(1946년/$3,819) 핀란드(1944년/$3,578)	타이완(1972년/$3,313) 칠레(1949년/$3,715)
4,000~4,999달러	네덜란드(1919년/$4,022) 벨기에(1948년/$4,917)	브라질(1977년/$4,613)
5,000~9,999달러	뉴질랜드(1907년/$5,367) 영국(1928년/$5,115) 오스트레일리아(1962년/$8,691) 포르투갈(1970년/$5,885)	베네수엘라(1947년/$6,894) 아르헨티나(1947년/$5,089)
10,000달러 이상	미국(1965년/$13,316) 스위스(1971년/$17,142) 캐나다(1970년/$11,758)	

* 출처: Ha-Joon Chang, *Kicking away the Ladder* (London: Anthen Press, 2002), p.77.

1) 이에 관한 개관은 D. Rueschemeyer, E. H. Stephens and J. D. Stephens, *Capitalist Development and Democracy* (Chicago: University of Chicago Press, 1992), pp.12~39; A. Przeworski and F. Limongi, "Political Regimes and Economic Growth", *Journal of Economic Perspectives*, 7-3 (Summer, 1993) 참조.

2) 예컨대 K. de Schweinitz, "Industrialization, Labor Controls and Democracy", *Economic Development and Cultural Change*, 7 (July, 1959), pp.385~404; W. Galenson, *Labor and Economic Development* (New York: Wiley, 1959); S. P. Huntington, *Political Order in Changing Societies* (New Haven: Yale University Press, 1968).

3) 예컨대 A. Kohli, "Democracy and Development", in J. P. Lewis & V. Kallab eds., *Development Strategies Reconsidered* (New Brunswick: Transaction Books, 1986), pp.153~182; M. Olson, "Dictatorship, Democracy and Development", *American Political Science Review*, 87-3 (Sep, 1993).

4) L. Sirowy and A. Inkeles, "The Effects of Democracy on Economic Growth and Inequality", *Studies in Comparative International Development*, 25-1, 1990, p.134; A. Przeworski & F. Limongi, 앞의 글, p.64; G. Sørensen, 김만흠 역, 『민주주의와 민주화』 (서울: 풀빛, 1994), p.139, pp.169~171.

5) B. Moore, *Social Origins of Dictatorship and Democracy* (Boston: Beacon Press, 1966), p.159. 무어는 근대화로의 길을 부르주아혁명, 위

로부터의 혁명, 그리고 농민혁명의 셋으로 구분하고 있다.

6) K. de Schweinitz, *Industrialization and Democracy* (New York: Free Press, 1964), pp.10~11.

7) Hans U. Wehler, *Modernisierungstheorie und Geschichte* (Göttingen: Vandenhoeck und Ruprecht, 1975), p.30.

8) B. Moore, 앞의 책, p.418.

9) 이에 관한 개괄적 설명은 김일영, 「계급구조, 국가, 전쟁 그리고 정치발전: B. Moore 테제의 한국 적용가능성에 대한 예비적 고찰」, 《한국정치학회보》, 제26집 2호, 1992, pp.218~221 참조.

10) 19세기 후반 독일의 부르주아는 자신들만의 힘으로 부르주아혁명을 이끌기에는 너무 취약했다. 따라서 여전히 강력한 지주(융커)계급과 동맹할 수밖에 없었는데, 이와 같이 부르주아혁명이 부재했다는 점이 결국 독일을 민주주의가 아닌 파시즘이라는 '특수한 길'로 나아가게 한 요인이라는 것이 '특수한 길' 론자들의 주장이다. 이에 관한 개관은 Jürgen Kocka, "German History before Hitler: The Debate about the German Sonderweg", *Journal of Contemporary History*, 23-1(January, 1988), pp.3~16 참조. 그러나 이에 대해 당시 독일의 부르주아는 융커에 비해 충분히 강했으며 그들은 그들에게 필요한 한도 내에서 부르주아혁명도 수행했고 또 후에 파시즘이 등장한 것도 독일에 강하게 남아있던 전통적 요소 때문이 아니라 부르주아계급의 합리적 선택의 결과였다고 일리나 블랙번은 반론을 폈다. D. Blackbourn and G. Eley, *The Peculiarities of German History* (Oxford: Oxford University Press, 1985) 참조.

11) 이것은 '특수한 길' 론자들이 독일에서 서로 다른 시기에 발생했던 사회 구조들의 불편한 공존, 보다 구체적으로는 경제적 발전과 사회적 가치 및 정치적 형태 사이의 운명적 격차를 표현하기 위해 사용하는 '비동시 성의 동시성Gleichzeitigkeit der Ungleichzeitigkeit'이란 용어에 대칭 되는 표현이다.

12) G. Eley, "The British Model and the German Road: Rethinking the Course of German History before 1914", in D. Blackbourn and G. Eley, 앞의 책, pp.62~74.

13) G. Eley, 위의 글, pp.75~90. 뤼쉐마이어와 스티븐스 부부도 이 점에 전적으로 동의하고 있다. D. Rueschemeyer, E. H. Stephens, and J. D. Stephens, 앞의 책, pp.51~63, pp.106~107.

14) 무라카미는 영국의 절대왕정시기를 최초의 개발독재 내지 '개발주의' 의 선구적 예의 시기로 규정하면서 이 점을 강력하게 주장하고 있다. 村上泰亮 저, 노재헌 역, 『반고전의 정치경제학』, 상권 (서울: 도서출판 삼성, 1994), pp.213~216, 233~314 참조.

15) 물론 이 경우 영국에 예외적 요소가 전혀 없는 것은 아니다. 그러나 그것도 산업화보다 민주화를 먼저 이루었다는 점에서가 아니라 국민국가와 자본주의를 가장 먼저 발전시키고 그것을 산업혁명을 통해 산업화로 연결시킨 유일한 국가라는 의미에서이다. 따라서 이후 모든 나라들에게 는 단순한 자본주의화가 아니라 자본주의적 산업화를 추진하는 것이 과제로 제기되기에 이르렀다. 이렇게 자본주의와 산업화를 개념적으로 구분하면서 역사를 설명하는 것에 관해서는 Anthony Giddens, *The Nation-State and Violence* (Berkeley: University of California Press,

1985), pp.122~160, 287~293; 村上泰亮, 앞의 책(상권), pp.55~58, 218~229, 233~236, 277~307; 같은 책(하권), pp.7~10 참조.

16) S. P. Huntington, 앞의 책, 1968.

년	월/일	내용
1943	11	카이로회담
1944	8.10	여운형 등 건국동맹 결성
1945	2	얄타회담
	8.15	8·15광복(일본의 항복 발표)
	8.16	남한 건국준비위원회 출범
	12	모스크바 3상회의
1946	12	남조선과도입법의원 선거
1947	3.12	트루먼 독트린 발표
1948	4.3	4·3사건 발생
	5.10	남한 단독 선거
	5.31	이승만, 제헌국회 임시의장에 당선
	7.17	대한민국정부 헌법과 정부조직법 공포
	7.19	김구·김규식 '공동성명' 발표
	7.20	이승만 초대 대통령 선출(제1대~제3대)
	8.15	남한 대한민국정부 수립
	9.7	반민족행위처벌법 공포
	9.9	북한 조선민주주의 인민공화국 수립
1949	4	농지개혁법안 국회 통과
	5.20	국회남노당 프락치사건 관계의원 피검, 구속
1950	3.10	농지개혁법안 공포
	6.25	6·25전쟁 발발
	7.15	한국군 통수권, 유엔사령관에 이양

년	월/일	내용
1951	3	부산에서 전시 戰時 정치가 본격적으로 재개
	7.10	휴전회담 개시
1952	5.24	마이어협정
	5.25	부산정치파동 발발
	11	아이젠하워 미대통령 당선(제34대)
	12.3	아이젠하워 방한
1953	3.5	스탈린 사망
	7.27	휴전협정 조인
1954	4.26	제네바회의 개최
	11.17	한미합의의사록 체결
	12.9	자유당 소장파 의원 14명 탈당
1957	1	아이젠하워 독트린 발표
1958	5	제4대 민의원 선거
1959	12	이승만 대통령·매카너기 주한 미대사 면담
1960	4.19	4·19혁명 발생
	8.22	장면 총리 내각 구성
	11.22	미행정부 '한국의 전망' 보고서 작성
1961	1	민족자주통일중앙협의회 결성
	2.8	한미경제협정 체결
	5.16	5·16쿠데타 발발
	5.26	한미공동성명 발표(유엔군사령관 작전통제권 복원)
	11	박정희, 미국에 한국군 베트남 파견 제안

년	월/일	내용
1962	3.16	정치활동정화법 제정
	6.9	통화개혁 시행
	6.10	중앙정보부법 공포
	12.26	헌법 개정(대통령 중심제, 국민직접선거)
1963	2.26	민주공화당 발족
	3	반혁명사건
	9.3	자유민주당 발족
	9.5	국민의 당 발족
	10.15	박정희 대통령 당선(제5대~제8대)
	11.22	케네디 미대통령 암살
	11.26	제6대 국회의원 선거
1964	3.6	야권, 대일굴욕외교반대 범국민투쟁위원회 조직
	4	미국 다국적동맹캠페인 시작
	5	외환제도 변경(단일변동환율제)
	6.3	6 · 3사태
	9.22	한국군, 베트남 파병 시작
	10.5	국민의 당, 민주당에 흡수통합
	11.27	자민당, 민정당에 흡수통합
1965	6.14	야권, 민중당이란 단일야당 형성
	6.22	한일협정 조인
1966	3.30	신한당 발족
1967	2.8	신한당 · 민중당, 신민당으로 통합

년	월/일	내용
	6.8	제7대 국회의원 선거
1968	1.21	북한 무장게릴라 청와대 습격
	1.23	북한, 미정보수집함 푸에블로호 피랍
	5	국민복지회 사건
	11	울진, 삼척 지역에 북한 무장게릴라 침투
1969	4	미해군 정찰기 EC-121 북한에 피격
	7.25	닉슨 독트린 발표
	9.14	삼선개헌안 통과
1970	6	주한미군의 3분의 1 감축안 발표
	11.13	전태일 분신
1971	10.2	길재호, 김성곤, 김진만, 백남억 항명파동
1972	10	유신체제 출범
1979	10.26	박정희 대통령 피살
	12.12	12·12쿠데타
1980	5·18	5·18광주민주화운동 발발
	8·27	전두환 대통령 당선(제11대~제12대)
1985	2.12	2·12총선
1987	6.10	6·10항쟁
1989	11	베를린 장벽 붕괴
1991	12	구소련 몰락
1992	12.19	김영삼 대통령 당선(제14대)
1997	12.3	IMF구제금융신청

그대는 그 사람을 가졌는가? 金一榮 교수를 떠나보내며

성균관대 정외과의 김일영선생님께서 2009년 11월23일 영면하셨습니다. 향년 만 49세. 1960년 1월 강원도 동해에서 태어나, 초등학교 5학년의 어린 나이에 서울에 유학 와 성균관대학교에서 윤근식 교수님과 장을병 교수님의 지도로 학사, 석사, 박사(1991년)를 받으시고, 모교에서 1992년 9월부터 교수생활을 하셨습니다. 교수 생활 중에 성균관대 사회과학연구소 소장, 미국 하버드대 옌칭연구소 방문학자(visiting scholar), 일본 규슈(九州)대학 법학부 방문학자를 역임 하셨습니다. 재직 중 여러 번 최우수 연구교수, 우수 강의교수로 선정됐고, 2007년에는 성균관대 총동창회와 성균경영인포럼에서 공동 시상하는 "성균학술상"을 수상했습니다. 한국정치학회, 한국국제정치학회, 한국국제정치사학회의 임원으로 활발한 학회 활동을 했고, 여러 정부와 사회기관의 자문, '바른 사회를 위한 시민회의' '교과서포럼' 계간 "시대정신"등의 사회참여, 그리고 여러 언론매체에서의 활발한 기고활동 등 다방면에서 활동하셨습니다. 학생들에게는 자상하고 성실한 스승이었습니다. 많은 훌륭한 후학을 키워내기도 하셨습니다. 교수의 3대 책무를 교육, 연구, (사회)봉사라고 했을 때, 이 세 분야에서 모두 빼어난 활동을 한 분이었습니다.

올 초에 간암확진을 받고 투병 중이시긴 했지만 젊으시고, 워낙 회복의지가 강해서 이렇게 빨리 가실 줄 몰랐습니다. 돌아가시기 며칠 전 병원을 찾아뵀을 때도 비교적 건강하셨고, 즐겁게 대화를 나누면서 같이 웃고 했는데, 일요일날 위독하다는 전문을 듣고 달려가 보니 의식이 없으시고, 그날을 못 넘기신단 말씀에 큰 고통을 느꼈습니다. 돌아가시기 3일전 병문안 오신 연세대 김세중교수님에게 "선생님, 염려마세요. 저 일어납니다"라고 말씀하셨는데 어찌 이리 빨리 가시나요? 이철우교수님과 제가 "선생님 저 알아보시겠어요?"라고 물으니 눈을 번쩍 뜨시고 뭔가를 얘기하려 안간힘을 쓰시기에 뵙기에 안쓰러워 "선생님 말씀 안하셔도 괜찮아요"라고 얘기했지요. 그 때 무슨 말씀을 그렇게 해주시려고 노력하셨는지요.

일요일 자정 무렵에 사랑하는 가족(조인진 총신대 교수님과 일남 일녀)들과 평소에 좋아하시던 조전혁의원의 손을 잡고 돌아가셨습니다. 빈소에 있는 선생님의 영정은 평소의 온화한 미소를 머금고 계셔서, 금방이라도 예전처럼 "강교수~ 오늘 나랑 얘기 좀 나눠요" 라고 얘기하며 밖으로 나오실 것처럼 보였습니다. 빈소에는 평소 선생님을 좋아하고 존경하던 분들의 조문행렬로 발 디딜 틈이 없었습니다. 학자로서 훌륭했을 뿐만 아니라 인간적으로도 따뜻했던 분이기에 조문객들의 슬픔 또한 컸습니다. 병환 중에 선생님을 지극정성으로 병문안한 연세대 법대 이철우교수님의 우정을 보면서 감동을 받기도 했습니다.

영결식을 마치고 당신께서 거의 일평생을 보낸 성균관대의 연구실에 가족들이 모셔온 선생님 영정과 함께 들어갔습니다. 이전 쓰던 연구실이 좁았었는데, 요번에 나온 연구실이 넓고 깨끗해서 좋다고 하시며 꼭 놀러오라고 하신 게 불과 몇 달 전인데, 그리고 많은 책을 소장할 수 있게 이중으로 된 책장을 마련했다고 좋아하시더니 이렇게 허무하게 가시다니요. 선생님이 자랑하시던 이중책장을 어루만지며 마음이 아팠습니다.

선생님을 처음 뵈었던 날이 생생히 떠오릅니다. 국제정치학회의 외교사분과 모임이었는데, 평소 선생님의 학문적 명성을 알고는 있었지만 뵌 건 그때가 처음이었지요. 하얀 얼굴에 초롱초롱한 눈빛, 해맑은 성품, 젠틀한 몸가짐, 그리고 유려한 언변으로 저에게 깊은 인상을 남기셨습니다. 그 이후 선생님과는 학연, 혈연, 지연 등 어느 부분에서도 겹치는 곳이 없었지만 저희는 너무나 자연스럽게 가까워졌습니다. 서로를 믿지 못하고 서로에게 상처받지 않으려 노력하는 이 각박한 세상에서 마음을 터놓고 얘기를 나눌 수 있는 인생선배이자 선배학자를 만날 수 있다는 것은 저에게 행운이었습니다. 서로의 고민도 스스럼없이 털어놓고, 학문적인 대화를 나누고, 선생님의 군더더기 없는 성격과 외모를 꼭 닮은 선생님의 명쾌한 글을 읽으며 행복했고 많은 것을 배웠습니다. 또한 저에게 아드님과 따님의 진로에 대해 고민하시면서 자문을 구하는 모습은 한국의 전형적인 자상한 아버지상이었습니다.

선생님과 대화를 나누면 언제나 배우는 것이 있어서 좋았지요. 진지한 대화를 나누면서도 무거운 분위기가 아니고 유쾌했던 것은 선생님의 온화한 인품 덕이었습니다. 저에겐 진지함과 열정, 냉철한 논리와 뜨거운 가슴을 적절한 비율로 가진, 그래서 닮고 싶은 완벽한 롤 모델(role model)이었습니다. 많은 학업과 일을 하시면서도 언제나 평상심을 잃지 않은 것에 대해선 경이의 마음으로 바라봤습니다. 저 같으면 그 스트레스를 이기지 못해 짜증이 났을 법한데도 언제나 한결같은 표정과 말투로 세상을 사셨습니다. 저보다 불과 몇 살 많으시지만 선생님은 저에게 마음의 스승이었고, 선비의 상징이었고, 인생의 벗이었습니다.

선생께서는 현대한국정치사, 한국외교사, 동아시아 정치경제발전 모델, 국제관계론의 젊은 석학이었고, 법정치학에도 관심을 기울이셨습니다. 젊은 나이에 이미 많은 업적을 내고 대가로서의 자리에 한 발짝 한 발짝 다가서고 계셨고, 한국정치학계와 한국현대사학계를 이끌 차세대 리더였습니다. 명지대 김도종교수님 말씀처럼 "우리 사회가 김일영같은 학자를 키워내려면 얼마나 많은 시간과 노력이 필요할지를 생각하면" 너무나 안타깝습니다. 실로 한국 인문사회과학계의 큰 손실이라 아니할 수 없고, 한국사회 자체의 불운이라 할 수 밖에 없습니다.

선생의 학문적 성향은 언제나 합리적이고 학구적이었습니다. 우리 세대 대부분의 학자들이 그렇듯이 학창시절 진보좌파의 길을 모색하다가, 학문이 무르익으면서 이성적인 보수의 길을 가며 한국사회의 갈 길을 제시해 주셨습니다. 그러나 선생은 파당적인 이데올로그가 아닌 균형 잡힌 이론가이자 역사가였습니다. 학자가 성실함과 총명함을 공히 갖기란 매우 어렵습니다. 그러나 선생은 두 가지를 겸비한 드문 예였습니다. 2008년에만 무려 10여 편의 논문을 발표하신 것만 봐도 선생님의 성실성과 생산성을 능히 짐작할 수 있습니다. 국내에서만 공부하신 분들이 자칫 가질 수 있는 식견의 협소함도 선생에게서는 전혀 발견할 수 없었습니다. 오히려 어떤 유학파보다 더 넓은 통찰력을 갖고 있고, 최신이론에 해박했음은 선생님 특유의 성실함과 총명함에 기인한 것이라 생각됩니다. 그리고 정치학자들이 일차사료에 대해 등한시하는 것에 대해 비판의식을 가지고 성실히 일차사료를 섭렵하시기도 했습니다.

그 결과는 이론과 사실(史實)의 조화 속에서 탄생하는 독창적인 논리였습니다. 그래서 무작정적인 찬미가 아닌 학구적 분석을 통해 이승만 시기와 박정희 시기에 대한 재평가를 시도하셨고, 특히 이승만 농지개혁에 대한 분석은 그 이후 학설사의 주류를 이뤘습니다. 『해방전후사의 재인식』 편집출간을 통해 한국사회에 대한 인식을 한 단계 더 높이시기도 했습니다. 그 이외에도 수많은 연구와 저술을 통해 한국현대사를 편향되지 않게 바라보는 시각을 제공했고, 앞으로 한국사회가 나아가야할 방향을 끊임없이 제시했습니다.

설사 선생님의 주장에 동의하지 않은 학자라도 선생님의 논리를 무시할 수는 없었습니다. 진실성 있는 학자라면 선생님의 논리를 반박하기위해서라도 더 공부를 해야 했습니다. 그만큼 선생님의 글은 진지했고, 치밀했고, 명쾌했기 때문이지요. 그런 점에서 선생님이 한국학계 발전을 위해 하신 일은 매우 큽니다.

또한 선생님은 사회와 담을 쌓고 연구실에서만 틀어박혀 사는 백면서생만은 아니었습니다. 사회활동도 적극적이었고 사회적 발언도 활발했기에 참여하는 지식인의 풍모도 갖고 계셨지요. 선생님이 추구하는 사회는 한마디로 품격 있는 사회였습니다. 그래서 수준 낮은 좌파들이 날뛸 때도 준엄한 비판을 했고, 저질스런 우파가 잘못된 길을 갈 때도 통렬한 꾸짖음을 주셨습니다. 자유주의와 책임에 기반한 성숙한 시민사회를 갈구했기에, 생전에 좌건 우건 정치권력화를 추구하는 또는 정치권력과 밀착하려는 시민단체를 신랄하게 비판하기도 하셨죠.

제가 알기에 선생님은 기존 저서인 『건국과 부국』을 수정보완해서 학술적으로 더 탄탄한 책으로도 만들고, 그 책을 대중이 읽기 쉽게 대중용으로도 출간하는 작업을 하고 계시는 등 한국현대사의 재평가 작업에 매진 중이셨고, 그 이외에도 국제정치경제학 이론, 만주국에 대한 연구, 냉전사에 대한 연구/번역 등을 심화해 나가고 계셨습니다. 서울대 전상인교수님이 영결식 조사에서 "반백년을 채 못살았어도, 업적으로는 일백년 이상을 산 사람"이라 하셨듯이 지금까지 하신 일도 많지만, 앞으로 이루어낼 일들이 훨씬 더 많은 분이기에 아쉬움은 더 큽니다. 저희 같은 몽매한 후학들에게 우리 사회가 나아갈 옳은 방향에 대해 지적 영감(inspiration)을 주는 존재로 남아계실 것입니다.

영결식에서 전상인교수님이 "왜 하느님이 김선생을 일찍 데려갔는지 조금은 알 것도 같다. 김선생이 너무 능력 있고, 점잖고, 똑똑해서 우리 사회가 김선생을 한시도 내버려 두지 못하고 일을 시켰기 때문에, 이제 좀 쉬라고 데려가신 것 같다"라는 말씀이 맞는 것도 같습니다.

이제 이생에서 너무 과로하고 사셨으니 부디 저생에서는 편히 쉬시면서 좋아하시는 책 읽으시면서 안식을 누리십시오.

선생님의 애송시는 함석헌 선생의 〈그 사람을 가졌는가〉였습니다.

그 사람을 가졌는가

-함석헌-

만리길 나서는 길
처자를 내맡기며
맘 놓고 갈만한 사람
그 사람을 그대는 가졌는가

온 세상 다 나를 버려
마음이 외로울 때에도
'저 마음이야'하고 믿어지는
그 사람을 그대는 가졌는가

탔던 배 꺼지는 시간
구명대 서로 사양하며
'너만은 제발 살아다오'할
그 사람을 그대는 가졌는가

불의(不義)의 사형장에서
'다 죽여도 너희 세상 빛을 위해
저만은 살려두거라' 일러줄
그 사람을 그대는 가졌는가

잊지 못할 이 세상을 놓고 떠나려 할 때
'저 하나 있으니'하며
빙긋이 웃고 눈을 감을
그 사람을 그대는 가졌는가

온 세상의 찬성보다도

'아니'하며 가만히 머리 흔들 그 한 얼굴 생각에
알뜰한 유혹 물리치게 되는
그 사람을 그대는 가졌는가

　책상에 앉아 선생님에 대한 추모글을 쓰니 오래된 내상처럼 뒤늦게 서러움이 밀려듭니다. 선생님의 애송시를 읽다보니 선생님이 바로 그런 존재였더군요...

강규형(명지대 교수, 김일영 유고집 간행위원회 총무)

고 김일영교수님 영전에

김 교수님이 영면하셨다는 비보를 접하고 비통한 마음을 금할 길이 없었습니다. 병원에서 투병 중이라는 소식을 들었을 때만 하더라도 평소 학자로서 청교도적 생활을 영위해 오셨기 때문에 반드시 회복되리라고 믿었습니다. 앞으로도 한국 학계와 사회를 위해서 하실 일들이 너무나 많은데 이렇게 홀로 빨리 가시다니, 그 슬픔을 무어라 형언할 수 없습니다. 그동안 수많은 일들로 전화 통화하고 회의 마치고 나면 같이 차를 타고 집으로 돌아오면서 대화를 나누던 일이 엊그제처럼 생생한데, 이제 영원히 뵐 수 없다는 사실이 도무지 믿기지 않습니다.

제가 지켜본 김 교수님은 상아탑에만 머물면서 현실로부터 초연하지도 않고, 그렇다고 현실에 함몰되지도 않으면서 항상 현실과 일정한 긴장관계를 유지하려고 노력하신 학자였습니다. 저는 이러한 균형감각을 유지하려고 한 김 교수님의 자세가 학자로서 우리 모두가 본받아야할 점이라고 생각합니다. 또한 김 교수님은 '역사 있는 이론'을 주창하고 이를 수많은 연구 성과들을 통해서 보여준 학자였습니다. 수입된 외국이론을 소비하는 데 그치지 않고, 한국근현대사 연구에 뿌리를 둔 독창적 한국정치이론을 모색하고 커다란 업적을 낸 학자로서 기억될 것입니다. 나아가 김 교수님은 진리가 이끄는 대로 생각하고 행동하는 지식인이었습니다. 김 교수님과 저를 비롯한 수많은 젊은 학자들이 대학시절 한국현대사 연구에서 수정주의의 세례를 받았음에도 불구하고 이를 극복해낸 데에는 김 교수님의 지적 용기와 뛰어난 연구 성과의 도움이 매우 컸다고 생각됩니다.

  권위주의 시대가 지나가고 민주화 시대가 도래하면서 우리 사회의 지식인관에 많은 변화가 일어났습니다. 과거 '저항적 지식인'에서 수많은 사회 문제에 대해서 대안을 제시하는 '대안형 지식인'으로 변화된 모습이 절실히 요청되었습니다. 김 교수님은 누구보다도 먼저 이런 지식인의 역할을 수행했습니다. 김 교수님이 '프로그램을 갖춘 지식인'을 '프로콘(Procons: Professional Conservatives with Program)'으로 규정하고 그 필요성을 제창했을 때 우리 모두가 크게 공감한 이유도 바로 여기에 있다고 생각됩니다. 노무현 정부 시절 주한미군 문제로 나라가 크게 흔들렸을 때 출간한 『주한미군』이라는 책은 이 문제를 감정적 차원이 아니라 냉정하게 역사적, 이론적 차원에서 검토하고 국익의 관점에서 재검토할 것을 제안했다고 생각합니다. 지나치게 평등의식이 강한 한국사회에서 주한미군 문제뿐만 아니라 모든 문제들에 대한 대중의 생각이 '날림과 쏠림'현상으로 인하여 갈피를 잡지 못할 때, 이 책은 '대안형 지식인'의 역할이 무엇인지를 생생하게 보여준 커다란 학문적 업적이라고 생각됩니다.

김 교수님의 활동 범위는 학회, 시민단체, 정부 자문 등 그 범위가 매우 넓고 다양했습니다. 학문적 관심 분야도 한국정치사, 한국현대사, 국제정치, 헌정사 등 여타 학자들보다도 매우 넓었습니다. 이처럼 쉴 새 없이 활동하시면서 언젠가 저에게 연구실에서 간혹 밤새도록 작업하신다는 말씀을 하신 적이 있었습니다. 그럼에도 불구하고 저는 일이 있을 때마다 김 교수님께 여러 가지 부탁을 드린 기억이 납니다. 그때마다 김 교수님은 한 번도 거절하신 적이 없었습니다. 김 교수님께 너무 무리한 부탁을 드린 것에 죄책감마저 느낍니다. 어떤 문제를 상의드릴 때마다 스스로 최선을 다해주셨을 뿐만 아니라, 그 일이 더욱 잘 될 수 있도록 새로운 방향들을 제시해 주셨던 기억이 새롭습니다.

한국 사회와 학계가 민주화 이후 방향을 잡지 못하고 있을 때 성균관대학교 사회과학연구소장 재직 시 '한국의 자유주의'라는 주제로 학술회의를 함께 개최했던 기억이 납니다. 자유민주주의는 민주주의라는 그릇 안에 자유주의가 담겨진 정치체제이지만 그동안 우리 사회에서 자유주의 연구는 등한시되었을 뿐만 아니라 천대받았던 점을 비판하고 반성하는 자리였습니다. '들판형 자유주의'를 외치는 젊은이들이 등장하여 뉴라이트 운동을 전개하면서 '보수 재건'의 기치를 내걸었을 때 이 운동이 제대로 된 방향으로 갈 수 있도록 학자들이 이론적으로 기여해야 한다는 취지에서 개최된 이 학술회의는 한국 자유주의 연구의 부활을 알리는 기폭제가 되었습니다.

국가정체성에 대한 혼란이 일어나고 한미관계가 크게 흔들리고 있었을 때 김 교수님은 '뉴라이트 싱크넷'이라는 학자들의 모임 결성을 주도하여 우리 사회가 올바른 방향으로 나아갈 수 있도록 적극 노력하셨습니다. 학자는 정치 흐름에 편성해서는 안 된다는 신념을 간직하고 계시면서도 국가와 사회가 위기의 국면에 처했을 때 학자로서의 순결성보다는 지식인으로서의 사회적 책임을 더욱 중시하여 싱크넷 활동에 적극 참여하셨습니다. 당시 김 교수님을 비롯하여 싱크넷에 참여한 학자들이 수백 편의 칼럼을 기고하여 정치, 경제, 안보, 사회적 이슈들에 관하여 국민적 관심을 환기시켰던 기억이 생생합니다. 다양한 분야에 걸친 김 교수님의 칼럼은 독자들뿐만 아니라 학자들에게도 뚜렷한 정책적 대안을 제시해 주었을 뿐만 아니라 지적 영감을 주었습니다.

한국현대정치사 연구는 김일영 교수님을 빼놓고는 이제 더 이상 논의할 수 없을 정도로 김 교수님은 빛나는 업적을 남기셨습니다. 대표적 저작이신 『건국과 부국』은 대한민국의 건국과 산업화 과정을 폭넓은 사료의 천착을 통하여 이론화한 역작으로 남을 것입니다. 이 책의 개정작업 중에 돌아가셔서 더욱 안타깝습니다. 최근 '김일영 유고집 간행위원회'가 구성되어 김 교수님의 유고집을 발간하기 위한 작업이 진행되고 있습니다. 여기에는 이 책의 복간뿐만 아니라 논문집, 칼럼집 등이 포함될 예정입니다. 또한 김 교수님을 추모하는 논문집도 발간될 예정입니다. 유고집 발간에도 불구하고 더욱 안타까운 것은 김 교수님이 구상한 한국현대정치사에 대한 작업이 중단되고 말았다는 사실입니다.

『건국과 부국』이 이승만과 박정희 시대를 다루고 있지만 저에게 수차례 말씀하신 바와 같이 그 이후 시기에 대해서도 꾸준히 연구를 진행시켜 온 것으로 알고 있습니다. 일본 규슈대학 법학부 방문학자로 가 계시면서 그 후속 작업에 관한 연구를 상당 부분 진행시켰다고 말씀하신 기억이 납니다.

저는 건국부터 오늘에 이르기까지 나름대로의 뚜렷한 이론적 입장을 갖고 한국현대사 전체를 다루는 저서를 김 교수님이 출간하시리라 믿고 있었습니다. 이 방대한 작업을 김 교수님과 같이 성실하고 학문적 열정이 있는 분이 아니라면 누가 할 수 있을지 안타깝기 그지없습니다.

이 모든 학문적 작업들이 김 교수님의 업적을 디딤돌로 하여 살아남은 자들과 후학들의 몫으로 남게 되었습니다. 저는 김 교수님의 실용주의적 학문적 자세를 매우 존경했습니다. 일정 부분의 연구가 자기완결성을 갖추면 일단 책으로 그 성과를 출간해야 한다는 말씀을 저에게 하신 적이 있습니다. 처음부터 대작이 나오는 것이 아니고 꾸준히 연구 성과를 쌓아가다 보면 뛰어난 업적이 나올 수 있다는 김 교수님의 지적에 제가 전적으로 공감을 표한 적이 있습니다. 한국현대정치사는 그야말로 살아있는 역사이기 때문에 이러한 실용적 학문 자세, 성실성, 열정이 없었다면 김 교수님과 같은 빛나는 업적을 내는 것은 불가능했을 것입니다.

"대한민국은 태어나서는 안 될 나라", "한국현대사는 정의가 실패한 역사"라는 왜곡된 역사인식과 주장들이 나오고 이런 주장이 그대로 반영된 교과서를 고등학생들이 배우고 있다는 사실을 알았을 때 제일 먼저 이 문제를 바로 잡아야 한다고 주장하신 분도 김일영 교수님이셨습니다. 또한 2004년 동아일보사와 매주 토요일 '청소년 역사강좌'를 개최하여 자라나는 학생들에게 올바른 역사인식을 심어주려고 노력하셨습니다. 이 강좌는 『청소년을 위한 우리 역사 바로보기』라는 책으로 출간되어 우리 사회 역사인식의 왜곡 현상을 지적한 바 있습니다. 이 강좌의 경험을 바탕으로 김 교수님은 '교과서포럼'결성에 적극 참여하셨습니다. 일부 출판사에서 발행된 고등학교 한국현대사 교과서가 편향된 역사적 사실을 학생들에게 가르치고 있었을 때 이를 바로 잡기 위해 포럼이 결성되었습니다. 김 교수님은 이런 문제점을 바로 잡기 위한 『대안교과서 한국근현대사』집필에도 참여하셨고 이 포럼의 운영위원으로서 커다란 기여를 하셨습니다. 한국현대사 연구에서 독보적 위치를 점하고 있는 김 교수님의 참여로 인하여 대안교과서 집필이 매우 순조롭게 이루어졌다고 생각됩니다. 또한 우리 모두 대학 시절에 필독서로 읽었던 『해방 전후사의 인식』의 문제점을 극복하기 위해 김 교수님은 『해방 전후사의 재인식』이라는 책의 편집인으로 참여하셨습니다. 이 책은 해방 전후사에 대한 기존인식의 한계점을 극복하는 데 크게 기여했습니다. 이러한 노력은 대한민국 건국을 재인식하려는 노력의 기폭제가 되었습니다. 2008년 대한민국 건국 60년을 맞이하여 김 교수님은 '건국 60년 기념 국제학술회의'에 적극 참여하셨습니다. 이를 계기로 건국, 호국, 산업화, 민주화를 거쳐 온 대한민국의 성공적 역사를 국민들이 재인식하게 되었습니다. 이 모든 활동과 업적들은 탄탄한 학문적 업적을 바탕으로 국민들의 역사 인식을 올바르게 깨우치려는 김 교수님의 지식인으로서의 사회적 책임감을 잘 보여주는 것이라고 믿습니다.

김 교수님은 계간지 『시대정신』이 2006년 재창간되었을 때 편집위원으로 참여하여 이 잡지가 한국사회의 정론지로 성장하는 데 크게 기여하셨습니다. 이 잡지는 대한민국의 성공한 역사를 널리 알리고, 자유주의의 재발견을 통해서 선진화와 국민통합을 위한 담론의 장으로서 커다란 역할을 해오고 있습니다. 편집회의에서 김 교수님의 예리한 정세분석과 탁월한 주제 선정 능력은 이 잡지가 우리 사회의 여러 가지 현안들에 대해 담론을 주도하고 정론지로 성장하는 데 많은 도움을 주었습니다. 이제 『시대정신』편집회의에서 김 교수님을 더 이상 뵐 수 없다는 것을 생각하니 저희 모든 편집위원들은 깊은 슬픔에 잠기게 됩니다. 김 교수님의 뜻을 이어받아 『시대정신』이 항상 현실과 긴장관계를 유지하면서 우리 사회의 정론지로 계속 발전할 수 있도록 노력하겠습니다.

김 교수님의 빈소에는 너무나 많은 분들이 찾아오셨습니다. 학자, 언론인, 정치인, 경제인 등 평소 김 교수님을 아끼고 교유하셨던 분들이 조문하면서 매우 안타까워하셨습니다. 빈소를 찾은 제자들도 항상 자상하고 성실한 스승님을 떠나보내는 것을 매우 슬퍼했습니다. 병원에 입원해 계시면서도 제자 사랑하는 마음으로 수업을 하셨다는 사실에 모두 숙연해졌습니다. 이제 살아남은 저희들과 후학들이 김 교수님이 남기신 훌륭한 업적을 바탕으로 못다 하신 일들을 이루도록 노력하겠습니다.

　김 교수님, 이제 번잡한 이생을 떠나 저생에서 안식을 누리시기 바랍니다. 김 교수님, 그립습니다!

　　　　　　　　　　　　　　　김영호(성신여대 정치외교학과 교수)

건국과 부국
이승만·박정희 시대의 재조명

1판 1쇄 발행일 2023년 8월 15일
1판 2쇄 인쇄일 2023년 12월 15일

지은이 | 김일영
펴낸이 | 안병훈

펴낸곳 | 도서출판 기파랑
등록 | 2004년 12월 27일 제300-2004-204호
주소 | 서울시 종로구 대학로8가길 56(동숭동 1-49) 동숭빌딩 301호
전화 | 02-763-8996(편집부) 02-3288-0077(영업마케팅부)
팩스 | 02-763-8936
이메일 | info@guiparang.com

©조인진, 2023

ISBN 978-89-6523-512-5 03910